한 줄 한 줄 짜면서 익히는
러스트 프로그래밍

Rust in Action

by Tim Mcnamara

한 줄 한 줄 짜면서 익히는 러스트 프로그래밍

초판 1쇄 발행 2022년 7월 12일 **2쇄 발행** 2022년 11월 28일 **지은이** 팀 맥나마라 **옮긴이** 장연호 **펴낸이** 한기성 **펴낸곳**
(주)도서출판인사이트 **편집** 송우일, 정수진 **제작·관리** 이유현, 박미경 **용지** 월드페이퍼 **인쇄·제본** 에스제이피앤비 **등록번호**
제2002-000049호 **등록일자** 2002년 2월 19일 **주소** 서울시 마포구 연남로5길 19-5 **전화** 02-322-5143 **팩스** 02-3143-
5579 **이메일** insight@insightbook.co.kr **ISBN** 978-89-6626-361-5 책값은 뒤표지에 있습니다. 잘못 만들어진 책은 바
꾸어 드립니다. 이 책의 정오표는 https://blog.insightbook.co.kr에서 확인하실 수 있습니다.

프로그래밍 인사이트

한 줄 한 줄 짜면서 익히는

러스트 프로그래밍

RUST IN ACTION

팀 맥나마라 지음 | 장연호 옮김

인사이트

차례

1부　러스트 언어의 특색

2장　러스트 언어의 기초

4장 수명, 소유권, 대여   135

2부 시스템 프로그래밍 이해하기   169

5장 데이터 심화   171

10장   프로세스, 스레드, 컨테이너   405

12장 시그널, 인터럽트, 예외 483

옮긴이의 글

시대라고 하면 거창하지만, 컴퓨터 엔지니어들은 당시의 문제를 해결하는 데 다양한 해법을 제시해 왔다. 소프트웨어의 여명기에 소프트웨어 위기라는 문제를 객체지향 프로그래밍으로 헤쳐 나왔고, 웹, 모바일이라는 새로운 플랫폼에서는 그에 맞는 언어와 프레임워크로 폭발적인 수요를 감당했다.

그렇다면 이 시대의 당면 과제는 무엇일까? 너무나 많은 문제가 산재해 있지만 물리적 한계에 근접한 칩, 점점 심각하게 받아들여지고 있는 소프트웨어 결함 문제, 개발자 집단에서 증가하는 다양성을 꼽을 수 있겠다.

코어의 속도 향상은 정체기에 접어들었다. 코어 속도가 매년 기하급수적으로 향상되는 것은 더 이상 기대할 수 없다. 멀티 코어를 상정한 개발 없이 성능 향상을 논하기가 어려워졌다.

사용자 부주의나 잘못된 코딩으로 인한 보안 결함은 갈수록 산업에 큰 위협이 되고 있다. 산업의 디지털 전환이 급격하게 이루어지면서 소프트웨어의 수요는 그 어느 때보다 높아졌고 책임은 그에 비례해 무거워지고 있지만, 기존의 도구로는 그 기대를 맞추기 어렵다.

우리 사회가 성별, 문화, 인종 등에 대한 다양성을 수용해 나감에 따라 관련한 개발자 커뮤니티에도 변화가 일어나고 있다. 제법 오랫동안 개발자의 이미지는 몸집이 크고 어딘가 괴짜스러운 남성이라는 고정 관념이 형성되어 있었다. 수년 동안 몇몇 개발 공동체는 고정 관념과 변화된 사회 관념이 충돌하는, 과도기적 갈등이 빚어졌다. 몇몇 컨퍼런스에서는 여성 참가자에 대한 성적 공격이나 비하가 일어나기도 했고, 커밍아웃한 성소수자에 대해 지극히 편향된 시각을 바탕으로 한 인신공격이 일어나기도 했다. 이러한 상황이 완전히 해결되지는 않았지만, 몇몇 커뮤니티에서는 행동수칙(Code of Conduct)이라는 규정을 두어 좀 더 포용적인 방향을 지향하고 있다. 이는 사회가 갖추어야 할 포용성을 커뮤니티 차원에서도 노력을 통해 수용해 나가야 한다는 점을 시사한다.

하나의 언어가 이런 모든 문제의 해답을 가지고 있지는 않다. 다만 러스트는 바른 방향을 고민하고 건설적인 논의를 통해 다양한 문제를 모범적으로 해결해 나가려는 사람들의 모임을 토대로 발전해 나가고 있다.

사람이 만든 모든 것에는 당시의 문제에 대한 고민과 이를 해결하려는 노력이 고스란히 반영되어 있다. 바로 이 점에서 러스트를 배운다는 것은 단순히 하나의 언어를 배우는 것 이상의 의미가 있으리라 본다.

이 책은 수많은 사람들의 땀과 노고가 있어 나올 수 있었다. 한 권의 책에 많은 내용을 충실히 담고자 노력했던 저자의 노력에 경의를 표한다. 과감하게 러스트를 선택해 주셨고, 번역 과정을 통해 더 깊은 지식을 알 수 있는 기회를 주신 인사이트의 한기성 대표님께 감사 드린다. 편집/교정 과정에서 애써 주신 송우일, 정수진 편집자님과 인사이트의 모든 분에게 감사한다.

그리고 책을 번역하는 내내 격려와 응원을 준 아내 미정과 딸 은채, 은유에게 고마움을 전한다.

머리말

기술 서적을 읽는 데 노력을 들일 가치가 있는지 없는지는 누구도 모른다. 비싸고 따분하고 형편없이 집필된 책일 수도 있다. 설상가상으로 아무것도 배우지 못할 가능성도 있다. 다행히도 이 책은 그런 사실을 이해하는 사람이 썼다.

이 책의 첫 번째 목표는 러스트를 가르치는 것이다. 이 책은 학습을 돕기 위해 규모가 있고 실무에 도움이 되는 프로젝트를 제공한다. 책을 읽으면서 데이터베이스, CPU 에뮬레이터, 운영 체제 커널, 기타 여러 가지 흥미로운 프로젝트를 작성하게 될 것이다. 생성 예술(generative art)에도 손을 댄다. 각 프로젝트는 각자에게 맞는 속도로 러스트 프로그래밍 언어를 탐색할 수 있도록 설계되었다. 러스트를 거의 모르는 독자들이라도 어떤 방향을 선택하든 프로젝트를 확장할 수 있는 많은 기회가 주어질 것이다.

그런데 프로그래밍 언어 학습은 단지 문법과 의미를 공부하는 데서 그치지 않는다. 여러분은 커뮤니티에도 참여하게 된다. 불행히도 일정하게 자리잡은 커뮤니티는 지식, 용어, 관행을 공유하기 때문에 신규 진입자에게 보이지 않는 장벽을 만들 수 있다.

많은 새내기 러스트 프로그래머가 부딪히는 장벽 중 하나가 시스템 프로그래밍 개념이다. 해당 분야에 대한 배경 지식 없이 러스트에 입문하는 프로그래머가 많다. 이를 보완하기 위해 이 책은 두 번째 목표로 시스템 프로그래밍을 가르친다. 그리고 이 책의 12개 장에서 메모리, 디지털 시간 기록, 장치 드라이버 작동 방식에 대해 배울 것이다. 이를 통해 러스트 커뮤니티의 구성원이 될 때 더 편안하게 느낄 수 있기를 바란다. 그리고 우리는 여러분이 필요하다!

우리 사회는 소프트웨어에 의존하고 있는데 심각한 보안 허점이 일상적이고 어쩌면 불가피한 것으로 받아들여지고 있다. 러스트는 그렇지 않다는 것을 보여 준다. 게다가 우리의 컴퓨터는 필요 이상의 에너지를 소모하는 비대한 애플리케이션으로 가득 차 있다. 러스트는 이러한 유한한 자원을 덜 요구하는 소프트웨어를 개발하는 실행 가능한 대안을 제공한다.

이 책은 개발자에게 능력을 더해 주는 책이다. 이 책의 궁극적인 목적은 여러분에게 그 사실을 확신시키는 것이다. 러스트는 선별된 전문가 그룹을 위한 전유물이 아니다. 누구나 사용할 수 있는 도구다. 다른 학습 과정을 거쳐 여기까지 오느라 수고했다. 여러분을 이제 몇 걸음 더 나아가게 할 수 있게 되어 기쁘다.

감사의 말

내가 무너지는 것을 막아 주고 넘어졌을 때 나를 일으켜 준 Katie에게 감사한다. 아빠가 글을 쓰느라 놀아 주지 못했을 때도 포옹과 미소를 보내 준 Florence와 Octavia에게도 감사한다.

너무나 많은 사람에게 빚을 지고 있어서 일부만 열거하는 것이 불공평하다고 생각한다. 이 책 집필을 지원해 준 러스트 커뮤니티의 많은 구성원이 있다. 수천 명의 독자가 책이 집필되는 동안 라이브북(liveBook)을 통해 수정 사항, 질문, 제안 사항을 제출했다. 모든 기여는 내가 텍스트를 다듬는 데 도움이 되었다. 감사드린다.

친구가 된 몇몇 독자에게 특히 감사드린다. Aï Maiga, Ana Hobden, Andrew Meredith, Andréy Lesnikov, Andy Grove, Arturo J. Pérez, Bruce Mitchener, Cecile Tonglet, Daniel Carosone, Eric Ridge, Esteban Kuber, Florian Gilcher, Ian Battersby, Jane Lusby, Javier Viola, Jonathan Turn, Lachezar Lechev, Luciano Mammino, Luke Jones, Natalie Bloomfield, Oleksandr Kaleniuk, Olivia Ifrim, Paul Faria, Paul J. Symonds, Philipp Gniewosz, Rod Elias, Stephen Oates, Steve Klabnik, Tannr Allard, Thomas Lockney, William Brown. 지난 4년간 여러분과 교류한 것은 특별한 영광이었다.

책의 검토자들인 Afshin Mehrabani, Alastair Smith, Bryce Darling, Christoffer Fink, Christopher Haupt, Damian Esteban, Federico Hernandez, Geert Van Laethem, Jeff Lim, Johan Liseborn, Josh Cohen, Konark Modi, Marc Cooper, Morgan Nelson, Ramnivas Laddad, Riccardo Moschetti, Sanket Naik, Sumant Tambe, Tim van Deurzen, Tom Barber, Wade Johnson, William Brown, William Wheeler, Yves Dorfsman에게 감사를 전한다. 여러분의 의견을 모두 읽었다. 책 집필 후반 단계에서 적용한 많은 개선 사항은 여러분의 사려 깊은 피드백 덕분이었다.

매닝의 두 팀원이 보여 준 인내, 전문성, 적극성은 칭찬받아 마땅하다. Elesha Hyde와 Frances Buran은 수많은 초안을 거쳐 가며 이 책의 집필을 인도해 주었다.

Bert Bates, Jerry Kuch, Mihaela Batinić, Rebecca Rinehart, René van den Berg,

Tim van Deurzen을 포함한 나머지 편집자에게도 감사드린다. Benjamin Berg, Deirdre Hiam, Jennifer Houle, Paul Wells를 비롯한 편집자에게도 감사를 전한다.

이 책은 MEAP(Manning early access program) 과정에서 16번 릴리스했는데 많은 사람의 지원 없이는 불가능했을 것이다. Aleksandar Dragosavljević, Ana Romac, Eleonor Gardner, Ivan Martinović, Lori Weidert, Marko Rajkovic, Matko Hrvatin, Mehmed Pasic, Melissa Ice, Mihaela Batinic, Owen Roberts, Radmila Ercegovac, Rejhana Markanovic에게 감사드린다.

Branko Latincic, Candace Gillhoolley, Cody Tankersley, Lucas Weber, Stjepan Jureković를 포함한 마케팅 팀원에게도 감사드린다. 여러분은 엄청난 격려를 내게 보내 주었다.

매닝의 다른 팀도 매우 신속하게 대응하고 도움을 주었다. 책을 만드는 동안 도움을 준 Aira Dučić, Andrew Waldron, Barbara Mirecki, Branko Latincic, Breckyn Ely, Christopher Kaufmann, Dennis Dalinnik, Erin Twohey, Ian Hough, Josip Maras, Julia Quinn, Lana Klasic, Linda Kotlyarsky, Lori Kehrwald, Melody Dolab에게 감사드린다. 그리고 인생을 바꾸는 이 모든 과정을 시작하도록 해 준 Mike Stephens에게 감사드린다. 어려운 일이 될 것이라고 내게 경고했는데 그 말이 옳았다.

책 소개

이 책은 주로 온라인에서 러스트를 설명한 무료 자료를 찾아본 다음에 '이제 뭘 보지?'라고 스스로에게 질문한 사람들을 대상으로 한다. 이 책에는 수십 가지 흥미로운 예제가 들어 있고, 창의력과 시간이 허락된다면 이 예제들을 확장할 수 있을 것이다. 이러한 예를 통해 러스트의 생산적인 부분과 생태계에서 중요한 많은 서드 파티 라이브러리를 다룰 작정이다.

코드 예제는 우아하고 관용적인 러스트 방식보다는 초보자를 위한 접근성을 강조했다. 어느 정도 러스트에 익숙한 프로그래머라면 예제의 일부 스타일 결정에 동의하지 않을 수 있다. 이 점은 배우는 사람들을 위함이니 양해 바란다.

이 책은 포괄적인 참고용 교과서가 아니다. 언어와 표준 라이브러리의 일부 내용이 빠져 있다. 빠진 부분들은 고도로 전문화되어 특별히 다뤄야 하는 것들이 대부분이다. 대신 이 책은 독자들에게 필요한 경우 전문적인 주제를 배울 수 있는 충분한 기본 지식과 자신감을 제공하는 것을 목표로 한다. 이 책은 거의 모든 예제가 마이크로소프트 윈도우에서 작동하기 때문에 시스템 프로그래밍 책의 관점에서도 독특하다고 할 수 있다.

누가 이 책을 읽어야 하는가

러스트에 관심이 있거나 현실적인 예를 적용하여 배우고 싶거나 러스트가 시스템 프로그래밍 언어라서 꺼려지는 사람이라도 이 책을 즐길 수 있다. 이미 프로그래밍 경험이 있는 독자는 몇 가지 컴퓨터 프로그래밍 개념이 필요한 부분에서 가장 큰 혜택을 얻을 수 있다.

이 책의 구성: 로드맵

이 책은 2부로 구성되어 있다. 1부에서는 러스트 문법과 몇 가지 독특한 특징을 소개한다. 2부에서는 1부에서 얻은 지식을 여러 프로젝트에 적용한다. 각 장에서는 새로운 러스트 개념을 한두 가지 소개한다. 즉, 1부는 러스트에 입문하는 속성 과정이다.

- 1장 '러스트 소개'에서는 왜 러스트가 나왔는지, 그리고 러스트로 프로그래밍을 시작하는 방법을 설명한다.
- 2장 '러스트 언어의 기초'는 러스트 문법을 구체적으로 설명한다. 예제는 망델브로 집합 렌더러와 grep 클론이다.
- 3장 '복합 데이터 타입'에서는 러스트 데이터 타입과 오류 처리 기능을 구성하는 방법을 설명한다.
- 4장 '수명, 소유권, 대여'에서는 데이터 접근이 항상 유효한지 확인하는 메커니즘에 대해 설명한다.

2부에서는 러스트를 입문 수준 시스템 프로그램 영역에 적용한다.

- 5장 '데이터 심화'에서는 숫자의 근삿값을 어떻게 계산하는지 중점적으로 살펴보면서 디지털 컴퓨터에서 정보를 표현하는 방법을 다룬다. 예제로는 맞춤형 숫자 형식과 CPU 에뮬레이터가 있다.
- 6장 '메모리'에서는 참조, 포인터, 가상 메모리, 스택, 힙이라는 용어를 설명한다. 예제로는 메모리 스캐너와 생성 예술 프로젝트가 있다.
- 7장 '파일과 저장소'에서는 데이터 구조를 저장 장치에 저장하는 프로세스를 설명한다. 예제는 십육진 덤프 프로그램과 실제 동작하는 데이터베이스다.
- 8장 '네트워킹'에서는 추상화 계층을 제거해 나가면서 HTTP를 여러 번 다시 구현하는 과정을 통해 컴퓨터가 통신하는 방법을 설명한다.
- 9장 '시간과 시간 관리'에서는 디지털 컴퓨터 내에서 시간을 추적하는 프로세스를 알아본다. 예제로는 NTP 클라이언트를 만들어 본다.
- 10장 '프로세스, 스레드, 컨테이너'에서는 프로세스, 스레드와 관련 추상화에 대해 설명한다. 터틀 그래픽 애플리케이션과 병렬 분석기 예제로 살펴본다.
- 11장 '커널'에서는 운영 체제의 역할과 컴퓨터 부팅 방법에 대해 알아본다. 자체 부트로더와 운영 체제 커널을 컴파일하는 예제로 살펴본다.
- 12장 '시그널, 인터럽트, 예외'에서는 외부 세계가 CPU, 운영 체제와 통신하는 방법을 설명한다.

이 책은 순서대로 읽도록 되어 있다. 이전 장에서 배운 지식을 알고 있다고 가정하고 이후 장이 진행된다. 그러나 각 장의 프로젝트는 독립적으로 실행할 수 있다. 그러니 다루고 싶은 주제가 있다면 자유롭게 앞뒤로 오가며 봐도 괜찮다.

코드에 대해

이 책의 코드 예제는 러스트 2018 에디션으로 작성되었으며 윈도우와 우분투 리눅스에서 테스트했다. 러스트를 설치하는 것 외에는 다른 특별한 소프트웨어가 필요하지 않다. 설치 방법은 2장에 나와 있다.

이 책에는 소스 코드 행 번호를 매기는 방식과 일반 본문 사이사이에 끼워 넣는 방식으로 예제 소스 코드를 담았다. 두 경우 다 소스 코드는 **고정폭 글꼴**로 서식이 지정되어 일반 텍스트와 구분된다. 기존 코드에 새 기능이 추가되는 경우에는 코드를 **굵게 표시**하여 같은 장의 이전 단계에서 변경된 코드를 강조하여 표시한다.

많은 경우 원본 소스 코드를 재정리했다. 책에서 사용 가능한 지면에 맞추기 위해 줄 바꿈을 추가하고 들여쓰기를 했다. 드물지만 이것으로도 충분하지 않으면 줄 연속 표시를 넣었다. 또한 코드가 본문에 설명되어 있는 경우에는 소스 코드 주석을 제거했다. 중요한 개념을 강조해야 할 때는 코드에 주해를 제공했다.

다른 온라인 자료들

이 책의 지은이인 팀은 소셜 미디어에서 @timClicks로 찾을 수 있다. 주요 채널은 트위터(*https://twitter.com/timclicks*), 유튜브(*https://youtube.com/c/timclicks*), 트위치 (*https://twitch.tv/timclicks*)다. *https://discord.gg/vZBX2bDa7W*에서 그가 운영하는 디스코드 서버에 가입할 수도 있다.

책 표지 그림에 대해

이 책의 표지에 있는 그림은 'Le maitre de chausson' 또는 'The boxer'라고 한다. 삽화는 여러 예술가의 작업을 루이 퀴메아(Louis Curmer)가 편집해 1841년 파리에서 발간한 작품집에서 가져온 것이다. 작품집 제목은 《LesFrançais peints par eux-mêmes》이며, 번역하면 '프랑스 사람들이 직접 그린 자신들의 모습'이라는 뜻이다. 각 삽화는 손으로 섬세하게 그리고 채색했는데 작품집의 풍부한 그림을 보면 불과 200년 전에 세계적으로 서로 다른 지역이나 마을에 사는 주민들이 문화적으로 얼마나 분리되었는지 생생하게 떠올릴 수 있다. 사람들은 서로 고립되어 서로 다른 방언과 언어를 사용했다. 거리나 시골 풍경으로 그들이 어디에 살았는지 그리고 옷차림으로 그들의 직업이나 삶의 위치가 어땠는지 쉽게 식별할 수 있다.

이후로 드레스 코드가 바뀌었고 그 당시 풍부했던 지역별 다양성은 사라졌다. 이제 다른 도시나 지역은 고사하고 다른 대륙의 주민들을 구별하기도 어렵다. 아마도 우리는 문화적 다양성을 더 다양한 개인 생활, 특히 더 다양하고 빠르게 변화하는 기술 생활과 맞바꾸었을 것이다.

컴퓨터 책들을 서로 구별하기 어려운 시기에 매닝은 2세기 전 지역 생활의 풍부한 다양성을 바탕으로 한 책 표지로 컴퓨터 비즈니스의 독창성과 주도성을 기리며 이 작품집의 그림을 통해 이를 되살리고자 한다.

1장

R u s t   i n   A c t i o n

러스트 소개

> **이 장에서 배울 내용**
> - 러스트의 특징과 목표
> - 러스트 문법 살펴보기
> - 러스트를 사용할 경우와 사용하지 말아야 할 경우
> - 첫 번째 러스트 프로그램 만들기
> - 객체 지향 언어 및 그 외 언어와 러스트 비교 설명

개발 능력을 더해 주는 언어, 러스트 세상에 온 것을 환영한다. 한번 그 속으로 파고들어 가 보면 러스트가 비할 데 없는 속도와 안전성을 가졌으며 사용하기에도 즐거운 언어임을 알 수 있을 것이다.

러스트로 프로그래밍을 시작한다면 이후에도 계속 쓰고 싶을 것이다. 그리고 이 책은 러스트 프로그래머로서 여러분의 자신감을 길러 줄 것이다. 다만 프로그래밍을 처음부터 가르치지는 않는다. 이 책은 러스트를 다음번에 사용할 언어로 고려하는 사람들과 실용적인 예제를 구현하는 것을 즐기는 사람들을 대상으로 썼다. 이 책에서 다루는 몇 가지 주요한 예제는 다음과 같다.

- 망델브로 집합 도식화
- grep 프로그램과 똑같은 복제본
- CPU 에뮬레이터
- 생성 예술
- 데이터베이스

- HTTP, NTP 그리고 십육진 덤프 프로그램
- 로고(LOGO) 언어 인터프리터
- 운영 체제 커널

이 목록에서 알 수 있듯이 이 책을 읽으면 러스트뿐 아니라 더 많은 것을 익힐 수 있다. 시스템 프로그래밍과 저수준 프로그래밍도 소개한다. 이 책을 공부해 나가면서 운영 체제의 역할, CPU 동작 방식, 컴퓨터가 시간을 유지하는 방법, 포인터의 개념, 데이터 타입의 개념 등을 배울 것이다. 컴퓨터의 내부 시스템이 상호 작용하는 방식도 이해하게 될 것이다. 문법 이외에도 러스트가 왜 탄생했는지 그리고 어떤 문제를 해결해 왔는지도 보게 될 것이다.

1.1 러스트는 어디에 사용되는가?

러스트는 스택오버플로에서 해마다 실시하는 개발자 대상 설문에서 2016~2021년에 '가장 사랑받는 프로그래밍 언어'로 선정되었다. 아마도 그 덕분에 다음과 같은 대형 기술 선도 업체에서 러스트를 도입했을 것이다.

- AWS(Amazon Web Services)는 2017년부터 서버리스 컴퓨팅 서비스인 AWS 람다(Lambda)와 AWS 파게이트(Fargate)에 러스트를 사용해 왔다. 이후 러스트는 아마존에서 더욱 널리 쓰이게 되었다. 아마존은 러스트로 EC2(Elastic Compute Cloud) 서비스를 위한 보틀로켓(Bottlerocket) 운영 체제와 AWS 니트로(Nitro) 시스템을 만들었다.[1]
- 클라우드플레어는 공개 DNS, 서버리스 컴퓨팅, 패킷 검사 등 많은 서비스를 러스트로 개발했다.[2]
- 드롭박스는 엑사바이트 저장 장치를 관리하는 백엔드를 러스트로 다시 구축했다.[3]
- 구글은 안드로이드 블루투스 모듈을 개발하는 데 러스트를 사용했다. 러스트는 크롬(Chrome) OS의 crosvm 컴포넌트에도 사용되었으며 구글의 새로운 운영 체제인 퓨셔(Fuchsia)를 개발하는 데 주요 언어로 채택됐다.[4]

---

1 "How our AWS Rust team will contribute to Rust's future successes," *http://mng.bz/BR4J*
2 "Rust at Cloudflare," *https://news.ycombinator.com/item?id=17077358*
3 "The Epic Story of Dropbox's Exodus From the Amazon Cloud Empire," *http://mng.bz/d45Q*
4 "Google joins the Rust Foundation," *http://mng.bz/ryOX*

- 페이스북은 러스트를 사용하여 웹, 모바일, API 서비스뿐 아니라 핵(Hack) 프로그래밍 언어에서 사용하는 HHVM(HipHop virtual machine)의 일부분을 개발했다.[5]
- 마이크로소프트는 사물 인터넷 서비스용 보안 데몬을 비롯한 애저 플랫폼 컴포넌트를 러스트로 개발했다.[6]
- 모질라는 코드가 1500만여 줄에 달하는 파이어폭스 웹 브라우저를 개선하는 데 러스트를 사용했다. 모질라가 파이어폭스에 러스트를 처음 적용한 프로젝트는 MP4 메타데이터 분석기와 텍스트 인코더/디코더였으며, 전반적인 성능과 안전성 향상을 이루었다.
- 깃허브 자회사인 npm은 '일일 13억 개 이상의 패키지'를 사용자에게 제공하는 데 러스트를 이용했다.[7]
- 오라클은 고(Go) 참조 구현으로 인한 문제를 해결하기 위해 컨테이너 런타임을 러스트로 개발했다.[8]
- 스마트싱스(SmartThings)라는 삼성 계열사에서는 사물 인터넷 서비스를 위한 펌웨어 백엔드인 '허브(Hub)'에 러스트를 사용했다.

또한 러스트는 빠르게 움직여야 하는 스타트업에서 제품과 서비스를 배포하기에 충분히 생산적이다. 다음은 그 예다.

- 소스그래프(Sourcegraph)는 지원하는 모든 언어에 대한 문법 강조(syntax highlight)에 러스트를 이용한다.[9]
- 피그마는 다중 사용자 서버의 핵심 성능을 좌우하는 컴포넌트에 러스트를 사용했다.[10]
- 패러티(Parity)는 이더리움 블록체인 프로그램을 러스트로 개발했다.[11]

5　HHVM 4.20.0 and 4.20.1," *https://hhvm.com/blog/2019/08/27/hhvm-4.20.0.html*
6　*https://github.com/Azure/iotedge/tree/master/edgelet*
7　"Rust Case Study: Community makes Rust an easy choice for npm," *http://mng.bz/xm9B*
8　"Building a Container Runtime in Rust," *http://mng.bz/d40Q*
9　"HTTP code syntax highlighting server written in Rust," *https://github.com/sourcegraph/syntect_server*
10　"Rust in Production at Figma," *https://www.figma.com/blog/rust-in-production-at-figma/*
11　"The fast, light, and robust EVM and WASM client," *https://github.com/paritytech/parity-ethereum*

1.2 러스트를 실무에서 추천하기

직장에서 러스트를 추천한다면 어떨까? 처음 난관을 극복하면 잘되는 경향이 있다. 다음에 인용한 2017년 토론은 좋은 일화다. 구글의 크롬 OS 팀 개발자 중 한 명이 프로젝트에 러스트를 도입하는 과정에 대해 이야기한 것이다.[12]

2017년 9월 27일 indy 씀:
러스트가 구글에서 사용 승인을 받을 수 있을까요?

2017년 9월 27일 zaxcellent 씀:
작성자: 구글에서 공식적으로 승인되지 않았지만 러스트를 사용하는 사람들이 있습니다. 이 컴포넌트 (KVM-A)에 러스트를 사용할 수 있었던 비결은 회사 내에 적합한 다른 언어가 없다고 동료들을 설득한 것이었습니다.
사실 러스트가 크롬 OS 빌드 환경에서 제대로 돌아가도록 많은 작업이 필요했습니다. 러스트 쪽 사람들이 내 질문에 답해 주고 큰 도움을 주었습니다.

2017년 9월 27일 ekidd 씀:
> 이 컴포넌트(KVM-A)에 러스트를 사용할 수 있었던 비결은 회사 내에 적합한 다른 언어가
> 없다고 동료들을 설득한 것이었습니다.
제 프로젝트 중에 비슷한 경우가 하나 있었는데요. 복잡한 바이너리 데이터를 분석하는 vobsub 자막 디코더라는 프로그램으로, 언젠가는 웹 서비스로 실행하고 싶었습니다. 그러다 보니 내 코드에 취약점이 없는지 확인하고 싶었어요.
러스트로 코드를 작성한 다음 cargo fuzz를 사용하여 취약점을 찾아보았습니다. 10억(!) 번의 퍼지 반복을 실행한 후 버그 다섯 개를 발견했습니다(https://github.com/rust-fuzz/trophy-case 참고).
다행히 이러한 버그 중 어느 하나도 실제로 실제 악용되지는 않았습니다. 각 경우에 러스트의 다양한 런타임 검사를 통해 문제를 성공적으로 포착하여 패닉이 통제되도록 했습니다. 실제로 이렇게 하면 웹 서버가 깨끗하게 다시 시작돼요.
그래서 여기서 내가 얻은 교훈은 (1) GC(garbage collection)가 없고 (2) 보안이 중요한 상황에서 신뢰할 수 있는 언어를 원할 때 러스트는 탁월한 선택이라는 점입니다. 고(GO)처럼 리눅스 바이너리를 정적으로 연결할 수 있다는 사실은 좋은 장점입니다.

---

12 "Chrome OS KVM—A component written in Rust," *https://news.ycombinator.com/item?id=15346557*

2017년 9월 27일 Manishearth 씀:

> 다행히 이러한 버그 중 어느 하나도 실제로 실제 악용되지는 않았습니다. 각 경우에

> 러스트의 다양한 런타임 검사를 통해 문제를 성공적으로 포착하여 패닉이

> 통제되도록 했습니다.

그냥 도움이 될까 덧붙이자면, 파이어폭스에서 러스트 코드 퍼징을 했던 경험이기도 한데요. 퍼징으로 다수의 패닉(그리고 디버그 단언(assertion), '안전한' 오버플로 단언 등)을 찾아냈습니다. 비슷한 파이어폭스 렌더링 엔진인 게코(Gecko) 코드에서 약 10년 동안 눈에 띄지 않았던 버그를 실제로 발견한 적도 있습니다.

이 글을 통해 러스트가 비교적 작은 프로젝트에서 기술적 도전을 극복하려는 엔지니어들에 의해 '상향식'으로 채택되었음을 알 수 있다. 이러한 성공에서 얻은 경험은 더 야심 찬 일에 착수하는 데 증거로 사용되었다.

2017년 후반부터 러스트는 지속적으로 더 성숙해졌으며 강력해졌다. 이로써 구글의 기술 지형에 받아들여졌으며, 현재는 안드로이드와 퓨셔 운영 체제 프로젝트에서 공식 승인까지 받았다.

1.3 언어 맛보기

이 절에서는 러스트를 직접 경험해 보기로 한다. 컴파일러 사용법을 이해하는 데서 시작해 간단한 프로그램을 작성하고 이 장의 끝에서는 완전한 프로젝트를 만들어 보겠다.

 러스트를 설치하려면 *https://rustup.rs/*에서 제공하는 공식 설치 프로그램을 사용하자.

1.3.1 "Hello, world!" 프로그램을 편법으로 만들어 보기

대부분의 프로그래머들이 새로운 프로그래밍 언어를 접했을 때 가장 먼저 하는 일은 "Hello, world!"를 콘솔 화면에 출력하는 법을 익히는 것이다. 여러분도 같은 일을 할 텐데, 대신 요령을 좀 부릴 것이다. 성가신 오류에 맞닥뜨리기 전에 모든 것이 제대로 되어 있는지 확인할 것이다.

윈도우 사용자라면 러스트를 설치한 후 시작 메뉴에 있는 명령 프롬프트를 연다. 그리고 다음 명령을 입력한다.

```
C:\> cd %TMP%
```

리눅스나 macOS 사용자라면 터미널 창을 열고 다음과 같이 입력한다.

```
$ cd $TMP
```

앞으로는 모든 운영 체제에서 동일한 명령을 사용한다. 러스트를 제대로 설치하고 다음 명령을 실행하면 "Hello, world!"가 화면에 출력된다(물론 다른 출력도 같이 나온다).

```
$ cargo new hello
$ cd hello
$ cargo run
```

마이크로소프트 윈도우에서 cmd.exe를 실행했을 때 전체 과정은 다음과 같다.

```
C:\> cd %TMP%

C:\Users\Tim\AppData\Local\Temp\> cargo new hello
    Created binary (application) `hello` project

C:\Users\Tim\AppData\Local\Temp\> cd hello

C:\Users\Tim\AppData\Local\Temp\hello\> cargo run
   Compiling hello v0.1.0 (file:///C:/Users/Tim/AppData/Local/Temp/hello)
    Finished dev [unoptimized + debuginfo] target(s) in 0.32s
     Running `target\debug\hello.exe`
Hello, world!
```

리눅스나 macOS라면 콘솔 화면은 다음과 같을 것이다.

```
$ cd $TMP

$ cargo new hello
    Created binary (application) `hello` package

$ cd hello

$ cargo run
   Compiling hello v0.1.0 (/home/tsm/hello)
    Finished dev [unoptimized + debuginfo] target(s) in 0.26s
     Running `target/debug/hello`
Hello, world!
```

여기까지 성공했다면 잘했다! 여러분은 러스트 코드를 한 줄도 작성하지 않고 처음으로 실행했다. 이제 어떤 일이 있었는지 살펴보자.

러스트의 카고(cargo) 도구는 빌드 시스템이면서 패키지 관리자다. 즉, 카고는 러스트 코드를 실행 가능한 바이너리로 변환하며, 프로젝트의 의존성을 다운로드 하고 컴파일하는 프로세스도 관리할 수 있다.

cargo new 명령은 표준 템플릿을 따르는 프로젝트를 만든다. tree 명령을 쓰면 cargo new 실행 후 생성되는 프로젝트 구조와 파일을 볼 수 있다.

```
$ tree hello
hello
├── Cargo.toml
└── src
    └── main.rs

1 directory, 2 files
```

카고로 만든 러스트 프로젝트의 구조는 전부 동일하다. 기본 디렉터리에는 Cargo. toml이라는 파일이 있는데 이 파일에는 프로젝트의 이름, 버전, 의존성 같은 메타 데이터가 들어 있다. 소스 코드는 src 디렉터리에 있다. 러스트 소스 코드의 파일 확장자는 .rs다. cargo new로 만들어지는 파일을 보려면 tree 명령을 쓴다.

그다음에 실행했던 명령은 cargo run이다. 이 부분은 이해하기 쉬워 보이지만, 카 고는 실제로 보이는 것 이상으로 많은 일을 했다. 우리는 카고에 프로젝트를 실행 하도록 명령했다. 해당 명령을 실행했을 때 실제로는 실행할 수 있는 것이 전혀 없 었다. 그래서 최대한 많은 오류 관련 정보를 제공하도록 사용자 대신 코드를 디버 그 모드로 컴파일하게 설정한다. 여기까지 진행되면 src/main.rs 파일은 항상 "Hel-lo, world!" 문구를 출력하는 코드를 포함하게 된다. 컴파일 결과 hello(또는 hello. exe)라는 파일이 생성된다. hello 파일이 실행되면 해당 결과가 화면에 출력된다.

cargo run을 실행하면 프로젝트에 새로운 파일과 디렉터리가 추가된다. 이제 Cargo.lock 파일과 target/ 디렉터리가 프로젝트의 기본 디렉터리에 추가되었다. 이 파일과 디렉터리는 카고에 의해 관리된다. 이는 컴파일 과정에서 만들어지는 것 들로 이 파일과 디렉터리를 건드릴 필요는 없다. Cargo.lock은 모든 의존성에 대한 정확한 버전 번호를 지정하는 파일로, Cargo.toml 파일이 변경되기 전까지는 이후 에도 동일한 방식으로 빌드가 정확히 이루어진다.

tree를 다시 실행하면 hello 프로젝트를 컴파일하기 위해 cargo run을 호출해서 생성된 새로운 구조가 나타난다.

```
$ tree --dirsfirst hello
hello
├── src
│   └── main.rs
├── target
│   └── debug
│       ├── build
│       ├── deps
│       ├── examples
│       ├── native
│       └── hello
├── Cargo.lock
└── Cargo.toml
```

여러 작업을 진행했고 실행도 했다. 잘했다! 지금까지 "Hello, world!" 프로그램을 편법으로 만들어 봤으니 이제는 더 긴 방법으로 같은 일을 해 보자.

1.3.2 첫 번째 러스트 프로그램

첫 번째 프로그램으로 다음과 같이 여러 언어로 된 문장을 출력하는 프로그램을 만들려고 한다.

```
Hello, world!
Grüß Gott!
안녕, 세상아!
```

첫 번째 줄은 앞서 보았던 것이다. 다른 두 줄은 러스트의 특징을 강조하기 위해 넣었다. 바로 쉬운 반복과 기본 지원되는 유니코드다. 이 프로그램을 만드는 데 앞에서처럼 카고를 이용한다. 다음은 프로젝트를 만드는 데 따라야 할 순서다.

1. 콘솔 창을 연다.
2. 마이크로소프트 윈도우에서는 cd %TMP%, 다른 운영 체제(리눅스나 macOS)에서는 cd $TMP를 실행한다.
3. cargo new hello2를 실행해서 새로운 프로젝트를 만든다.
4. cd hello2를 실행해서 프로젝트의 루트 디렉터리로 이동한다.
5. src/main.rs 파일을 텍스트 편집기로 연다.
6. 해당 파일의 내용을 예제 1.1의 내용으로 바꾼다.

다음 예제의 코드는 소스 코드 저장소에 있다. ch1/ch1-hello2/src/main.rs를 열도록 한다.

예제 1.1 "Hello, World!"를 세 가지 언어로 출력하기

```
01 fn greet_world() {
02   println!("Hello, world!");                    ❶
03   let southern_germany = "Grüß Gott!";          ❷
04   let korean = "안녕, 세상아!";                   ❸
05   let regions = [southern_germany, korean];     ❹
06
07   for region in regions.iter() {    ❺
08     println!("{}", &region);        ❻
09   }
10 }
11
12 fn main() {
13   greet_world();    ❼
14 }
```

❶ 느낌표 표시는 매크로를 의미한다. 나중에 알아보겠다.

❷ 러스트에서의 할당문이다. 좀 더 정확히 말하자면 let 키워드를 이용한 변수 바인딩이다.

❸ 유니코드가 기본으로 제공된다.

❹ 배열 리터럴을 표현할 때에는 대괄호([])를 쓴다.

❺ 많은 타입에 반복자(iterator)를 반환하는 iter() 메서드가 있다.

❻ 앰퍼샌드(&) 기호는 영역 내의 값을 읽기 전용으로 대여(borrow)할 때 사용된다.

❼ 함수를 호출한다. 괄호가 함수명에 붙어 있는 것에 유의한다.

이제 코드를 고쳤으니 cargo run을 hello2/ 디렉터리에서 실행한다. 다음과 같이 카고 자체에서 나오는 일련의 출력과 함께 세 가지 인사말이 출력된다.

```
$ cargo run
   Compiling hello2 v0.1.0 (/path/to/ch1/ch1-hello2)
    Finished dev [unoptimized + debuginfo] target(s) in 0.95s
     Running `target/debug/hello2`
Hello, world!
Grüß Gott!
안녕, 세상아!
```

잠시 시간을 내어 예제 1.1에 나온 러스트의 흥미로운 요소 몇 가지를 살펴보겠다.

눈에 띄는 것 중 하나는 러스트에서 다양한 범주의 문자를 사용할 수 있다는 점이다. 문자열(string)은 UTF-8로 인코딩되어 있다. 이는 비영어권 언어를 상대적으로 쉽게 사용할 수 있다는 것을 의미한다.

println 뒤에 붙는 느낌표는 어울리지 않아 보일 수 있다. 루비를 사용해 봤다면 이를 파괴적 연산(destructive operation: 객체를 변경하는 연산)을 나타내기 위해 사용했을 수도 있다. 러스트에서는 매크로를 사용했음을 알려 줄 때 사용한다. 지금은 매크로를 일종의 멋진 함수 정도로 생각하면 된다. 매크로를 사용하면 비슷비슷하게 중복되는 코드 조합(boilerplate code)을 쓰지 않아도 된다. printGn!을 예로 들면, 어떤 데이터 타입이라도 화면에 출력할 수 있도록 내부적으로 타입을 탐지하는 기능이 들어 있다.

1.4 이 책의 소스 코드 다운로드

이 책의 예제를 실제로 따라 하려면 예제의 소스 코드가 필요할 것이다. 모든 예제의 소스 코드는 다음 사이트에서 편리하게 내려 받을 수 있다.

- *https://manning.com/books/rust-in-action*
- *https://github.com/rust-in-action/code*

1.5 러스트의 생김새와 느낌

러스트는 해스켈 개발자나 자바 프로그래머와도 잘 어울리는 언어다. 해스켈과 자바같은 표현력이 풍부한 고수준 언어이면서, 동시에 저수준 언어에서 볼 수 있는 베어 메탈(bare-metal) 수준의 성능을 보여준다.

1.3절에서 몇 가지 "Hello, world!" 예제를 살펴보았으니 러스트의 특징을 좀 더 느낄 수 있도록 약간 더 복잡한 것에 도전해 보자. 예제 1.2는 기본적인 텍스트 처리를 러스트에서 어떻게 하는지 간단히 보여 준다. 이 코드는 ch1/ch1-penguins/ src/main.rs 파일에 있다. 주목해야 할 몇 가지 부분은 다음과 같다.

- 일반적인 흐름 제어 메커니즘 — for 반복문과 continue 키워드를 포함한다.
- 메서드 문법 — 러스트는 객체 지향 언어가 아니어서 상속 등을 지원하지는 않지만, 객체 지향 언어에 있는 메서드 관련 요소를 가져왔다.
- 고차 프로그래밍 — 함수는 인자로도, 반환값으로도 쓰일 수 있다. 예를 들어 19 행(.map(|field| field.trim()))은 익명 함수 또는 람다(λ) 함수로 알려진 클로저(closure)를 포함하고 있다
- 타입 애너테이션(type annotation) — 상대적으로 적게 쓰이지만 이따금 컴파일러에 일종의 힌트를 줄 때 필요하다(if let Ok(length)로 시작하는 27행을 보라).

- 조건부 컴파일(conditional compilation) — 21~24행(if cfg!(...);)은 프로그램을 릴리스 버전으로 만들 때에는 포함되지 않는다.
- 암묵적 반환 — 러스트에는 return 키워드가 있지만 보통 생략한다. 러스트는 표현 기반 언어(expression-based language)다.

예제 1.2 몇 가지 기본적인 CSV 데이터 처리를 보여 주는 러스트 코드

```
01 fn main() {                                    ❶
02   let penguin_data ="\                         ❷
03   common name,length (cm)
04   Little penguin,33
05   Yellow-eyed penguin,65
06   Fiordland penguin,60
07   Invalid,data
08   ";
09
10   let records = penguin_data.lines();
11
12   for (i, record) in records.enumerate() {
13     if i == 0 || record.trim().len() == 0 {    ❸
14       continue;
15     }
16
17     let fields: Vec<_> = record                 ❹
18       .split(',')                               ❺
19       .map(|field| field.trim())                ❻
20       .collect();                               ❼
21     if cfg!(debug_assertions) {                 ❽
22       eprintln!("debug: {:?} -> {:?}",
23         record, fields);                        ❾
24     }
25
26     let name = fields[0];
27     if let Ok(length) = fields[1].parse::<f32>() {    ❿
28       println!("{}, {}cm", name, length);             ⓫
29     }
30   }
31 }
```

❶ 프로젝트를 실행하기 위해서는 main() 함수가 꼭 필요하다.

❷ 뒤에 오는 줄 바꿈을 피한다.

❸ 제목과 공백이 있는 줄은 처리하지 않고 넘긴다.

❹ 한 줄 텍스트로 시작한다.

❺ record를 field로 나눈다.

❻ 각 field의 양 끝 공백을 지운다.

❼ field 모음을 벡터 하나로 합친다.

❽ cfg!는 컴파일 시에 주어진 환경 설정을 검사한다.

❾ eprintln!은 표준 오류(stderr)로 내용을 출력한다.

❿ 해당 필드를 부동 소수점 수로 분석한다.

⓫ println!은 표준 출력(stdout)으로 출력한다.

예제 1.2가 혼란스럽게 느껴지는 독자들도 있을 것이다. 특히 러스트를 전에 접한 적이 없다면 더욱 그럴 것이다. 더 나아가기 전에 몇 가지를 정리해 보았다.

- 17행에서 fields 변수는 Vec<_> 타입으로 표기했다. Vec은 vector를 줄여 쓴 것으로, 동적으로 확장할 수 있는 컬렉션 타입이다. 밑줄(_)은 해당 요소의 타입을 추론하라고 러스트에 지시한다.

- 22~28행에서는 콘솔 화면에 정보를 출력하도록 지시했다. println! 매크로는 주어진 인자를 표준 출력에 출력하며, eprintln!은 표준 에러에 출력한다. 매크로는 함수와 비슷하지만 데이터 대신 코드를 반환한다. 매크로는 공통 패턴을 단순화하는 데 이용한다. eprintln!과 println! 둘 다 출력을 제어할 목적으로 첫 번째 인자에 문자열 리터럴을 사용한다. {} 자리 표시자는 {:?}를 이용한 기본 표현 방식이 아닌, 프로그래머가 값을 문자열로 표현하기 위해 정의한 메서드를 사용하도록 러스트에 지시한다.

- 27행에는 몇 가지 독특한 특징이 있다. if let Ok(length) = fields[1].parse::<f32>()는 "fields[1]을 32비트 부동 소수점 수로 해석을 시도해서 성공할 경우 length 변수에 그 값을 할당한다"라고 읽는다. if let 구문은 데이터를 처리하고 조건에 따라 지역 변수에 값을 할당하는 축약된 방법이다. parse() 메서드는 문자열 해석에 성공하면 Ok(T)(여기에서 T는 임의의 타입을 의미)를, 실패하면 Err(E)(여기에서 E는 오류 타입을 의미)를 반환한다. if let Ok(T)의 효과는 처리 도중 나타나는 오류는 처리하지 않고 넘어가는 것이다. 러스트는 주변 문맥을 보고 타입 추론이 불가능하면, 해당 타입을 구체적으로 설정해 달라고 요청한다. parse()에는 인라인으로 타입 애너테이션을 parse::<f32>()로 했다.

소스 코드를 실행 가능한 파일로 변환하는 작업을 컴파일이라고 한다. 러스트 코드를 컴파일하려면 러스트 컴파일러를 설치하고 소스 코드를 대상으로 컴파일러를 실행해야 한다. 예제 1.2를 컴파일하려면 다음과 같이 진행한다.

1. 콘솔 창을 연다(cmd.exe나 파워셸, 터미널 등 사용).
2. 1.4절에서 설명한 대로 다운로드한 소스 코드 목록 중 ch1/ch1-penguins 디렉터리로 이동한다(ch1/ch1-penguins/src가 아니다).
3. cargo run을 실행한다. 결과는 다음과 같다.

```
$ cargo run
   Compiling ch1-penguins v0.1.0 (../code/ch1/ch1-penguins)
    Finished dev [unoptimized + debuginfo] target(s) in 0.40s
     Running `target/debug/ch1-penguins`
debug: "  Little penguin,33" -> ["Little penguin", "33"]
Little penguin, 33cm
debug: "  Yellow-eyed penguin,65" -> ["Yellow-eyed penguin", "65"]
Yellow-eyed penguin, 65cm
debug: "  Fiordland penguin,60" -> ["Fiordland penguin", "60"]
Fiordland penguin, 60cm
debug: "  Invalid,data" -> ["Invalid", "data"]
```

아마 눈치챘겠지만 debug:로 시작되는 눈에 띄는 줄이 있다. 해당 줄은 카고의 --release 플래그를 이용해서 릴리스용으로 빌드하면 없어진다. 이런 조건부 컴파일 기능은 예제 1.2의 22~24행 cfg!(debug_assertions) {...} 블록에서 쓰였다. 릴리스 빌드는 실행 시에는 더 빠르지만 컴파일하는 데는 더 오래 걸린다.

```
$ cargo run --release
   Compiling ch1-penguins v0.1.0 (.../code/ch1/ch1-penguins)
    Finished release [optimized] target(s) in 0.34s
     Running `target/release/ch1-penguins`
Little penguin, 33cm
Yellow-eyed penguin, 65cm
Fiordland penguin, 60cm
```

cargo 명령에 -q 플래그를 쓰면 좀 더 간결한 결과를 얻을 수 있다. -q는 quite의 준말이다. 실행한 결과는 다음과 같다.

```
$ cargo run -q --release
Little penguin, 33cm
Yellow-eyed penguin, 65cm
Fiordland penguin, 60cm
```

예제 1.1과 1.2는 러스트의 다양한 기능을 이해하기 쉬운 예제로 묶기 위해 골랐다. 모쪼록 러스트 프로그램이 고수준의 느낌과 저수준의 성능을 겸비했다는 점을 확인했으면 한다. 이제 언어의 특징 말고 러스트 언어의 이면에는 어떤 생각이 있는지, 프로그래밍 언어 생태계에서 어떤 곳에 걸맞는지 살펴보자.

1.6 러스트는 어떤 언어인가?

다른 프로그래밍 언어와 러스트를 구분 짓는 특징은 컴파일 시에 잘못된 데이터에 접근하는 것을 방지하는 능력이다. 마이크로소프트의 보안 대응 센터(Security Response Center)에서 수행한 연구 프로젝트와 크로미움(Chromium) 브라우저 프로젝트 양쪽 모두에서 치명적인 보안 버그의 70% 정도가 잘못된 데이터 접근과 관련이 있다고 밝혔다.[13] 러스트는 이러한 버그를 제거한다. 프로그램에 눈에 띄는 성능 손실 없이 메모리 안전성을 담보한다.

다른 언어도 이런 수준의 안전성을 제공할 수 있지만 프로그램이 실행될 때 검사 작업이 추가되어야 하며 결국 성능이 떨어진다. 러스트는 이런 악순환의 고리를 끊어 냈고, 그림 1.1처럼 자신만의 영역을 구축했다.

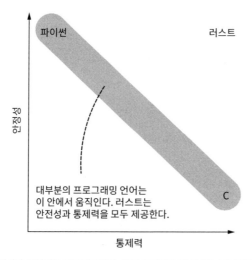

그림 1.1 러스트는 안전성과 통제력을 모두 제공한다. 다른 언어들은 이 중 어느 하나에 집중하는 경향이 있다.

전문가 집단으로서 러스트 커뮤니티는 의사 결정 과정에 분명한 가치를 기꺼이 부여하려는 의지를 갖고 있다. 이러한 정신은 광범위하게 퍼져 있다. 공개적인 메시

---

13 더 자세한 내용은 "We need a safer systems programming language"(*http://mng.bz/VdN5*)와 "Memory safety"(*http://mng.bz/xm7B*) 기사를 참고한다.

지는 환영받는다. 러스트 커뮤니티 내 모든 상호 작용은 행동 수칙(code of conduct)에 의해 관리된다. 러스트 컴파일러의 오류 메시지조차 엄청나게 유용하다.

2018년 후반까지 러스트 홈페이지를 방문한 사람들은 기술적으로 무게감 있는 다음과 같은 환영 메시지를 보았다. "러스트는 엄청나게 빠르고 세그먼테이션 폴트를 방지하며 스레드 안전성을 보장하는 시스템 프로그래밍 언어다." 현재 커뮤니티는 해당 문구를 사용자(그리고 잠재적인 사용자) 중심적인 문구로 바꿨다(표 1.1).

2018년 후반까지	2018년 후반 이후
"러스트는 엄청나게 빠르고 세그먼테이션 폴트를 방지하며 스레드 안전성을 보장하는 시스템 프로그래밍 언어다."	"신뢰할 수 있고 효율적인 소프트웨어를 누구나 만들 수 있도록 능력을 더해 준다."

표 1.1 시간에 따른 슬로건의 변화. 러스트가 자신감을 키워 나감에 따라 프로그래밍에 대한 열망을 가진 사람들 모두를 돕고 지원한다는 생각을 계속해서 수용하고 있다.

러스트는 시스템 프로그래밍 언어라는 꼬리표를 달고 있다. 이는 매우 전문적이고 난해하기 짝이 없는 프로그래밍 분야다. 하지만 이 언어가 여러 다른 영역에도 적용 가능하다는 것을 많은 러스트 프로그래머가 알게 되었다. 안전성, 생산성, 통제력은 모든 소프트웨어 엔지니어링 프로젝트에 유용하다. 더 나아가 러스트 커뮤니티의 포용력 덕분에 다양한 관심사를 지닌 새로운 목소리를 지속적으로 반영하면서 혜택을 받고 있다.

안전성, 생산성, 통제력이라는 세 가지 목표에 살을 붙여 보자. 이것들은 무엇이고 왜 중요할까?

1.6.1 러스트의 목표: 안전성

러스트 프로그램은 다음으로부터 자유롭다.

- 댕글링 포인터(dangling pointer) — 프로그램 실행 과정에서 유효하지 않게 된 데이터에 대한 참조(예제 1.3)
- 데이터 경합(data race) — 외부 요인의 변화로 인해 실행할 때마다 프로그램이 어떻게 동작할지 결정할 수 없음(예제 1.4)
- 버퍼 오버플로 — 배열의 범위를 벗어난 값에 접근하려고 하는 것(예제 1.5)
- 반복자 무효화(iterator invalidation) — 실행 도중 변경된 항목에 대해 반복 작업을 함으로써 발생하는 이슈(예제 1.6)

프로그램을 디버그 모드로 컴파일하면 러스트는 정수 오버플로도 방어한다. 정수 오버플로란 무엇일까? 정수는 한정된 범위의 숫자 집합만 표현할 수 있다. 이 숫자들은 메모리에 고정된 폭만큼 공간을 점유한다. 정수 오버플로는 정수가 한계에 도달했다가 다시 시작 부분으로 흘러넘치는 상황이다.

다음 예제는 댕글링 포인터에 대한 것이다. 해당 코드는 ch1/ch1-cereals/src/main.rs에 있다.

예제 1.3 댕글링 포인터 만들기

```
01 #[derive(Debug)]         ❶
02 enum Cereal {            ❷
03   Barley,
04   Millet,
05   Rice,
06   Rye,
07   Spelt,
08   Wheat,
09 }
10
11 fn main() {
12   let mut grains: Vec<Cereal> = vec![];    ❸
13   grains.push(Cereal::Rye);                ❹
14   drop(grains);                            ❺
15   println!("{:?}", grains);                ❻
16 }
```

❶ Cereal 열거형을 출력할 때 println! 매크로로 사용할 수 있도록 한다.

❷ enum(enumeration: 열거형)은 사용할 수 있는 값의 종류가 정해져 있는 타입이다.

❸ Cereal을 항목으로 하는 빈 벡터 grains를 정의한다.

❹ grains 벡터에 항목을 하나 넣는다.

❺ grains를 삭제하고 내부 항목들도 지운다.

❻ 삭제된 grains에 접근하여 그 값을 출력하려 한다.

예제 1.3에는 grains 안에 포인터가 있으며 12행에서 생성된다. Vec<Cereal>은 기본 배열을 가리키는 내부 포인터로 구현된다. 하지만 이 예제는 컴파일되지 않는다. 컴파일하려고 하면 '옮겨진(moved)' 값을 '대여(borrow)'하려고 한다는 오류 메시지가 출력된다. 해당 에러 메시지를 어떻게 해석하고 해결할지는 나중에 알아볼 것이다. 예제 1.3을 컴파일하면 다음과 같이 오류가 출력된다.

```
$ cargo run
  Compiling ch1-cereals v0.1.0 (/rust-in-action/code/ch1/ch1-cereals)
error[E0382]: borrow of moved value: `grains`
 --> src/main.rs:15:22
   |
12 |     let mut grains: Vec<Cereal> = vec![];
   |         ---------- move occurs because `grains` has type `Vec<Cereal>`,
   |                    which does not implement the `Copy` trait
13 |     grains.push(Cereal::Rye);
14 |     drop(grains);
   |          ------ value moved here
15 |     println!("{:?}", grains);
   |                      ^^^^^^ value borrowed here after move

error: aborting due to previous error

For more information about this error, try `rustc --explain E0382`.
```

예제 1.4는 데이터 경합에 대한 예다. 이전에 이 상태는 외부 요인 변화로 인해 실행할 때마다 프로그램의 동작 방식을 결정할 수 없기 때문에 발생한다고 했다. 이 코드는 ch1/ch1-race/src/main.rs에 있다.

예제 1.4 러스트가 경합 조건을 방지하는 예

```
1 use std::thread;    ❶
2 fn main() {
3   let mut data = 100;
4
5   thread::spawn(|| { data = 500; });     ❷
6   thread::spawn(|| { data = 1000; });
7   println!("{}", data);
8 }
```

❶ 다중 스레드 관련 기능을 현재 범위로 가져온다.

❷ thread::spawn()은 인자로 클로저를 받는다.

스레드라는 용어가 익숙하지 않은 독자를 위해 얘기하자면, 결론은 위 코드가 결정적이지 않다는 것이다. main()이 종료될 때 data가 어떤 값을 가질지 알 수 없다. 5행과 6행에서 thread::spawn()을 호출하면 스레드 두 개가 생성되고 각각 호출될 때 수직 막대(||)와 중괄호({})로 표기되는 클로저를 인자로 받는다. 5행에서 생성되는 스레드에서는 data 변수를 500이라는 값으로 설정하려고 하고, 반면 6행에서 생성되는 스레드에서는 1000으로 설정하려고 한다. 이 스레드들에 대한 실행 순서

는 프로그램이 아닌 운영 체제에 의해 결정되므로 어떤 스레드가 우선순위를 가져 먼저 실행될지 알 수 없다.

예제 1.4를 컴파일하면 엄청난 양의 에러 메시지를 보게 된다. 러스트는 한 애플리케이션의 여러 곳에서 데이터에 접근하는 것을 허용하지 않는다. 위 코드에서는 이러한 접근을 세 군데에서 시도했다. 하나는 main()에서 실행되는 주 스레드이며, 나머지는 thread::spawn()에서 만들어지는 각각의 자식 스레드다. 다음은 컴파일러를 실행하면 볼 수 있는 메시지다.

```
$ cargo run
   Compiling ch1-race v0.1.0 (rust-in-action/code/ch1/ch1-race)
error[E0373]: closure may outlive the current function, but it
              borrows `data`, which is owned by the current function
 --> src/main.rs:6:19
  |
6 |     thread::spawn(|| { data = 500; });
  |                   ^^   ---- `data` is borrowed here
  |                   |
  |                   may outlive borrowed value `data`
  |
note: function requires argument type to outlive `'static`
 --> src/main.rs:6:5
  |
6 |     thread::spawn(|| { data = 500; });
  |     ^^^^^^^^^^^^^^^^^^^^^^^^^^^^^^^^^^
help: to force the closure to take ownership of `data`
      (and any other referenced variables), use the `move` keyword
  |
6 |     thread::spawn(move || { data = 500; });
  |                   ^^^^^^^

...   ❶
error: aborting due to 4 previous errors

Some errors have detailed explanations: E0373, E0499, E0502.
For more information about an error, try `rustc --explain E0373`.
error: could not compile `ch1-race`.
```

> ❶ 다른 에러 세 개는 생략했다.

예제 1.5는 버퍼 오버플로 예다. 버퍼 오버플로는 메모리상에 존재하지 않는 요소나 비정상적인 요소에 접근하려는 상황을 뜻한다. 이 예제에서는 fruit 변수가 세 가지 과일 정보만 가지고 있는데 fruit[4]에 접근하려 해서 프로그램이 비정상 종료된다. 해당 코드는 ch1/ch1-fruit/src/main.rs에 있다.

예제 1.5 버퍼 오버플로로 패닉을 일으키는 예

```
1 fn main() {
2   let fruit = vec!['🍎', '🥝', '🐌'];
3
4   let buffer_overflow = fruit[4];      ❶
5   assert_eq!(buffer_overflow, '🍇')    ❷
6 }
```

> ❶ 러스트는 변수에 잘못된 메모리 위치의 값을 할당하는 대신 프로그램을 비정상 종료한다.
>
> ❷ assert_eq!()는 두 인자가 같은지 확인한다.

예제 1.5를 컴파일하고 실행하면 다음과 같은 에러 메시지가 나온다.

```
$ cargo run
  Compiling ch1-fruit v0.1.0 (/rust-in-action/code/ch1/ch1-fruit)
   Finished dev [unoptimized + debuginfo] target(s) in 0.31s
    Running `target/debug/ch1-fruit`
thread 'main' panicked at 'index out of bounds:
   the len is 3 but the index is 4',
src/main.rs:4:27
note: run with `RUST_BACKTRACE=1` environment variable to display a backtrace
```

다음으로는 반복자 무효화에 대해 살펴본다. 이것은 반복을 수행하는 도중에 값이 변경되는 경우 발생한다. 해당 예제는 ch1/ch1-letters/src/main.rs다.

예제 1.6 반복이 일어나는 동안 값을 변경하려고 시도하는 예

```
01 fn main() {
02   let mut letters = vec![      ❶
03     "a", "b", "b"
04   ];
05
06   for letter in letters {
07     println!("{}", letter);
08     letters.push(letter.clone());    ❷
09   }
10 }
```

> ❶ 가변 벡터 letters를 만든다.
>
> ❷ 각 글자를 복제한 후 벡터 끝에 덧붙인다.

예제 1.6을 컴파일하면 실패하는데, 러스트는 letters 변수가 반복문 안에서 수정되는 것을 허용하지 않기 때문이다. 오류 메시지는 다음과 같다.

```
$ cargo run
   Compiling ch1-letters v0.1.0 (/rust-in-action/code/ch1/ch1-letters)
error[E0382]: borrow of moved value: `letters`
 --> src/main.rs:8:7
  |
2 |   let mut letters = vec![
  |       ----------- move occurs because `letters` has type
  |                   `std::vec::Vec<&str>`, which does not
  |                   implement the `Copy` trait
...
6 | for letter in letters {
  |               -------
  |               |
  |               `letters` moved due to this implicit call
  |               to `.into_iter()`
  |               help: consider borrowing to avoid moving
  |               into the for loop: `&letters`
7 |     println!("{}", letter);
8 |     letters.push(letter.clone());
  |     ^^^^^^^ value borrowed here after move

error: aborting due to previous error

For more information about this error, try `rustc --explain E0382`.
error: could not compile `ch1-letters`.

To learn more, run the command again with --verbose.
```

에러 메시지가 기술 용어(borrow, move, trait 등)으로 가득하지만, 러스트는 프로그래머가 함정에 빠지지 않도록 보호한다. 그러니 두려워하지 말자. 기술 용어들은 이 책의 처음 몇 장을 읽고 나면 쉽게 이해하게 된다.

언어가 안전하다는 것을 알기만 해도 프로그래머는 많은 자유를 얻는다. 프로그램이 깨지지 않는다고 확신하면 프로그래머는 더 적극적으로 실험을 하기 때문이다. 러스트 커뮤니티의 '두려움 없는 동시성(fearless concurrency)'이란 말은 이런 자유를 토대로 나온 표현이다.

1.6.2 러스트의 목표: 생산성

선택지가 있다면 러스트는 개발자에게 가장 쉬운 선택지를 제공한다. 많은 절묘한 기능이 생산성을 높이기 위한 것들이다. 하지만 프로그래머의 생산성은 책 한 권에서 예제를 통해 표현하기에는 어려운 개념이다. 초보자에게 문제가 되는 상황, 예컨대 동등 비교(==)를 해야 할 표현식에 대입(=)을 사용하는 경우를 살펴보자.

```
1 fn main() {
2   let a = 10;
3
4   if a = 10 {
5     println!("a equals ten");
6   }
7 }
```

위의 러스트 코드는 컴파일되지 않는다. 컴파일러는 다음과 같은 메시지를 출력한다.

```
error[E0308]: mismatched types
 --> src/main.rs:4:8
  |
4 |     if a = 10 {
  |        ^^^^^^
  |        |
  |        expected `bool`, found `()`
  |        help: try comparing for equality: `a == 10`

error: aborting due to previous error

For more information about this error, try `rustc --explain E0308`.
error: could not compile `playground`.

To learn more, run the command again with --verbose.
```

먼저 mismatched types라는 에러 메시지가 낯설게 느껴진다. 당연하지만 변수가 어떤 값과 동일한지 검사하는 것은 문제가 없다.

좀 더 생각해 보면, 왜 if 검사가 잘못된 타입을 받았다고 하는 것인지 분명해진다. if는 정수를 받지 않는다. 대입식의 결과를 받는다. 러스트에서 이는 빈 형 (blank type)이며 ()로 표기한다. ()는 유닛(unit)이라고 읽는다.[14]

의미 있는 반환값이 없는 경우 표현식은 ()을 반환한다. 다음과 같이 두 번째 등호 기호를 넣으면 비로소 a equals ten이라고 제대로 출력한다.

```
1 fn main() {
2   let a = 10;
3
```

---

[14] 유닛이라는 명칭은 OCaml과 F#을 비롯한 ML 계열 언어로부터 물려받은 유산의 일부다. 이 용어는 수학에서 유래했다. 이론적으로 유닛 타입은 단일한 값을 가질 수 있다. 이는 true와 false 두 값을 가지는 불 타입이나 무한대의 유효한 값을 가지는 문자열과 대조된다.

```
4    if a == 10 {    ❶
5      println!("a equals ten");
6    }
7 }
```

> ❶ == 연산자를 사용해야 프로그램이 컴파일된다.

러스트는 인간 공학적 편의 기능을 많이 가지고 있다. 러스트는 제네릭, 정교한 데이터 타입, 패턴 매칭, 클로저를 제공한다.[15] AOT(ahead-of-time) 컴파일 언어를 써본 사람들은 러스트의 빌드 시스템이자 종합적인 패키지 관리자인 카고를 고마워할 것이다.

우리는 처음에 카고를 러스트 컴파일러인 rustc에 대한 프런트엔드로 알았는데 카고는 러스트 프로그래머에게 다음과 같은 추가적인 기능을 제공한다.

- cargo new는 새로운 디렉터리에 러스트 프로젝트의 뼈대를 만든다(cargo init 은 현재 디렉터리를 이용한다).
- cargo build는 의존성 패키지를 다운로드하고 코드를 컴파일한다.
- cargo run은 cargo build를 실행하고 나서 그 결과로 생성된 실행 파일을 실행한다.
- cargo doc은 현재 프로젝트의 모든 의존성 패키지에 대한 HTML 문서를 만든다.

1.6.3 러스트의 목표: 통제력

프로그래머는 러스트로 데이터 구조의 메모리 배치 방식과 그 접근 패턴을 세밀하게 제어할 수 있다. 러스트는 '무비용 추상화(zero cost abstraction)' 철학에 부합하는 합리적인 기본값을 사용하지만, 이러한 기본값이 모든 상황에 적합하지는 않다.

때로는 애플리케이션 성능을 관리하는 것이 필수다. 데이터가 힙이 아닌 스택에 저장된다는 것이 중요할 수 있다. 값에 대한 공유 참조를 생성하기 위해 참조 카운트(reference count)를 추가하는 것이 합리적일 수 있다. 경우에 따라 특정 접근 패턴에 대해 고유한 유형의 포인터를 만드는 것이 유용할 수 있다. 설계 영역은 넓고 러스트는 선호하는 솔루션을 구현할 수 있는 도구를 제공한다.

---

15 몇몇 단어가 낯설더라도 계속 읽어 나가자. 이 단어들은 책 곳곳에서 설명하겠다. 이 중에는 다른 언어에서는 찾을 수 없는 언어적 특징도 있다.

> ✅ 스택, 힙, 참조 카운트 같은 단어가 낯설더라도 이 책을 놓지 말자. 이 책의 나머지 부분에서 많은 시간을 들여 이 용어들의 개념과 그 동작 방식을 설명할 것이다.

예제 1.7은 a: 10, b: 20, c: 30 ,d: Mutex{ data:40 }을 출력한다. 각 표현은 정수를 저장하는 또 다른 방식이다. 다음 몇 장을 진행하면서 각 수준에서 어떤 절충이 이뤄지는지 명확히 할 것이다. 지금 기억해야 할 중요한 점은 데이터 타입 선택이 매우 포괄적이라는 사실이다. 사용하는 상황에 맞춰 적합한 방식을 선택해도 된다.

예제 1.7은 또한 정수를 생성하는 여러 방법을 보여 준다. 각 방식은 그 의미와 실행 시 특성이 서로 다르다. 하지만 프로그래머는 자신이 원하는 대로 완전히 절충할 수 있다.

예제 1.7 정숫값을 생성하는 여러 방식

```
01 use std::rc::Rc;
02 use std::sync::{Arc, Mutex};
03
04 fn main() {
05   let a = 10;                         ❶
06   let b = Box::new(20);               ❷
07   let c = Rc::new(Box::new(30));      ❸
08   let d = Arc::new(Mutex::new(40));   ❹
09   println!("a: {:?}, b: {:?}, c: {:?}, d: {:?}", a, b, c, d);
10 }
```

❶ 스택에 정수를 생성한다.

❷ 힙에 정수를 생성한다. 박스된(boxed) 정수라고도 한다.

❸ 참조 카운터 안에 박스된 정수를 담는다.

❹ 원자적(atomic) 참조 카운터에 담긴 정수이며, 상호 배제(mutual exclusion) 잠금 방식으로 보호받는다.

러스트가 왜 특정 방식으로 무언가를 하는지 이해하려면 세 가지 원칙을 살펴보는 것이 도움이 된다.

- 언어의 최우선 사항은 안전성이다.
- 러스트의 데이터는 기본적으로 불변형이다.
- 컴파일 시 검사를 강력하게 우선시한다. 안전성은 '무비용 추상화'여야 한다.

1.7 러스트의 큰 특징

사용하는 도구에 따라 우리가 만들 수 있다고 믿는 것이 정해진다. 만들고 싶었지만 자신이 없어서 시도하지 못했던 그런 소프트웨어를 러스트로 만들 수 있다. 러스트는 어떤 도구일까? 이전 절에서 이야기한 세 가지 원칙은 언어에서 제공하는 세 가지 주요 특징으로 귀결된다.

- 성능
- 동시성
- 메모리 효율

1.7.1 성능

러스트는 컴퓨터의 성능을 가능한 한 전부 뽑아낸다. 러스트는 메모리 안전성을 가비지 컬렉터에 의존하지 않는 것으로 유명하다.

안타깝게도 더 빠른 프로그램을 만드는 데는 한 가지 문제가 있다. CPU 속도가 정해져 있다는 것이다. 따라서 소프트웨어가 더 빠르게 동작하려면 더 적은 작업을 수행해야 한다. 그런데 언어는 거대하다. 이런 충돌을 해결하기 위해 러스트는 이런 부담을 컴파일러가 지게 한다.

러스트 커뮤니티는 컴파일러가 적게 일하는 간단한 언어보다는, 컴파일러가 더 많이 일하는 큰 언어를 선호한다. 러스트 컴파일러는 프로그램의 크기와 속도를 적극적으로 최적화한다. 덜 두드러져 보이지만 러스트에는 다음과 같은 기법도 있다.

- 캐시 친화적인 데이터 구조가 기본적으로 제공된다. 일반적으로 배열은 포인터로 만들어진, 깊이 중첩된 트리 구조 대신 러스트 프로그램 안에 데이터를 보관한다. 이를 데이터 지향 프로그래밍이라고 한다.
- 최신 패키지 관리자인 카고 덕분에 수많은 오픈 소스 패키지를 쉽게 활용할 수 있다. C와 C++는 일관성이 훨씬 낮아서 의존성이 많은 대규모 프로젝트를 빌드하기가 대체로 어렵다.
- 메서드는 동적 디스패치를 명시적으로 요청하지 않는 한 늘 정적으로 디스패치된다. 그 덕분에 컴파일러는 코드를 강력하게 최적화할 수 있으며, 때로는 함수 호출 비용을 완전히 없앨 수도 있다.

1.7.2 동시성

컴퓨터에 동시에 한 가지 이상의 작업을 요구하는 것은 소프트웨어 엔지니어에게 어려운 일이다. 운영 체제에서 프로그래머가 심각한 실수를 하면 두 개의 독립적인 실행 스레드는 서로를 멋대로 파괴할 수 있다. 그러나 러스트는 두려움 없는 동시성이라는 표현을 만들어 냈다. 안전에 대한 강조는 독립적인 스레드의 제약을 넘는다. 스레드의 속도를 제한하는 전역 인터프리터 잠금(global interpreter lock) 같은 것은 없다. 2부에서 이 의미에 대해 살펴본다.

1.7.3 메모리 효율성

러스트를 이용하면 최소한의 메모리만 필요로 하는 프로그램을 만들 수 있다. 필요한 경우 고정 크기 구조체를 사용할 수 있으며 모든 바이트가 어떻게 관리되는지 정확히 알 수 있다. 반복 및 제네릭 타입과 같은 고차원적 구조는 실행 시 최소한의 부하만 일으킨다.

1.8 러스트의 단점

마치 이 언어가 모든 소프트웨어 엔지니어링의 만병통치약인 것처럼 말하기 쉽다. 예를 들어 다음과 같다.

- "저수준 언어의 성능을 가진 고수준 문법"
- "충돌 없는 동시성"
- "완전한 안전성을 가진 C 언어"

약간 과장되기는 했지만 훌륭한 슬로건들이다. 그러나 그 모든 장점에도 불구하고 러스트도 몇 가지 단점을 가지고 있다.

1.8.1 순환 데이터 구조

러스트에서는 임의의 그래프 구조 같은 순환 데이터를 모델링하기 어렵다. 이중 링크 리스트를 구현하는 것은 학부에서 배우는 컴퓨터 과학 문제 수준이다. 하지만 러스트의 안전 검사는 이를 구현하는 데 방해가 된다. 러스트를 배운다면 더 익숙해질 때까지 이러한 데이터 구조를 구현하지 않도록 한다.

1.8.2 컴파일 시간

코드 컴파일 속도가 동종 언어보다 느리다. 러스트는 여러 중간 표현을 받아 LLVM 컴파일러에 많은 코드를 전달하는 복잡한 컴파일러 툴체인을 가지고 있다. 러스트 프로그램의 '컴파일 단위'는 개별 파일이 아니라 전체 패키지다('크레이트'라고 부름). 크레이트(crate)에는 여러 개의 모듈이 포함될 수 있으므로 컴파일하기에 매우 큰 단위가 될 수 있다. 전체 크레이트 최적화가 가능하지만, 이 때문에 전체 크레이트에 대한 컴파일도 필요하다.

1.8.3 엄격성

러스트로 프로그래밍할 때 게을러지는 것은 불가능한, 아니 어려운 일이다. 러스트 프로그램은 모든 것이 정확히 맞아떨어지기 전까지는 컴파일되지 않는다. 러스트 컴파일러는 엄격하지만 도움이 된다.

시간이 지나면 여러분은 이런 점에 감사하게 될 것이다. 동적 언어로 프로그래밍을 해 봤다면 잘못 명명된 변수 이름 때문에 프로그램 실행이 중단되는 당황스러운 경험을 한 적이 있을 것이다. 러스트는 실행 전 개발 단계에서 이러한 실패를 미리 경험하게 하여 이후 사용자가 실행 시 충돌로 인해 좌절하지 않게 해 준다.

1.8.4 언어의 크기

러스트는 큰 언어다! 풍부한 타입 시스템과 많은 키워드, 다른 언어에는 없는 많은 기능이 포함되어 있다. 이러한 요소가 결합되어 학습 곡선이 매우 가파르다. 이런 어려움을 조절해 나가려면 단계적으로 배워 나갈 것을 추천한다. 언어의 가장 작은 부분부터 시작해서 필요한 세부 사항을 익히는 데 시간을 투자하라. 이 책은 그런 접근법으로 썼다. 더 어려운 개념은 한참 뒤까지 미뤄 두었다.

1.8.5 과대광고

러스트 커뮤니티는 너무 빨리 성장하여 지나친 과대광고의 대상으로 전락하는 일을 경계한다. 많은 소프트웨어 프로젝트에서 '러스트로 다시 작성하는 것을 고려해 봤는가?' 하는 질문을 받는다. 유감스럽게도 러스트로 작성된 소프트웨어도 그저 소프트웨어다. 러스트도 보안 문제에서 완전히 자유롭지 않고, 소프트웨어 공학의 모든 병폐에 대한 만병통치약이 아니다.

1.9 TLS 보안 사례 연구

러스트가 모든 오류를 완화해 주지는 못한다는 것을 보여 주기 위해 인터넷에 연결되는 거의 모든 장치를 위협한 보안 결함 사례를 살펴보고, 러스트로 이러한 위험을 막을 수 있을지 살펴보자.

2015년 러스트가 한창 유명세를 얻고 있을 때 SSL·TLS 구현(OpenSSL과 애플 자체 포크)에 심각한 보안 허점이 발견되었다. 비공식적으로 하트블리드(Heartbleed)와 goto fail;이라고 알려졌는데, 이 두 가지 공격 모두 러스트가 주장하는 메모리 안전성을 검증할 수 있는 기회가 되었다. 러스트가 이 두 경우에 도움이 될 수 있겠지만, 여전히 비슷한 문제가 있는 러스트 코드를 만들 수도 있었다.

1.9.1 하트블리드

하트블리드는 공식적으로는 CVE-2014-0160[16]으로 분류된 버그로, 버퍼의 부정확한 재사용으로 인해 일어난다. 버퍼는 입력을 받는 메모리의 공간이다. 메모리에 쓰는 도중에 버퍼의 내용이 제대로 지워지지 않았다면, 그다음 내용을 읽어 들일 때 특정 데이터가 누출될 수 있다.

왜 이런 상황이 발생할까? 프로그래머들은 성능 향상을 추구한다. 버퍼는 애플리케이션이 운영 체제에 메모리를 요청하는 빈도를 최소화하기 위해 재사용된다.

여러 사용자로부터 얻은 어떤 비밀 정보를 처리하려 한다고 가정해 보자. 어떤 이유에서든 프로그램에서 단일 버퍼를 재사용하기로 결정한다. 이 버퍼를 사용한 후 초기화하지 않으면 이전에 호출했을 때의 정보가 이후 호출될 때 유출된다. 다음은 이 오류가 발생할 수 있는 프로그램의 일부다.

```
let buffer = &mut[0u8; 1024];    ❶
read_secrets(&user1, buffer);    ❷
store_secrets(buffer);

read_secrets(&user2, buffer);    ❸
store_secrets(buffer);
```

    ❶ 0으로 초기화된 1024 길이의 부호 없는 8비트 정수(u8)를 담은 가변 배열([…])을 가리키는 참조(&)를 변수 buffer에 바인딩한다.

    ❷ user1로부터 얻은 내용을 buffer에 담는다

16 "CVE-2014-0160 Detail," *https://nvd.nist.gov/vuln/detail/CVE-2014-0160*

❸ user1로부터 얻은 내용을 이미 가지고 있는 상태에서 user2로부터 얻는 내용으로 덮어쓸 수
도, 덮어쓰지 못할 수도 있다.

러스트는 논리적 오류로부터 사용자를 보호하지 못한다. 러스트는 사용자의 데이
터가 동시에 두 군데에서 기록될 수 없게 막는다. 그렇지만 러스트로 만든 프로그
램이 모든 보안 이슈로부터 자유로운 것은 아니다.

1.9.2 goto fail

goto fail; 버그는 공식적으로 CVE-2014-1266[17]으로 분류된 보안 취약점으로, C
언어 설계 문제(그리고 잠재적으로 컴파일러가 결함을 지적하지 않음으로써 발
생하는 문제)와 프로그래머의 실수가 결합되어 일어났다. 이로 인해 암호화 키 쌍
을 검증하도록 설계된 함수가 모든 검사를 건너뛰게 된다. 다음은 원래 SSLVerify
SignedServerKeyExchange 함수에서 상당량의 난독화 구문을 유지한 채로 발췌한
내용이다.[18]

```
01 static OSStatus
02 SSLVerifySignedServerKeyExchange(SSLContext *ctx,
03                                  bool isRsa,
04                                  SSLBuffer signedParams,
05                                  uint8_t *signature,
06                                  UInt16 signatureLen)
07 {
08     OSStatus        err;    ❶
09     ...
10
11     if ((err = SSLHashSHA1.update(
12         &hashCtx, &serverRandom)) != 0)    ❷
13         goto fail;
14     if ((err = SSLHashSHA1.update(&hashCtx, &signedParams)) != 0)
15         goto fail;
16         goto fail;    ❸
17     if ((err = SSLHashSHA1.final(&hashCtx, &hashOut)) != 0)
18         goto fail;
19
20     err = sslRawVerify(ctx,
21                     ctx->peerPubKey,
22                     dataToSign,            /* 평문 */
23                     dataToSignLen,         /* 평문 길이 */
```

---

17 "CVE-2014-1266 Detail," *https://nvd.nist.gov/vuln/detail/CVE-2014-1266*
18 원본은 다음 링크에서 볼 수 있다: *http://mng.bz/RKGj*

```
24                    signature,
25                    signatureLen);
26     if(err) {
27         sslErrorLog("SSLDecodeSignedServerKeyExchange: sslRawVerify "
28                    "returned %d\n", (int)err);
29         goto fail;
30     }
31
32 fail:
33     SSLFreeBuffer(&signedHashes);
34     SSLFreeBuffer(&hashCtx);
35     return err;    ❹
36 }
```

❶ OSStatus 타입 err 변수를 전달할 값으로 초기화(예: 0)한다.

❷ 일련의 오류에 대한 방어 코드다.

❸ 무조건적으로 fail로 이동하기 때문에 SSLHashSHA1.final과 아주 중요한 sslRawVerify를 건너뛰게 된다.

❹ 검증 테스트(sslRawVerify)에 실패하는 경우에도 무조건 반환값으로 0을 돌려주게 된다.

앞의 예제 코드에서 14행과 16행 사이에 문제가 있다. C 언어의 논리 검사에는 중괄호가 필요하지 않다. C 언어 컴파일러는 이 세 줄을 다음과 같이 해석한다.

```
if ((err = SSLHashSHA1.update(&hashCtx, &signedParams)) != 0) {
    goto fail;
}
goto fail;
```

이런 문제에 러스트가 도움이 될까? 아마도 그럴 것이다. 이런 특수한 경우라면, 러스트는 문법 오류를 잡아낸다. 중괄호 없는 논리 검사는 허용되지 않기 때문이다. 러스트는 또한 코드에서 사용되지 않는 부분이 있다면 경고를 보낸다. 그렇더라도 러스트에서 오류가 절대 나오지 않는다는 말은 아니다. 프로그래머들은 마감이 촉박해져 스트레스를 받으면 실수를 한다. 대개 이런 사례와 비슷한 코드는 컴파일도 되고 실행도 된다.

💡 주의를 기울여 코딩하자.

1.10 러스트는 어디에 잘 맞을까?

시스템 프로그래밍 언어로 설계되었지만 러스트는 범용 언어다. 다음과 같은 많은 분야에 성공적으로 진출했다.

1.10.1 명령행 유틸리티

러스트는 명령행 유틸리티를 만드는 프로그래머에게 빠른 시작 시간, 적은 메모리 사용, 간편한 배포라는 주요한 세 가지 이점을 제공한다. 러스트는 인터프리터(파이썬, 루비 등)나 가상 머신(자바, C# 등)을 초기화할 필요가 없기 때문에 프로그램이 빠르게 시작된다.

베어 메탈 언어로서, 러스트로 만든 프로그램은 메모리를 매우 효율적으로 사용한다.[19] 이 책 곳곳에서 볼 수 있듯 많은 데이터 타입이 크기가 0이다. 다시 말하자면 많은 데이터 타입이 컴파일러에 대한 힌트로만 존재하고, 실행 중인 프로그램에서는 메모리를 전혀 사용하지 않는다.

러스트로 만든 유틸리티는 기본으로 정적 바이너리 파일로 컴파일된다. 이렇게 컴파일하면 프로그램을 실행하기 전에 의존하는 공유 라이브러리를 설치할 필요가 없다. 별도 설치 단계가 없는 프로그램을 만들면 쉽게 배포할 수 있다.

1.10.2 데이터 처리

러스트는 텍스트 처리와 그 외 데이터 변환 처리에 탁월하다. 프로그래머는 메모리 사용을 통제할 수 있으며 시작 속도가 빠르다는 점에서 혜택을 볼 수 있다. 2017년 중반, 세계에서 가장 빠른 정규식 엔진이 러스트로 만들어졌다. 2019년에는 파이썬 및 R용 데이터 과학 생태계의 기반인 아파치 애로(Apache Arrow) 데이터 처리 프로젝트에서 러스트 기반의 DataFusion 프로젝트를 받아들였다.

이외에도 러스트는 여러 검색 엔진, 데이터 처리 엔진, 로그 구문 분석 시스템을 구현할 때 그 기반이 되었다. 러스트의 데이터 타입 시스템과 메모리 제어를 통해 적은 메모리를 안정적으로 사용하는 고성능 데이터 처리 파이프라인을 만들 수 있다. 러스트로 만든 작은 필터 프로그램은 아파치 스톰(Storm), 아파치 카프카(Kafka) 또는 아파치 하둡(Hadoop) 스트리밍 등 더 큰 프레임워크에 쉽게 포함될 수 있다.

---

19 농담으로 녹(綠, rust)은 나금속(裸金屬, bare metal) 가까이에 생긴다고 한다.

1.10.3 애플리케이션 확장

러스트는 동적 언어로 만들어진 프로그램을 확장하는 데 적합하다. JNI(Java native interface) 확장, C 언어 확장 또는 얼랭·엘릭서(Erlang·Elixir) NIF(native implemented function) 등이 러스트에서 사용 가능하다. C 언어 확장은 전형적으로 까다로운 부분이다. 해당 확장은 런타임과 상당히 밀접하게 통합되는 경향이 있다. 실수라도 하면 메모리 누수 또는 충돌로 인해 메모리를 급격히 소모할 수 있다. 러스트를 사용하면 이런 걱정을 많이 덜게 된다.

- 애플리케이션 오류를 처리하는 회사 센트리(Sentry)에서는 파이썬 시스템의 CPU 집약적인 부분을 재작성하는 데 러스트가 매우 적합함을 확인했다.[20]
- 드롭박스는 러스트를 사용하여 클라이언트 측 애플리케이션의 파일 동기화 엔진을 재작성했다. "성능 이외에도 (러스트가) 인간 공학적 특성과 정확성에 초점을 맞춘 덕분에 복잡한 동기화를 다루는 데 도움이 되었다"라고 한다.[21]

1.10.4 자원이 제한된 환경

C 언어는 수십 년 동안 마이크로컨트롤러 영역을 점유해 왔다. 하지만 사물 인터넷 시대가 오고 있다. 이는 안전하지 않은 수십억 개의 장치가 네트워크에 노출된다는 것을 의미한다. 어떤 입력 구문 분석 코드라도 반복적으로 취약점이 드러난다. 이러한 장치에 대한 펌웨어 업데이트가 얼마나 자주 일어나는지 고려한다면, 처음부터 최대한 안전한 펌웨어를 만드는 것이 중요하다. 러스트는 런타임 비용을 늘리지 않으면서 안전 계층을 추가하여 이러한 환경에서 중요한 역할을 할 수 있다.

1.10.5 서버 애플리케이션

러스트로 작성된 대부분의 애플리케이션은 서버에서 실행된다. 이는 웹 트래픽을 처리하거나 운영 중인 사업을 지원하는 것일 수 있다. 운영 체제와 애플리케이션 사이에 위치한 서비스 계층도 있다. 러스트는 데이터베이스, 모니터링 시스템, 검색 어플라이언스, 메시징 시스템을 작성하는 데 사용된다.

---

20 "Fixing Python Performance with Rust", *http://mng.bz/ryxX*
21 "Rewriting the heart of our sync engine", *http://mng.bz/Vdv5*

- 자바스크립트 언어와 node.js를 위한 패키지 레지스트리 npm은 러스트로 작성되었다.[22]
- 내장형 데이터베이스 sled(*https://github.com/spacejam/sled*)는 쓰기 작업이 5%를 차지하는 10억 건의 작업을 16코어 기기 환경에서 1분 안에 수행할 수 있다.
- 텍스트 검색 엔진 탠티비(Tantivy)는 8GB의 영문 위키백과를 색인하는 데 4코어 데스크톱 기기에서 100초 정도 걸린다.[23]

1.10.6 데스크톱 애플리케이션

러스트의 설계에는 일반 사용자를 위한 소프트웨어를 개발하는 데 방해가 될 요소가 없다. 러스트 초기 개발 기간에 산파 역할을 담당했던 웹 브라우저 엔진 서보(Servo)는 일반 사용자를 위한 프로그램이다. 게임[24]역시 마찬가지다.

1.10.7 데스크톱

사람들의 컴퓨터에 쓰일 애플리케이션을 작성하는 일은 여전히 매우 중요하다. 데스크톱 애플리케이션은 복잡하고 만들기 까다롭고 지원하기가 어렵다. 러스트의 인간 공학적 접근 방식과 엄격성이야말로 많은 애플리케이션에서 비밀 무기가 될 수 있다. 처음에는 소규모 독립 개발자들에 의해 만들어지기 시작할 것이다. 러스트가 성숙해질수록 관련 생태계도 성장할 것이다.

1.10.8 모바일

안드로이드, iOS 그리고 여타 스마트폰 운영 체제는 일반적으로 개발자들에게 편리하고 쉬운 개발 방법을 제공한다. 안드로이드에서는 자바를 이용한다. iOS에서는 일반적으로 스위프트(Swift)로 프로그램을 작성한다. 하지만 또 다른 방법도 존재한다.

두 플랫폼 모두 네이티브 애플리케이션을 실행할 수 있다. 이는 일반적으로 게임과 같이 C++로 작성된 애플리케이션을 사용자의 모바일 기기에 배포하기 위한 것이다. 러스트는 별도의 추가적인 런타임 성능 희생 없이 동일한 인터페이스를 통해 기기에 적용할 수 있다.

---

22 "Community makes Rust an easy choice for npm: The npm Registry uses Rust for its CPU-bound bottlenecks" *http://mng.bz/xm9B*
23 "Of tantivy's indexing" *https://fulmicoton.com/posts/behold-tantivy-part2/*
24 (옮긴이) 러스트 기반 게임 개발 관련 참고 자료는 *https://arewegameyet.rs/*를 보라.

1.10.9 웹

알다시피 자바스크립트는 웹 언어다. 시간이 지나면 이 상황은 바뀔 것이다.[25] 브라우저 개발사들은 다양한 언어의 컴파일러 타깃이 될 웹 어셈블리(wasm)라는 표준을 개발하고 있다. 러스트는 그 첫 번째 적용 대상 중 하나다. 러스트 프로젝트를 브라우저로 이식하려면 두 개의 추가적인 명령만 있으면 된다. 여러 회사가 웹 어셈블리를 통해 브라우저에서 러스트를 사용하는 것을 시험하고 있다. 대표적으로 클라우드플레어와 패스틀리(Fastly)가 있다.

1.10.10 시스템 프로그래밍

어떤 면에서 시스템 프로그래밍은 러스트의 존재 이유이기도 하다. 컴파일러(러스트 자체를 포함해서), 비디오 게임 엔진,[26] 운영 체제를 비롯한 많은 대형 프로그램이 러스트로 구현되었다. 러스트 커뮤니티에는 파서 생성기, 데이터베이스, 파일 형식을 만들었던 사람들이 함께 활동하고 있다.

러스트는 러스트의 목표를 공유하는 프로그래머들에게 생산적인 환경임을 입증했다. 이 영역에서 주목할 만한 세 가지 프로젝트는 다음과 같다.

- 구글은 퓨서 운영 체제 개발을 후원하고 있다.[27]
- 마이크로소프트는 윈도우 운영 체제를 위한 저수준 컴포넌트 개발에 러스트를 사용하는 것을 활발히 연구하고 있다.[28]
- AWS는 클라우드 컨테이너를 호스팅하는 전용 운영 체제 보틀로켓을 개발했다.[29]

1.11 러스트의 숨은 특징: 커뮤니티

프로그래밍 언어가 성장하려면 소프트웨어 이상의 것이 필요하다. 러스트 팀이 매우 잘 해낸 것 중 하나는 긍정적이고 환대하는 공동체를 육성한 것이었다. 러스트 세상 어디를 가든지 여러분은 예의와 존경으로 대접받을 것이다.

---

25 (옮긴이) 러스트 기반 웹 개발 참고 자료는 *https://www.arewewebyet.org/*를 보라.
26 (옮긴이) bevy(*https://github.com/bevyengine/bevy*)와 같은 프로젝트가 있다.
27 "Welcome to Fuchsia!," *https://fuchsia.dev/*
28 "Using Rust in Windows," *http://mng.bz/A0vW*
29 "Bottlerocket: Linux-based operating system purpose-built to run containers," *https://aws.amazon.com/bottlerocket/*

1.12 러스트 경구

커뮤니티에서 사람들과 교류하다 보면 곧 특별한 의미를 지닌 몇 가지 문구를 접하게 될 것이다. 다음 문구를 이해하면 러스트가 지금처럼 발전한 이유와 해결하려는 문제를 좀 더 쉽게 이해할 수 있다.

- 모두에게 권한을 부여한다(Empowering everyone) — 능력이나 배경에 관계없이 모든 프로그래머의 참여를 환영한다. 프로그래밍, 특히 시스템 프로그래밍을 소수의 축복받은 사람만 하도록 제한해서는 안 된다.
- 엄청나게 빠르다(Blazingly fast) — 러스트는 빠른 프로그래밍 언어다. 동종 언어의 성능에 필적하거나 그보다 빠른 프로그램을 작성할 수 있지만 안전성은 더욱 보장된다.
- 두려움 없는 동시성(Fearless concurrency) — 동시성 및 병렬 프로그래밍은 항상 어렵다고 인식되었다. 러스트는 프로그래머를 괴롭혔던 동종 언어의 모든 오류로부터 여러분을 해방시킨다.
- 러스트 2.0은 없다(No Rust 2.0) — 오늘 작성된 러스트 코드는 항상 미래의 러스트 컴파일러에서도 정상적으로 컴파일된다. 러스트는 앞으로 수십 년 동안 의존할 수 있는 신뢰할 수 있는 프로그래밍 언어를 지향한다. 시맨틱(semantic) 버전 관리에 따라 러스트는 하위 호환이 깨지는 일이 없기 때문에 새로운 메이저 버전을 내놓지 않는다.
- 무비용 추상화(Zero-cost abstractions) — 러스트를 통해 얻을 수 있는 기능들은 런타임 비용이 발생하지 않는다. 러스트로 프로그래밍할 때 안전성을 추구한다고 해서 속도가 희생되지는 않는다.

요약

- 많은 회사에서 러스트로 대형 소프트웨어 프로젝트를 성공리에 개발했다.
- 러스트로 작성된 소프트웨어는 PC, 브라우저, 서버, 모바일 기기, 사물 인터넷 기기용으로 컴파일할 수 있다.
- 러스트는 소프트웨어 개발자로부터 많은 사랑을 받고 있다. 스택 오버플로의 '가장 사랑받는 프로그래밍 언어' 타이틀을 계속해서 얻고 있다.
- 러스트로 부담 없이 실험해 볼 수 있다. 런타임 비용 없이도 다른 도구가 제공할

수 없는 정확성을 보장한다.

- 러스트에는 세 가지 명령행 도구가 있다.
  - cargo — 전체 크레이트를 관리한다.
  - rustup — 러스트 설치를 관리한다.
  - rustc — 러스트 소스 코드의 컴파일을 관리한다.
- 러스트 프로젝트가 모든 버그로부터 완전히 안전한 것은 아니다.
- 러스트 코드는 안정적이고 빠르며 적은 자원만 소비한다.

러스트 언어의 특색

이 책의 1부에서는 러스트 프로그래밍 언어를 훑어보려 한다. 1부의 마지막 장이 끝날 때쯤에는 러스트 문법을 잘 이해하게 될 것이고 무엇 때문에 사람들이 러스트를 선택하는지 알게 될 것이다. 또한 러스트와 동종 언어 간의 몇 가지 기본적인 차이점도 이해하게 될 것이다.

2장

러스트 언어의 기초

이 장에서 배울 내용

- 러스트 문법의 이해
- 기초 데이터 타입과 데이터 구조의 학습
- 명령행 유틸리티 만들기
- 프로그램 컴파일

이 장에서는 러스트 프로그래밍의 기본 원리를 소개한다. 이 장을 마치면 명령행 유틸리티를 만들 수 있을 것이며 대부분의 러스트 프로그램에 대한 요지를 파악할 수 있다. 대부분의 언어 구문을 살펴보겠지만, 왜 그렇게 되었는지와 어떻게 돌아가는지에 대한 자세한 내용은 책 후반에 다룬다.

> ☑️ 다른 프로그래밍 언어를 사용해 본 프로그래머는 이 장이 큰 도움이 될 것이다. 여러분이 경험이 풍부한 러스트 프로그래머라면, 대충 훑어보기만 해도 괜찮다.

초보자라도 괜찮다. 러스트 커뮤니티는 새로운 사람들과 함께하기 위해 노력한다. 때때로 맥락 없이 수명 생략(lifetime elision), 깔끔한 매크로, 이동의 의미, 대수적 데이터 타입과 같은 용어에 부딪힐 때 정신이 멍해질 수 있다. 두려워하지 말고 도움을 요청하라. 이런 유용하나 모호한 용어가 쓰이기는 해도 커뮤니티는 여러분을 환영한다.

이 장에서는 흔히 쓰이는 grep 유틸리티의 간이 버전인 grep-lite를 만들어 본다. grep-lite 프로그램은 텍스트 내에서 패턴을 찾아 일치하는 줄을 출력한다. 이 간단한 프로그램을 통해 우리는 러스트의 독특한 특징에 초점을 맞춰 볼 것이다.

이 장에서는 나선형 학습을 할 것이다. 몇 가지 개념은 여러 번에 걸쳐 다룬다. 반복할 때마다 더 많은 것을 배우게 될 것이다. 전혀 과학적이지 않지만 이 장의 지도를 그림 2.1과 같이 그려 보았다.

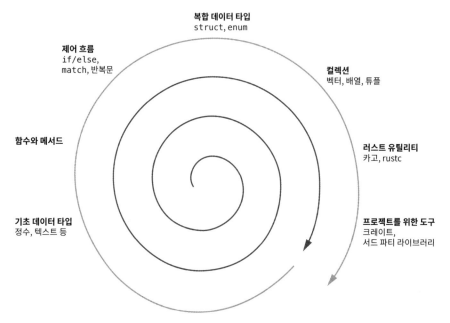

복합 데이터 타입
struct, enum

제어 흐름
if/else,
match, 반복문

컬렉션
벡터, 배열, 튜플

함수와 메서드

러스트 유틸리티
카고, rustc

기초 데이터 타입
정수, 텍스트 등

프로젝트를 위한 도구
크레이트,
서드 파티 라이브러리

그림 2.1 이 장에서 다루는 주요 내용. 원시 데이터 타입에서 시작해서
깊이를 더해 가며 여러 개념을 거쳐 나아갈 것이다.

이 책의 예제를 따라 해 보기를 권한다. 예제 소스 코드를 보거나 다운로드하려면 다음 두 곳 중 하나를 이용하자.

- *https://manning.com/books/rust-in-action*
- *https://github.com/rust-in-action/code*

2.1 실행 프로그램 만들기

모든 일반 텍스트 파일에는 놀라운 힘이 숨겨져 있다. 텍스트 파일에 적절한 기호를 포함한다면 CPU로 해석할 수 있는 파일로 변환할 수 있다. 이것이 프로그래밍 언어가 행하는 마술이다. 이 장의 목적은 러스트 소스 코드를 실행 프로그램으로 변환하는 과정에 익숙해지는 것이다.

이 과정을 이해하는 것은 생각보다 더 재미있다! 또한 재미있는 학습 과정도 준비되어 있다. 4장을 마칠 때쯤이면 여러분이 만든 프로그램을 해석할 수 있는 가상 CPU를 구현할 수 있게 될 것이다.

2.1.1 rustc로 단일 파일을 컴파일하기

예제 2.1은 짧지만 완전한 러스트 프로그램이다. 이를 실행 프로그램으로 변환하기 위해 컴파일러라는 소프트웨어를 사용한다. 컴파일러의 역할은 소스 코드를 기계 코드로 변환하고 해당 코드가 운영 체제와 CPU에서 실행 가능하도록 하는 많은 일을 관리하는 것이다. 러스트 컴파일러는 rustc다. 예제 2.1의 소스 코드는 ch2/ok.rs에 있다.

예제 2.1 아마도 가장 짧고 유효한 러스트 프로그램

```
1 fn main() {
2   println!("ok")
3 }
```

러스트로 작성한 단일 파일을 컴파일해서 실행 파일을 만들려면 다음과 같은 절차를 따른다.

1. 소스 코드를 파일에 저장한다. 이 경우에는 파일 이름을 ok.rs라고 한다.
2. 소스 코드가 main() 함수를 포함하고 있는지 확인한다.
3. 터미널, cmd.exe, 파워셸, bash, zsh 등 셸 창을 연다.
4. rustc <file> 명령을 실행한다. 이때 <file>은 컴파일하려고 하는 파일 이름이다.

rustc로 컴파일에 성공하면 콘솔에는 아무것도 출력되지 않는다. rustc는 주어진 파일 이름을 이용해서 실행 파일의 이름을 결정한다.

예제 2.1을 ok.rs라는 파일에 저장했다고 했을 때 어떤 일이 일어나는지 알아보자. 다음은 해당 절차를 진행했을 때 결과다.

```
$ rustc ok.rs
$ ./ok     ❶
OK
```

> ❶ 윈도우에서는 .exe 파일 확장자를 붙인다(예: ok.exe).

2.1.2 카고로 러스트 프로젝트 컴파일하기

대부분의 러스트 프로젝트는 여러 개의 파일로 이루어진다. 여기에는 일반적으로 의존성이 걸린 패키지도 포함된다. 이를 위해 우리는 카고라는 rustc보다 더 높은 수준의 도구를 사용할 것이다. 카고는 rustc(를 포함한 다른 도구)를 사용하는 법을 알고 있다.

rustc로 단일 파일을 컴파일하는 작업 흐름에서 카고로 다수의 파일을 관리하는 방식으로 이전하려면 두 단계 작업이 필요하다. 첫 번째로 원래 파일을 빈 디렉터리로 옮긴다. 그런 다음 `cargo init` 명령을 실행한다.

이전 절에서 설명한 대로 ok.rs라는 파일을 만들었다고 하자. 이어서 진행할 절차를 상세하게 적었다.

1. `mkdir <project>`를 실행해서 빈 디렉터리를 만든다(예: `mkdir ok`).
2. 소스 코드를 ⟨project⟩ 디렉터리로 옮긴다(예: `mv ok.rs ok`).
3. ⟨project⟩ 디렉터리로 작업 디렉터리를 바꾼다(예: `cd ok`).
4. `cargo init`을 실행한다.

이제 `cargo run`을 실행하면 프로젝트의 소스 코드를 실행해 볼 수 있다. rustc와 달리 컴파일된 실행 파일은 ⟨project⟩/target 하위 디렉터리에 생성된다. 또 다른 차이점은 카고가 기본적으로 훨씬 더 많은 출력을 제공한다는 점이다.

```
$ cargo run
    Finished dev [unoptimized + debuginfo] target(s) in 1.29s
     Running `target/debug/ok`
OK
```

카고가 rustc를 실제로 어떻게 사용하는지 궁금하다면, 상세 출력 플래그(verbose flag)인 –v를 명령에 추가한다.

```
$ rm -rf target/     ❶
$ cargo run -v
   Compiling ok v0.1.0 (/tmp/ok)
     Running `rustc
    --crate-name ok
    --edition=2018
    ok.rs
    --error-format=json
    --json=diagnostic-rendered-ansi
```

```
      --crate-type bin
      --emit=dep-info,link
      -C embed-bitcode=no
      -C debuginfo=2
      -C metadata=55485250d3e77978
      -C extra-filename=-55485250d3e77978
      --out-dir /tmp/ok/target/debug/deps
      -C incremental=/tmp/target/debug/incremental
      -L dependency=/tmp/ok/target/debug/deps
      -C link-arg=-fuse-ld=lld`
   Finished dev [unoptimized + debuginfo] target(s) in 0.31s
    Running `target/debug/ok`
OK
```

❶ 카고 실행 시 초기 상태로 프로젝트를 컴파일하기 위해 이 명령을 쓴다.

2.2 러스트 문법 개요

러스트는 문법 면에서는 진부하고 예상이 가능하다. 러스트는 변수, 숫자, 함수 및 다른 언어에서 볼 수 있는 낯익은 것들을 가지고 있다. 예를 들어 블록은 중괄호({ 및 })로 구분하고, 단일 등호 기호(=)를 할당 연산자로 사용하며, 공백 제한이 없다.

2.2.1 변수 정의와 함수 호출

또 다른 간단한 예제를 통해 몇 가지 기본적인 사항을 살펴보자. 타입 애너테이션을 이용해 변수를 정의하고 함수를 호출하는 내용이다. 예제 2.2는 (a + b) + (c + d) = 90을 출력하는 프로그램이다. 예제의 2~5행에서 볼 수 있듯이 데이터 타입을 정수로 선언하는 문법이 여러 가지가 있다. 필요한 때 가장 자연스럽게 느껴지는 것을 사용한다. 소스 코드는 ch2/ch2-first-steps.rs에 있다.

예제 2.2 변수와 타입 선언을 사용해 정수를 더하기

```
01 fn main() {              ❶
02    let a = 10;           ❷
03    let b: i32 = 20;      ❸
04    let c = 30i32;        ❹
05    let d = 30_i32;       ❺
06    let e = add(add(a, b), add(c, d));
07
08    println!("( a + b ) + ( c + d ) = {}", e);
09 }
10
```

```
11 fn add(i: i32, j: i32) -> i32 {    ❻
12    i + j                            ❼
13 }
```

❶ 러스트에서는 main()의 위치를 융통성 있게 둘 수 있다

❷ 데이터 타입은 컴파일러가 추론한다.

❸ 또는 변수 선언 시 프로그래머가 직접 지정한다.

❹ 숫자 데이터 타입은 해당 리터럴 형식에 타입 애너테이션을 붙일 수 있다.

❺ 숫자에는 밑줄(_)을 쓸 수 있다. 가독성을 좋게 하기 위해서일 뿐 그 외 기능적인 요소는 없다.

❻ 함수 정의에 타입 선언은 반드시 있어야 한다.

❼ 함수의 최종 표현식 결과를 반환하기 위해 별도의 return 문은 필요하지 않다.

 예제에서 add() 함수 선언 시 마지막에 세미콜론을 붙이지 않도록 주의하라. 세미콜론을 붙이면 의미가 달라져, i32 타입 결과가 아니라 ()(유닛) 타입 결과를 반환하게 된다.

코드 길이는 열세 줄에 불과하지만 예제 2.2에는 함축적인 내용이 많이 포함되어 있다. 어떤 것들이 있는지 대략적으로 요점만 간단히 설명한다. 자세한 내용은 장의 뒷부분에서 다룬다.

1행(fn main() {)에서 fn 키워드로 함수 선언이 시작된다. 러스트 프로그램은 main()에서 시작한다. 이 함수는 인자가 없고 어떤 값도 반환하지 않는다.[1] 어휘 범위(lexical scope)라고 하는 코드 블록은 중괄호({와 })로 정의된다.

2행(let a = 10;)에서 let을 사용하여 변수 바인딩을 선언한다. 변수는 기본적으로 불변 항목으로, 읽기/쓰기가 아니라 읽기 전용이다. 마지막으로 문장(statement)은 세미콜론(;)으로 끝난다.

3행(let b: i32 = 20;)에서 컴파일러에 특정 데이터 타입을 지정할 수 있다. 컴파일러가 사용자 대신 고유한 타입을 추론할 수 없을 때 이 작업이 필요하다.

4행(let c = 30i32;)에서 러스트의 숫자 리터럴에는 타입 애너테이션을 넣을 수 있다. 복잡한 수식일 때 유용하다.

5행(let c = 30_i32;)을 보면 러스트에서는 숫자 리터럴 내에서 밑줄을 사용할 수 있다. 이는 가독성을 높이기 위해서일 뿐 컴파일러에는 중요하지 않다.

---

1 기술적으로는 정확하지 않지만 지금은 이 정도로 충분하다. 여러분이 경험 많은 러스트 프로그래머로 이 장을 대충 훑어보고 있다면, main()은 기본적으로 ()(유닛)를 반환하지만 Result도 반환할 수 있음을 이미 알고 있을 것이다.

6행(let e = add(add(a, b), add(c, d));)에서 함수를 호출하는 방식은 대부분의 다른 프로그래밍 언어에서 경험하는 것과 비슷하다.

8행(println!("(a + b) + (c + d) = {}", e);)에서 println!()은 함수 같아 보이지만 값이 아닌 코드를 반환하는 매크로다. 콘솔로 출력할 때 모든 입력 데이터 타입은 고유한 방식으로 텍스트 문자열로 표현된다. println!()은 이 인자들에 적용할 정확한 메서드를 결정한다.

문자열은 작은따옴표(')를 대신 큰따옴표(")를 사용한다. 러스트는 단일 문자에 작은따옴표를 사용하며 이는 별개의 타입인 char이다. 또한 러스트에서는 문자열을 형식화할 때 자리 표시자로 C의 printf처럼 %s 같은 기호를 쓰는 대신 {}를 사용한다.

마지막으로 11행(fn add(i: i32, j: i32) -> i32 {)을 보면 러스트의 함수 정의 문법은 명시적 타입 선언을 사용하는 프로그래밍 언어와 비슷하다. 쉼표로 매개 변수를 구분하고, 타입 선언은 변수 이름 뒤에 온다. 얇은 화살표(->)라 부르는 문법은 반환 타입을 나타낸다.

2.3 숫자

컴퓨터는 수치 계산에 특화된 프로그래밍 언어인 포트란이 나오기 이전부터 숫자와 관련되어 있었다. 이 절에서는 러스트에서 숫자 타입을 생성하는 방법과 이러한 타입에 대한 연산을 수행하는 방식에 대해 설명한다.

2.3.1 정수와 부동 소수점 수

러스트는 정수(1, 2, ...)와 부동 소수점 수(1.0, 1.1, ...)를 만들 때 비교적 관습적인 구문을 쓴다. 숫자에 대한 연산은 중위(infix) 표기법을 사용한다. 즉, 수식은 대부분의 프로그래밍 언어에서 흔히 볼 수 있는 방식과 비슷하다. 여러 가지 타입에 대한 덧셈을 할 때 러스트는 동일한 토큰(+)을 이용한다. 이를 연산자 오버로딩이라고 한다. 다만 다음과 같이 몇 가지 면에서 다른 언어와 분명한 차이가 있다.

* 러스트에는 다양한 숫자 타입이 포함된다. 여러분은 바이트 단위로 크기를 선언하는 데 익숙해질 것이며, 이는 해당 타입이 나타낼 수 있는 수의 범위가 어디까지인지 그리고 음수를 나타낼 수 있는지에 영향을 끼친다.

- 타입 간 변환은 언제나 명시적으로 일어난다. 러스트는 16비트 정수를 32비트 정수로 자동 변환하지 않는다.
- 러스트의 수는 메서드를 가질 수 있다. 예를 들어 24.5를 반올림하려면 러스트 프로그래머는 round(24.5_f32)가 아니라 24.5_f32.round()를 쓴다. 타입 접미사는 명확한 타입을 지정하기 위해 필요하다.

먼저 간단한 예를 하나 들어 살펴보자. 이 예제 코드는 ch2/ch2-intro-to-numbers.rs에 있다. 예제 2.3은 콘솔에 다음을 출력한다.

```
20 + 21 + 22 = 63
1000000000000
42
```

예제 2.3 러스트의 숫자 리터럴과 기본 수치 연산

```
01 fn main() {
02   let twenty = 20;                ❶
03   let twenty_one: i32 = 21;       ❷
04   let twenty_two = 22i32;         ❸
05
06   let addition = twenty + twenty_one + twenty_two;
07   println!("{} + {} + {} = {}", twenty, twenty_one, twenty_two, addition);
08
09   let one_million: i64 = 1_000_000;      ❹
10   println!("{}", one_million.pow(2));    ❺
11
12   let forty_twos = [    ❻
13     42.0,               ❼
14     42f32,              ❽
15     42.0_f32,           ❾
16   ];
17
18   println!("{:02}", forty_twos[0]);    ❿
19 }
```

❶ 러스트는 타입이 지정되어 있지 않은 경우 사용자를 대신하여 해당 타입을 추론한다.

❷ 타입 애너테이션(i32)을 붙여 타입을 지정한다.

❸ 타입 접미사를 이용해 타입을 지정한다.

❹ 밑줄은 단지 가독성을 높여 주는 용도로 컴파일러는 이를 무시한다.

❺ 숫자는 메서드를 가진다.

❻ 배열은 모두가 같은 타입이어야 하며 대괄호로 묶어 생성한다.

❼ 명시적인 타입 애너테이션이 없는 부동 소수점 리터럴은 상황에 따라 32비트 또는 64비트가 된다.

❽ 부동 소수점 리터럴에도 타입 접미사가 붙을 수 있다.

❾ 부동 소수점 리터럴과 타입 접미사 사이에 추가적인 밑줄도 쓸 수 있다.

❿ 배열 내의 요소는 0부터 시작하여 숫자로 인덱싱할 수 있다.

2.3.2 이진, 팔진, 십육진법을 이용하는 정수

러스트는 기본적으로 이진수(binary), 팔진수(octal), 십육진수(hexadecimal)로 정수 리터럴을 정의할 수 있다. 이 표기법은 println!과 같은 형식화 매크로에서도 사용할 수 있다. 예제 2.4에는 세 가지 스타일이 있다. 이 예제의 소스 코드는 ch2/ch2-non-base2.rs에 있다. 실행 시 다음과 같이 출력된다.

```
base 10: 3 30 300
base 2:  11 11110 100101100
base 8:  3 36 454
base 16: 3 1e 12c
```

예제 2.4 이진, 팔진, 십육진 숫자 리터럴

```
01 fn main() {
02    let three = 0b11;              ❶
03    let thirty = 0o36;             ❷
04    let three_hundred = 0x12C;     ❸
05
06    println!("base 10: {} {} {}", three, thirty, three_hundred);
07    println!("base 2:  {:b} {:b} {:b}", three, thirty, three_hundred);
08    println!("base 8:  {:o} {:o} {:o}", three, thirty, three_hundred);
09    println!("base 16: {:x} {:x} {:x}", three, thirty, three_hundred);
10 }
```

❶ 0b 접두사는 이진수임을 나타낸다.

❷ 0o 접두사는 팔진수임을 나타낸다.

❸ 0x 접두사는 십육진수임을 나타낸다.

이진수에서 0b11은 $3 = 2 \times 1 + 1 \times 1$이므로 3과 같다. 팔진수에서 0o36은 $30 = 8 \times 3 + 1 \times 6$이므로 30과 같다. 십육진수에서 0x12C는 $300 = 256 \times 1 + 16 \times 2 + 12 \times 1$이므로 300과 같다. 표 2.1에서는 스칼라 수가 나타내는 타입을 보여 준다.

i8, i16, i32, i64, i128	8비트에서 128비트 크기의 부호 있는 정수
u8, u16, u32, u64, u128	8비트에서 128비트 크기의 부호 없는 정수
f32, f64	32비트, 64비트 종류가 있는 부동 소수점 수
isize, usize	CPU의 '네이티브' 크기를 따르는 정수. 예를 들어 64비트 CPU에서 usize와 isize는 64비트다.

표 2.1 스칼라 수를 나타내는 러스트 타입[2]

러스트에는 모든 숫자 타입이 포함되어 있다. 이 타입들은 몇 가지로 분류된다.

- 부호 있는 정수(i)는 양의 정수뿐 아니라 음의 정수도 나타낸다.
- 부호 없는 정수(u)는 양의 정수만 나타낼 수 있지만, 부호 있는 정수에 비해 2배까지 큰 수를 나타낸다.
- 부동 소수점 타입(f)은 무한대, 음의 무한대, '수가 아님(not a number, NaN)' 값을 표시하는 특수한 비트 패턴이 있는 실수(實數, real number)를 나타낸다.

정수의 크기는 램(RAM)과 CPU에서 데이터 타입이 사용하는 비트 수다. u32와 i8의 예처럼 공간을 더 많이 차지하는 타입은 더 넓은 범위를 나타낼 수 있다. 그러나 표 2.2에서 볼 수 있는 것처럼 작은 숫자에 대해서는 추가로 0을 저장해야 하는 낭비가 생긴다.

수	데이터 타입	메모리상 비트 패턴
20	u32	00000000000000000000000000010100
20	i8	00010100
20	f32	01000001101000000000000000000000

표 2.2 같은 수를 표시할 수 있는 다수의 비트 패턴

숫자만 언급했지만 패턴 매칭 프로그램의 프로토타입을 만들기에 충분할 정도로 러스트에 대해 알아보았다. 하지만 프로그램을 만들기 전에 수의 비교에 대해 살펴보자.

---

2 (옮긴이) i128, u128은 원문에는 없지만 러스트 공식 문서에는 기재되어 있다. 이 러스트 타입은 다른 타입과는 달리 FFI(Foreign Function Interface), 클랭(Clang) 호환 등에서 이슈가 있어 논의가 진행되고 있다.

2.3.3 수의 비교

러스트의 숫자 타입은 아마도 이미 익숙한, 다양한 비교 연산자를 지원한다. 이러한 비교 연산은 아직 살펴보지 않은 기능을 통해 제공된다. 바로 트레이트(trait)다.[3] 표 2.3에 사용 가능한 비교 연산자를 요약했다.

연산자	러스트 구문	예제
미만, ~보다 작다(<)	<	1.0 < 2.0
초과, ~보다 크다(>)	>	2.0 > 1.0
같다(=)	==	1.0 == 1.0
같지 않다(≠)	!=	1.0 != 2.0
같거나 작다, 이하(≤)	<=	1.0 <= 2.0
같거나 크다, 이상(≥)	>=	2.0 >= 1.0

표 2.3 러스트 숫자 타입에서 제공하는 비교 연산자

여기에는 몇 가지 주의해야 할 점이 있다. 이 절의 뒷부분에서 이러한 점을 살펴보기로 한다.

서로 다른 데이터 타입은 비교할 수 없다

러스트의 타입 안전에 대한 요구 사항으로 서로 다른 데이터 타입 사이의 비교가 금지된다. 예를 들어 다음 코드는 컴파일되지 않는다.

```
fn main() {
  let a: i32 = 10;
  let b: u16 = 100;

  if a < b {
    println!("Ten is less than one hundred.");
  }
}
```

컴파일러 오류를 해결하려면 as 연산자를 사용하여 피연산자 중 하나를 다른 타입으로 변환해야 한다. 다음 코드에서는 b as i32로 변환했다.

3　궁금한 사람들을 위해 간단히 얘기하자면 여기에 관련된 트레이트는 std::cmp::PartialOrd와 std::cmp::PartialEq이다.

```
fn main() {
  let a: i32 = 10;
  let b: u16 = 100;

  if a < (b as i32) {
    println!("Ten is less than one hundred.");
  }
}
```

작은 타입을 큰 타입(예: 16비트 타입을 32비트 타입)으로 변환하는 것이 가장 안전하다. 이것을 승격(promotion)이라고 부르기도 한다. 위의 경우, a를 u16으로 강등(demote)할 수 있었지만 그러한 처리는 일반적으로 더 위험하다.

> **!** 프로그램이 의도하지 않은 동작을 할 수 있으므로 타입 변환은 주의해서 사용해야 한다. 예를 들어 300_i32 as i8은 44를 반환한다.

경우에 따라서는 as 키워드를 사용하는 것이 지나친 제약이 될 수 있다. 어느 정도 번거로운 과정을 거치면 변환 과정을 완전히 통제할 수 있다. 다음 예제에서는 변환이 실패할 때 as 키워드 대신에 러스트 메서드를 사용했다.

예제 2.5 데이터 타입 간 변환에 try_into() 메서드 사용하기

```
01 use std::convert::TryInto;    ❶
02
03 fn main() {
04   let a: i32 = 10;
05   let b: u16 = 100;
06
07   let b_ = b.try_into()
08            .unwrap();    ❷
09
10   if a < b_ {
11     println!("Ten is less than one hundred.");
12   }
13 }
```

❶ try_into() 메서드가 구현된 u16과 같은 타입에 해당 메서드를 쓸 수 있게 한다.[4]

❷ try_into()는 변환 시도의 결과로 Result 타입을 반환한다.

예제 2.5에서는 두 가지 새로운 러스트의 개념인 트레이트와 오류 처리가 등장했

---

[4] (옮긴이) 2021 에디션에서는 프렐류드(prelude)에 추가되어 이 구문을 사용하지 않아도 된다. 이 책의 예제는 2018 에디션을 기준으로 했으므로 해당 구문을 사용했다.

다. 1행에서 use 키워드는 std::convert::TryInto 트레이트를 지역 범위로 가져온다. 이로써 try_into() 메서드를 b 변수에서 쓸 수 있다. 왜 이런 일이 일어나는지에 대한 자세한 설명은 생략한다. 당분간은 트레이트를 메서드의 집합으로 간주한다. 객체 지향 개발 경험이 있다면 트레이트를 추상 클래스나 인터페이스로 생각해도 된다. 함수형 언어 프로그래밍 경험이 있다면 트레이트를 타입 클래스(type class)로 생각해도 된다.

7행은 러스트에서의 오류 처리를 간략하게나마 보여 준다. b.try_into()는 Result 안에 i32 값을 감싸 반환한다. Result는 3장에서 자세히 다룬다. 이는 성공값 또는 오륫값을 포함할 수 있다. unwrap() 메서드는 성공값을 처리하며 여기서 b의 값을 i32로 반환한다. u16에서 i32로 변환하는 데 실패하면 unwrap()이 호출되고 프로그램이 중단된다. 책을 읽어 나가다 보면 프로그램의 안정성을 해치지 않고 Result를 좀 더 안전하게 처리하는 방법을 배우게 될 것이다!

러스트의 눈에 띄는 특징 중 하나는 해당 트레이트가 지역 범위 내에 있을 때만 타입의 메서드를 호출할 수 있다는 점이다. 덧셈과 할당 같은 일반적인 연산 작업은 암묵적인 프렐류드(prelude: 기본적으로 가져오는 표준 모듈)를 통해 가져오므로 명시적인 가져오기(import)가 없어도 된다.

 지역 범위에 무엇이 기본으로 포함되는지 알고 싶다면, std::prelude 모듈을 살펴봐야 한다. 해당 문서는 *https://doc.rust-lang.org/std/prelude/index.html*에서 찾을 수 있다.

📦 부동 소수점 수의 위험성

부동 소수점 타입(예를 들어 f32와 f64)은 부주의하게 사용하면 심각한 오류를 일으킨다. 여기에는 (적어도) 두 가지 이유가 있다.

- 이 타입들은 대개 실제 수의 근삿값을 표현한다. 부동 소수점 타입은 이진수로 구현되지만, 우리는 이를 십진수로 계산하고자 한다. 이런 불일치 때문에 애매한 상황이 일어난다. 더욱이 실수를 표현한다고 하지만 부동 소수점 값의 정밀도는 제한적이다. 모든 실수를 표현하려면 무한한 정밀도가 필요하다.
- 이 타입들은 비직관적인 의미를 가지는 값을 표현한다. 정수와 달리 부동 소수점 타입에는 설계로 인해 잘 작동하지 않는 값이 있다. 공식적으로 이 타입에는 부분적인 동등 관계만 있다. 이것은 러스트의 타입 시스템에 반영되어 있는데, f32와 f64 타입은 std::cmp::PartialEq

트레이트만 구현하지만, 다른 숫자 타입은 std::cmp::Eq도 함께 구현한다.

이러한 위험을 방지하기 위해 다음 두 가지 사항을 지켜야 한다.

- 부동 소수점 수의 동등성을 검사하는 일은 피한다.
- 결과가 수학적으로 정의되지 않을(undefined) 수 있는 경우 주의한다.

부동 소수점 수를 비교하는 데 동등 비교를 사용하면 큰 문제가 된다. 부동 소수점 수는 이진수를 사용하는 계산 시스템으로 구현되지만, 십진수 숫자에 대한 연산을 수행할 때가 있다. 0.1과 같은 많은 값이 이진수로 정확하게 표현되지 않기 때문에 문제가 된다.[5]

이 문제를 알아보기 위해 다음 코드를 살펴보자. 실행 시 성공해야 하는가, 아니면 충돌이 나야 하는가? (0.1 + 0.2 = 0.3)은 수학적 동어 반복으로 항상 참이지만, 다음 예제를 실행하면 대부분의 시스템에서 프로그램이 종료된다.

```
fn main() {
    assert!(0.1 + 0.2 == 0.3);    ❶
}
```

❶ assert!는 인자가 참으로 평가되지 않을 때 프로그램을 강제 종료한다.

하지만 모든 경우가 다 그런 것은 아니다. 데이터 타입은 프로그램 정상 실행 여부와 관련하여 영향을 줄 수 있다. ch2/ch2-add-floats.rs에 있는 다음 코드는 각 값의 내부 비트 패턴을 조회하여 차이가 있는 위치를 찾는다. 그런 다음 이전 예제의 테스트를 f32와 f64 데이터 타입에 대해 수행한다. 여기에서는 단 하나의 테스트만 통과된다.

```
01 fn main() {
02    let abc: (f32, f32, f32) = (0.1, 0.2, 0.3);
03    let xyz: (f64, f64, f64) = (0.1, 0.2, 0.3);
04
05    println!("abc (f32)");
06    println!("  0.1 + 0.2: {:x}", (abc.0 + abc.1).to_bits());
07    println!("  0.3: {:x}", (abc.2).to_bits());
08    println!();
09
10    println!("xyz (f64)");
11    println!("  0.1 + 0.2: {:x}", (xyz.0 + xyz.1).to_bits());
12    println!("  0.3: {:x}", (xyz.2).to_bits());
13    println!();
```

---

5 해당 내용을 이해하기 어렵다면, 1/3과 같은 많은 값이 십진수 체계 내에서 정확히 표현될 수 없다는 점을 상기하자.

```
14
15    assert!(abc.0 + abc.1 == abc.2);    ❶
16    assert!(xyz.0 + xyz.1 == xyz.2);    ❷
17 }
```

❶ 정상적으로 수행된다.

❷ 충돌이 발생한다.

실행하면 프로그램은 짧은 출력을 잘 만들어 내다가 오류가 나온다. 그 후에 프로그램은 종료되는 데 f64 값의 결과를 비교하는 16행에서 중단된다.

```
abc (f32)
 0.1 + 0.2: 3e99999a
 0.3: 3e99999a

xyz (f64)
 0.1 + 0.2: 3fd3333333333334
 0.3: 3fd3333333333333
```

```
thread 'main' panicked at 'assertion failed: xyz.0 + xyz.1 == xyz.2',
ch2-add-floats.rs:16:5
note: run with `RUST_BACKTRACE=1` environment variable to display a
backtrace
```

일반적으로 수학적 연산이 실제 수학 결과에 대비하여 허용 가능한 오차 범위 내에 있는지 시험하는 것이 더 안전하다. 이 범위를 일반적으로 엡실론이라고 한다.

러스트에는 부동 소수점 값을 비교할 때 사용되는 몇 가지 허용치가 있다. 이러한 허용치를 f32::EPSILON과 f64::EPSILON으로 정의한다. 다음 짧은 예에서 러스트가 내부적으로 어떻게 동작하는지 좀 더 자세히 볼 수 있다.

```
fn main() {
  let result: f32 = 0.1 + 0.1;
  let desired: f32 = 0.2;
  let absolute_difference = (desired - result).abs();
  assert!(absolute_difference <= f32::EPSILON);
}
```

이 예에서 실제로 일어나는 일은 흥미롭지만 대부분은 무의미한 것들이다. 러스트 컴파일러는 비교 연산을 CPU에서 처리하는 코드로 전환한다. 부동 소수점 관련 연산은 칩 내 전용 하드웨어를 사용하여 구현된다.[6]

---

6   잘못되거나 정의되지 않은 작업은 CPU 예외를 일으킨다. 12장에서 이에 대해 알아본다.

음수의 제곱근(-42.0.sqrt())을 구하는 것처럼 수학적으로 정의되지 않은 결과가 생기는 연산은 특정 문제를 일으킨다. 부동 소수점 타입에는 이런 경우를 처리하기 위한 '숫자가 아님' 값(러스트에서는 NAN 값으로 표시)이 포함되어 있다.

NAN 값은 다른 숫자들을 오염시킨다. NAN과 상호 작용하는 거의 모든 작업은 NAN을 반환한다. 또 유의해야 할 점은 정의상 NAN 값끼리는 결코 같지 않다는 점이다. 다음 프로그램을 실행하면 항상 비정상적으로 강제 종료된다.

```rust
fn main() {
  let x = (-42.0_f32).sqrt();
  assert_eq!(x, x);
}
```

방어적으로 프로그래밍하려면 is_nan()과 is_finite() 메서드를 사용하자. 수학적 오류를 조용히 처리하는 대신 오류 상황을 일으켜야 문제의 원인을 찾아 고칠 수 있다. 다음은 is_finite() 메서드를 사용해 이런 상황을 일으키는 방법이다.

```rust
fn main() {
  let x: f32 = 1.0 / 0.0;
  assert!(x.is_finite());
}
```

2.3.4 유리수, 복소수 그리고 다른 숫자 타입

러스트의 표준 라이브러리는 비교적 작다. 다른 언어에서 자주 사용할 수 있는 몇몇 숫자 타입은 빠져 있다. 여기에는 다음과 같은 것이 있다.

- 유리수 및 복소수를 다루는 데 쓰는 많은 수학적 객체
- 매우 크거나 매우 작은 수를 표현할 수 있는 임의의 크기를 가지는 정수와 임의의 정밀도를 가지는 부동 소수점 수
- 화폐 단위에 쓰이는 고정 소수점 수

이러한 특수한 숫자 타입을 사용하려면 num 크레이트를 사용한다. 크레이트는 러스트의 패키지를 의미한다. 오픈 소스 크레이트는 *https://crates.io* 저장소에서 공유되며, 이곳에서 num 크레이트를 카고로 받는다.

예제 2.6에서는 복소수 두 개를 더한다. 복소수라는 용어가 낯설다면 일상적으로

다루는 숫자가 일차원인 데 반해 복소수는 이차원이라고 할 수 있다. 복소수는 '실수부'와 '허수부'로 이루어져 있으며 〈실수부〉+〈허수부〉i로 표기한다.[7] 예를 들어 $2.1 + -1.2i$는 하나의 복소수다. 수학 이야기는 충분히 했다. 이제 실제 코드를 살펴보자.

예제 2.6을 컴파일하고 실행하려면 다음과 같이 한다.

1. 터미널에서 다음 명령을 실행한다.

```
git clone --depth=1 https://github.com/rust-in-action/code rust-in-action
cd rust-in-action/ch2/ch2-complex
cargo run
```

2. 모든 것을 직접 실행해서 배우는 것을 선호한다면 다음과 같이 하면 된다.

   a. 터미널에서 다음 명령어를 입력한다.

   ```
   cargo new ch2-complex
   cd ch2-complex
   ```

   b. Cargo.toml의 [dependencies]에 num 크레이트 0.4 버전을 추가한다.

   ```
   [dependencies]
   num = "0.4"
   ```

   c. src/main.rs의 코드를 예제 2.6의 내용으로 바꾼다(ch2/ch2-complex/src/main.rs에 있다).

   d. cargo run을 실행한다.

cargo run을 실행하고 나면 여러 줄의 중간 결과가 출력된 후 최종적으로 다음과 같은 출력이 나와야 한다.

```
13.2 + 21.02i
```

예제 2.6 복소수로 값을 계산하기

```
1 use num::complex::Complex;     ❶
2
3 fn main() {
4   let a = Complex { re: 2.1, im: -1.2 };     ❷
```

7 기계 공학에서는 i 대신 j를 사용한다.

```
5    let b = Complex::new(11.1, 22.2);      ❸
6    let result = a + b;
7
8    println!("{} + {}i", result.re, result.im)      ❹
9 }
```

> ❶ use 키워드로 Complex 타입을 지역 범위로 가져온다.
>
> ❷ 모든 러스트 타입은 리터럴 구문을 가지고 있다.
>
> ❸ 대부분의 데이터 타입은 정적 메서드 new()를 구현한다.
>
> ❹ 점 연산자(.)를 이용해서 필드값에 접근한다.

예제의 몇 가지 부분을 살펴보는 것이 좋겠다.

- use 키워드는 크레이트를 지역 범위로 가져오고, 이름 공간 연산자(::)는 무엇을 가져올지 제한한다. 이 경우 Complex라는 단일한 타입만 필요로 한다.
- 러스트에는 생성자가 없는 대신 모든 타입에 리터럴 형태가 있다. 타입 이름 (Complex)을 쓰고 필드(re, im)값(예: 2.1 또는 −1.2)을 중괄호({})로 감싸서 해당 타입을 초기화한다.
- 간결함을 위해 많은 타입이 new() 메서드를 구현한다. 그러나 이러한 관례가 러스트 언어의 일부는 아니다.
- 러스트 프로그래머는 필드를 사용할 때 점 연산자(.)를 사용한다. 예를 들어 num::complex::Complex 타입에는 필드가 두 개 있는데, 실수부를 나타내는 re와 허수부를 나타내는 im이다. 둘 모두 점 연산자로 접근할 수 있다.

예제 2.6에는 몇 가지 새로운 명령도 나온다. 두 가지 방식으로 원시 데이터 타입이 아닌 데이터 타입을 초기화한다.

한 가지는 러스트 언어의 일부로 제공되는 리터럴 구문(4행)이다. 다른 방법은 관례에 의해 구현될 뿐 언어의 일부로는 정의되지 않는 new() 정적 메서드다(5행). 정적 메서드는 타입에 사용할 수 있는 함수지만 해당 타입의 인스턴스에는 사용할 수 없다.[8]

두 번째 방법은 라이브러리 작성자가 타입의 new() 메서드를 써서 기본값을 설정하기 때문에 선호되는 경우가 많다. 또한 군더더기도 적다.

---

8   러스트는 객체 지향적이지 않지만(예: 하위 클래스를 생성할 수 없음), 해당 분야에서 가져온 몇 가지 용어를 사용한다. 러스트 프로그래머가 인스턴스, 메서드, 객체에 대해 이야기하는 일은 일상적이다.

> 📦 **프로젝트에 서드 파티 의존성을 추가하는 빠른 방법**
>
> cargo add 명령을 활성화하는 cargo-edit 크레이트를 설치할 것을 추천한다. 다음과 같이 실행하면 된다.
>
> ```
> $ cargo install cargo-edit
>     Updating crates.io index
>   Installing cargo-edit v0.6.0
>   ...
>   Installed package `cargo-edit v0.6.0` (executables `cargo-add`,
>                                          `cargo-rm`, `cargo-upgrade`)
> ```
>
> 지금까지는 Cargo.toml에 의존성을 수동으로 추가했다. cargo add 명령은 사용자 대신 파일을 올바르게 고쳐 주므로 이런 절차를 간소화할 수 있다.
>
> ```
> $ cargo add num
>     Updating 'https://github.com/rust-lang/crates.io-index' index
>       Adding num v0.4.0 to dependencies
> ```

지금까지 기본 제공 숫자 타입과 서드 파티 라이브러리 타입을 쓰는 방법에 대해 알아보았다. 계속해서 러스트의 몇 가지 특징에 대해 더 다뤄 본다.

2.4 흐름 제어

프로그램은 기본적으로 위에서 아래로 실행되는데 프로그래머가 이를 원치 않는 경우가 있다. 러스트에는 이런 경우 유용한 흐름 제어 체계가 있다. 이 절에서는 기본적인 부분을 간단히 살펴본다.

2.4.1 for: 반복의 중심축

for 반복문은 러스트에서 반복을 처리하는 핵심이다. 무한한 값을 가질 수 있는 경우를 포함하여 대상의 컬렉션에 대해 반복 처리하는 일은 간단하다. 기본 형태는 다음과 같다.

```
for item in container {
  // ...
}
```

이 기본 형태를 사용하면 container의 각 연속 요소를 개별 item으로 사용할 수 있다. 이런 식으로 사용하기 편한 고수준 구문으로 여러 동적 언어처럼 쓸 수 있다. 하지만 몇 가지 주의해야 한다.

일반적인 생각과는 달리 블록이 끝나고 난 후 해당 컨테이너에 다시 접근할 수 없다. container 변수는 지역 범위 내에 있지만 수명이 끝났다. 4장에서 설명하겠지만 러스트는 블록이 끝나면 해당 container가 더 이상 필요하지 않다고 가정한다.

나중에 프로그램에서 container를 다시 쓰고 싶다면 참조를 써야 한다. 4장에서 다시 설명하겠지만 참조를 붙여 쓰지 않으면 러스트는 해당 container가 더는 필요하지 않은 것으로 여긴다. 컨테이너에 참조를 붙여 다루려면 다음과 같이 앰퍼샌드(&)를 접두사로 붙인다.

```
for item in &container {
  // ...
}
```

반복문에서 item을 수정해야 하는 경우 mut 키워드를 써야 가변 참조로 사용할 수 있다.

```
for item in &mut collection {
  // ...
}
```

구현에 대해 좀 더 자세히 얘기하자면 러스트의 for 반복문은 컴파일러의 메서드 호출로 확장된다. 다음 표에서 볼 수 있듯이 for 반복문의 세 가지 형태는 각각 서로 다른 방식으로 적용된다.

단축 형태	동등한 형태	접근
for item in collection	for item in IntoIterator::into_iter(collection)	소유권 (ownership)
for item in &collection	for item in collection.iter()	읽기 전용
for item in &mut collection	for item in collection.iter_mut()	읽고 쓰기

익명 반복문

블록 내에서 지역 변수를 사용하지 않는 경우라면 관례적으로 밑줄(_)을 사용한다. 배제 범위(exclusive range: 값을 포함하지 않는 범위) 구문(n..m)이나 포함 범위(inclusive range: 값을 포함하는 범위) 구문(n..=m)과 함께 사용하면 반복 횟수를 정확히 정할 수 있다. 다음은 익명 변수를 쓰는 예다.[9]

```
for _ in 0..10 {
  // ...
}
```

인덱스 변수 관리를 피하는 법

많은 프로그래밍 언어에서 각 반복이 끝날 때 증가하는 임시 변수를 사용하여 항목을 반복하는 것이 일반적이다. 관례적으로 이 변수의 이름은 i(index)다. 러스트에서는 다음과 같이 한다.

```
let collection = [1, 2, 3, 4, 5];
for i in 0..collection.len() {
  let item = collection[i];
  // ...
}
```

이 예제는 러스트 문법에 맞다. 그리고 반복문에서 for item in collection 구문으로 collection을 직접 처리하기가 불가능할 때 필수다. 하지만 일반적으로 권장하는 방식은 아니다. 수동으로 접근하는 방법은 두 가지 문제를 일으킨다.

- 성능 ─ collection[index] 구문을 사용해 값을 인덱싱할 때 경계 확인으로 인한 런타임 비용이 발생한다. 즉, 러스트는 index가 현재 collection에 유효한지 확인한다. 이러한 검사는 collection을 통해 직접 반복할 때는 필요하지 않다. 컴파일러는 컴파일 시 분석 작업으로 잘못된 접근이 불가능함을 입증할 수 있다.
- 안전 ─ 계속해서 주기적으로 collection에 접근하는 경우 그 전에 collection이 변경되었을지도 모른다. collection에 for 반복문을 직접 사용하면 러스트가 collection이 프로그램의 다른 부분에 의해 변경되지 않은 상태로 유지되도록 보장할 수 있다.

---

9 (옮긴이) 배제 범위를 이용했으므로 0, 1, 2, ... 9에 대한 반복 작업을 처리한다.

2.4.2 continue: 현재 반복의 남은 부분을 건너뛰기

continue 키워드는 여러분이 예상한 대로 동작한다. 다음은 그 예제다.

```
for n in 0..10 {
  if n % 2 == 0 {
    continue;
  }
  // ...
}
```

2.4.3 while: 조건의 상태가 바뀔 때까지 반복하기

while 반복문은 주어진 조건이 참인 동안 처리를 반복한다. 이 조건은 정식으로 술어(predicate)라고 하는데 true 또는 false로 평가되는 모든 식이 될 수 있다. 다음 코드는 공기 품질 표본을 가져다가 비정상적인 값은 빼는 예다(현실에서 쓰이는 예는 아님).

```
let mut samples = vec![];

while samples.len() < 10 {
  let sample = take_sample();
  if is_outlier(sample) {
    continue;
  }

  samples.push(sample);
}
```

지속 시간에 도달하면 반복을 중지하는 데 while을 사용하기

예제 2.7(ch2/ch2-while-true-incr-count.rs)은 while의 작동 예다. 벤치마크를 구현하는 데 이상적인 방법은 아니지만 가지고 있으면 유용한 도구가 될 수 있다. 예제에서 while은 제한 시간에 도달하지 않은 경우 블록을 계속 실행한다.

예제 2.7 컴퓨터가 카운터를 얼마나 빨리 증가시킬 수 있는지 테스트하기

```
01 use std::time::{Duration, Instant};    ❶
02
03 fn main() {
04   let mut count = 0;
05   let time_limit = Duration::new(1,0);    ❷
06   let start = Instant::now();    ❸
07
```

```
08    while (Instant::now() - start) < time_limit {    ❹
09        count += 1;
10    }
11    println!("{}", count);
12 }
```

> ❶ 이런 형식의 가져오기 구문은 이전에는 없었다. Duration과 Instant 타입만 std::time에서
> 지역 범위로 가져온다.
>
> ❷ 1초를 나타내는 Duration을 생성한다
>
> ❸ 시스템의 내장 시계로부터 시간값을 읽어 온다.
>
> ❹ Instant에서 Instant를 빼면 Duration이 반환된다.

무한 반복문에서 while 사용 피하기

대부분의 러스트 프로그래머들은 무한 반복문을 만들 때 다음과 방식은 피한다. 더 선호되는 방식은 이어서 설명할 loop 키워드를 사용하는 것이다.

```
while true {
  println!("Are we there yet?");
}
```

2.4.4 loop: 러스트 반복 구성의 기본

러스트에는 for와 while보다 더 다양한 방식으로 반복을 제어할 수 있는 loop 키워드가 있다. loop는 코드 블록을 계속해서 실행하며 절대 중단하지 않는다. break 키워드를 만나거나 프로그램이 외부에서 종료될 때까지 loop는 계속 실행된다. 다음은 loop 구문을 사용하는 방법이다.

```
loop {
  // ...
}
```

loop는 다음과 같이 장시간 실행되어야 하는 서버 등을 구현할 때 자주 이용한다.

```
loop {
  let requester, request = accept_request();
  let result = process_request(request);
  send_response(requester, result);
}
```

2.4.5 break: 반복문 끝내기

break 키워드는 반복문에서 벗어난다. 이와 관련해서 러스트는 일반적으로 사용자가 익히 잘 알고 있는 방식으로 동작한다.

```
for (x, y) in (0..).zip(0..) {
  if x + y > 100 {
    break;
  }

  // ...
}
```

중첩 반복문에서의 break

루프 레이블(loop label)을 사용하여 중첩된 반복문에서 벗어날 수 있다.[10] 다음 예제에서 볼 수 있듯 루프 레이블은 아포스트로피(')가 앞에 붙은 식별자다.

```
'outer: for x in 0.. {
  for y in 0.. {
    for z in 0.. {
      if x + y + z > 1000 {
        break 'outer;
      }

      // ...
    }
  }
}
```

러스트에는 프로그램의 다른 부분으로 건너뛰는 goto 키워드가 없다. goto 키워드는 제어 흐름을 혼란스럽게 만들 수 있으며 일반적으로 사용하지 않는 것이 좋다. 그래도 여전히 흔히 사용되는 한 가지 경우는 오류 조건이 감지될 때 특정 지점으로 이동하여 정리 작업을 하는 것이다. 루프 레이블을 사용하면 이런 경우를 처리할 수 있다.

2.4.6 if, if else 그리고 else: 조건 분기

지금까지 우리는 숫자 목록 내에서 숫자를 찾는 흥미진진한 일을 해 왔다. 숫자를

---

10 이런 기능은 continue에서도 동일하게 가능하지만 보통 잘 쓰지는 않는다.

찾는 검사 작업에는 if 키워드를 사용한다. 예를 들면 다음과 같다.

```
if item == 42 {
  // ...
}
```

if는 불값(예: true 또는 false)으로 평가되는 식을 받는다. 여러 식을 테스트하려는 경우 if else 블록을 연속적으로 추가한다. else 블록은 나머지 경우에 수행된다. 예를 들면 다음과 같다.

```
if item == 42 {
  // ...
} else if item == 132 {
  // ...
} else {
  // ...
}
```

러스트는 참 같은(참값이 아니지만 암묵적으로 참으로 간주되는 경우) 또는 거짓 같은(거짓값이 아니지만 암묵적으로 거짓으로 간주되는 경우) 값의 개념이 없다. 다른 언어에서는 0 또는 빈 문자열과 같은 특수한 값이 false이고 다른 값이 true를 나타내도록 허용하지만 러스트는 그렇지 않다. true에 사용할 수 있는 유일한 값은 true이며 false의 경우에는 false를 사용한다.

> ### 📦 러스트는 표현식 기반 언어다
>
> 표현식 기반 프로그래밍 언어에서 모든 표현식은 값을 반환하며 거의 모든 것이 하나의 표현식이다. 이런 유산은 다른 언어에서는 허용되지 않는 몇몇 구조를 통해 확인할 수 있다. 러스트의 관용적인 용례를 보면 return 키워드는 생략할 수 있다.
>
> ```
> fn is_even(n: i32) -> bool {
>   n % 2 == 0
> }
> ```
>
> 예를 들어 러스트 프로그래머는 조건 표현식을 통해 값을 할당할 수 있다.
>
> ```
> fn main() {
>   let n = 123456;
>   let description = if is_even(n) {
> ```

```
      "even"
    } else {
      "odd"
    };
    println!("{} is {}", n, description);    ❶
}
```

> ❶ 123456 is even을 출력한다.

위 예제는 match를 이용해서 다음과 같은 블록으로 확장할 수 있다.

```
fn main() {
    let n = 654321;
    let description = match is_even(n) {
      true => "even",
      false => "odd",
    };
    println!("{} is {}", n, description);    ❶
}
```

> ❶ 654321 is odd를 출력한다.

아마 가장 놀랄 만한 점은 break 키워드 역시 값을 반환한다는 것이다. 이를 이용하면 무한 반복문에서 값을 반환할 수 있다.

```
fn main() {
    let n = loop {
        break 123;
    };
    println!("{}", n);    ❶
}
```

> ❶ 123을 출력한다.

러스트의 어떤 부분이 표현식이 아니어서 값을 반환하지 않는지 궁금할 것이다. 표현식이 아닌 이런 부분을 문장(statement)이라고 한다. 이는 다음 세 가지 경우에 해당한다.

- 표현식이 세미콜론(;)으로 끝날 때
- 할당 연산자(=)로 값에 이름이 바인딩될 때
- struct 및 enum 키워드로 생성된 타입과 함수(fn)를 포함하는 타입 선언

공식적으로는 첫 번째 형식은 표현문이라고 한다. 마지막 두 가지는 모두 선언문이라고 부른다. 러스트에서는 어떤 값도 ()(유닛 타입)으로 표현되지 않는다.

2.4.7 match: 타입 패턴 매칭

러스트에서 if/else 블록을 사용할 수 있지만 더 안전한 대안은 match다. match는 일어날 수 있는 모든 경우에 대응하지 않을 때 경고를 낸다. 또한 우아하고 간결하다.

```
match item {
    0         => {},   ❶
    10 ..= 20 => {},   ❷
    40 | 80   => {},   ❸
    _         => {},   ❹
}
```

    ❶ 하나의 값에 일치하는 경우 그 값만 쓴다. 다른 연산자는 필요 없다.

    ❷ ..= 구문은 포함 범위에 일치한다(이 경우는 10, 11, 12, ... 20).

    ❸ 수직 막대(|)는 바 양쪽 값 중 하나에 해당될 때 일치한다.

    ❹ 밑줄(_)은 나머지 모든 경우에 일치한다.

match는 발생 가능한 여러 값을 검사할 수 있도록 정교하고 간결한 구문을 제공한다. 다음에 몇 가지 예가 있다.

- 포함 범위(10 ..= 20)로 범위 내의 값에 일치한다.
- 불 OR(|)은 각각의 모든 경우에 일치한다.
- 밑줄은 모든 경우에 일치한다.

match는 다른 언어의 switch 키워드와 비슷하다. 그러나 C 언어의 switch와 달리 match는 해당 타입에서 나올 수 있는 모든 경우가 분명히 처리되도록 보장한다. 해당 타입의 가능한 모든 값에 대한 분기를 처리하지 않으면 컴파일러 오류가 발생한다. 또한 일치된 항목은 기본적으로 다음 옵션으로 '넘겨지지' 않는다. 대신 match는 일치하는 상황이 생기면 그 즉시 결과를 반환한다.

예제 2.8은 match의 좀 더 긴 예다. 이 예제의 소스 코드는 ch2/ch2-match-needles.rs에 있다. 실행하면 다음 두 줄이 화면에 출력된다.

```
 42 hit!
132 hit!
```

예제 2.8 match를 이용한 여러 값 일치

```
01 fn main() {
02     let needle = 42;   ❶
```

```
03    let haystack = [1, 1, 2, 5, 14, 42, 132, 429, 1430, 4862];
04
05    for item in &haystack {
06      let result = match item {        ❷
07        42 | 132 => "hit!",           ❸
08        _ => "miss",                  ❹
09      };
10
11      if result == "hit!" {
12        println!("{}: {}", item, result);
13      }
14    }
15  }
```

❶ 변수 needle은 불필요하다.

❷ match 표현식은 변수에 바인드될 값을 반환한다.

❸ 성공한 경우. 42 | 132는 42와 132 각각 모두에 대해 일치한다.

❹ 모든 경우와 일치하는 와일드카드 패턴이다.

match 키워드는 러스트 언어에서 중요한 역할을 한다. 반복문 같은 많은 제어 구조
가 그 내부에서는 match로 정의된다. 이는 다음 장에서 자세히 설명할 Option 타입
과 결합할 때 빛을 발한다.

숫자를 정의하고 러스트의 흐름 제어 메커니즘 중 일부를 사용하는 방법을 살펴
보았으니 함수로 프로그램에 구조를 추가하는 방법으로 넘어가자.

2.5 함수 정의

이 장의 첫 부분으로 돌아가 보면 예제 2.2에 짧은 함수 add()가 포함되어 있다. add
는 i32 값을 두 개 받아서 그 합을 반환한다. 다음 예제에서 그 부분을 다시 보자.

예제 2.9 함수 정의(예제 2.2에서 발췌)

```
11 fn add(i: i32, j: i32) -> i32 {  ┐
12   i + j                          │❶
13 }
```

❶ add()는 두 개의 정수 매개 변수를 받아 정수를 반환한다. 두 인자는 지역 변수 i와 j에 바인딩
   된다.

당분간은 예제 2.9에 있는 각 요소의 구문에 집중하겠다. 그림 2.2는 각 요소를 시
각적으로 표현한 것이다. 강타입(strongly typed) 언어로 프로그래밍해 본 사람이

라면 이 그림으로 의미를 대충 짐작할 수 있을 것이다.

러스트의 함수에는 매개 변수의 타입과 함수의 반환 타입을 지정해야 한다. 이는 러스트를 사용하는 대부분의 작업에 필요한 기본 지식이다. 처음 만드는 진부하지 않은 프로그램에 이 지식을 사용해 보자.

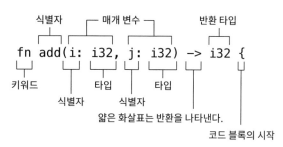

그림 2.2 러스트 함수 정의 구문

2.6 참조 사용

지금까지 개발자 경력에서 동적 프로그래밍 언어만 사용해 왔다면 참조 구문과 의미 체계가 답답할 수 있다. 무슨 일이 일어나고 있는지 머릿속으로 그림을 그리기 어려울 수 있다. 그러다 보면 어떤 기호를 어디에 넣어야 하는지 이해하기 어렵다. 고맙게도 러스트 컴파일러는 좋은 코치다.

참조는 또 다른 값을 대신하는 값이다. 예를 들어 변수 a가 복제 비용이 많이 드는 큰 배열이라고 상상해 보자. 어떤 의미에서 참조 r은 a에 대한 값싼 사본이다. 그러나 복제본을 만드는 대신 프로그램은 메모리에 a의 주소를 저장한다. a의 데이터가 필요한 경우 r을 역참조하여 사용할 수 있다. 다음은 이에 대한 코드다.

예제 2.10 큰 배열의 참조 만들기

```
1 fn main() {
2   let a = 42;
3   let r = &a;          ❶
4   let b = a + *r;       ❷
5
6   println!("a + a = {}", b);    ❸
7 }
```

❶ r은 a에 대한 참조다.

❷ a에 a(r을 역참조해서 얻음)를 더하고 이를 b에 할당한다.

❸ a + a = 84가 출력된다

참조는 참조 연산자(&)를 사용하여 생성하고 역참조 연산자(*)를 사용하여 역참조한다. 이 연산자들은 단항 연산자 역할을 하므로 피연산자는 하나만 필요하다. 아스키(ASCII) 텍스트로 작성된 소스 코드의 한계 중 하나는 곱셈과 역참조가 동일한 기호를 사용한다는 것이다. 이것들이 더 큰 예제의 일부에서 사용되는 것을 살펴보겠다.

예제 2.11은 수의 배열(3행의 haystack)에서 한 숫자(2행의 needle)를 찾는 프로그램이다. 이 코드를 컴파일하면 42가 콘솔에 출력된다. 해당 코드는 ch2/ch2-needle-in-haystack.rs에 있다.

예제 2.11 정수 배열에서 정수 찾기

```
01 fn main() {
02   let needle = 0o204;
03   let haystack = [1, 1, 2, 5, 15, 52, 203, 877, 4140, 21147];
04
05   for item in &haystack {        ❶
06     if *item == needle {          ❷
07       println!("{}", item);
08     }
09   }
10 }
```

❶ haystack 요소의 참조에 대해 반복한다.

❷ *item은 item의 대상을 반환한다.

매번 반복할 때마다 item의 값이 바뀌어 haystack 내 다음 항목을 참조한다. 첫 번째 반복 시 *item은 1을 반환하고 마지막 반복 시에는 21147을 반환한다.

2.7 프로젝트: 망델브로 집합 출력하기

지금까지 러스트에 대해 많이 배우지는 않았지만, 우리는 재미있는 프랙털 그림을 만들 수 있는 도구들을 이미 가지고 있다. 이제 예제 2.12와 함께 살펴보자. 시작하기 전에 다음과 같이 준비한다.

1. 터미널 창에서 망델브로 집합을 그리는 프로젝트를 다음과 같이 만든다.

   a. cd $TMP(윈도우라면 cd %TMP%)로 지워져도 상관없는 디렉터리로 이동한다.

   b. cargo new mandelbrot --vcs none으로 빈 프로젝트를 새로 만든다.[11]

---

11 (옮긴이) --vcs none은 버전 관리 설정을 하지 않는다는 뜻이다. 보통 신규 프로젝트는 기본적으로 깃(git)으로 버전을 관리하도록 구성된다.

c. cd mandelbrot로 해당 프로젝트로 이동한다.

d. cargo add num을 실행해 의존성으로 num 크레이트를 추가하도록 Cargo. toml을 수정한다(카고의 해당 기능을 활성화하려면 54쪽에 설명한 내용을 참고한다).

2. src/main.rs의 코드를 예제 2.12의 내용으로 대체한다. 해당 코드는 ch2/ch2-mandelbrot/src/main.rs에 있다.

3. cargo run을 실행한다. 터미널에서 다음과 같은 망델브로 집합을 볼 수 있다.

```
.................................................••••*••**•..................
.................................................•••••***••••..................
............................................••**+%%+***•.................
..........................................*%@@@%%*••.................
...................................•*%**%•••***+•••@@@@@@@@@@*+%%•*•...........
................................•••••**%$*%@@@@@@@@@@@@@@@@@++*+x***•..........
..............................•••••****$%@@@@@@@@@@@@@@@@@@@@*••.............
...........................*•.......•*+%@@@@@@@@@@@@@@@@@@@@@@@@•...........
......................•••••****%*+•***•••*%@@@@@@@@@@@@@@@@@@@@@@@@@@@@%•.......
..................•••••**%%*+#%%x%******+%@@@@@@@@@@@@@@@@@@@@@@@@%•.......
...............•••••*+$%@@@@@@@@@%+*X@@@@@@@@@@@@@@@@@@@@@@@@@@•.......
.............•*%%%%@@@@@@@@@@@@@@@@@@@@@@@@@@@@@@@@@@@@@%•.......
%@@@@@@@@@@@@@@@@@@@@@@@@@@@@@@@@@@@@@@@@@@@@@@@@%*+•.......
.............•*%%%%@@@@@@@@@@@@@@@@@@@@@@@@@@@@@@@@@@@@@%•.......
...............•••••*+$%@@@@@@@@@%+*X@@@@@@@@@@@@@@@@@@@@@@@•.......
..................•••••**%%*+#%%x%******+%@@@@@@@@@@@@@@@@@@@@@@@%•.......
......................•••••****%*+•***•••*%@@@@@@@@@@@@@@@@@@@@@@@@@@@@%•.......
...........................*•.......•*+%@@@@@@@@@@@@@@@@@@@@@@@@•...........
..............................•••••****$%@@@@@@@@@@@@@@@@@@@@*••.............
................................•••••**%$*%@@@@@@@@@@@@@@@@@++*+x***•..........
...................................•*%**%•••***+•••@@@@@@@@@@*+%%•*•...........
..........................................*%@@@%%*••.................
............................................••**+%%+***•.................
.................................................•••••***••••..................
.................................................••••*••**•..................
```

예제 2.12 망델브로 집합 그리기

```
01 use num::complex::Complex;      ❶
02
03 fn calculate_mandelbrot(        ❷
04
05     max_iters: usize,           ❸
06     x_min: f64,        ⎤
07     x_max: f64,        ⎟  ❹
08     y_min: f64,        ⎟
09     y_max: f64,        ⎦
```

```
10   width: usize,        ┐ ❺
11   height: usize,       ┘
12   ) -> Vec<Vec<usize>> {
13
14   let mut rows: Vec<_> = Vec::with_capacity(width);    ❻
15   for img_y in 0..height {                             ❼
16
17     let mut row: Vec<usize> = Vec::with_capacity(height);
18     for img_x in 0..width {
19
20       let x_percent = (img_x as f64 / width as f64);
21       let y_percent = (img_y as f64 / height as f64);
22       let cx = x_min + (x_max - x_min) * x_percent;   ┐ ❽
23       let cy = y_min + (y_max - y_min) * y_percent;   ┘
24       let escaped_at = mandelbrot_at_point(cx, cy, max_iters);
25       row.push(escaped_at);
26     }
27
28     rows.push(row);
29   }
30   rows
31 }
32
33 fn mandelbrot_at_point(    ❾
34   cx: f64,
35   cy: f64,
36   max_iters: usize,
37   ) -> usize {
38   let mut z = Complex { re: 0.0, im: 0.0 };   ❿
39   let c = Complex::new(cx, cy);               ⓫
40
41   for i in 0..=max_iters {
42     if z.norm() > 2.0 {    ⓬
43       return i;
44     }
45     z = z * z + c;    ⓭
46   }
47   max_iters    ⓮
48 }
49
50 fn render_mandelbrot(escape_vals: Vec<Vec<usize>>) {
51   for row in escape_vals {
52     let mut line = String::with_capacity(row.len());
53     for column in row {
54       let val = match column {
55         0..=2 => ' ',
56         3..=5 => '.',
57         6..=10 => '•',
58         11..=30 => '*',
```

```
59        31..=100 => '+',
60        101..=200 => 'x',
61        201..=400 => '$',
62        401..=700 => '#',
63        _ => '%',
64      };
65
66      line.push(val);
67    }
68    println!("{}", line);
69  }
70 }
71
72 fn main() {
73   let mandelbrot = calculate_mandelbrot(1000, -2.0, 1.0, -1.0,
74                                          1.0, 100, 24);
75
76   render_mandelbrot(mandelbrot);
77 }
```

❶ Complex 숫자 타입을 num 크레이트와 복소수 하위 모듈에서 가져온다.

❷ 출력 공간(행과 열의 그리드)과 망델브로 집합[(0, 0)에 가까운 연속 영역]을 둘러싼 범위를 변환한다.

❸ 값이 최대 반복 횟수에 도달하기 전에 빠져나오지 않은 경우 망델브로 집합 내에 있는 것으로 간주한다.

❹ 집합의 멤버를 찾기 위해 검색할 공간을 지정하는 매개 변수

❺ 출력 크기를 픽셀로 나타내는 매개 변수

❻ 각 행의 데이터를 저장할 컨테이너를 생성한다.

❼ 한 행씩 반복하여 한 줄씩 출력하도록 한다.

❽ 출력에서 다루는 공간의 비율을 계산하여 검색 공간 내의 점으로 변환한다.

❾ 모든 픽셀에서 호출된다(예: stdout으로 출력되는 모든 행과 열).

❿ 0.0에서 실수부(re)와 허수부(im)를 사용하여 원점에서 복소수를 초기화한다.

⓫ 함수 인자로 제공된 좌표에서 복소수를 초기화한다.

⓬ 탈출 조건을 점검하고 복소수의 절댓값, 원점(0, 0)과의 거리를 계산한다.

⓭ z를 반복적으로 변경해 c가 망델브로 집합 내에 있는지 확인한다.

⓮ i가 더 이상 영역 내에 없으므로 max_iters로 대신한다.

지금까지 러스트의 기본을 실습해 보았다. 계속해서 함수와 타입을 정의하는 법을 배워 보도록 하겠다.

2.8 고급 함수 정의

예제 2.2의 add(i: i32, j: i32) -> i32보다 좀 더 겁나는 러스트 함수도 있다. 다음 절에서는 러스트 코드를 작성하기보다 읽는 양이 더 많은 사용자를 위해 몇 가지 내용을 추가적으로 살펴본다.

2.8.1 명시적인 수명 애너테이션

좀 더 복잡한 표기법을 소개하는 데 사전에 양해를 구한다. 러스트 코드를 읽다 보면 고대 문명의 상형 문자처럼 보여서 해독하기 어려울 때가 있다. 예제 2.13은 그러한 예를 예제 2.14에서 발췌한 것이다.

예제 2.13 명시적 수명 애너테이션을 가진 함수 시그너처

```
1 fn add_with_lifetimes<'a, 'b>(i: &'a i32, j: &'b i32) -> i32 {
2   *i + *j
3 }
```

모든 생소한 구문이 그렇듯이 처음에는 무슨 일이 일어나는지 이해하기 어려울 수 있다. 이는 시간이 지나면 나아진다. 무슨 일이 일어나는지 설명하는 것으로 시작해, 왜 그런 일이 일어나는지 이야기를 계속해 보자. 다음은 이전 코드의 1행을 부분으로 나눈 것이다.

- fn add_with_lifetimes(...) -> i32는 이미 익숙할 것이다. add_with_lifetimes()가 함수이며 i32 값을 반환한다고 유추할 수 있다.
- <'a, 'b>는 두 개의 수명 변수 'a와 'b를 add_with_lifetimes() 범위 안에 선언한다. 보통 일반적으로 수명 a, 수명 b라고 한다.
- i: &'a i32는 수명 변수 'a를 i의 수명으로 바인드한다. 이 구문은 "매개 변수 i는 수명 a를 가지는 i32 타입의 참조다"라고 읽는다.
- j: &'b i32는 수명 변수 'b를 j의 수명으로 바인드한다. 이 구문은 "매개 변수 j는 수명 b를 가지는 i32 타입의 참조다"라고 읽는다.

수명 변수를 값에 바인딩하는 것이 왜 중요한지 이해하기 쉽지 않을 것이다. 러스트의 안전 검사는 모든 데이터 접근 시도가 유효한지 확인하는 수명 시스템(lifetime system)에 토대를 두고 있다. 프로그래머는 수명 애너테이션을 통해 자신의 의도를 선언할 수 있다. 주어진 수명에 바인딩된 모든 값은 해당 수명에 바인딩된 다른 값들의 마지막 접근이 끝날 때까지 지속되어야 한다.

수명 시스템은 보통 별도의 도움 없이 작동한다. 모든 매개 변수가 수명을 가지지만 컴파일러가 대부분 자체적으로 추론할 수 있기 때문에 이러한 검사는 일반적으로 눈에 띄지 않는다.[12] 그러나 추론이 어려울 때 컴파일러는 도움이 필요하다. 함수가 여러 개의 참조를 인자로 받거나 참조를 반환할 때 컴파일러는 오류 메시지를 내어 프로그래머에게 명시적으로 지정해 줄 것을 요청하기도 한다.

함수를 호출할 때는 수명 애너테이션이 필요하지 않다. 예제 2.14에 나오는 수명 애너테이션을 함수 정의(1행)에서는 볼 수 있지만 사용 시(8행)에는 볼 수 없다. 소스 코드는 ch2-add-with-lifetimes.rs에 있다.

예제 2.14 명시적 수명 애너테이션을 가진 함수 시그너처

```
01 fn add_with_lifetimes<'a, 'b>(i: &'a i32, j: &'b i32) -> i32 {
02   *i + *j   ❶
03 }
04
05 fn main() {
06   let a = 10;
07   let b = 20;
08   let res = add_with_lifetimes(&a, &b);   ❷
09
10   println!("{}", res);
11 }
```

❶ 참조를 직접 더하는 대신 i와 j를 역참조하여 그 값을 더한다.

❷ &10과 &20은 10과 20의 참조를 의미한다. 수명 애너테이션은 함수 호출 시에는 필요하지 않다.

2행에서 *i + *j는 i와 j 변수에 담긴 값을 역참조하여 더한다. 참조 사용 시 수명 매개 변수를 보는 것은 흔하다. 러스트는 보통 수명을 추론할 수 있지만, 참조에서 만큼은 프로그래머가 의도를 명시해야 한다. 두 개의 수명 매개 변수(a와 b)를 사용하면 i와 j의 수명이 서로 별개로 분리되어 있음을 나타낸다.

 수명 매개 변수는 고수준의 코드를 유지하면서 프로그래머에게 제어 기능을 제공하는 방편이다.

---

[12] 수명 애너테이션을 생략하는 것을 공식적으로 수명 생략이라고 한다.

2.8.2 제네릭 함수

또 다른 특별한 함수 구문은 프로그래머가 다양한 입력 타입을 다루는 러스트 함수를 작성할 때 볼 수 있다. 지금까지는 32비트 정수(i32)를 매개 변수로 받는 함수를 살펴봤다. 다음 예제는 입력 데이터 타입이 다양하면서도, 모두 같은 방식으로 호출이 가능한 함수 시그너처다.

예제 2.15 제네릭 함수의 타입 시그너처

```
fn add<T>(i: T, j: T) -> T {    ❶
  i+j
}
```

> ❶ 타입 변수 T는 <T>로 표기되어 있다. 이 함수는 같은 타입의 매개 변수 두 개를 받아 해당 타입의 값을 반환한다.

특정 타입 대신 대문자가 있으면 제네릭 타입을 의미한다. 일반적으로 T, U, V 변수가 사용되나 임의의 다른 대문자 변수가 올 수 있다. E는 오류 타입을 나타내는 데 자주 사용된다. 오류 처리 방법은 3장에서 자세히 살펴본다.

제네릭으로 상당한 코드 재사용이 가능하고, 강타입 언어의 사용성을 크게 높일 수 있다. 불행히도 예제 2.15는 있는 그대로 컴파일할 수 없다. 러스트 컴파일러는 T 타입의 두 값을 더할 수 없다고 불평한다. 다음은 예제 2.15를 컴파일하려고 할 때 출력되는 내용이다.

```
error[E0369]: cannot add `T` to `T`
 --> add.rs:2:5
  |
2 |   i + j
  |   - ^ - T
  |   |
  |   T
  |
help: consider restricting type parameter `T`
  |
1 | fn add<T: std::ops::Add<Output = T>>(i: T, j: T) -> T {
  |         ^^^^^^^^^^^^^^^^^^^^^^^^^^^

error: aborting due to previous error

For more information about this error, try `rustc --explain E0369`.
```

이 문제는 실제로 T 타입이 덧셈 연산이 지원되지 않는 모든 타입을 의미하기 때문에 발생한다. 그림 2.3은 해당하는 문제를 시각적으로 표현한 것이다. 예제 2.15에서는 바깥의 고리를 참조하려 했지만, 덧셈 연산은 안쪽 고리에 있는 타입에서만 지원된다.

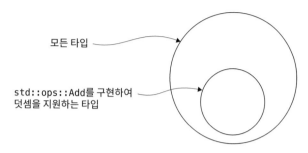

모든 타입

std::ops::Add를 구현하여
덧셈을 지원하는 타입

그림 2.3 타입의 일부만 연산자를 구현한다. 어떤 연산자를 포함하는 제네릭 함수를 만든다면,
해당 연산의 트레이트가 트레이트 제약(trait bound)에 포함되어야 한다.

T 타입이 덧셈을 구현해야 한다는 것을 어떻게 지정할 수 있을까? 이에 답하려면 몇 가지 새로운 용어가 필요하다.

덧셈을 비롯한 러스트의 모든 연산자는 트레이트로 정의된다. T 타입이 반드시 덧셈을 지원해야 한다면, 함수 정의에 타입 변수와 함께 트레이트 제약을 포함시켜야 한다. 다음은 해당 문법에 대한 예다.

예제 2.16 트레이트 제약을 포함한 제네릭 함수의 타입 시그너처

```
fn add<T: std::ops::Add<Output = T>>(i: T, j: T) -> T {
  i + j
}
```

<T: std::ops::Add<Output = T>>는 타입 T가 std::ops::Add를 반드시 구현해야 함을 뜻한다. 트레이트 제약을 가진 단일 타입 변수 T를 사용하면 인자 i, j뿐 아니라 결괏값의 타입까지 덧셈을 지원하는 동일한 타입이라는 점을 확실히 하게 된다.

트레이트란 무엇인가? 트레이트는 인터페이스, 프로토콜 또는 계약(contract)과 비슷한 언어 기능이다. 객체 지향 프로그래밍에 대한 배경 지식이 있다면, 트레이트를 추상 기본 클래스로 간주하자. 함수형 프로그래밍에 대한 경험이 있다면 러스트의 트레이트는 해스켈의 타입 클래스에 가깝다. 지금은 트레이트가 있으면 해당 타입이 공통 동작을 할 수 있다는 점만 알아도 충분하다.

러스트의 모든 연산은 트레이트로 정의된다. 예를 들어 덧셈 연산자(+)는 std::ops::Add 트레이트로 정의된다. 트레이트는 3장에 잘 소개되어 있으며, 책을 진행해 나가면서 점진적으로 자세히 설명하겠다.

되풀이하자면 러스트의 모든 연산자는 트레이트의 메서드에 대한 간편 문법[13]이다. 러스트는 이러한 방식으로 연산자 오버로딩을 지원한다. 컴파일하는 동안 a + b는 a.add(b)로 변환된다.

예제 2.17은 제네릭 함수를 여러 타입으로 호출할 수 있음을 보여 주는 완전한 예다. 다음 세 줄이 콘솔에 출력된다.

```
4.6
30
15s
```

예제 2.17 타입 변수와 트레이트 제약을 가진 제네릭 함수

```
01 use std::ops::{Add};              ❶
02 use std::time::{Duration};        ❷
03
04 fn add<T: Add<Output = T>>(i: T, j: T) -> T {   ❸
05   i + j
06 }
07
08 fn main() {
09   let floats = add(1.2, 3.4);      ❹
10   let ints = add(10, 20);          ❺
11   let durations = add(
12     Duration::new(5, 0),           ❻
13     Duration::new(10, 0)
14   );
15
16   println!("{}", floats);
17   println!("{}", ints);
18   println!("{:?}", durations);     ❼
19
20 }
```

❶ std::ops에서 Add 트레이트를 지역 범위로 가져온다.

❷ std::time에서 Duration 타입을 지역 범위로 가져온다.

❸ add()의 인자는 std::ops::Add를 구현하는 어떤 타입도 가능하다.

❹ add() 함수를 부동 소수점 타입을 인자로 하여 호출했다.

❺ add() 함수를 정수 타입을 인자로 하여 호출했다.

❻ add() 함수를 경과 시간을 나타내는 Duration 타입을 인자로 하여 호출했다.

---

13 (옮긴이) 문법적인 기능은 그대로 유지하되 코드를 작성하는 사람 또는 그 코드를 다시 읽는 사람 입장에서 편의성이 높은 프로그래밍 문법을 가리킨다.

❼ std::time::Duration이 std::fmt::Display 트레이트를 구현하지 않으므로 std::fmt::Debug를 쓰는 것으로 대신한다.

보다시피 함수 시그너처가 다소 복잡해질 수 있다. 이것들을 해석하는 데 약간의 인내심이 필요할 수도 있다. 이제는 막혔을 때 문제를 잘게 분해할 수 있는 도구를 얻었기 바란다. 다음은 러스트 코드를 읽을 때 도움이 되는 몇 가지 원칙이다.

- 소문자로 표기된 것(i, j)은 변수를 나타낸다.
- 단일 대문자(T)는 제네릭 타입 변수를 나타낸다.
- 대문자로 시작하는 단어(Add)는 트레이트나 String, Duration 같은 별도의 타입이다.
- 레이블('a)은 수명 매개 변수를 나타낸다.

2.9 grep-lite 만들기

우리는 이번 장의 대부분을 숫자에 대해 알아보는 데 썼다. 또 다른 실용적인 예를 들어 볼 시간이다. 다음 예를 통해 러스트가 텍스트를 처리하는 방법에 대해 알아 볼 것이다.

예제 2.18은 grep-lite의 첫 번째 버전이다. 이 프로그램의 코드는 ch2-str-simple-pattern.rs 파일에 있다. 하드 코딩된 매개 변수 때문에 유연성이 다소 제한되지만 이는 문자열 리터럴의 유용한 예시다. 코드는 콘솔에 다음 한 줄을 출력한다.

```
dark square is a picture feverishly turned--in search of what?
```

예제 2.18 문자열 행에서 단순 패턴을 찾기

```
01 fn main() {
02   let search_term = "picture";
03   let quote = "\
04 Every face, every shop, bedroom window, public-house, and
05 dark square is a picture feverishly turned--in search of what?
06 It is the same with books.
07 What do we seek through millions of pages?";   ❶
08
09   for line in quote.lines() {   ❷
10     if line.contains(search_term) {
11       println!("{}", line);
12     }
13   }
14 }
```

❶ 여러 줄로 된 문자열을 위한 특별한 문법은 없다. 3행의 \이 줄 바꿈을 방지한다.

❷ lines()는 quote에 대해 매 반복마다 텍스트를 한 줄씩 돌려주는 반복자를 반환한다. 러스트
는 줄 바꿈을 할 때 각 운영 체제의 관례를 따른다.

앞에서처럼 러스트의 문자열은 그 자체로도 많은 일을 할 수 있다. 예제 2.18에서
살펴볼 몇 가지 특징은 다음과 같다. 여기서부터는 프로토타입 프로그램의 기능을
확장해 나갈 것이다.

- 9행(quote.lines())은 플랫폼 독립적인 방식으로 한 줄씩 반복하는 것을 보여
  준다.
- 10행(line.contains())은 메서드 문법을 이용해서 텍스트를 검색하는 법을 보여
  준다.

> **📦 러스트의 풍부한 문자열 타입 컬렉션 살펴보기**
>
> 러스트 초심자에게 문자열은 복잡하다. 구현 세부 사항을 바닥부터 살펴보려고 하면 더욱 이해하
> 기 어렵다. 컴퓨터가 텍스트를 나타내는 방법은 복잡하며 러스트는 이러한 복잡성을 일정 부분 노
> 출하기로 했다. 이로써 프로그래머는 완전한 통제력을 가질 수 있게 되지만, 언어를 배우는 사람들
> 에게는 부담이 된다.
>
> String과 &str 모두 텍스트를 나타내지만 서로 별개의 고유한 타입이다. 비슷한 일을 하기 위
> 해 다른 메서드가 필요하기 때문에 이 두 타입으로 값을 다루려면 처음에는 성가시다. 직관을 키워
> 나가면서 짜증 나는 타입 오류에 스스로 대비해 나가라. 이러한 직관이 생기기 전까지는 데이터를
> String 타입으로 변환하면 일반적으로 문제가 줄어든다.
>
> String은 (아마도) 다른 언어에서 알던 문자열 타입과 가장 가깝다. 두 문장을 하나로 합치
> 는 것(결합), 새 텍스트를 기존 문자열에 덧붙이는 것, 공백을 없애는 것 등의 익숙한 연산을 지원
> 한다.
>
> str은 고성능이지만 상대적으로 기능이 빈약한 타입이다. 일단 생성되면 str 값은 확장하거나
> 줄일 수 없다. 이런 측면에서 보면 원시적인 메모리 배열을 다루는 것과 비슷하다. 원시적인 메모
> 리 배열과 다른 점은 str 값은 정상적인 UTF-8 문자임이 보증된다는 것이다.
>
> str은 보통 &str 형태로 쓰인다. &str(문자열 슬라이스 또는 문자열 조각)은 str 데이터의 참
> 조와 길이를 포함한 작은 타입이다. 변수를 str 타입에 할당하는 시도는 할 수 없다. 러스트 컴파
> 일러는 고정 크기 변수를 함수의 스택 영역에 만들고자 한다. str 값은 임의의 길이일 수 있으므로

참조에 의해 로컬 변수로만 저장할 수 있다.

시스템 프로그래밍에 대한 사전 경험이 있는 독자는 다음을 참고하라. String은 표현하려는 텍스트를 저장하는 데 동적 메모리 할당을 사용한다. &str 값을 생성하면 메모리 할당을 피할 수 있다.

String은 소유된 타입이다. 소유권은 러스트 내에서 특별한 의미가 있다. 소유자는 데이터를 변경할 수 있으며 범경을 벗어날 때 소유한 값을 삭제할 책임이 있다(3장에서 자세히 설명한다). &str은 대여된 타입이다. 실무적인 용어로, &str은 읽기 전용 데이터인 반면 String은 읽기-쓰기가 가능하다.

문자열 리터럴(예: "Rust in Action")은 &str 타입을 갖는다. 수명 매개 변수를 포함한 전체 타입 시그너처는 &'static str이다. 정적('static) 수명은 다소 특별하다. 구현 세부 사항에서 유래한 이름이라고 할 수 있다. 실행 프로그램에는 값으로 하드 코딩된 메모리 영역을 포함할 수 있는데 이 영역은 실행 중에 읽기 전용이기 때문에 보통 정적(static) 메모리라고 부른다.

러스트를 공부하는 중에 또 다른 타입이 나올 수 있다. 다음에 그 목록을 요약했다.[14]

- char — 4바이트로 인코딩된 단일 문자. char의 내부 표현은 UCS-4/UTF-32와 동일하다. 이는 단일 문자를 UTF-8로 인코딩하는 &str, String과는 다르다. 변환 시 불이익이 따르지만 char 값의 크기가 고정되어 있기 때문에 컴파일러가 추론하기 쉽다. UTF-8로 인코딩된 문자는 1~4 바이트로 다양하다.
- [u8] — 대개 바이너리 데이터 스트림을 처리할 때 볼 수 있는 원시 바이트의 슬라이스다.
- Vec<u8> — 원시 바이트의 벡터로서, 일반적으로 [u8] 데이터를 소비할 때 생성된다. String 은 Vec<u8>을, str은 [u8]을 감싼 것이다.
- std::ffi::OsString — 플랫폼 네이티브 문자열이다. 그 동작 방식은 String에 가깝지만 UTF-8로 인코딩되어 0바이트(0x00)를 포함하지 않는다는 보장은 없다.
- std::path::Path — 파일 시스템 경로를 처리하는 데 특화된 문자열과 비슷한 타입이다.

String과 &str의 차이를 완전히 이해하려면 배열과 벡터에 대한 지식이 필수다. 텍스트 데이터는 이 두 가지 타입과 비슷하며 편의 메서드가 있다.

grep-lite에 일치하는 항목과 행 번호를 출력하는 기능을 추가해 보자. 이는 grep에 대한 POSIX.1-2008 표준의 -n 옵션에 해당한다(*http://mng.bz/ZPdZ*).

이전 예제에 몇 줄을 추가하면 화면에 다음과 같은 결과가 출력된다. 예제 2.19

---

14 불행히도 이것이 전부가 아니다. 특정한 용례에 맞춰 특별한 취급이 필요한 경우도 있다.

는 이 기능이 추가된 코드이며, 해당 코드는 ch2/ch2-simple-with-linenums.rs에 있다.

2 dark square is a picture feverishly turned--in search of what?

예제 2.19 인덱스 변수를 수동으로 증가시키기

```
01 fn main() {
02   let search_term = "picture";
03   let quote = "\            ❶
04 Every face, every shop, bedroom window, public-house, and
05 dark square is a picture feverishly turned--in search of what?
06 It is the same with books. What do we seek through millions of pages?";
07   let mut line_num: usize = 1;      ❷
08
09   for line in quote.lines() {
10     if line.contains(search_term) {
11       println!("{}: {}", line_num, line);      ❸
12     }
13     line_num += 1;      ❹
14   }
15 }
```

❶ 역슬래시로 문자열 리터럴의 개행 문자를 이스케이프한다.

❷ let mut로 line_num을 변경 가능하다고 선언하고 값을 1로 초기화한다.

❸ println! 매크로에서 두 값 모두 출력할 수 있도록 수정한다.

❹ line_num을 증가시킨다.

예제 2.20은 line_num을 증가시키는 것보다 인간 공학적인 접근 방식이다. 출력 결과는 동일하지만 여기에서는 enumerate() 메서드와 메서드 체인을 사용한다. enumerate()는 반복자 I를 받아 또 다른 튜플 (N, I)를 반환한다. 여기서 N은 0에서 시작하며 각 반복마다 1씩 증가하는 숫자다. 이 예제의 소스 코드는 ch2/ch2-simple-with-enumerate.rs에 있다.

예제 2.20 자동으로 인덱스 변수를 증가시키기

```
01 fn main() {
02   let search_term = "picture";
03   let quote = "\
04 Every face, every shop, bedroom window, public-house, and
05 dark square is a picture feverishly turned--in search of what?
06 It is the same with books. What do we seek through millions of pages?";
07
08   for (i, line) in quote.lines().enumerate() {      ❶
```

```
09    if line.contains(search_term) {
10      let line_num = i + 1;    ❷
11      println!("{}: {}", line_num, line);
12    }
13  }
14 }
```

> ❶ lines()가 반복자를 반환하므로 이를 enumerate()와 결합할 수 있다.
>
> ❷ 행 번호를 덧셈을 통해 바로 계산하므로 반복 때마다 행 번호를 계산하던 일은 하지 않는다.

grep의 또 다른 유용한 기능은 일치하는 줄 앞뒤의 일부 문맥을 출력하는 것이다. GNU grep 구현에서 이 기능은 -C NUM 스위치다. grep-lite에 해당 기능을 추가하려면 리스트를 생성할 수 있어야 한다.

2.10 배열, 슬라이스, 벡터로 리스트 만들기

리스트는 매우 흔하다. 가장 자주 사용하는 두 가지 타입은 배열과 벡터다. 배열은 너비가 고정되어 있으며 매우 가볍다. 벡터는 확장 가능하지만 이를 위한 추가적인 검사가 있어 런타임에서 약간의 손해를 본다. 러스트에서 텍스트 데이터의 기본 메커니즘을 이해하려면 무슨 일이 일어나는지 대충이라도 이해하는 것이 도움이 된다.

이 절의 목표는 일치하는 항목 앞뒤의 n개 줄을 같이 인쇄하는 것이다. 이를 구현하기 위해 잠시 해당 주제를 벗어나서 배열, 슬라이스, 벡터에 대해 좀 더 자세히 설명하겠다. 이번에 가장 유용한 타입은 벡터다. 벡터를 공부하려면 먼저 배열과 슬라이스라는 두 가지 친척에 대해 알아야 한다.

2.10.1 배열

배열은 적어도 러스트에서는 동일한 항목이 빽빽하게 차 있는 컬렉션이다. 배열 내의 항목을 바꿀 수는 있지만 그 크기는 변경할 수 없다. String과 같은, 크기를 바꿀 수 있는 타입으로는 설명하기 더 까다로우니 여기서는 숫자를 가지고 이야기해 보겠다.

배열을 생성하는 방법은 두 가지가 있다. 대괄호 안에 쉼표로 구분된 목록(예: [1, 2, 3])이나 세미콜론으로 구분된 두 값을 입력하는 반복 표현식(예: [0; 100])을 사용할 수 있다. 반복 표현식의 의미는 왼쪽 값(0)이 오른쪽(100) 횟수만큼 반복된다는 것이다. 예제 2.21의 2~5행에 다양한 형태가 있다. 이 예제의 소스 코드는

ch2-3arrays.rs 파일에 있다. 콘솔에는 다음 네 줄이 인쇄된다.

```
[1, 2, 3]:    1 + 10 = 11    2 + 10 = 12    3 + 10 = 13    (Σ[1, 2, 3] = 6)
[1, 2, 3]:    1 + 10 = 11    2 + 10 = 12    3 + 10 = 13    (Σ[1, 2, 3] = 6)
[0, 0, 0]:    0 + 10 = 10    0 + 10 = 10    0 + 10 = 10    (Σ[0, 0, 0] = 0)
[0, 0, 0]:    0 + 10 = 10    0 + 10 = 10    0 + 10 = 10    (Σ[0, 0, 0] = 0)
```

예제 2.21 배열을 정의하고 그 요소를 반복하기

```
01 fn main() {
02   let one               = [1, 2, 3];
03   let two: [u8; 3]      = [1, 2, 3];
04   let blank1            = [0; 3];
05   let blank2: [u8; 3]   = [0; 3];
06
07   let arrays = [one, two, blank1, blank2];
08
09   for a in &arrays {
10     print!("{:?}: ", a);
11     for n in a.iter() {
12       print!("\t{} + 10 = {}", n, n+10);
13     }
14
15     let mut sum = 0;
16     for i in 0..a.len() {
17       sum += a[i];
18     }
19     println!("\t(Σ{:?} = {})", a, sum);
20   }
21 }
```

배열은 시스템 관점에서 볼 때 간단한 데이터 구조다. 배열은 동일한 타입의 요소를 가진 연속적인 메모리 블록이다. 단순해 보이지만 실제로는 그렇지 않다. 초보자가 배열을 공부할 때 다음과 같은 몇 부분은 난해하게 다가온다.

- 표기법이 헷갈릴 수 있다. [T; n]은 배열의 타입을 나타낸다. 여기서 T는 요소의 타입이고 n은 길이를 나타내는 자연수다. [f32; 12]는 12개의 32비트 부동 소수점 수 배열이다. 슬라이스 [T]와 혼동하기 쉬운데 슬라이스는 컴파일할 때 그 길이를 알 수 없다는 점에서 다르다.
- [u8; 3]은 [u8; 4]와 다른 타입이다. 배열의 크기는 타입 시스템에서 중요하다.
- 배열은 대부분 슬라이스([T])라고 하는 또 다른 타입을 통해 상호 작용한다. 슬라이스 자체는 참조(&[T])를 통해 상호 작용한다. 슬라이스와 그에 대한 참조를

모두 슬라이스라고 부르기 때문에 언어적인 혼동이 더해진다.

러스트는 안전에 주안점을 둔다. 배열의 인덱스를 지정할 때는 경계를 검사한다. 범위를 벗어난 항목을 요청하면 잘못된 데이터를 반환하는 대신 프로그램이 종료된다(러스트 용어로 패닉이라고 한다).

2.10.2 슬라이스

슬라이스는 동적인 크기를 가지는 배열과 비슷한 객체다. 동적 크기라는 용어에서 알 수 있듯이 컴파일 시 해당 슬라이스의 크기를 알 수 없다. 그런데 배열과 마찬가지로 확장하거나 축소할 수 없다. 동적 크기에서 '동적'이라는 말은 움직임이라기보다는 동적 타이핑에 더 가깝다. 컴파일 시 크기를 알 수 있는지 여부로 배열([T; n])과 슬라이스([T]) 간의 타입 시그너처 차이를 설명할 수 있다.

슬라이스는 슬라이스에 대한 트레이트를 구현하는 것이 배열보다 쉽기 때문에 중요하다. 트레이트는 러스트 프로그래머가 객체에 메서드를 추가하는 방법이다. [T; 1], [T; 2], ..., [T; n]은 모두 다른 타입이기 때문에 배열의 트레이트를 구현하기는 까다롭다. 슬라이스는 특정 크기에 묶이지 않아 배열에서 슬라이스를 생성하는 것이 쉽고 값싸다.

슬라이스의 또 다른 중요한 용도는 배열(및 다른 슬라이스)의 뷰(view) 역할을 하는 것이다. 여기에서 뷰라는 용어는 데이터베이스 쪽에서 가져온 것인데, 슬라이스가 복사 없이 데이터에 읽기 전용으로 빠르게 접근할 수 있음을 의미한다.

슬라이스의 문제는 러스트가 프로그램에 있는 모든 객체의 크기를 알고 싶어 하는 데 비해 슬라이스는 컴파일 시에 크기를 알 수 없다는 데서 기인한다. 참조가 이 문제에 대한 해답이다. 동적 크기라는 용어에 대해 이야기하면서 언급했듯이 슬라이스 크기는 메모리에 고정된다. 이는 두 가지 usize 요소(포인터와 길이)로 구성된다. 그렇기 때문에 일반적으로 참조 형식인 &[T]로 슬라이스를 보게 되는 것이다(문자열 슬라이스가 &str로 표기되는 것과 같다).

 아직은 배열과 슬라이스의 구분에 대해 크게 걱정하지 말자. 사실 이는 구체적인 대상이 아니다. 각 용어는 구현 세부 사항에 대한 인위적인 표현이다. 이러한 구현 세부 사항은 성능에 밀접한 코드를 다룰 때는 중요하지만 언어의 기본을 배울 때는 그렇지 않다.

2.10.3 벡터

벡터(Vec<T>)는 확장 가능한 T의 리스트다. 러스트 코드에서는 벡터를 매우 흔하게 사용한다. 벡터를 사용하면 크기를 변경할 때 추가적인 점검을 하기 때문에 배열에 비해 성능이 약간 떨어진다. 그러나 벡터는 이 단점을 추가적인 유연성으로 만회한다.

지금 당면한 과제는 grep-lite 프로그램의 기능들을 확장하는 것이다. 특히 일치하는 문맥 앞뒤의 n행을 저장하는 기능이 필요하다. 당연히 이러한 기능을 구현하는 방법은 여러 가지가 있다.

코드 복잡성을 최소화하기 위해 2단계 전략을 사용한다. 첫 번째 단계에서는 일치하는 행에 표지를 붙인다. 두 번째 단계에서는 각 태그의 n행 내에 있는 행을 수집한다.

예제 2.22(ch2/ch2-introducing-vec.rs)의 코드는 지금까지 본 코드 중 가장 길다. 시간을 들여 천천히 소화해 나가도록 하자.

예제에서 가장 어려운 구문은 아마 Vec<Vec<(usize, String)>>일 것이다(15행). Vec<Vec<(usize, String)>>은 벡터의 벡터(Vec<Vec<T>>)이며, 여기서 T는 한 쌍 (usize, String)의 값(튜플)이다. (usize, String)은 일치하는 항목 주변의 텍스트와 함께 행 번호를 저장하는 데 사용한다. 3행의 needle 변수를 "oo"로 설정하면 다음 텍스트가 콘솔에 출력된다.

```
1 Every face, every shop,
2 bedroom window, public-house, and
3 dark square is a picture
4 feverishly turned--in search of what?
3 dark square is a picture
4 feverishly turned--in search of what?
5 It is the same with books.
6 What do we seek
7 through millions of pages?
```

예제 2.22 Vec<Vec<T>>로 글의 문맥을 찾아 출력하기

```
01 fn main() {
02     let context_lines = 2;
03     let needle = "oo";
04     let haystack = "\
05 Every face, every shop,
06 bedroom window, public-house, and
07 dark square is a picture
```

```
08 feverishly turned--in search of what?
09 It is the same with books.
10 What do we seek
11 through millions of pages?";
12
13   let mut tags: Vec<usize> = Vec::new();      ❶
14   let mut ctx: Vec<Vec<(
15               usize, String)>> = Vec::new();    ❷
16
17   for (i, line) in haystack.lines().enumerate() {    ❸
18     if line.contains(needle) {
19       tags.push(i);
20
21       let v = Vec::with_capacity(2*context_lines + 1);    ❹
22       ctx.push(v);
23     }
24   }
25
26   if tags.is_empty() {    ❺
27     return;
28   }
29
30   for (i, line) in haystack.lines().enumerate() {    ❻
31     for (j, tag) in tags.iter().enumerate() {
32       let lower_bound =
33           tag.saturating_sub(context_lines);    ❼
34       let upper_bound =
35           tag + context_lines;
36
37       if (i >= lower_bound) && (i <= upper_bound) {
38         let line_as_string = String::from(line);    ❽
39         let local_ctx = (i, line_as_string);
40         ctx[j].push(local_ctx);
41       }
42     }
43   }
44
45   for local_ctx in ctx.iter() {
46     for &(i, ref line) in local_ctx.iter() {    ❾
47       let line_num = i + 1;
48       println!("{}: {}", line_num, line);
49     }
50   }
51 }
```

❶ tags에 일치하는 행의 번호를 저장한다.

❷ ctx는 일치하는 항목마다 문맥 앞뒤 행들을 저장하는 벡터를 보관한다.

❸ 모든 줄에 대해 반복하면서 일치가 일어날 때 그 행 번호를 기록한다.

❹ Vec::with_capacity(n)은 n개의 항목을 위한 공간을 예약한다. 명시적인 타입 시그너처는 필요하지 않다. 15행에서 ctx의 정의를 토대로 유추할 수 있기 때문이다.

❺ 일치하는 항목이 없다면 끝낸다.

❻ 모든 태그에 대해 매 행마다 해당 행이 일치하는 곳 근처인지 검사한다. 해당하는 경우라면 ctx 안에 있는 Vec<T>에 그 행을 추가한다.

❼ saturating_sub()는 뺄셈을 할 때 정수가 0보다 작아지면 프로그램을 강제 종료하는 대신 0 을 반환한다(CPU는 usize 값이 0보다 작아지는 것을 용납하지 않는다).

❽ 해당 행을 새로운 String으로 복사해서 일치할 때마다 지역 변수에 저장한다.

❾ ref line은 컴파일러에 이 값을 이동하는 대신 대여하려 한다고 알린다. 이 두 용어(이동, 대 여)는 이후 장에서 설명한다.

Vec<T>는 Vec::with_capacity()를 통해 크기에 대한 힌트를 줄 수 있을 때 가장 잘 작동한다. 추정치를 제공함으로써 운영 체제가 메모리를 할당해야 하는 횟수를 최 소화할 수 있다.

 실제 텍스트 파일에서 이 방식을 이용한다면 인코딩이 문제가 될 수 있다. String은 UTF-8이 어야 한다. 텍스트 파일을 String으로 그냥 읽으면 잘못된 바이트가 감지될 경우 오류가 발생 한다. 좀 더 강력한 방법은 데이터를 [u8](u8 값의 슬라이스)로 읽은 다음 도메인 지식을 활용 하여 해당 바이트를 디코딩하는 것이다.

2.11 서드 파티 코드 사용하기

러스트 프로그래밍을 생산적으로 하기 위해서는 서드 파티 코드를 함께 쓰는 것이 중요하다. 러스트의 표준 라이브러리에는 난수 생성기나 정규식 지원 등 다른 언어 가 제공하는 많은 기능이 빠져 있다. 즉, 프로젝트에 서드 파티 크레이트를 함께 쓰 는 것이 일반적이다. regex 크레이트로 시작해 보자.

크레이트는 러스트 커뮤니티에서 사용하는 용어로, 다른 언어에서는 이를 패키 지, 배포본 또는 라이브러리라고 한다. regex 크레이트는 정확한 일치 항목을 찾을 뿐 아니라 정규식으로 일치하는 항목을 찾는 기능도 제공한다.

서드 파티 코드를 사용하려면 카고 명령행 도구를 사용한다. 다음과 같이 사용하도 록 한다.

1. 명령 프롬프트를 연다.

2. cd /tmp(윈도우에서는 cd %TMP%)로 임시 디렉터리로 이동한다.

3. cargo new grep-lite --vcs none을 실행한다. 다음과 같은 확인 메시지를 볼 수 있다.

   ```
   Created binary (application) `grep-lite` package
   ```

4. cd grep-lite를 실행해서 프로젝트 디렉터리로 이동한다.

5. cargo add regex@1을 실행하여 regex 크레이트의 버전 1을 의존성에 추가한다. 이렇게 하면 /tmp/grep-lite/Cargo.toml이 수정된다. cargo add가 없다면 57쪽 설명을 참고하자.

6. cargo build를 실행한다. 다음과 비슷한 출력을 볼 수 있다.

   ```
     Updating crates.io index
   Downloaded regex v1.3.6
    Compiling lazy_static v1.4.0
    Compiling regex-syntax v0.6.17
    Compiling thread_local v1.0.1
    Compiling aho-corasick v0.7.10
    Compiling regex v1.3.6
    Compiling grep-lite v0.1.0 (/tmp/grep-lite)
     Finished dev [unoptimized + debuginfo] target(s) in 4.47s
   ```

크레이트를 설치하고 컴파일했으니 실행해 본다. 먼저 예제 2.23에서 정확한 일치를 통한 검색을 구현한다. 나중에 예제 2.26에서는 정규식을 지원하도록 확장할 것이다.

2.11.1 정규식 지원 추가하기

정규식은 우리가 검색할 수 있는 패턴에 큰 유연성을 더해 준다. 다음은 예제 초기 버전으로 나중에 수정할 것이다.

예제 2.23 contains() 메서드로 정확한 문자열을 찾기

```
01 fn main() {
02   let search_term = "picture";
03   let quote = "Every face, every shop, bedroom window, public-house, and
04 dark square is a picture feverishly turned--in search of what?
05 It is the same with books. What do we seek through millions of pages?";
06
```

```
07   for line in quote.lines() {
08     if line.contains(search_term) {        ❶
09       println!("{}", line);
10     }
11   }
12 }
```

❶ contains() 메서드는 부분 문자열을 검색한다.

이전 절에서 설명한 대로 regex를 의존성으로 포함하도록 grep-lite/Cargo.toml을 업데이트했는지 확인한다. 이제 텍스트 편집기에서 grep-lite/src/main.rs를 열고 다음 코드를 입력한다. 이 소스 코드는 ch2/ch2-with-regex.rs에 있다.

예제 2.24 정규식으로 패턴 찾기

```
01 use regex::Regex;        ❶
02
03 fn main() {
04   let re = Regex::new("picture").unwrap();        ❷
05
06   let quote = "Every face, every shop, bedroom window, public-house, and
07 dark square is a picture feverishly turned--in search of what?
08 It is the same with books. What do we seek through millions of pages?";
09
10   for line in quote.lines() {
11     let contains_substring = re.find(line);
12     match contains_substring {        ❸
13       Some(_) => println!("{}", line),        ❹
14       None => (),        ❺
15     }
16   }
17 }
```

❶ regex 크레이트의 Regex 타입을 지역 범위로 가져온다.

❷ unwrap()은 Result 값을 풀어내는데 오류가 발생하면 강제 종료한다. 오류를 더 견고하게 다루는 법은 책 후반에서 깊이 있게 논의한다.

❸ 예제 2.23의 contains() 메서드를 match 블록으로 대치하여 발생 가능한 모든 경우에 대처한다.

❹ Some(T)는 Option 타입의 값 중 긍정적인 경우로, re.find()가 성공했다는 의미다. 결과가 있는 모든 경우에 해당한다.

❺ None은 Option 타입의 값 중 부정적인 경우다. ()는 널 자리 표시자로 볼 수 있다.

명령 프롬프트를 열고 grep-lite 프로젝트의 루트 디렉터리로 이동한다. `cargo run`을 실행하면 다음과 비슷한 출력이 나와야 한다.

```
$ cargo run
   Compiling grep-lite v0.1.0 (file:///tmp/grep-lite)
    Finished dev [unoptimized + debuginfo] target(s) in 0.48s
     Running `target/debug/grep-lite`
dark square is a picture feverishly turned--in search of what?
```

사실 예제 2.24에서는 새로운 정규식 기능을 크게 활용하지 못했다. 여러분이 더 복잡한 예에서 이 기능을 쓸 수 있으리라는 자신을 갖기 바란다.

2.11.2 서드 파티 크레이트의 문서를 로컬에서 생성하기

서드 파티 크레이트에 대한 문서는 일반적으로 온라인에서 제공된다. 그렇지만 인터넷에 오류가 발생할 경우를 대비해 로컬 복사본을 생성하는 방법을 알아 두면 좋다.

1. 프로젝트 루트로 이동한다. /tmp/grep-lite나 %TMP%\grep-lite일 것이다
2. cargo doc을 실행한다. 콘솔에 진행 과정이 표시될 것이다.

```
$ cargo doc
     Checking lazy_static v1.4.0
  Documenting lazy_static v1.4.0
     Checking regex-syntax v0.6.17
  Documenting regex-syntax v0.6.17
     Checking memchr v2.3.3
  Documenting memchr v2.3.3
     Checking thread_local v1.0.1
     Checking aho-corasick v0.7.10
  Documenting thread_local v1.0.1
  Documenting aho-corasick v0.7.10
     Checking regex v1.3.6
  Documenting regex v1.3.6
  Documenting grep-lite v0.1.0 (file:///tmp/grep-lite)
     Finished dev [unoptimized + debuginfo] target(s) in 3.43s
```

축하한다. 이제 HTML 문서를 생성했다. 웹 브라우저에서 /tmp/grep-lite/target/doc/grep_lite/index.html을 열면(또는 명령행에서 cargo doc --open도 시도해 보자) 사용하는 모든 크레이트에 대한 문서를 볼 수 있다. 또한 출력된 디렉터리에서 사용 가능한 항목을 확인할 수도 있다.

```
$ tree -d -L 1 target/doc/
target/doc/
├── aho_corasick
```

```
├── grep_lite
├── implementors
├── memchr
├── regex
├── regex_syntax
├── src
└── thread_local
```

2.11.3 rustup으로 러스트 툴체인 관리하기

rustup은 카고와 더불어 편리한 명령행 도구다. 카고로 프로젝트를 관리했다면 rustup으로는 러스트 설치를 관리한다. rustup은 러스트 툴체인을 관리하며 컴파일러의 여러 버전을 선택할 수 있다. rustup으로 여러 플랫폼용 프로젝트를 컴파일할 수 있고 안정 버전을 유지하면서 개발 중인 최신 버전의 컴파일러를 실험할 수도 있다.

또한 rustup을 사용하면 러스트 문서에 쉽게 접근할 수 있다. `rustup doc`을 입력하면 러스트 표준 라이브러리의 로컬 복사본이 웹 브라우저에서 열린다.

2.12 명령행 인자 지원

우리의 프로그램은 기능이 빠르게 늘어나고 있다. 그런데 옵션을 지정할 방법이 없다. grep-lite가 실제로 유용하려면 바깥 세상과 상호 작용할 수 있어야 한다.

하지만 안타깝게도 러스트의 표준 라이브러리는 꽤 빡빡한 편이다. 정규식과 마찬가지로 명령행 인자 처리에 대한 러스트 자체 지원은 인색한 편이다. 더 향상된 API는 clap이라는 서드 파티 크레이트를 통해 이용할 수 있다(비슷한 다른 것들도 있다).

서드 파티 코드를 가져오는 방법을 살펴보았으므로 grep-lite 사용자가 자신만의 패턴을 선택할 수 있도록 지원해 보자(다음 절에서 직접 입력원을 고를 수 있도록 하겠다). 먼저 Cargo.toml에 clap을 의존성으로 추가한다.

```
$ cargo add clap@2
    Updating 'https://github.com/rust-lang/crates.io-index' index
      Adding clap v2 to dependencies
```

Cargo.toml 파일을 검사하여 프로젝트에 해당 크레이트가 추가되었는지 확인할 수 있다.

예제 2.25 grep-lite/Cargo.toml에 의존성 추가하기

```
[package]
name = "grep-lite"
version = "0.1.0"
authors = ["Tim McNamara <author@rustinaction.com>"]

[dependencies]
regex = "1"
clap = "2"
```

이제 src/main.rs를 수정한다.

예제 2.26 grep-lite/src/main.rs 수정

```
01 use regex::Regex;
02 use clap::{App,Arg};        ❶
03
04 fn main() {
05   let args = App::new("grep-lite")        ❷
06     .version("0.1")
07     .about("searches for patterns")
08     .arg(Arg::with_name("pattern")
09       .help("The pattern to search for")
10       .takes_value(true)
11       .required(true))
12     .get_matches();
13
14   let pattern = args.value_of("pattern").unwrap();        ❸
15   let re = Regex::new(pattern).unwrap();
16
17   let quote = "Every face, every shop, bedroom window, public-house, and
18 dark square is a picture feverishly turned--in search of what?
19 It is the same with books. What do we seek through millions of pages?";
20
21   for line in quote.lines() {
22     match re.find(line) {
23         Some(_) => println!("{}", line),
24         None => (),
25     }
26   }
27 }
```

❶ clap::App, clap::Arg 객체를 지역 범위로 가져온다

❷ 명령 인자 분석기를 점진적으로 구성한다. Arg를 통해 각 인자를 가져온다. 우리의 경우에는 하나만 필요하다.

❸ pattern 인자를 추출한다.

프로젝트가 업데이트되었으니 cargo run을 실행하면 다음과 같이 출력된다.

```
$ cargo run
    Finished dev [unoptimized + debuginfo] target(s) in 2.21 secs
     Running `target/debug/grep-lite`
error: The following required arguments were not provided:
    <pattern>

USAGE:
    grep-lite <pattern>

For more information try --help
```

해당 오류는 실행 파일에 충분한 인자를 전달하지 못했기 때문에 발생했다. 인자를
전달하기 위해 카고는 몇 가지 특별한 구문을 지원한다. -- 뒤에 오는 모든 인자는
실행 가능한 바이너리로 전달된다.

```
$ cargo run -- picture
    Finished dev [unoptimized + debuginfo] target(s) in 0.0 secs
     Running `target/debug/grep-lite picture`
dark square is a picture feverishly turned--in search of what?
```

하지만 clap은 분석 외에도 더 많은 일을 한다. 요청 시 필요한 사용 설명서를 생성
하기도 한다. grep-lite --help를 실행하면 다음과 같은 확장된 내용이 제공된다.

```
$ ./target/debug/grep-lite --help
grep-lite 0.1
searches for patterns

USAGE:
    grep-lite <pattern>

FLAGS:
    -h, --help       Prints help information
    -V, --version    Prints version information

ARGS:
    <pattern>    The pattern to search for
```

2.13 파일에서 읽어 들이기

파일을 검색하는 기능이 있어야 비로소 텍스트 검색이 완성됐다고 할 수 있을 것이
다. 파일 I/O는 의외로 까다로울 수 있어서 마지막으로 남겨 두었다.

grep-lite에 이 기능을 추가하기 전에 예제 2.27을 살펴보자. 이 예제 코드는 ch2-read-file.rs 파일에 있다. 일반적인 패턴은 File 객체를 연 다음 BufReader로 감싸는 것이다. BufReader는 버퍼링된 I/O를 제공하여 하드 디스크가 바쁠 경우 운영 체제에 대한 시스템 호출을 줄일 수 있다.

예제 2.27 파일을 행 단위로 수동으로 읽어 들이기

```
01 use std::fs::File;
02 use std::io::BufReader;
03 use std::io::prelude::*;
04
05 fn main() {
06   let f = File::open("readme.md").unwrap();   ❶
07   let mut reader = BufReader::new(f);
08
09   let mut line = String::new();   ❷
10
11   loop {
12     let len = reader.read_line(&mut line)
13                   .unwrap();   ❸
14     if len == 0 {
15       break
16     }
17
18     println!("{} ({} bytes long)", line, len);
19
20     line.truncate(0);   ❹
21   }
22 }
```

❶ File 객체를 만들 때는 경로 인자가 필요하며 파일이 존재하지 않은 경우 오류가 발생한다. 이 프로그램의 경우 readme.md가 존재하지 않는다면 강제 종료된다.

❷ 하나의 String 객체를 프로그램 수명 내내 재활용한다.

❸ 디스크 읽기가 실패할 수 있으니 이를 명시적으로 처리할 필요가 있다. 이 경우에는 실패할 때 프로그램을 강제 종료한다.

❹ 해당 String 객체의 길이를 0으로 줄인다. 다음번 반복에서 기존에 있는 값이 재사용되는 것을 막기 위해서다.

파일을 수동으로 반복 처리하는 것은 경우에 따라 유용하지만 번거로울 수 있다. 각 줄을 반복하는 일반적인 경우 다음 예제처럼 도움 반복자를 쓸 수 있다. 이 예제의 소스 코드는 ch2/ch2-bufreader-lines.rs에 있다.

예제 2.28 BufReader::lines()로 파일을 한 줄씩 읽어 들이기

```
01 use std::fs::File;
02 use std::io::BufReader;
03 use std::io::prelude::*;
04
05 fn main() {
06   let f = File::open("readme.md").unwrap();
07   let reader = BufReader::new(f);
08
09   for line_ in reader.lines() {     ❶
10     let line = line_.unwrap();      ❷
11     println!("{} ({} bytes long)", line, line.len());
12   }
13 }
```

❶ 여기서 미묘한 변화가 일어났다. BufReader::lines()는 각 줄에서 맨 뒤 개행 문자를 제거한다.

❷ Result를 푼다. 하지만 오류 발생 시 프로그램이 강제 종료되는 위험을 감수한다.

이제 grep-lite의 기능 목록에 파일 읽기 기능을 추가할 수 있다. 다음 예는 정규식 패턴과 입력 파일을 인자로 사용하는 전체 프로그램이다.

예제 2.29 파일에서 읽기

```
01 use std::fs::File;
02 use std::io::BufReader;
03 use std::io::prelude::*;
04 use regex::Regex;
05 use clap::{App,Arg};
06
07 fn main() {
08   let args = App::new("grep-lite")
09     .version("0.1")
10     .about("searches for patterns")
11     .arg(Arg::with_name("pattern")
12       .help("The pattern to search for")
13       .takes_value(true)
14       .required(true))
15     .arg(Arg::with_name("input")
16       .help("File to search")
17       .takes_value(true)
18       .required(true))
19     .get_matches();
20
21   let pattern = args.value_of("pattern").unwrap();
22   let re = Regex::new(pattern).unwrap();
23
```

```
24    let input = args.value_of("input").unwrap();
25    let f = File::open(input).unwrap();
26    let reader = BufReader::new(f);
27
28    for line_ in reader.lines() {
29      let line = line_.unwrap();
30      match re.find(&line) {    ❶
31          Some(_) => println!("{}", line),
32          None => (),
33      }
34    }
35 }
```

❶ line은 String 타입이다. 그러나 re.find()는 &str을 인자로 받는다.

2.14 표준 입력에서 읽기

완전한 명령행 유틸리티는 표준입력(stdin)을 읽을 수 있어야 한다. 불행하게도 이 장의 앞부분을 훑어본 독자들에게 8행의 구문 중 일부는 매우 생소해 보일 수 있다. 간단히 말해서 main() 내에서 같은 코드를 복제하는 대신, 처리할 항목이 파일이든 표준 입력이든 상관없이 제네릭 함수를 사용해서 해당 기능을 추상화한다.

예제 2.30 파일 또는 표준 입력에서 검색하기

```
01 use std::fs::File;
02 use std::io;
03 use std::io::BufReader;
04 use std::io::prelude::*;
05 use regex::Regex;
06 use clap::{App,Arg};
07
08 fn process_lines<T: BufRead + Sized>(reader: T, re: Regex) {
09   for line_ in reader.lines() {
10     let line = line_.unwrap();
11     match re.find(&line) {    ❶
12         Some(_) => println!("{}", line),
13         None => (),
14     }
15   }
16 }
17
18 fn main() {
19   let args = App::new("grep-lite")
20     .version("0.1")
21     .about("searches for patterns")
22     .arg(Arg::with_name("pattern")
```

```
23        .help("The pattern to search for")
24        .takes_value(true)
25        .required(true))
26      .arg(Arg::with_name("input")
27        .help("File to search")
28        .takes_value(true)
29        .required(false))
30      .get_matches();
31
32    let pattern = args.value_of("pattern").unwrap();
33    let re = Regex::new(pattern).unwrap();
34
35    let input = args.value_of("input").unwrap_or("-");
36
37    if input == "-" {
38      let stdin = io::stdin();
39      let reader = stdin.lock();
40      process_lines(reader, re);
41    } else {
42      let f = File::open(input).unwrap();
43      let reader = BufReader::new(f);
44      process_lines(reader, re);
45    }
46  }
```

❶ line은 String 타입이다. 그러나 re.find()는 &str을 인자로 받는다.

요약

- 러스트는 정수나 부동 소수점 수 같은 기본 데이터 타입을 전부 지원한다.
- 함수는 강타입이며 매개 변수와 반환값에 대한 타입 지정이 필요하다.
- 러스트의 몇몇 요소, 반복, 수학 연산 등은 트레이트를 통해 구현된다. 예를 들어 for 반복문은 std::iter::IntoIterator 트레이트에 대한 단축 표현이다.
- 리스트와 비슷한 여러 타입은 각기 정해진 사용 사례에 맞춰져 있다. 보통 Vec<T>를 많이 쓸 것이다.
- 모든 러스트 프로그램은 main()이라는 하나의 함수에서부터 실행된다.
- 모든 크레이트에는 메타 데이터가 정의되는 Cargo.toml 파일이 있다.
- 카고는 코드를 컴파일하고 의존성을 가져올 수 있다.
- rustup은 여러 버전의 컴파일러 툴체인을 사용할 수 있게 해 주고 러스트 언어 문서도 제공한다.

3장

복합 데이터 타입

이 장에서 배울 내용

- 구조체로 데이터를 구성하기
- 열거형 데이터 타입 만들기
- 타입 안전 기준에 맞게 메서드를 추가하고 오류를 처리하기
- 트레이트로 공통 행동을 정의하고 구현하기
- 구현 상세 내용을 비공개로 처리하는 법을 이해하기
- 카고를 이용해서 프로젝트 문서 만들기

이전 장에서 러스트의 원자적인 요소를 살펴보았다면, 이번 장에서는 분자에 해당하는 요소에 대해 알아본다.

이 장에서는 러스트 프로그래머를 위한 두 가지 핵심 요소인 struct와 enum을 중점적으로 다룬다. 둘 다 복합 데이터 타입의 한 형태다. struct와 enum은 한 타입을 단독으로 쓸 때보다 더 유용한 것을 만들기 위해 서로 다른 타입을 조합해 사용할 수 있다. 이차원 공간에서 점 (x, y)가 x와 y의 두 숫자로 구성되는 방식을 생각해 보자. 우리는 프로그램에 두 변수 x, y를 각기 따로 두고 싶지 않다. 대신에 우리는 그 점을 하나의 개체(entity)로 다루고자 한다. 이 장에서는 impl 블록으로 타입에 메서드를 추가하는 방법도 설명한다. 마지막으로 인터페이스를 정의하는 러스트의 시스템인 트레이트를 깊이 살펴본다.

이 장에서는 코드로 파일을 표현하는 방법을 살펴본다. 개념상으로는 간단하지만(책을 읽고 있다면 이전에 코드를 통해 파일을 다루어 봤겠지만), 흥미로운 새로운 사례가 충분히 많다. 우리의 계획은 가상의 API를 사용하여 목(mock) 버전을 만

드는 것이다. 그런 다음 이 장의 후반부에서는 실제 운영 체제 및 파일 시스템과 상호 작용하는 방법을 배운다.

3.1 보통 함수를 이용하여 API를 실험하기

먼저 이미 알고 있는 도구를 활용하여 얼마나 많은 것을 얻을 수 있는지 알아보자. 예제 3.1에는 파일 열기와 닫기처럼 예상할 수 있는 몇 가지를 나열했다. 파일 이름 정보만 포함하는 String 타입의 별칭을 이용하여 이를 흉내 내 볼 것이다.

많은 양의 상용구 코드를 작성하기보다 좀 더 흥미로울 수 있도록 예제 3.1에는 몇 가지 새로운 개념을 섞어 보았다. 바로 여러분이 설계한 것을 실험하면서 컴파일러를 제어하는 방법이다. 이 코드에서는 속성(#[allow(unused_variables)])을 이용해 컴파일러의 경고를 완화한다. read 함수는 값을 반환하지 않는 함수를 정의하는 법을 보여 준다. 이 코드는 실제로는 아무 일도 하지 않는다. 실제로 무언가를 하는 코드는 잠시 후 살펴본다. 이 코드의 소스는 ch3/ch3-not-quite-file-1.rs에 있다.

예제 3.1 타입 별칭을 이용해 기존 타입을 없애기

```
01 #![allow(unused_variables)]          ❶
02
03 type File = String;          ❷
04
05 fn open(f: &mut File) -> bool {
06     true          ❸
07 }
08
09 fn close(f: &mut File) -> bool {
10     true          ❹
11 }
12
13 #[allow(dead_code)]          ❺
14 fn read(f: &mut File,
15         save_to: &mut Vec<u8>) -> ! {          ❻
16     unimplemented!()                          ❼
17 }
18
19 fn main() {
20     let mut f1 = File::from("f1.txt");          ❽
21     open(&mut f1);
22     //read(f1, vec![]);          ❾
```

```
23    close(&mut f1);
24 }
```

❶ 아이디어를 실험하는 동안 컴파일러 경고를 완화한다.

❷ 타입 별칭을 만든다. 컴파일러는 String과 File을 구분하지 않지만 소스 코드에서는 구분한다.

❸ ❹ 두 함수가 항상 성공한다고 현재는 가정한다.

❺ 사용하지 않는 함수에 대한 컴파일러 경고를 완화한다.

❻ ! 반환 타입은 이 함수가 절대로 어떤 값도 반환하지 않는다고 러스트 컴파일러에 알려 주는 역할을 한다.

❼ 프로그램이 이 지점에 오게 되면 중단시키는 매크로

❽ 3행의 타입 선언으로 File은 String의 모든 메서드를 상속한다.

❾ 이 메서드를 지금 호출하는 것은 별 의미가 없다.

예제 3.1에는 추가해야 할 요소가 많이 있다. 예를 들어 다음과 같다.

- 파일을 표현하는 영속 객체(persistent object)를 만들지 않았다. 문자열로 인코딩할 수 있는 것 정도만 있다.
- read()를 구현하지 않았다. 구현한다면 실패하는 경우를 어떻게 처리할 것인가?
- open()과 close()는 bool 값을 반환한다. 아마도 운영 체제에서 전달받는 에러 메시지를 보관할 수도 있는 좀 더 자세한 결과 타입을 제공할 방법이 있을 것이다.
- 어느 함수도 메서드가 아니다. 스타일 면에서 open(f)보다는 f.open()이 더 낫다.

맨 위부터 시작해서 이 예제를 살펴보자. 진행하는 중에 둘러보면 유익한 샛길 몇 군데도 살펴볼 것이니 단단히 대비하기 바란다.

> **🎁 러스트의 특별한 반환 타입**
>
> 러스트가 처음이라면 몇몇 반환 타입은 이해하기 어려울 것이다. 이것들은 또한 단어가 아닌 기호로 만들어지기 때문에 검색하기가 특히 어렵다.
>
> 유닛 타입으로 알려진 ()는 길이가 0인 튜플이다. 함수가 아무 값도 반환하지 않음을 표현하는 데 이용된다. 반환 타입이 없는 함수나 세미콜론으로 끝나는 표현식은 ()를 반환한다. 예를 들어 다음 코드에서 report() 함수는 암묵적으로 유닛 타입을 반환한다.

```
use std::fmt::Debug;

fn report<T: Debug>(item: T) {    ❶
  println!("{:?}", item);          ❷
}
```

> ❶ item은 std::fmt::Debug를 구현하는 어떤 타입도 될 수 있다.
>
> ❷ {:?}은 item을 출력 가능한 문자열로 변환하기 위해 std::fmt::Debug를 사용하라고
> println! 매크로에 지시한다.

그리고 다음 예제는 명시적으로 유닛 타입을 반환한다.

```
fn clear(text: &mut String) -> () {
  *text = String::from("");   ❶
}
```

> ❶ text의 문자열을 빈 문자열로 바꾼다.

유닛 타입은 오류 메시지에 자주 나온다. 이는 함수의 마지막 표현식을 세미콜론으로 끝내지 않아
야 하는 것을 잊어서 발생하는 경우가 흔하다.

느낌표 기호(!)는 Never 타입으로 알려져 있다. Never는 함수가 실행 후 호출 위치로 절대 돌아
가지 않음을 나타내며 특히 함수가 중단될 것을 보장한다. 예를 들어 다음 코드를 보자.

```
fn dead_end() -> ! {
  panic!("you have reached a dead end");   ❶
}
```

> ❶ panic! 매크로는 프로그램 충돌을 일으킨다. 이는 함수가 호출 위치로 절대 돌아가지
> 않음을 의미한다.

다음 예제는 함수가 끝나지 않는 무한 반복이다.

```
fn forever() -> ! {
  loop {   ❶
    //...
  };
}
```

> ❶ break가 포함되지 않는 한 반복문은 절대 끝나지 않는다. 이로써 함수가 호출 후에 원
> 래 호출 위치로 돌아갈 수 없게 된다.

Never는 유닛 타입과 더불어 에러 메시지에 자주 나온다. 함수에서 Never 타입이 아닌 값을 반환
한다고 해 놓고는 loop 블록에서 break를 빠뜨렸다면 러스트 컴파일러는 함수 타입이 맞지 않는
다고 불평한다.

3.2 struct로 파일 모델링하기

모델링하려는 것을 표현하기 위해 무언가 다른 것이 필요하다. struct를 사용하면 다른 타입들로 구성된 복합 타입을 만들 수 있다. 프로그래밍 경력에 따라 객체나 레코드 등의 단어가 더 친숙한 사람도 있을 것이다.

파일이 이름과 0바이트 또는 그 이상의 데이터 바이트를 가진다는 요구 사항부터 시작하자. 예제 3.2를 실행하면 다음 두 줄을 콘솔에 출력한다.

```
File { name: "f1.txt", data: [] }
f1.txt is 0 bytes long
```

데이터를 표현하기 위해 예제 3.2에서는 Vec<u8>을 사용하는데, 이는 u8(단일 바이트) 값의 확장 가능한 리스트다. main() 함수의 대부분은 사용 예(필드 접근 등)를 보여 준다. ch3/ch3-mock-file.rs의 코드는 이에 대한 예제다.

예제 3.2 파일을 나타내는 struct 인스턴스 정의

```
01 #[derive(Debug)]        ❶
02 struct File {
03   name: String,
04   data: Vec<u8>,         ❷
05 }
06
07 fn main() {
08   let f1 = File {
09     name: String::from("f1.txt"),    ❸
10     data: Vec::new(),                ❹
11   };
12
13   let f1_name = &f1.name;
14   let f1_length = &f1.data.len();   ❺
15
16   println!("{:?}", f1);
17   println!("{} is {} bytes long", f1_name, f1_length);
18 }
```

❶ println!으로 File을 출력할 수 있도록 한다. std::fmt::Debug 트레이트는 매크로 내에서 {:?}과 연계하여 File을 출력 가능한 문자열로 바꾼다.

❷ Vec<u8>을 사용하면 동적 크기 조정과 같은 몇 가지 유용한 편의 기능에 접근할 수 있으므로 파일에 쓰기 작업을 시뮬레이션할 수 있다.

❸ String::from은 슬라이스인 문자열 리터럴에서 소유한 문자열을 생성한다.

❹ 여기서 vec! 매크로가 빈 파일을 시뮬레이트한다.

❺ 필드에 접근하려면 . 연산자를 사용한다. 참조로 필드에 접근하면 이동 후 사용하는 문제를 피할 수 있다.

예제 3.2를 자세히 살펴보면 다음과 같다.

- 1~5행은 File 구조체를 정의한다. 정의에는 필드와 필드의 관련 타입이 포함된다. 여기에는 각 필드의 수명도 포함되는데 이 예에서는 제외했다. 필드가 다른 객체에 대한 참조인 경우 명시적 수명이 필요하다.
- 8~11행은 File의 첫 번째 인스턴스를 생성한다. 여기서는 리터럴 구문을 사용하지만, 일반적으로는 편의 메서드를 사용해 구조체를 생성한다. String::from() 은 그런 편의 메서드 중 하나다. 이 메서드에는 다른 타입의 값이 필요한데, 이 경우에는 문자열 슬라이스(&str)이며 String 인스턴스를 반환한다. Vec::new() 는 더 일반적인 경우다.
- 13~17행은 새로운 인스턴스의 필드에 접근하는 법을 보여 준다. 앰퍼샌드(&)를 붙여 참조를 통해 이 데이터에 접근할 것임을 알려 준다. 러스트 용어로 말하자면, 변수 f1_name과 f1_length가 참조하는 데이터를 대여한다고 한다.

File 구조체가 실제로는 디스크에 데이터를 저장하지 않았음을 눈치챘을 것이다. 사실 지금은 상관없다. 관심이 있다면 그림 3.1에 내부 구조가 나와 있다. 그림에서 두 필드(name과 data)는 모두 구조체에 의해 생성된다. 포인터(ptr)라는 용어에 익숙하지 않다면, 현재로서는 포인터가 참조와 같은 것이라고 생각하라. 포인터는 메모리의 위치를 참조하는 변수다. 자세한 내용은 6장에서 설명한다.

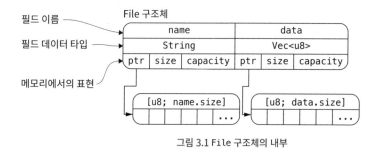

그림 3.1 File 구조체의 내부

이 장의 후반부에서 하드 디스크 드라이브나 그 외 영구 저장소와 상호 작용하는 법을 다루도록 하겠다. 그동안 예제 3.1을 재작성하여 File 타입을 넣어 보자.

📦 **newtype 패턴**

때로는 type 키워드만 있으면 된다. 하지만 컴파일러가 새로운 '타입'을 단순한 별칭이 아닌 완전한 별개의 타입으로 취급하게 하려면 어떻게 해야 할까? newtype을 입력하면 된다. newtype 패턴은 단일 필드 struct(또는 tuple)로 핵심 타입을 감싸는 것으로 구성된다. 다음 코드는 일반 문자열에서 네트워크 호스트 이름을 구분해 내는 방법을 보여 준다. 이 코드는 ch3/ch3-new-type-pattern.rs에 있다.

```
struct Hostname(String);      ❶

fn connect(host: Hostname) {              ❷
  println!("connected to {}", host.0);    ❸
}

fn main() {
  let ordinary_string = String::from("localhost");
  let host = Hostname ( ordinary_string.clone() );

  connect(ordinary_string);
}
```

❶ 새로운 Hostname 타입을 정의한다.

❷ 타입 시스템으로 잘못된 이용을 막는다.

❸ 숫자 인덱스로 내부 데이터에 접근한다.

다음은 rustc를 실행하면 나오는 컴파일러 출력이다.

```
$ rustc ch3-newtype-pattern.rs
error[E0308]: mismatched types
  --> ch3-newtype-pattern.rs:11:13
   |
11 |     connect(ordinary_string);
   |             ^^^^^^^^^^^^^^^ expected struct `Hostname`,
                                 found struct `String`

error: aborting due to previous error

For more information about this error, try `rustc --explain E0308`.
```

newtype 패턴을 이용하면 데이터가 부정확한 문맥에서 묵시적으로 사용되는 것을 방지하여 프로그램을 견고하게 만들 수 있다. 단점은 각각의 새로운 타입마다 의도된 동작을 모두 넣어 두어야 한다는 것이다. 이 부분이 번거로울 수 있다.

이제 이 장의 첫 번째 예제에 기능을 조금 추가할 수 있게 되었다. 예제 3.3(ch3/ch3-not-quite-file-2.rs)에는 데이터가 포함된 파일을 읽는 기능이 추가된다. 여기서는 struct를 써서 파일을 흉내 내고 파일 내용 읽기를 시뮬레이션하는 방법을 시연한다. 그런 다음 알기 어려운 데이터를 String으로 변환한다. 모든 함수는 항상 성공한 것으로 가정하지만 코드는 여전히 하드 코딩된 값 때문에 어지럽다. 그럼에도 불구하고 이 코드로 마침내 화면에 무언가를 출력한다. 다음은 프로그램의 출력을 부분적으로 가린 결과다.

```
File { name: "2.txt", data: [114, 117, 115, 116, 33] }
2.txt is 5 bytes long
***** ❶
```

> ❶ 재미를 망치지 않으려고 이 줄을 가렸다!

예제 3.3 struct를 이용해 파일을 흉내 내고 그 내용을 읽는 것을 시뮬레이션하기

```
01 #![allow(unused_variables)]       ❶
02
03 #[derive(Debug)]        ❷
04 struct File {
05   name: String,
06   data: Vec<u8>,
07 }
08
09 fn open(f: &mut File) -> bool {     ❸
10   true
11 }
12
13 fn close(f: &mut File) -> bool {     ❹
14   true
15 }
16
17 fn read(
18   f: &File,
19   save_to: &mut Vec<u8>
20   ) -> usize {               ❺
21   let mut tmp = f.data.clone();    ❻
22   let read_length = tmp.len();
23
24   save_to.reserve(read_length);    ❼
25   save_to.append(&mut tmp);      ❽
26   read_length
27 }
28
29 fn main() {
```

```
30   let mut f2 = File {
31     name: String::from("2.txt"),
32     data: vec![114, 117, 115, 116, 33],
33   };
34
35   let mut buffer: Vec<u8> = vec![];
36
37   open(&mut f2);
38   let f2_length = read(&f2, &mut buffer);      ❾
39   close(&mut f2);
40
41   let text = String::from_utf8_lossy(&buffer);     ❿
42
43   println!("{:?}", f2);
44   println!("{} is {} bytes long", &f2.name, f2_length);
45   println!("{}", text);      ⓫
46 }
```

❶ 경고를 내지 않도록 한다.

❷ File이 println!과 fmt! 매크로와 함께 동작할 수 있도록 한다(예제 끝부분에서 사용된다).

❸❹ 이 두 함수는 지금은 비활성 상태로 남겨 둔다.

❺ 읽은 바이트의 수를 반환한다.

❻ save_to.append()로 인해 입력값 Vec<T>가 줄어들므로 data의 복사본을 만든다.

❼ 데이터를 저장할 공간이 충분한지 확인한다.

❽ f의 내용을 담기 위해 save_to 버퍼에 충분한 데이터를 할당한다.

❾ 파일과 상호 작용하는 어려운 일을 한다.

❿ Vec<u8>을 String으로 변환한다. 올바른 UTF-8이 아닌 바이트는 �로 바뀐다.

⓫ 바이트 114, 117, 115, 116, 33을 실제 단어로 표시한다.

지금까지의 코드는 예제 3.1 마지막에 나온 이슈 4개 중 2개를 처리했다.

• File 구조체는 요구 사항을 충족하는 충실한 타입이다.

• 메모리를 비효율적으로 쓰는 방식이긴 하지만 read()를 구현했다.

이제 두 가지가 남았다.

• open(), close()가 bool 값을 반환한다.

• 어느 함수도 메서드가 아니다.

3.3 impl로 구조체에 메서드 추가하기

이 절에서는 메서드가 무엇인지 그리고 메서드를 러스트에서 어떻게 사용하는지 간략히 설명한다. 메서드는 어떤 객체와 짝지어진 함수다. 구문적인 면에서 볼 때 메서드는 인자를 지정할 필요가 없는 함수일 뿐이다. open()에 File 객체를 인자로 전달하여 호출하는 대신(read(f, buffer)), 메서드는 점 연산자를 이용하여 주 객체를 암묵적으로 함수 호출에 이용할 수 있다(f.read(buffer)).[1]

러스트는 메서드를 지원하는 다른 언어와는 다르다. class 키워드가 없다. 타입은 struct(그리고 나중에 다루겠지만 enum)로 만들어지고 가끔은 클래스처럼 느껴진다. 하지만 상속을 지원하지 않으니 이름을 다르게 지은 게 좋은 선택이었을 것이다.

이미 보았듯이 러스트 프로그래머는 메서드를 정의하기 위해 impl 블록을 사용하는데 이는 struct와 enum 블록과는 물리적으로 구분되어 있다. 그림 3.2는 그 차이점을 보여 준다.

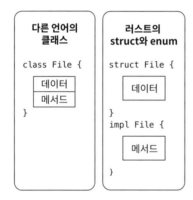

그림 3.2 러스트와 대다수의 객체 지향 언어의 차이점을 보여 준다.
러스트에서 필드와 메서드는 분리되어 정의된다.

3.3.1 new()를 구현하여 객체 생성을 간략화하기

new() 메서드로 적절한 기본값을 가지는 객체를 생성할 수 있다. 모든 struct는 리

---

1 메서드와 함수 사이에는 여러 가지 이론적인 차이가 있지만, 컴퓨터 과학 주제에 대한 자세한 논의는 다른 책을 참고하자. 간단히 말해 함수는 순수한 것으로 간주되며 이는 그 동작이 인자에 의해 결정된다는 것을 의미한다. 메서드는 본질적으로 순수하지 않은데 메서드의 주요 이용 근거 중 하나가 사실상 부작용이라는 점에서 그렇다. 하지만 이런 논쟁은 진흙탕 싸움이다. 함수도 완벽하게 부작용을 일으킬 수 있다. 더욱이 메서드는 함수를 가지고 구현된다. 그리고 예외에 예외를 더한다면, 객체는 암묵적 인자를 포함하지 않는 정적 메서드를 구현하기도 한다.

터럴 구문을 통해 인스턴스화할 수 있다. 이렇게 하면 처음에는 간편하지만 대부분의 코드가 불필요하게 장황해진다.

러스트 커뮤니티에서는 관례적으로 new()를 사용한다. 다른 언어들과 달리 new는 키워드가 아니며 다른 메서드보다 특별하지도 않다. 표 3.1에 해당 관례를 요약했다.

현재 용법	File::new()를 썼을 때

`File {`
`  name: String::from("f1.txt"),`
`  data: Vec::new(),`
`};`
	`File::new("f1.txt", vec![]);`

`File {`
`  name: String::from("f2.txt"),`
`  data: vec![114, 117, 115, 116, 33],`
`};`
	`File::new("f2.txt", vec![114, 117, 115,`
	`116, 33]);`

표 3.1 객체를 생성하는 러스트의 리터럴 구문과 new() 메서드 비교

이렇게 변경하려면 다음 예제에 나온 대로 impl 블록을 사용한다(ch3/ch3-de-fining-files-neatly.rs 참고). 실행 결과는 예제 3.3과 같은 결과를 출력하되 원래 f1.txt를 f3.txt로 바꿔서 출력해야 한다.

예제 3.4 impl 블록을 이용해 구조체에 메서드 추가하기

```
01 #[derive(Debug)]
02 struct File {
03   name: String,
04   data: Vec<u8>,
05 }
06
07 impl File {
08   fn new(name: &str) -> File {        ❶
09     File {
10       name: String::from(name),        ❷
11       data: Vec::new(),
12     }
13   }
14 }
15
16 fn main() {
17   let f3 = File::new("f3.txt");
18
19   let f3_name = &f3.name;        ❸
```

```
20    let f3_length = f3.data.len();
21
22    println!("{:?}", f3);
23    println!("{} is {} bytes long", f3_name, f3_length);
24  }
```

❶ File::new()는 일반 함수로 이 함수가 반환값이 File임을 러스트에 알려 줘야 한다.

❷ File::new()는 일반적인 객체 생성 구문을 캡슐화한 것과 거의 동일하다.

❸ 기본적으로 필드는 비공개지만 구조체를 정의한 모듈에서는 접근이 가능하다. 모듈 시스템에
   대해서는 이 장의 후반에서 다룬다.

새로 얻은 지식과 기존 예제에서 배운 것을 결합하면 예제 3.5를 얻을 수 있다(ch3/
ch3-not-quite-file-3.rs 참고). 다음과 같이 세 줄을 콘솔에 출력한다.

```
File { name: "2.txt", data: [114, 117, 115, 116, 33] }
2.txt is 5 bytes long
***** ❶
```

❶ 여전히 숨겨놓았다!

예제 3.5 impl을 사용해 File을 개선하기

```
01  #![allow(unused_variables)]
02
03  #[derive(Debug)]
04  struct File {
05    name: String,
06    data: Vec<u8>,
07  }
08
09  impl File {
10    fn new(name: &str) -> File {
11      File {
12        name: String::from(name),
13        data: Vec::new(),
14      }
15    }
16
17    fn new_with_data(
18      name: &str,
19      data: &Vec<u8>
20      ) -> File {      ❶
21      let mut f = File::new(name);
22      f.data = data.clone();
23      f
24    }
25
```

```
26   fn read(
27     self: &File,
28     save_to: &mut Vec<u8>
29     ) -> usize {    ❷
30       let mut tmp = self.data.clone();
31       let read_length = tmp.len();
32       save_to.reserve(read_length);
33       save_to.append(&mut tmp);
34       read_length
35   }
36 }
37
38 fn open(f: &mut File) -> bool {    ❸
39   true
40 }
41
42 fn close(f: &mut File) -> bool {
43   true
44 }
45
46 fn main() {
47   let f3_data: Vec<u8> = vec![    ❹
48     114, 117, 115, 116, 33
49   ];
50   let mut f3 = File::new_with_data("2.txt", &f3_data);
51
52   let mut buffer: Vec<u8> = vec![];
53
54   open(&mut f3);
55   let f3_length = f3.read(&mut buffer);    ❺
56   close(&mut f3);
57
58   let text = String::from_utf8_lossy(&buffer);
59
60   println!("{:?}", f3);
61   println!("{} is {} bytes long", &f3.name, f3_length);
62   println!("{}", text);
63 }
```

❶ 이 메서드는 파일이 기존에 데이터를 가지고 있는 경우를 시뮬레이션하기 위해 끼워 넣었다.

❷ f 인자를 self로 바꾸었다.

❸❹ 함수의 경계를 모두 살펴봐도 컴파일러가 필요한 타입을 추론할 수 없기 때문에 vec!에 명시적으로 타입을 지정해 주어야 한다.

❺ 코드를 호출하는 부분이 변경됐다.

3.4 오류 반환

이 장의 앞부분에서 오류를 제대로 나타내지 못하는 데 대해 두 가지 불만이 제기되었다.

- read()를 구현하려는 실제적인 시도가 없었다. 만약 실제로 구현한다면 실패하는 경우는 어떻게 다룰 것인가?
- open(), close() 메서드는 bool 값을 반환한다. 운영 체제에서 오류를 낸다면 오류 메시지를 포함하는 좀 더 세밀한 결과 타입을 제공할 방법은 없는가?

이 문제는 하드웨어를 다루는 것이 불안정하기 때문에 발생한다. 하드웨어 장애를 무시하더라도 디스크가 꽉 찼거나 운영 체제가 개입하여 특정 파일을 삭제할 권한이 없다고 사용자에게 알릴 수 있다. 이 절에서는 오류가 발생했음을 알리는 다양한 방법을 설명한다. 다른 언어에서 일반적으로 사용되는 접근 방식에서 시작하여 러스트에서 관용적으로 사용하는 방법으로 마무리한다.

3.4.1 알려진 전역 변수를 수정하기

오류 발생을 알리는 가장 간단한 방법 중 하나는 전역 변수의 값을 확인하는 것이다. 잘못되기 쉬운 방법으로 악명 높지만 시스템 프로그래밍에서는 흔한 관용적인 방식이다.

C 프로그래머는 시스템 호출 후에 일반적으로 errno 값을 확인하는 데 익숙하다. 예를 들어 close() 시스템 호출은 파일 기술자(운영 체제에서 할당된 번호로 파일을 나타내는 정수)를 닫고 errno를 수정한다. POSIX 표준에서 close() 시스템 호출을 다루는 절에는 다음과 같은 내용이 포함되어 있다.

> close()가 시그널에 의해 중단되면 errno를 EINTR로 설정한 후 −1을 반환해야 하며, fildes 상태[파일 기술자]는 미지정된다. close() 중에 파일 시스템에서 읽기나 쓰기 작업에 대한 I/O 오류가 일어난 경우, errno를 EIO로 설정한 후 −1이 반환될 수 있다. 이 오류가 반환되면 fildes의 상태는 미지정된다.
>
> — The Open Group Base Specifications(2018)(*http://pubs.opengroup.org/onlinepubs/9699919799/functions/close.html*)

errno를 EIO나 EINTR로 설정한다는 것은 내부 상숫값으로 설정한다는 의미다. 지정된 값은 운영 체제에 따라 임의로 정의된다. 러스트 문법으로 전역 변수를 통해 오류 코드를 확인하는 방법은 다음과 비슷하다.

예제 3.6 전역 변수에서 오류 코드를 확인하는 러스트 비슷한 코드

```
static mut ERROR: i32 = 0;     ❶

// ...

fn main() {
  let mut f = File::new("something.txt");

  read(f, buffer);
  unsafe {                ❷
    if ERROR != 0 {     ❸
      panic!("An error has occurred while reading the file ")
    }
  }

  close(f);
  unsafe {                ❹
    if ERROR != 0 {     ❺
      panic!("An error has occurred while closing the file ")
    }
  }
}
```

❶ 전역 변수. static mut(또는 가변 정적)으로 정적 수명을 가져 프로그램의 수명 동안 유효하다.

❷❹ 정적 가변 변수에 접근해 이를 수정하려면 unsafe 블록이 필요하다. 이는 러스트가 안정성을 보장하지 못할 때 개발자가 책임을 져야 한다는 뜻이다.

❸❺ ERROR 값을 검사한다. 오류 검사는 0은 오류가 아니라는 관례를 따른다.

다음에 나오는 예제 3.7에는 새로운 문법이 나온다. 가장 중요한 것은 unsafe 키워드일 텐데, 이 책의 후반부에서 그 중요성에 대해 다룰 것이다. 그때까지는 unsafe를 무엇인가 비정상적인 작업을 하려고 한다는 지시보다는 경고 표시로 간주하자. unsafe는 'C 언어에서 늘 제공하는 정도의 안정성 수준과 동일한 정도'를 의미한다. 또 예제에는 여러분이 이미 알고 있는 소소한 추가 내용도 있다.

- 가변 전역 변수는 static mut로 표기한다.
- 관례적으로 전역 변수는 대문자로 표기한다.
- const 키워드는 절대 변하지 않는 값에 쓴다.

그림 3.3은 예제 3.7의 흐름 제어 오류와 오류 처리를 시각적으로 간략히 나타낸 것이다.

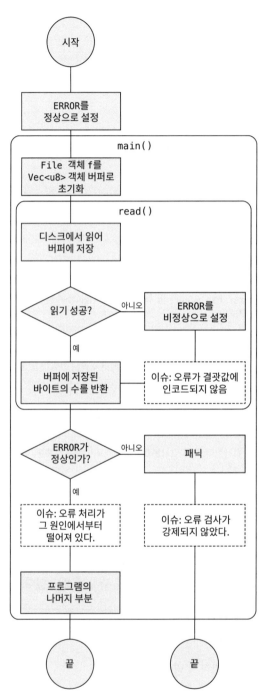

그림 3.3 전역 오류 코드를 사용하는 문제에 대한 설명을 포함하는 예제 3.7의 시각적 개요

예제 3.7 전역 변수를 이용해서 오류 정보를 전파하기

```
01 use rand::{random};    ❶
02
03 static mut ERROR: isize = 0;    ❷
04
05 struct File;    ❸
06
07 #[allow(unused_variables)]
08 fn read(f: &File, save_to: &mut Vec<u8>) -> usize {
09   if random() && random() && random() {    ❹
10     unsafe {
11       ERROR = 1;    ❺
12     }
13   }
14   0    ❻
15 }
16
17 #[allow(unused_mut)]    ❼
18 fn main() {
19   let mut f = File;
20   let mut buffer = vec![];
21
22   read(&f, &mut buffer);
23   unsafe {    ❽
24     if ERROR != 0 {
25       panic!("An error has occurred!")
26     }
27   }
28 }
```

❶ rand 크레이트를 지역 범위로 가져온다.

❷ ERROR를 0으로 초기화한다.

❸ 실험할 구조체로 크기가 0인 타입을 만든다.

❹ 이 조건식이 실행될 때 여덟 번 중 한 번은 참을 반환한다.

❺ ERROR를 1로 지정한다. 시스템의 나머지 부분에 오류가 발생했음을 알린다.

❻ 항상 0바이트를 읽은 것으로 간주한다.

❼ 실제로 값을 바꾸지는 않지만 코드의 일관성을 위해 버퍼를 가변 상태로 유지한다.

❽ 정적 가변 변수에 접근하는 것은 안전하지 않은 작업이다.

예제 3.7을 실행하려면 다음과 같이 한다.

1. `git clone --depth=1 https://github.com/rust-in-action/code rust-in-action`
   으로 책의 소스 코드를 다운로드한다.

2. cd rust-in-action/ch3/globalerror로 프로젝트 디렉터리로 이동한다.

3. cargo run으로 프로그램을 실행한다.

수동으로 하고 싶다면 다음과 같이 한다.

1. cargo new --vcs none globalerror로 새로운 프로젝트를 만든다.

2. cd globalerror로 프로젝트 디렉터리로 이동한다.

3. cargo add rand@0.8로 rand 크레이트 0.8 버전을 의존성으로 추가한다(cargo add 명령이 없다면 cargo install cargo-edit를 실행한다).

4. 선택 사항으로 rand 크레이트가 제대로 의존성에 추가되었는지 프로젝트 루트에 있는 Cargo.toml을 확인한다. 다음과 같은 두 줄이 들어가 있을 것이다.

```
[dependencies]
rand = "0.8"
```

5. src/main.rs의 내용을 예제 3.7의 코드로 바꾼다(ch3/globalerror/src/main.rs 참고).

6. 소스 코드를 작성했다면 cargo run을 실행한다.

다음과 같은 결과를 보게 될 것이다.

```
$ cargo run
  Compiling globalerror v0.1.0 (file:///path/to/globalerror)
   *Finished* dev [unoptimized + debuginfo] target(s) in 0.74 secs
    *Running* `target/debug/globalerror`
```

대부분의 경우 프로그램에는 아무 일도 일어나지 않는다. 이따금 해당 프로그램을 몇 번이고 실행해 볼 정도로 열의가 있는 독자라면, 다음과 같이 더 요란한 메시지를 보게 될 것이다.

```
$ cargo run
thread 'main' panicked at 'An error has occurred!',
<linearrow />src/main.rs:27:13
note: run with `RUST_BACKTRACE=1` environment variable to display a backtrace
```

경험이 풍부한 프로그래머라면 전역 변수 errno 사용은 일반적으로 시스템 호출 시 운영 체제에 의해 조정된다는 사실을 알 것이다. 이런 식의 프로그래밍 방식은 일반적으로 러스트에서 권장하지 않는다. 타입 안정성이 누락되고(오류가 일반 정숫값으로 인코딩된다) 엉성한 프로그래머가 작성할 경우, errno 값 검사를 누락하면 불안정한 프로그램이 되기 때문이다. 하지만 이런 방식은 한편으로 중요한데 그 이유는 다음과 같다.

- 시스템 프로그래머는 운영 체제에서 정의된 전역 변수와 상호 작용할 필요가 있다.
- CPU 레지스터 및 저수준 하드웨어와 상호 작용하는 소프트웨어는 작업이 완전히 성공했는지 검사하기 위해 플래그를 조사하는 방식을 많이 쓰기 때문에 이에 익숙해져야 한다.

📦 const와 let의 차이

let으로 정의되는 변수가 불변하다면 러스트에 const 키워드가 포함된 이유는 무엇일까? 짧게 답하자면 let과 관련된 데이터는 변경될 수 있기 때문이다. 러스트는 타입이 내부 가변성과는 명백히 모순되는 속성을 갖는 것을 허용한다.

std::sync::Arc와 std::rc::Rc 같은 타입은 겉보기에는 불변하는 것 같지만, 시간의 흐름에 따라 내부 상태가 변경된다. 이 두 타입의 경우 참조가 일어나면 참조 카운터를 증가시키고, 참조가 끝나면 카운터를 감소시킨다.

컴파일러 측면에서 let은 불변보다는 별칭과 더 연관되어 있다. 컴파일러에서 별칭이란 동일한 시점에서 같은 메모리 위치에 대해 다수의 참조를 가질 수 있음을 의미하는 용어다. let으로 선언된 변수의 읽기 전용 참조(대여)는 동일한 데이터의 별칭을 지정할 수 있다. 읽기-쓰기 참조(가변 대여)는 데이터의 별칭을 지정할 수 없다.

3.4.2 Result 반환 타입을 이용하기

오류 처리에 대한 러스트식 접근 방법은 일반적인 경우와 오류가 발생한 경우 둘다 표현하는 타입을 사용하는 것이다. 이러한 타입을 Result라고 한다. Result는 Ok와 Err 두 가지 상태를 가진다. 이 두 상태를 가지는 타입은 다재다능하여 표준 라이브러리 전반에 걸쳐 사용된다.

한 타입을 두 가지 타입처럼 이용하는 방법은 이후에 살펴본다. 지금은 작업 메커니즘을 살펴보자. 예제 3.8은 이전 코드에 다음 사항을 적용하여 변경한 것이다.

- 39행에서 함수는 파일 시스템과 상호 작용하며 Result<File, String>을 반환한

다. 이 방식으로 반환값에 두 타입을 효과적으로 이용할 수 있다. 함수가 실행에 성공하면 File이 Ok(File)로 감싸져 반환된다. 함수가 오류를 만나면 String을 Err(String)으로 감싸서 반환한다. String을 오류 타입으로 사용하는 것은 오류 메시지를 보고하는 데 편리하다.

- Result<File, String>을 반환하는 함수를 호출하려면 추가적으로 메서드(un wrap())가 있어야 값을 실제로 추출할 수 있다. unwrap() 호출은 Ok(File)을 풀어서 File을 생성한다. 만약 Err(String)이 나오면 프로그램은 중단된다. 좀 더 상세한 오류 처리는 4장에서 설명한다.

- open()과 close()는 이제 File 인자에 대한 완전한 소유권을 갖게 된다. 소유권에 대한 전반적인 설명은 4장으로 미루고 여기에서는 짧은 설명으로 대신한다. 러스트의 소유권 규칙은 값이 언제 삭제될지 지정한다. 앰퍼샌드를 붙이지(예: &File 또는 &mut File) 않고 File 인자를 open()이나 close()에 전달하면, 호출된 함수로 소유권을 전달하게 된다. 이는 일반적으로 함수가 끝날 때 인자가 삭제된다는 것을 의미하지만, 이 두 함수도 인자를 반환한다.

- f4 변수는 이제 소유권을 요구할 필요가 있다. open()과 close()의 변경과 더불어 let f4가 사용되는 횟수도 바뀌었다. f4는 이제 open()과 close()를 호출할 때마다 다시 바인딩된다. 이렇게 하지 않으면 더 이상 유효하지 않은 데이터를 사용하는 문제에 봉착하게 된다.

예제 3.8을 실행하려면 터미널 창에서 다음 명령을 실행한다.

```
$ git clone --depth=1 https://github.com/rust-in-action/code rust-in-action
$ cd rust-in-action/ch3/fileresult
$ cargo run
```

이 과정을 직접 진행하려면 다음 순서를 추천한다.

1. /tmp 같은 연습용 디렉터리로 이동한다. 예를 들어 cd $TMP(윈도우에서는 cd %TMP%)를 실행한다.

2. cargo new --bin --vcs none fileresult를 실행한다.

3. Cargo.toml에 2018 에디션이 설정되어 있는지 확인하고 rand 크레이트를 의존성으로 추가한다.

```
[package]
name = "fileresult"
version = "0.1.0"
authors = ["Tim McNamara <author@rustinaction.com>"]
edition = "2018"

[dependencies]
rand = "0.8"
```

4. fileresult/src/main.rs의 내용을 예제 3.8의 코드로 대체한다(ch3/fileresult/src/main.rs).

5. cargo run을 실행한다.

cargo run을 실행하면 디버그용 출력이 나오지만 실행 결과는 아무것도 출력되지 않는다.

$ cargo run
```
   Compiling fileresult v0.1.0 (file:///path/to/fileresult)
    Finished dev [unoptimized + debuginfo] target(s) in 1.04 secs
     Running `target/debug/fileresult`
```

예제 3.8 Result를 이용하여 파일 시스템 오류가 나는 함수를 표시하기

```
01 use rand::prelude::*;     ❶
02
03 fn one_in(denominator: u32) -> bool {      ❷
04   thread_rng().gen_ratio(1, denominator)   ❸
05 }
06
07 #[derive(Debug)]
08 struct File {
09   name: String,
10   data: Vec<u8>,
11 }
12
13 impl File {
14   fn new(name: &str) -> File {
15     File {
16       name: String::from(name),
17       data: Vec::new()
18     }
19   }     ❹
20
21   fn new_with_data(name: &str, data: &Vec<u8>) -> File {
22     let mut f = File::new(name);
```

```
23      f.data = data.clone();
24      f
25    }
26
27    fn read(
28      self: &File,
29      save_to: &mut Vec<u8>,
30      ) -> Result<usize, String> {    ❺
31      let mut tmp = self.data.clone();
32      let read_length = tmp.len();
33      save_to.reserve(read_length);
34      save_to.append(&mut tmp);
35      Ok(read_length)    ❻
36    }
37  }
38
39  fn open(f: File) -> Result<File, String> {
40    if one_in(10_000) {    ❼
41      let err_msg = String::from("Permission denied");
42      return Err(err_msg);
43    }
44    Ok(f)
45  }
46
47  fn close(f: File) -> Result<File, String> {
48    if one_in(100_000) {    ❽
49      let err_msg = String::from("Interrupted by signal!");
50      return Err(err_msg);
51    }
52    Ok(f)
53  }
54
55  fn main() {
56    let f4_data: Vec<u8> = vec![114, 117, 115, 116, 33];
57    let mut f4 = File::new_with_data("4.txt", &f4_data);
58
59    let mut buffer: Vec<u8> = vec![];
60
61    f4 = open(f4).unwrap();
62    let f4_length = f4.read(&mut buffer).unwrap();    ❾
63    f4 = close(f4).unwrap();
64
65    let text = String::from_utf8_lossy(&buffer);
66
67    println!("{:?}", f4);
68    println!("{} is {} bytes long", &f4.name, f4_length);
69    println!("{}", text);
70  }
```

❶ rand 크레이트에서 공통 트레이트와 타입을 현재 크레이트 범위로 가져온다.

❷ 산발적인 오류를 일으키는 도움 함수

❸ thread_rng()는 스레드 로컬 난수 생성기를 만든다. gen_ratio(n, m)은 n/m 확률을 가지
는 불값을 반환한다.

❹ 코드 블록을 짧게 하기 위해 스타일에 변경을 주었다.

❺ Result<T, E>의 첫 등장이다. 여기에서 T는 부호 없는 정수 타입 usize이며 E는 String이다.
String을 사용하여 임의의 오류 메시지를 표시한다.

❻ 이 코드에서 read()는 절대 실패하지 않는다. 하지만 Result 타입을 반환할 것이므로 read_
length를 Ok로 감싼다.

❼ 1만 번에 한 번꼴로 오류를 반환한다.

❽ 10만 번에 한 번꼴로 오류를 반환한다.

❾ Ok로부터 T를 풀어 T를 남긴다.

 Result에 .unwrap()을 호출하는 것은 좋지 않은 스타일로 간주되기도 한다. 오류 타입에 호
출하면 도움이 되는 오류 메시지 없이 프로그램이 중단되어 버린다. 이 장의 내용을 진행하면
서 오류를 다루는 정교한 메커니즘을 보게 될 것이다.

Result를 이용하면 컴파일러가 지원하는 코드 정확성을 얻는다. 값이 범위를 넘는
경우까지 처리하는 데 시간을 들이지 않으면 코드는 컴파일되지 않을 것이다. 프로
그램은 오류 발생 시 중단되겠지만 최소한 프로그램을 명시적으로 만들었다.

그렇다면 Result란 무엇인가? Result는 러스트의 표준 라이브러리에서 열거형으
로 정의된다. 다른 타입과 같은 위치지만, 커뮤니티 관례를 통해 언어의 다른 부분
과 긴밀히 엮여 있다. '잠깐, 열거형은 뭐지?' 하고 궁금해할 수 있다. 물어봐 줘서
고맙다. 바로 다음 절의 주제다.

3.5 열거형을 정의하고 사용하기

열거형은 다수의 알려진 열것값을 표현할 수 있는 타입이다. 관행적으로 열거형은
카드 무늬나 태양계 같은 미리 정의된 선택지를 나타낸다. 다음 예제는 그런 열거
형의 실례 중 하나다.

예제 3.9 카드 무늬를 표현하는 열거형 정의하기

```
enum Suit {
  Clubs,
```

```
  Spades,
  Diamonds,
  Hearts,
}
```

열거형을 사용하는 프로그래밍 언어를 써 보지 않았다면, 그 가치를 이해하는 데 약간의 노력이 필요하다. 하지만 이것을 가지고 잠시라도 프로그램을 짜 보면 작은 깨달음을 얻을 것이다.

이벤트 로그를 분석하는 어떤 코드를 만든다고 생각해 보자. 각 이벤트는 UPDATE 나 DELETE 같은 이름을 가진다. 이 값을 애플리케이션에서 문자열로 저장하면 문자 열을 비교하기 어려워져서 잡아내기 힘든 버그를 만들어 낼 수도 있다. 그보다는 열거형으로 저장하면 이벤트 코드에 대한 약간의 정보를 컴파일러에 제공할 수 있 다. 나중에 '이봐, UPDATE를 쓰는 경우만 생각한 것 같은데. DELETE하는 경우를 빼먹 은 것 같아. 이 문제를 고쳐야 해' 같은 경고를 받을 수 있게 된다.

예제 3.10은 텍스트를 분석해서 구조화된 데이터를 내보내는 프로그램의 시 작 부분이다. 실행하면 이 프로그램은 다음과 같은 결과를 출력한다. 해당 예제는 ch3/ch3-parse-log.rs에 있다.

```
(Unknown, "BEGIN Transaction XK342")
(Update, "234:LS/32231 {\"price\": 31.00} -> {\"price\": 40.00}")
(Delete, "342:LO/22111")
```

예제 3.10 열거형을 정의하고 이벤트 로그를 분석하는 데 사용하기

```
01 #[derive(Debug)]          ❶
02 enum Event {
03   Update,             ┐
04   Delete,             │ ❷
05   Unknown,            ┘
06 }
07
08 type Message = String;      ❸
09
10 fn parse_log(line: &'static str) -> (Event, Message) {   ❹
11   let parts: Vec<> =        ❺
12     line.splitn(2, ' ')
13         .collect();         ❻
14   if parts.len() == 1 {     ❼
15     return (Event::Unknown, String::from(line));
16   }
17
```

```
18    let event = parts[0];
19    let rest = String::from(parts[1]);         ❽
20
21    match event {
22      "UPDATE" | "update" => (Event::Update, rest),     ❾
23      "DELETE" | "delete" => (Event::Delete, rest),
24      _ => (Event::Unknown, String::from(line)),    ❿
25    }
26 }
27
28 fn main() {
29    let log = "BEGIN Transaction XK342
30 UPDATE 234:LS/32231 {\"price\": 31.00} -> {\"price\": 40.00}
31 DELETE 342:LO/22111";
32
33    for line in log.lines() {
34      let parse_result = parse_log(line);
35      println!("{:?}", parse_result);
36    }
37 }
```

❶ 자동 생성 코드를 통해 이 열거형을 화면에 출력한다.

❷ 인식할 수 없는 이벤트에 대한 값을 포함하여 세 가지 Event 열것값을 생성한다.

❸ 이 크레이트 문맥에서 사용될 String의 편리한 이름이다.

❹ 행을 분석해 반구조화된 데이터로 변환하는 함수다.

❺ Vec<_>는 요소의 타입을 추론하라고 러스트에 요청한다.

❻ collect()는 line.splitn()에서 생성된 반복자를 써서 Vec<T>를 반환한다.

❼ line.splitn()이 로그를 두 부분으로 나누지 못한다면 오류를 반환한다.

❽ 뒤에 쓰기 편하게 하기 위해 parts의 각 부분을 변수에 할당한다.

❾ 알려진 이벤트의 경우 구조화된 데이터를 반환한다.

❿ 이벤트 타입을 모르면 전체 행을 반환한다.

열거형에는 몇 가지 트릭이 있다.

- 열거형은 러스트의 패턴 일치 기능과 함께 사용하면 탄탄하고 읽기 쉬운 코드를 만드는 데 도움이 된다(예제 3.10의 21~24행 참고).
- 구조체처럼 열거형은 impl 블록을 통해 메서드를 정의할 수 있다.
- 러스트의 열거형은 일반적인 상수 집합보다 더 강력하다.

열거형은 열것값에 데이터를 포함시켜 구조체 같은 성격을 띄게 하는 것도 가능하다. 다음은 그 예다.

```
enum Suit {
  Clubs,
  Spades,
  Diamonds,
  Hearts,    ❶
}

enum Card {
  King(Suit),
  Queen(Suit),  ❷
  Jack(Suit),
  Ace(Suit),
  Pip(Suit, usize),   ❸
}
```

❶ 열거형의 마지막 요소에는 리팩터링 작업을 쉽게 하기 위해 마지막에 쉼표를 붙인다.

❷ 얼굴 카드는 무늬가 있다.

❸ 일반 패는 무늬와 등급으로 구성된다.

3.5.1 내부 상태를 관리하는 데 열거형 사용하기

지금까지 열거형을 정의하고 사용하는 법을 살펴봤다. 파일을 모델링하는 데 어떻게 하면 열거형을 유용하게 적용할 수 있을까? File 타입을 확장하여 열린 상태와 닫힌 상태를 변경할 수 있다. 예제 3.11(ch3/ch3-file-states.rs)은 콘솔에 다음과 같은 짧은 알림을 출력한다.

```
Error checking is working
File { name: "5.txt", data: [], state: Closed }
5.txt is 0 bytes long
```

예제 3.11 File의 열림과 닫힘 상태를 열거형으로 표현하기

```
01 #[derive(Debug,PartialEq)]
02 enum FileState {
03   Open,
04   Closed,
05 }
06
07 #[derive(Debug)]
08 struct File {
09   name: String,
10   data: Vec<u8>,
11   state: FileState,
12 }
13
14 impl File {
```

```
15    fn new(name: &str) -> File {
16      File {
17        name: String::from(name),
18        data: Vec::new(),
19        state: FileState::Closed
20      }
21    }
22
23    fn read(self: &File, save_to: &mut Vec<u8>) -> Result<usize, String> {
24      if self.state != FileState::Open {
25        return Err(String::from("File must be open for reading"));
26      }
27      let mut tmp = self.data.clone();
28      let read_length = tmp.len();
29      save_to.reserve(read_length);
30      save_to.append(&mut tmp);
31      Ok(read_length)
32    }
33 }
34
35 fn open(mut f: File) -> Result<File, String> {
36   f.state = FileState::Open;
37   Ok(f)
38 }
39
40 fn close(mut f: File) -> Result<File, String> {
41   f.state = FileState::Closed;
42   Ok(f)
43 }
44
45 fn main() {
46   let mut f5 = File::new("5.txt");
47
48   let mut buffer: Vec<u8> = vec![];
49
50   if f5.read(&mut buffer).is_err() {
51     println!("Error checking is working");
52   }
53
54   f5 = open(f5).unwrap();
55   let f5_length = f5.read(&mut buffer).unwrap();
56   f5 = close(f5).unwrap();
57
58   let text = String::from_utf8_lossy(&buffer);
59
60   println!("{:?}", f5);
61   println!("{} is {} bytes long", &f5.name, f5_length);
62   println!("{}", text);
63 }
```

열거형은 신뢰할 수 있고 견고한 소프트웨어를 만드는 여정에서 강력한 동반자가 될 수 있다. 메시지 코드 같은 '문자열 비슷한 타입' 데이터를 쓰게 될 때 열거형 타입 사용을 고려하라.

3.6 공통 동작을 트레이트로 정의하기

파일이라는 용어의 정의는 저장 매체와 무관하다. 파일은 바이트 스트림 읽기와 쓰기라는 두 가지 주요 작업을 지원한다. 이 두 가지 기능에 초점을 맞추면 읽기와 쓰기가 실제로 수행되는 위치를 무시할 수 있다. 이러한 작업은 하드 디스크 드라이브, 인메모리 캐시, 네트워크 또는 더 색다른 무언가를 통해 이뤄질 수 있다.

파일이 네트워크 연결인지, 회전하는 금속 플래터인지, 전자의 중첩인지에 관계없이 '파일이라고 부르려면 반드시 다음을 구현해야 한다'는 규칙을 정의할 수 있다.

여러분은 이미 여러 번 실전에서 트레이트를 봤다. 트레이트는 다른 언어에서 비슷한 사례를 찾을 수 있다. 이름이 지정된 인터페이스, 프로토콜, 타입 클래스, 추상 기본 클래스 또는 계약 등이 그것이다.

타입 정의에 #[derive(Debug)]를 사용할 때마다 해당 타입에 대한 Debug 트레이트가 구현된다. 트레이트는 러스트에 깊이 스며 있다. 이제 만드는 법을 알아보자.

3.6.1 Read 트레이트 만들기

트레이트는 다양한 타입이 동일한 작업을 수행하려고 한다는 것을 컴파일러(그리고 다른 사람)에게 알려 준다. #[derive(Debug)]를 사용하는 타입은 println! 매크로와 그 유사 매크로를 통해 콘솔에 모든 내용을 출력할 수 있다. 다수의 타입에 Read 트레이트를 구현할 수 있도록 허용함으로써 코드 재사용은 물론, 러스트 컴파일러가 무비용 추상화라는 마법을 부릴 수 있다.

간략하게 하기 위해 예제 3.12(ch3/ch3-skeleton-read-trait.rs)에 우리가 이미 보아 왔던 코드의 뼈대만 들어 있는 버전을 만들어 놓았다. 이 예제는 정의에 사용되는 trait 키워드와 특정 타입의 트레이트에 붙는 impl 키워드의 구분을 보여 준다. rustc로 빌드하고 실행하면 예제 3.12는 다음과 같은 결과를 출력한다.

```
0 byte(s) read from File
```

예제 3.12 **File을 위한 Read 트레이트의 뼈대 정의**

```
01 #![allow(unused_variables)]    ❶
02
03 #[derive(Debug)]
04 struct File;    ❷
05
06 trait Read {    ❸
07   fn read(
08     self: &Self,
09     save_to: &mut Vec<u8>
10   ) -> Result<usize, String>;    ❹
11 }
12
13 impl Read for File {
14   fn read(self: &File, save_to: &mut Vec<u8>) -> Result<usize, String> {
15     Ok(0)    ❺
16   }
17 }
18
19 fn main() {
20   let f = File{};
21   let mut buffer = vec!();
22   let n_bytes = f.read(&mut buffer).unwrap();
23   println!("{} byte(s) read from {:?}", n_bytes, f);
24 }
```

❶ 함수 내에서 사용하지 않는 변수에 대한 경고를 내지 않도록 한다.

❷ 스터브 File 타입을 선언한다.

❸ 트레이트에 특정 이름을 지정한다.

❹ trait 블록은 구현체가 반드시 따라야 할 함수의 시그너처 타입을 포함한다. 의사(pseudo) 타입 Self는 Read를 구현하는 타입에 대한 자리 표시자다.

❺ 필요한 타입 시그너처를 준수하는 단순 스터브값

트레이트를 정의하고 이를 같은 페이지에서 구현하면 위와 같은 짧은 예제에서는 꽤 늘어지는 느낌을 줄 수 있다. 예제 3.12에서 File은 3개의 코드 블록에 걸쳐 흩어져 있다. 반대로 여러분의 경험이 늘어날수록 많은 공용 트레이트가 원래 그랬던 것처럼 자연스럽게 느껴질 것이다. PartialEq 트레이트가 한 타입에 어떤 역할을 하는지 알게 되면, 다른 모든 타입에 대한 경우도 이해하게 될 것이다.

PartialEq가 타입에 어떤 일을 할까? 해당 트레이트를 통해 == 연산자를 이용한 비교가 가능하다. '부분(partial)'이라는 점 덕분에 부동 소수점의 NAN 값이나 SQL의 NULL처럼 두 값이 정확히 일치하지만, 동일한 값으로 취급되어서는 안 되는 경우에 쓰일 수 있다.

러스트 커뮤니티 포럼과 문서를 읽어 본 적이 있다면, 이곳에서 자신들만의 표현을 만들어 냈다는 것을 알 수 있다. "... T는 Debug ...(··· T is Debug ···)" 같은 구조의 문장을 본다면, T가 Debug 트레이트를 구현한다고 이해하면 된다.

3.6.2 자신만의 타입에 std::fmt::Display 구현하기

println! 매크로와 여타 매크로들은 모두 동일한 시스템을 사용한다. println!, print!, write!, writeln!, format!은 모두 Display와 Debug 트레이트에 의존하며, 이 트레이트들은 {}를 콘솔에 어떻게 출력할지 프로그래머가 제공한 트레이트 구현에 의존한다.

이전 예제 3.11을 다시 보면, File 타입은 몇 개의 필드와 FileState라는 하위 타입으로 구성되어 있다. 기억을 되살려 보면 예제에서 Debug 트레이트를 다음과 같은 부분에서 반복해서 사용했다.

예제 3.13 예제 3.11에서 발췌

```
#[derive(Debug,PartialEq)]
enum FileState {
  Open,
  Closed,
}

#[derive(Debug)]
struct File {
  name: String,
  data: Vec<u8>,
  state: FileState,
}

//...              ❶

fn main() {
  let f5 = File::new("f5.txt");

  //...            ❷
  println!("{:?}", f5);  ❸
  //...            ❹
}
```

❶❷❹ 원래 파일에서 생략함

❸ Debug는 콜론과 물음표 구문에 의존한다.

Debug 트레이트의 자동 구현을 이용하는 것이 기본적으로 가능하지만, 다른 출력을 얻고자 한다면 별도의 구현이 필요하다. Display는 fmt() 메서드가 구현된 타입에 쓸 수 있으며, 해당 메서드는 fmt::Result를 반환해야 한다. 다음 예제는 이를 구현한 예다.

예제 3.14 File과 FileState에 std::fmt::Display 사용하기

```
impl Display for FileState {
  fn fmt(&self, f:
        &mut fmt::Formatter
      ) -> fmt::Result {        ❶
    match *self {
      FileState::Open => write!(f, "OPEN"),
      FileState::Closed => write!(f, "CLOSED"),
    }
  }
}

impl Display for File {
  fn fmt(&self, f:
        &mut fmt::Formatter
      ) -> fmt::Result {                          ❷
    write!(f, "<{} ({})>", self.name, self.state)  ❸
  }
}
```

> ❶❷ std::fmt::Display를 구현하려면 fmt 메서드가 해당 타입에 정의되어야 한다.
>
> ❸ write! 매크로를 통해 내부 타입의 Display 구현을 따르는 것이 일반적이다.

다음 예제는 Display를 구현해야 하는 필드를 포함하는 구조체에 Display를 구현하는 방법이다. 관련 코드는 ch3/ch3-implementing-display.rs에 있다.

예제 3.15 Display를 구현한 실제 동작하는 코드의 일부

```
01 #![allow(dead_code)]     ❶
02
03 use std::fmt;            ❷
04 use std::fmt::{Display}; ❸
05
06 #[derive(Debug,PartialEq)]
07 enum FileState {
08   Open,
09   Closed,
10 }
11
12 #[derive(Debug)]
```

```
13 struct File {
14   name: String,
15   data: Vec<u8>,
16   state: FileState,
17 }
18
19 impl Display for FileState {
20   fn fmt(&self, f: &mut fmt::Formatter) -> fmt::Result {
21     match *self {
22       FileState::Open => write!(f, "OPEN"),          ┐ ❹
23       FileState::Closed => write!(f, "CLOSED"),      ┘
24     }
25   }
26 }
27
28 impl Display for File {
29   fn fmt(&self, f: &mut fmt::Formatter) -> fmt::Result {
30     write!(f, "<{} ({})>",
31       self.name, self.state)      ❺
32   }
33 }
34
35 impl File {
36   fn new(name: &str) -> File {
37     File {
38       name: String::from(name),
39       data: Vec::new(),
40       state: FileState::Closed,
41     }
42   }
43 }
44
45 fn main() {
46   let f6 = File::new("f6.txt");
47   //...
48   println!("{:?}", f6);      ❻
49   println!("{}", f6);        ❼
50 }
```

❶ FileState::Open이 쓰이지 않는다는 경고를 출력하지 않게 한다.

❷ std::fmt 크레이트를 지역 범위로 가져와 fmt::Result를 사용할 수 있게 한다.

❸ Display를 지역 범위로 가져와 fmt::Display처럼 길게 쓰지 않아도 되게 한다.

❹ 잔꾀 같은 방법이지만 write!를 써서 성가신 작업을 처리할 수 있다. String은 Display를 이미 구현했기 때문에 추가로 할 일은 없다.

❺ self.state에 대해서는 FileState의 Display 구현에 의존할 수 있다.

❻ File의 Debug 구현은 다른 타입의 Debug 구현과 비슷한 결과를 출력한다: File { ... }

❼ File의 Display 구현은 자신의 규칙을 따라 <f6.txt (CLOSED)>를 출력한다

이 책을 공부하면서 트레이트의 다양한 사용법을 볼 것이다. 트레이트는 러스트의 제네릭 시스템과 견고한 타입 검사의 기초가 된다. 약간 오용한다면 객체 지향 언어에서 흔한 상속 형태도 지원할 수 있다. 다만 지금은 트레이트가 impl Trait for Type 구문 형태로 타입에 공통 동작을 표현한다고만 기억하자.

3.7 자신이 만든 타입 공개하기

사용자의 크레이트는 시간이 지남에 따라 다른 크레이트와 상호 작용을 하게 된다. 내부 세부 사항을 숨기고 무엇을 공개할지 문서화함으로써 향후 작업을 쉽게 하고 싶을 것이다. 이 절에서는 해당 작업을 좀 더 편리하게 할 수 있도록 러스트 언어와 카고에서 제공하는 몇 가지 도구를 살펴보도록 한다.

3.7.1 비공개 데이터 보호하기

러스트는 기본적으로 모든 것을 비공개로 간주한다. 지금까지 보아 온 코드만으로 라이브러리를 만든다면, 해당 크레이트를 임포트하는 것은 별다른 이득을 주지 못한다. 이를 해결하려면 pub 키워드를 사용해서 필요한 것들을 공개해야 한다.

예제 3.16에는 pub를 타입과 메서드 앞에 붙이는 몇 가지 예가 포함되어 있다. 참고로 출력 결과는 그다지 흥미롭지 않다.

```
File { name: "f7.txt", data: [], state: Closed }
```

예제 3.16 pub를 이용하여 File의 name과 state 필드 공개하기

```
01 #[derive(Debug,PartialEq)]
02 pub enum FileState {      ❶
03   Open,
04   Closed,
05 }
06
07 #[derive(Debug)]
08 pub struct File {
09   pub name: String,
10   data: Vec<u8>,          ❷
11   pub state: FileState,
12 }
13
14 impl File {
15   pub fn new(name: &str) -> File {    ❸
16     File {
```

```
17        name: String::from(name),
18        data: Vec::new(),
19        state: FileState::Closed
20      }
21    }
22 }
23
24 fn main() {
25    let f7 = File::new("f7.txt");
26    //...
27    println!("{:?}", f7);
28 }
```

❶ 전체적인 타입을 공개로 정하면 그 안의 열것값들도 모두 공개된다.

❷ use를 이용해 다른 크레이트에서 이 크레이트를 임포트했을 때 File.data는 여전히 비공개로 남는다.

❸ File 구조체가 공개되었더라도 그 메서드는 공개 여부를 명시적으로 지정해 주어야 한다.

3.8 프로젝트의 인라인 문서 만들기

소프트웨어 시스템이 커질수록 진행 사항 문서화는 그만큼 더 중요해진다. 이 절에서는 코드에 문서화를 더하는 방법과 그 내용을 HTML 버전으로 만드는 방법을 자세히 설명한다.

예제 3.17에서 기존의 친숙한 코드와 더불어 /// 또는 //!로 시작하는 줄이 추가된 것을 볼 수 있다. 첫 번째 형식은 훨씬 일반적인 형태다. 이 형식은 바로 이어지는 항목을 참조하는 문서를 생성한다. 두 번째 형식은 컴파일러가 코드 전체를 훑을 때 현재 항목을 참조한다. 관례적으로 현재 모듈에 대한 주석을 달 때만 사용되지만 다른 곳에서도 사용될 수 있다. 이 예제는 ch3-file-doced.rs에 있다.

예제 3.17 코드에 문서 주석 추가하기

```
01 //! 한 번에 한 단계씩 파일을 시뮬레이트한다.    ❶
02
03 /// 아마도 파일 시스템에 있을
04 /// '파일'을 나타낸다.    ❷
05 #[derive(Debug)]
06 pub struct File {
07    name: String,
08    data: Vec<u8>,
09 }
10
11 impl File {
```

```
12   /// 새 파일은 비어 있다고 가정하지만 이름은 필요하다.
13   pub fn new(name: &str) -> File {
14     File {
15       name: String::from(name),
16       data: Vec::new(),
17     }
18   }
19
20   /// 파일 길이를 바이트로 반환한다.
21   pub fn len(&self) -> usize {
22     self.data.len()
23   }
24
25   /// 파일 이름을 반환한다.
26   pub fn name(&self) -> String {
27     self.name.clone()
28   }
29 }
30
31 fn main() {
32   let f1 = File::new("f1.txt");
33
34   let f1_name = f1.name();
35   let f1_length = f1.len();
36
37   println!("{:?}", f1);
38   println!("{} is {} bytes long", f1_name, f1_length);
39 }
```

❶ //!는 현재 항목, 즉 컴파일러가 이제 막 분석을 시작한 모듈을 참조한다.

❷ ///은 무엇이든 바로 뒤에 오는 것에 대한 주석이다.

3.8.1 rustdoc으로 한 소스 파일의 문서 만들기

잘 모를 수도 있겠지만 러스트를 설치할 때 또 다른 커맨드라인 도구인 rustdoc도 같이 설치된다. rustdoc은 특별한 목적을 지닌 러스트 컴파일러다. rustdoc은 실행 코드를 만드는 대신 HTML 버전의 인라인 문서를 생성한다.

　사용 방법은 다음과 같다. 예제 3.17을 ch3-file-doced.rs로 저장했다고 가정하고 다음과 같은 단계를 따르면 된다.

1. 터미널을 연다.
2. 소스 파일이 있는 위치로 이동한다.
3. `rustdoc ch3-file-doced.rs`를 실행한다.

rustdoc은 새로운 디렉터리(doc/)를 만든다. 문서의 시작점은 doc/ch3_file_doced/ index.html 같이 실제로는 그 하위 디렉터리에 있다.

프로그램이 커지기 시작하고 여러 파일로 나뉘면, rustdoc을 수동으로 실행하기가 꽤 골치 아파진다. 다행히도 카고는 이런 지루한 일을 처리할 수 있다. 이 부분은 다음 절에서 설명한다.

3.8.2 카고로 크레이트와 의존성에 대한 문서 만들기

카고로 HTML 문서를 만들 수 있다. 카고는 개별 파일 단위가 아닌 크레이트 단위로 작업을 한다. 이를 알아보기 위해 프로젝트를 크레이트 문서 안으로 옮길 것이다. 크레이트를 수동으로 만들려면 다음과 같이 한다.

1. 터미널을 연다.
2. /tmp/ 같은 작업 디렉터리로 이동한다. 윈도우에서는 `cd %TEMP%`를 실행하면 된다.
3. `cargo new filebasics`를 실행한다.

그 결과로 만들어지는 프로젝트 디렉터리의 트리 구조는 다음과 같다.

```
filebasics
├─Cargo.toml
└─src
   └─main.rs  ❶
```

> ❶ 다음 단계에서는 이 파일을 수정하게 된다.

4. filebasics/src/main.rs에 이미 들어 있는 코드를 예제 3.17의 코드로 덮어써서 저장한다.

앞의 단계를 건너뛰고 싶다면 소스 저장소를 복제한다. 터미널에서 다음 명령어를 입력한다.

```
$ git clone https://github.com/rust-in-action/code rust-in-action
$ cd rust-in-action/ch3/filebasics
```

HTML 버전의 크레이트 문서를 만들려면 다음과 같은 단계를 수행한다.

1. Cargo.toml 파일이 있는 프로젝트 루트 디렉터리(filebasics/)로 이동한다.

2. cargo doc --open을 실행한다

러스트는 HTML 버전의 코드 문서를 만들기 시작한다. 다음과 같은 내용이 콘솔에
출력될 것이다.

```
Documenting filebasics v0.1.0 (file:///C:/.../Temp/filebasics)
   Finished dev [unoptimized + debuginfo] target(s) in 1.68 secs
    Opening C:\...\Temp\files\target\doc\filebasics\index.html
  Launching cmd /C
```

--open 플래그를 붙이면 웹 브라우저가 자동으로 열린다. 그림 3.4는 앞의 방식대
로 했을 때 문서가 브라우저에 열린 화면이다.

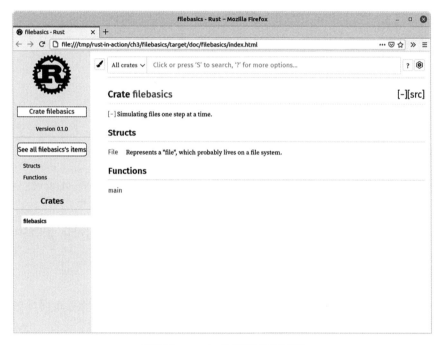

그림 3.4 cargo doc의 결과가 출력된 화면

> 크레이트에 많은 의존성이 걸려 있다면 문서화 작업에는 꽤 긴 시간이 걸린다. 이때 유용한 플
> 래그는 cargo doc --no-deps다. --no-deps를 붙이면 의존성 패키지는 무시하기 때문에
> rustdoc이 해야 할 작업을 상당히 제한할 수 있다.

rustdoc은 마크다운으로 작성된 텍스트를 지원한다. 이를 통해 제목, 목록, 링크 등

을 문서 내에 추가할 수 있다. 코드 예제의 경우 세 개의 백틱(`)으로 감싸면 문법 강조 기능도 지원된다.

예제 3.18 인라인 주석으로 러스트 코드 문서화하기

```
01  //! 한 번에 한 단계씩 파일을 시뮬레이트한다.
02
03  impl File {
04    /// 빈 `File`을 새로 만든다.
05    ///
06    /// # 예제
07    ///
08    /// ```
09    /// let f = File::new("f1.txt");
10    /// ```
11    pub fn new(name: &str) -> File {
12      File {
13        name: String::from(name),
14        data: Vec::new(),
15      }
16    }
17  }
```

요약

- struct는 기본적인 복합 데이터 타입이다. 트레이트와 짝을 이루면, struct는 다른 도메인의 객체와 가장 비슷한 것이 된다.
- enum은 단순한 리스트보다 더 강력하다. 열거형의 강점은 컴파일러와 협력하여 값이 범위를 넘는 경우를 다룰 수 있는 능력에 있다.
- 메서드는 impl 블록을 통해 타입에 추가된다.
- 러스트에서 전역 오류 코드를 쓸 수 있지만 이렇게 하면 거추장스럽고 대개 짜증이 난다.
- Result 타입은 러스트 커뮤니티에서 오류 가능성을 알리는 데 선호되는 메커니즘이다.
- 트레이트로 러스트 프로그램에서 공통 행동을 정의할 수 있다.
- 데이터와 메서드는 pub로 공개를 선언할 때까지 다른 모듈이나 크레이트에 숨겨진다.
- 카고를 이용해 크레이트와 다른 모든 의존 패키지에 대한 문서를 만들 수 있다.

4장

수명, 소유권, 대여

이 장에서 배울 내용

- 수명이 러스트 프로그래밍에서 무엇을 의미하는지 알아본다.
- 대여 검사기(borrow checker)와 싸우기보다는 대여 검사기를 가지고 작업하는 법을 알아본다.
- 문제가 생길 때 대처하는 여러 가지 방법을 살펴본다.
- 소유자의 책임을 이해한다.
- 다른 곳에서 소유한 값을 대여하는 방법을 배운다.

이 장에서는 러스트 초심자를 좌절에 빠트리는 개념 중 하나를 설명한다. 바로 대여 검사기다. 대여 검사기는 모든 데이터의 접근이 적법한지 검사하며, 러스트가 안전성 관련 이슈를 예방할 수 있도록 한다. 최소한 어떻게 동작하는지만 배워도 컴파일러와의 충돌을 피하는 데 도움이 되어 개발을 더 빠르게 할 수 있다. 더욱 중요한 점은 대여 검사기로 작업하는 법을 배우면 더 큰 소프트웨어 시스템을 자신 있게 만들 수 있다는 것이다. 이는 '두려움 없는 동시성'이라는 용어를 뒷받침하는 개념이다.

이 장에서는 이 시스템이 어떻게 동작하는지 설명하고, 오류가 발생했을 때 대여 검사기를 어떻게 따르는지 학습한다. 위성군 시뮬레이션 예제를 이용하여 데이터에 공유 접근을 제공하는 다양한 방법과 관련된 절충을 설명한다. 대여 검사의 세부 사항을 이 장에서 자세히 살펴본다. 하지만 요점을 빨리 알고 싶은 독자에게는 다음 설명이 유용할 것이다. 대여 검사는 서로 연결된 세 가지 개념인 수명, 소유권, 대여에 의존한다.

- 소유권은 확장된 은유적 표현이다. 원래 의미인 재산권과는 관계가 없다. 러스트에서 소유권은 해당 값이 더 이상 필요 없을 때 깨끗이 지우는 것과 관련이 있다. 예를 들어 함수 실행을 마칠 때 함수의 지역 변수가 점유하던 메모리 공간은 반환되어야 한다. 단 소유자는 프로그램의 다른 부분이 값에 접근하는 것을 막거나 데이터 도난을 보고할 수 없다.
- 값의 수명은 값에 접근해도 문제없는 기간을 의미한다. 함수의 지역 변수는 함수 실행을 마칠 때까지 살아 있으며, 전역 변수는 프로그램이 가동되는 동안 살아 있다.
- 값을 대여한다는 것은 값에 접근함을 의미한다. 이 용어는 원래의 소유자에게 값을 되돌려 줄 의무가 없다는 점에서 좀 혼란스럽다. 이 용어의 의미는 값에는 소유자가 하나뿐이며, 프로그램의 많은 부분에서 이 값에 공동으로 접근 가능하다는 점을 강조하기 위해 사용된다.

4.1 모의 큐브 위성 지상 관제소 구현하기

이 장에서 우리는 실제 컴파일되는 예제를 이용한다. 그리고 프로그램 흐름은 그대로 유지하되, 변경을 조금 가하여 일부러 오류를 낼 것이다. 이 이슈들을 수정해 나가다 보면 개념이 좀 더 분명해질 것이다.

이 장의 학습 예제는 큐브 위성 군집이다. 이전에 들어 본 적이 없는 말이라면, 다음은 이에 대한 몇 가지 정의다.

- 큐브 위성 — 전통적인 인공위성에 비해 소형인 인공위성을 뜻하며 이 덕분에 우주 연구 접근성이 지속적으로 확대되고 있다.
- 지상 관제소 — 관제사와 위성 간 중계 역할을 한다. 전파를 청취하여 군집에 속한 모든 위성의 상태를 검사하며 메시지를 주고받는다. 이 책에서 소개하는 코드에서는 사용자와 위성 간 게이트웨이 역할을 한다.
- 군집 — 궤도를 돌고 있는 위성 집합을 가리키는 용어다.

그림 4.1은 지상 관제소 궤도를 도는 다수의 큐브 위성을 보여 준다.

그림 4.1 궤도상의 큐브 위성

그림 4.1에 큐브 위성 세 대가 있다. 이를 모델링하려면 각각에 대해 변수를 생성해야 한다. 이 모델은 지금은 다행스럽게도 정수로 구현할 수 있다. 군집에 아직 메시지를 보내지는 않기 때문에 명시적으로 지상 관제소를 모델링할 필요는 없다. 해당 모델은 일단은 제외하기로 한다. 다음은 큐브 위성에 대한 변수다.

```
let sat_a = 0;
let sat_b = 1;
let sat_c = 2;
```

각 위성의 상태를 검사하기 위해 가능한 상태 메시지를 표현하는 스터브 함수와 enum을 이용할 것이다.

```
#[derive(Debug)]
enum StatusMessage {
  Ok,     ❶
}

fn check_status(sat_id: u64) -> StatusMessage {
  StatusMessage::Ok     ❷
}
```

> ❶❷ 지금은 모든 큐브 위성이 항상 정상 동작 중이다.

check_status() 함수는 실제 시스템에서는 극히 복잡할 것이다. 다만 우리의 목적에 맞춰 지금은 모든 경우에 동일한 값을 반환하는 것으로 충분하다. 위 코드를 위성 점검을 두 번 하는 프로그램으로 가져오면 다음과 같은 예제가 된다. 해당 코드는 ch4/ch4-check-sats-1.rs에서 볼 수 있다.

예제 4.1 정수 기반의 큐브 위성 상태 검사하기

```
01 #![allow(unused_variables)]
02
03 #[derive(Debug)]
04 enum StatusMessage {
```

```
05    Ok,
06  }
07
08  fn check_status(sat_id: u64) -> StatusMessage {
09      StatusMessage::Ok
10  }
11
12  fn main () {
13      let sat_a = 0;   ┐
14      let sat_b = 1;   │ ❶
15      let sat_c = 2;   ┘
16
17      let a_status = check_status(sat_a);
18      let b_status = check_status(sat_b);
19      let c_status = check_status(sat_c);
20      println!("a: {:?}, b: {:?}, c: {:?}", a_status, b_status, c_status);
21
22      // '대기 중' ...
23      let a_status = check_status(sat_a);
24      let b_status = check_status(sat_b);
25      let c_status = check_status(sat_c);
26      println!("a: {:?}, b: {:?}, c: {:?}", a_status, b_status, c_status);
27  }
```

❶ 각 위성 변수는 정수로 표현된다.

예제 4.1을 실행하는 과정은 매우 간단하다. 해당 코드는 정상적으로 컴파일되고 다음과 같은 결과를 보여 준다.

```
a: Ok, b: Ok, c: Ok
a: Ok, b: Ok, c: Ok
```

4.1.1 첫 번째 수명 이슈와의 조우

타입 안전성을 적용하여 관용적인 러스트에 더 가까이 다가가 보자. 정수 대신 위성을 모델링할 타입을 만든다. 큐브 위성 타입의 실제 구현은 위치, RF 주파수 대역 등 많은 정보를 포함할 것이다. 다음 예제에서는 식별자만 기록한다.

예제 4.2 CubeSat을 독자 타입으로 모델링하기

```
#[derive(Debug)]
struct CubeSat {
    id: u64,
}
```

struct를 정의했으니 코드에 넣어 보자. 다음 예제는 아직은 컴파일되지 않는다. 왜 컴파일되지 않는지, 그 자세한 내용을 이해하는 것이 이 장의 주된 목적이다. 해당 예제는 ch4/ch4-check-sats-2.rs에 있다.

예제 4.3 정수 기반의 큐브 위성 상태 검사하기

```
01 #[derive(Debug)]      ❶
02 struct CubeSat {
03   id: u64,
04 }
05
06 #[derive(Debug)]
07 enum StatusMessage {
08   Ok,
09 }
10
11 fn check_status(
12   sat_id: CubeSat
13   ) -> StatusMessage {      ❷
14   StatusMessage::Ok
15 }
16
17 fn main() {
18   let sat_a = CubeSat { id: 0 };
19   let sat_b = CubeSat { id: 1 };      ❸
20   let sat_c = CubeSat { id: 2 };
21
22   let a_status = check_status(sat_a);
23   let b_status = check_status(sat_b);
24   let c_status = check_status(sat_c);
25   println!("a: {:?}, b: {:?}, c: {:?}", a_status, b_status, c_status);
26
27   // '대기 중' ...
28   let a_status = check_status(sat_a);
29   let b_status = check_status(sat_b);
30   let c_status = check_status(sat_c);
31   println!("a: {:?}, b: {:?}, c: {:?}", a_status, b_status, c_status);
32 }
```

❶ 수정 1. 정의를 추가한다.

❷ 수정 2. 새로운 타입을 check_status() 안에서 이용한다.

❸ 수정 3. 새로운 인스턴스를 세 개 생성한다.

예제 4.3을 컴파일하면 다음과 비슷한 오류가 나온다(간결하게 하기 위해 일부 편집했다).

```
error[E0382]: use of moved value: `sat_a`
  --> code/ch4-check-sats-2.rs:26:31
   |
20 |    let a_status = check_status(sat_a);
   |                                ----- value moved here
...
26 |    let a_status = check_status(sat_a);
   |                                ^^^^^ value used here after move
   |
   = note: move occurs because `sat_a` has type `CubeSat`,
   = which does not implement the `Copy` trait
```

...   ❶

```
error: aborting due to 3 previous errors
```

❶ 간결하게 하기 위해 일부 줄을 삭제했다.

익숙해지면 이 컴파일러 메시지가 많은 도움이 된다. 컴파일러 메시지는 해당 문제가 어디에서 일어났고 어떻게 수정할 수 있는지 해결 방법을 추천해 준다. 다만 아직 미숙한 사람에게는 큰 도움이 되지 못한다. 우리는 '이동된(moved)' 값을 사용하고 있고, 그래서 CubeSat에 Copy 트레이트를 구현하라는 충고를 받았다. 흔히 쓰이는 것과 달리 이동이라는 용어는 러스트에서 매우 특정한 무언가를 의미한다. 물리적인 이동이 아니다.

러스트 코드에서 이동은 데이터 이동이 아니라 소유권 이동을 말한다. 소유권은 러스트 커뮤니티에서 통용되는 용어로 컴파일 시 모든 값의 사용이 유효한지 그리고 모든 값이 깨끗하게 파괴되는지 검사하는 과정을 말한다.

러스트의 모든 값은 소유된다. 예제 4.1과 4.3에서 sat_a, sat_b, sat_c는 데이터를 소유하고 이것들을 참조한다. check_status()를 호출하면, main() 범위에 있는 변수의 데이터에 대한 소유권이 check_status() 함수에 있는 sat_id로 이동한다. 예제 4.3의 가장 큰 차이는 CubeSat 구조체 안의 정수에 있다.[1] 이러한 타입의 변화는 프로그램이 동작하는 방식의 의미를 바꾼다.

다음은 예제 4.3에서 main() 부분만 요약해 발췌한 것이다. sat_a를 중심으로 어떻게 소유권이 main()에서 check_status()로 이동하는지 보여 준다.

---

1 무비용 추상화라는 문구를 기억하는가? 이를 명확히 구현하는 방식 중 하나는 구조체 내 값 주위에 여분의 데이터를 추가하지 않는 것이다.

예제 4.4 main() 중심으로 예제 4.3에서 요약 발췌

```
17   fn main() {
18       let sat_a = CubeSat { id: 0 };    ❶
...      // ...                            ❷

22       let a_status = check_status(sat_a);    ❸
...      // ...                                 ❹

27       // "대기 중" ...
28       let a_status = check_status(sat_a);    ❺
...      // ...                                 ❻
32   }
```

❶ 소유권은 CubeSat 객체가 생성되는 이곳에서 생긴다.

❷❹❻ 간결함을 위해 줄을 생략했다.

❸ sat_a 객체의 소유권이 check_status()로 이동하지만 main()으로 돌아오지 않는다.

❺ 28행에서 sat_a는 더 이상 해당 객체의 소유자가 아니어서 해당 접근은 무효가 된다.

> **📦 재바인딩은 값이 대여되지 않을 때 적법하다**
>
> 자바스크립트(2015 버전 이후) 같은 프로그래밍 언어에 익숙하다면, 예제 4.3에서 각 큐브 위성에 대한 변수가 재정의되는 것을 보고 놀랄지도 모른다. 해당 예제 22행에서 a_status에는 첫 번째 check_status(sat_a) 호출의 결과가 할당된다. 28행에서는 두 번째 호출 결과가 다시 할당된다. 원래 값은 덮어쓴다.
>
> 이는 러스트에서는 적법한 코드이지만 소유권 이슈와 수명에 대해 반드시 잘 알고 있어야 한다. 이런 맥락의 코드가 가능한 이유는 아직 살아 있고 경합하는 대여가 없어서다. 프로그램의 다른 부분에서 아직 유효한 값을 덮어쓰려고 하면 컴파일러는 해당 프로그램의 컴파일을 거부한다.

그림 4.2는 제어 흐름, 소유권, 수명의 상호 관련된 프로세스를 시각적으로 보여 준다. check_status(sat_a)가 호출되는 동안 소유권은 check_status() 함수로 이동한다. check_status()가 StatusMessage를 반환하면 sat_a 값을 제거한다. sat_a의 수명은 여기에서 끝난다. 하지만 sat_a는 이 첫 번째 check_status(sat_a) 호출 이후에도 main()의 지역 범위에 남아 있다. 이제 이 변수에 접근하려 하면 대여 검사기가 이를 거부한다.

값의 수명과 그 범위의 차이 때문에 문제를 풀기 어려워질 수 있다. 많은 프로그래머가 이에 대해 훈련을 받아야 한다. 이런 이슈를 피하고 극복하는 것이 이 장의 내용 대부분을 이룬다. 그림 4.2는 이에 대한 실마리를 던져 준다.

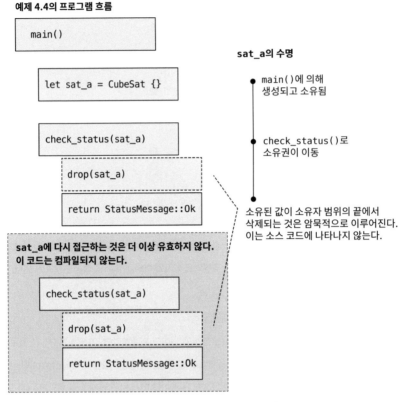

그림 4.2 러스트의 소유권 이동을 그림으로 설명

4.1.2 원시 타입의 특수한 행위

더 진행하기 전에 왜 예제 4.1은 정상적으로 컴파일되었는지 설명하는 것이 좋겠다. 사실 예제 4.3에서 유일하게 바꾼 것은 위성을 나타내는 변수를 커스텀 타입으로 감싼 것뿐이다. 공교롭게도 러스트의 원시 타입에는 특수한 행위가 있다. 이 행위는 Copy 트레이트를 구현한 것이다.

Copy를 구현한 타입은 복제하지 않고서는 사용할 수 없을 때에 한해 복제된다. 처음 겪는 사용자에게는 일종의 덫이 되겠지만 일상적으로는 편리하다. 이전에 정수를 이용한 간단한 프로그램에서는 괜찮았지만 이제는 코드가 갑자기 깨지게 된다.

공식적으로 원시 타입은 '복사 의미(copy semantics)'를 가진다고 한다. 반면 다른 타입들은 '이동 의미(move semantics)'를 가진다. 불행히도 러스트를 배우는 사람들은 이런 특이한 경우를 일반적인 경우로 착각하는데 초보자들은 원시 타입을 먼저 접하기 때문이다. 예제 4.5와 4.6은 이 개념의 차이를 보여 준다. 예제 4.5는 정상적으로 컴파일되고 실행되지만 예제 4.6은 그렇지 않다. 유일한 차이점은 이 예제들이 서로 다른 타입을 쓰는 것뿐이다. 예제 4.5는 원시 타입뿐 아니라 Copy를 구현한 타입도 보여 준다.

예제 4.5 러스트 원시 타입의 복사 의미

```
1 fn use_value(_val: i32) {    ❶
2 }
3
4 fn main() {
5    let a = 123;
6    use_value(a);
7
8    println!("{}", a);    ❷
9 }
```

> ❶ use_value()는 _val 인자의 소유권을 가진다. 다음 예제에서는 use_value() 함수를 제네릭으로 다시 구현한다.
>
> ❷ use_value()의 실행이 끝난 후에 a에 접근하는 것은 적법하다.

예제 4.6은 Copy 트레이트를 구현하지 않는 타입에 초점을 맞춘다. 인자로 쓰이면 해당 함수가 소유권을 가져가며, 해당 값은 외부 범위에서 다시 접근할 수 없다.

예제 4.6 Copy를 구현하지 않는 타입의 이동 의미

```
01 fn use_value(_val: Demo) {    ❶
02 }
03
04 struct Demo {
05    a: i32,
06 }
07
08 fn main() {
09    let demo = Demo { a: 123 };
10    use_value(demo);
11
12    println!("{}", demo.a);    ❷
13 }
```

> ❶ use_value()는 _val의 소유권을 가져간다.
>
> ❷ use_value()의 실행이 종료된 후라도 demo_a에 접근하는 것은 불가하다.

4.2 이 장에서 쓰이는 그림에 대한 가이드

이 장에서 쓰이는 그림은 범위, 수명, 소유권이라는 서로 연관된 세 가지 개념을 설
명하기 위한 맞춤형 표기다. 그림 4.3에서 이 표기에 대해 설명한다.

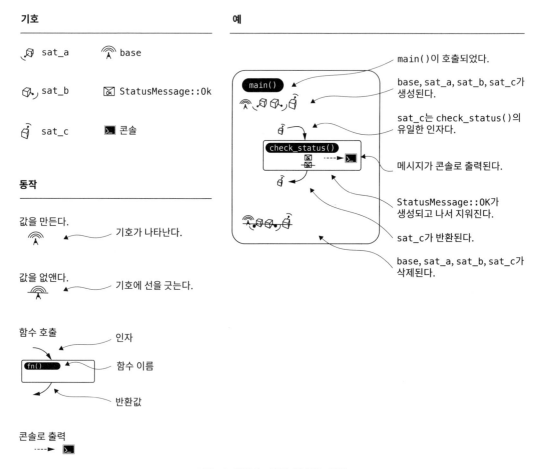

그림 4.3 이 장의 그림을 해석하는 방법

4.3 소유자는 무엇인가? 책임을 갖고 있는가?

러스트 세계에서 소유권 개념은 조금 제한되어 있다. 소유자는 값의 수명이 끝나면
값을 정리한다.

값이 범위를 넘어가거나 다른 어떤 이유로 수명이 끝난다면 파괴자(destructor)
가 호출된다. 파괴자는 값에 대한 참조를 지우고 메모리를 해제함으로써 프로그램

으로부터 값의 흔적을 지우는 함수다. 대부분의 러스트 코드에서는 파괴자를 호출하는 모습을 찾을 수 없다. 컴파일러가 모든 값의 수명을 추적하는 과정의 일부로 해당 코드를 삽입하기 때문이다.

타입에 커스텀 파괴자를 넣으려면 Drop을 구현해야 한다. 이는 일반적으로 메모리를 할당하기 위해 unsafe 블록을 사용하는 곳에서 필요로 한다. Drop은 하나의 메서드 drop(&mut self)를 가지며, 필요한 정리 활동을 하는 데 이용한다.

이 시스템에 함축된 한 가지 의미는 값은 절대로 소유자보다 오래 지속될 수 없다는 것이다. 이러한 상황 때문에 트리나 그래프와 같이 참조로 구축된 데이터 구조가 약간 경직된 체계처럼 느껴질 수 있다. 트리의 루트 노드가 전체 트리의 소유자이면 소유권을 고려하지 않고는 제거할 수 없다.

마지막으로 개인 재산에 대한 로크 철학의 개념[2]과 달리 소유권은 통제나 주권을 의미하지 않는다. 실제로 값의 '소유자'는 자신의 데이터에 특별한 접근 권한을 가지고 있지 않다. 다른 곳에서 불법적으로 점유하는 것을 제한할 능력도 없다. 소유자는 자신의 값을 대여하는 코드의 다른 부분에 대해 아무것도 할 수 없다.

4.4 소유권 이동 방식

러스트 프로그램 안에서 소유권을 한 변수에서 다른 변수로 옮기는 법은 두 가지가 있다. 첫 번째는 할당이다.[3] 두 번째는 데이터를 함수를 거쳐 인자나 반환값으로 전달하는 것이다. 예제 4.3의 원래 코드를 다시 보면, sat_a가 그 수명을 CubeSat 객체에 대한 소유권과 같이 시작하고 있음을 알 수 있다.

```
fn main() {
  let sat_a = CubeSat { id: 0 };
  // ...
```

그런 다음 CubeSat 객체는 check_status()의 인자로 전달된다. 이로 인해 지역 변수 sat_id로 소유권이 옮겨 가게 된다.

---

2 (옮긴이) 로크 철학에서 개인이 소유한 재산은 왕권에 대항하는 수단이자 국가가 보호해야 할 대상으로 보았으며 간섭이 불가능한 절대 가치로 보았다. 이는 고전 자유주의의 토대가 된다.
3 러스트 커뮤니티에서는 할당 대신 변수 바인딩(variable binding)이라는 용어를 더 선호하는데 기술적으로 더 정확하기 때문이다.

```
fn main() {
  let sat_a = CubeSat { id: 0 };
  // ...
  let a_status = check_status(sat_a);
  // ...
```

또 다른 방법은 main() 안에서 sat_a가 자신의 소유권을 다른 변수로 넘기는 경우다. 이는 다음과 같다.

```
fn main() {
  let sat_a = CubeSat { id: 0 };
  // ...
  let new_sat_a = sat_a;
  // ...
```

마지막으로 check_status() 함수 시그너처에 변화가 있다면, CubeSat의 소유권을 호출 범위 안의 다른 변수로 넘길 수도 있다. 다음은 함수의 원래 코드다.

```
fn check_status(sat_id: CubeSat) -> StatusMessage {
  StatusMessage::OK
}
```

그리고 다음은 부작용을 통해 메시지 알림을 보관하도록 변경한 함수다.

```
fn check_status(sat_id: CubeSat) -> CubeSat {

  println!("{:?}: {:?}", sat_id,
                         StatusMessage::OK);    ❶

  sat_id    ❷
}
```

❶ 타입에 #[derive(Debug)]가 붙었으므로 Debug 형식 구문을 이용한다.

❷ 마지막 줄에 세미콜론을 빼서 값을 반환한다.

새로운 main() 함수와 조정된 check_status() 함수를 함께 사용해서 CubeSat 객체의 소유권을 원래 변수에 되돌려 줄 수 있다.

다음 예제에서 이를 보여 준다. 이 코드는 ch4/ch4-check-sats-3.rs에 있다.

예제 4.7 원래 범위로 소유권을 되돌려 받기

```
01 #![allow(unused_variables)]
02
03 #[derive(Debug)]
```

```
04 struct CubeSat {
05   id: u64,
06 }
07
08 #[derive(Debug)]
09 enum StatusMessage {
10   Ok,
11 }
12
13 fn check_status(sat_id: CubeSat) -> CubeSat {
14   println!("{:?}: {:?}", sat_id, StatusMessage::Ok);
15   sat_id
16 }
17
18 fn main () {
19   let sat_a = CubeSat { id: 0 };
20   let sat_b = CubeSat { id: 1 };
21   let sat_c = CubeSat { id: 2 };
22
23   let sat_a = check_status(sat_a);    ❶
24   let sat_b = check_status(sat_b);
25   let sat_c = check_status(sat_c);
26
27   // '대기 중' ...
28
29   let sat_a = check_status(sat_a);
30   let sat_b = check_status(sat_b);
31   let sat_c = check_status(sat_c);
32 }
```

❶ check_status()에서 반환값이 원래의 sat_a이므로 새로운 let 바인딩으로 초기화된다.

예제 4.7의 새로운 main() 함수의 실행 결과는 다음과 같다.

```
CubeSat { id: 0 }: Ok
CubeSat { id: 1 }: Ok
CubeSat { id: 2 }: Ok
CubeSat { id: 0 }: Ok
CubeSat { id: 1 }: Ok
CubeSat { id: 2 }: Ok
```

그림 4.4는 예제 4.7에서 일어나는 소유권 이동을 시각적으로 간단히 보여 준다.

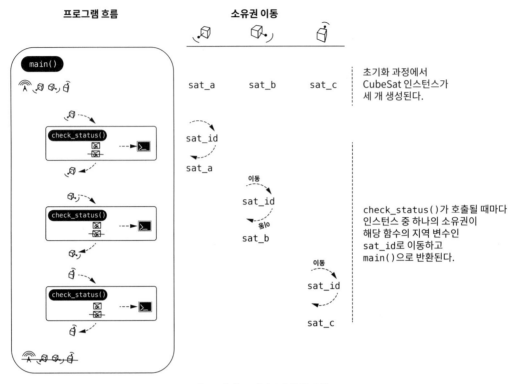

그림 4.4 예제 4.7에서 소유권의 변화

4.5 소유권 문제 해결하기

러스트의 소유권 시스템은 훌륭하다. 가비지 컬렉터 없이 메모리 안정성을 달성할 수 있다. 그런데 '그러나'라는 예외가 있다.

소유권 시스템이 어떻게 동작하는지 이해하지 못한다면 실수하기 십상이다. 기존 경험을 바탕으로 한 프로그래밍 스타일을 새로운 패러다임에 적용하려 할 때 특히 그렇다. 소유권 문제에 도움이 되는 네 가지 일반적인 전략은 다음과 같다.

- 완전한 소유권이 필요하지 않은 경우에는 참조를 사용한다.
- 값을 복제한다.
- 장기간 유지되어야 하는 객체 수를 줄일 수 있도록 코드를 리팩터링한다.
- 이동 문제를 보조하기 위해 설계된 타입으로 데이터를 감싼다.

각 전략을 살펴보기 위해 우리 위성 네트워크의 능력을 확장해 보자. 지상 관제소와 우리 위성이 메시지를 주고받을 수 있게 해 본다. 그림 4.5는 우리가 이루고자 하는 바를 보여 준다. 1단계에서 메시지를 만들어 2단계에서 전송한다. 2단계 이후에는 어떤 소유권 문제도 일어나서는 안 된다.

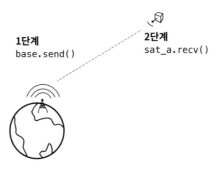

1단계
base.send()

2단계
sat_a.recv()

그림 4.5 목표: 소유권 문제없이 메시지 전달하기

메서드 구현에 대한 세부 사항은 무시하면서 다음과 같이 보이는 코드는 피하기로 한다. sat_a의 소유권을 base.send()의 지역 변수로 이동하면 문제가 생긴다. 해당 값은 main()의 남은 부분에서 더 이상 접근할 수 없게 된다.

```
base.send(sat_a, "hello!");   ❶
sat_a.recv();
```

　❶ sat_a의 소유권이 base.send()의 지역 변수로 이동한다.

시험적인 구현을 하려면 도움이 될 몇 가지 추가 타입이 필요하다. 예제 4.8에서 새로운 필드 mailbox를 CubeSat에 추가한다. CubeSat.mailbox는 MailBox 구조체로 Messages 벡터를 messages 필드 안에 갖고 있다. String에 대한 별칭을 Messages라고 하여 문자열에 대한 기능을 따로 구현할 필요 없이 String의 기능을 가져온다.

예제 4.8 MailBox 타입을 시스템에 추가하기

```
01 #[derive(Debug)]
02 struct CubeSat {
03     id: u64,
04     mailbox: Mailbox,
05 }
06
07 #[derive(Debug)]
08 enum StatusMessage {
09     Ok,
10 }
11
```

```
12 #[derive(Debug)]
13 struct Mailbox {
14   messages: Vec<Message>,
15 }
16
17 type Message = String;
```

CubeSat 인스턴스를 만들기가 조금 복잡해졌다. 해당 인스턴스를 생성하기 위해 관련된 MailBox를 생성해야 하고, mailbox에 관련된 Vec<Message>도 만들어야 한다. 다음 예제는 이 추가 사항에 대한 내용이다.

예제 4.9 CubeSat를 MailBox로 만들기

```
CubeSat { id: 100, mailbox: Mailbox { messages: vec![] } }
```

지상 관제소를 표현하는 또 다른 타입도 추가해야 한다. 지금은 예제 4.10처럼 빈 구조체를 사용한다. 구조체를 이렇게 만들면 메서드를 추가할 수 있으며, 이후에 CubeSat처럼 메일함을 필드로 추가할 수 있다.

예제 4.10 지상 관제소를 표현하는 구조체 정의

```
struct GroundStation;
```

이제 GroundStation의 인스턴스를 생성하기가 쉬워졌다. 다음 예제는 이에 대한 구현을 보여 준다.

예제 4.11 새로운 지상 관제소 생성

```
GroundStation {};
```

새로운 타입이 자리를 잡았으니 이것들을 작동시키자. 다음 절에서 이에 대해 알아본다.

4.5.1 완전한 소유권이 필요하지 않을 때 참조를 사용하라

필요한 접근 수준을 낮추는 게 여러분이 할 수 있는 가장 일반적인 코드 변경이다. 소유권을 요청하는 대신 함수 정의에 '대여'를 이용할 수 있다. 읽기 전용 접근은 &T를, 읽기-쓰기 접근은 &mut T를 사용한다.

함수가 해당 인자의 수명을 조절할 필요가 있는 경우와 같은 고급 사례에는 소유권이 필요할 수 있다. 표 4.1에 두 방식의 차이를 비교해 놓았다.

소유권 사용	가변 참조 사용

``fn send(to: CubeSat, msg: Message) {
  to.mailbox.messages.push(msg);
}```
to 변수의 소유권은 send()로 이동한다.
send()가 반환되면 to는 삭제된다.
	``fn send(to: &mut CubeSat, msg: Message) {
	  to.mailbox.messages.push(msg);
	}```
	&mut을 CubeSat 타입 앞에 붙이면 외부 범위에서 해당 데이터의 소유권을 유지한 채로 to 변수의 데이터를 참조할 수 있다.

표 4.1 소유권과 가변 참조 비교

결국 메시지를 보내는 것은 핵심 함수를 사용해서 CubeSat의 내부 메일함을 수정하는 메서드로 감싸는 것이다. 간결하게 만들기 위해, 태양풍 때문에 전송 장애가 일어날 경우 ()을 반환하고 그냥 잘되기를 기원할 것이다.

다음 코드는 우리가 최종적으로 원하는 흐름이다. 지상 관제소는 send() 메서드를 써서 메시지를 sat_a로 보내고, sat_a는 해당 메시지를 recv() 메서드로 받는다.

```
base.send(sat_a, "hello!".to_string());

let msg = sat_a.recv();
println!("sat_a received: {:?}", msg); // -> Option("hello!")
```

예제 4.12는 이 메서드들의 구현이다. 해당하는 작업을 위해 GroundStation과 CubeSat 타입에 구현을 추가한다.

예제 4.12 GroundStation.send()와 CubeSat.recv() 메서드 추가하기

```
01 impl GroundStation {
02   fn send(
03     &self,
04     to: &mut CubeSat,        ❶
05     msg: Message
06     ) {
07     to.mailbox.messages.push(msg);    ❷
08   }
09 }
10
11 impl CubeSat {
12   fn recv(&mut self) -> Option<Message> {
13     self.mailbox.messages.pop()
14   }
15 }
```

❶ &self는 GroundStation.send()가 자신에 대한 읽기 전용 참조만 필요함을 나타낸다. 수신 측은 CubeSat 인스턴스의 가변 대여(&mut)를 사용하고, msg는 Message 인스턴스의 완전한 소

> 유권을 가진다.

❷ Message 인스턴스의 소유권은 msg에서 지역 변수로서 messages.push()로 이동된다.

GroundStation.send()와 CubeSat.recv()는 둘 다 CubeSat.messages 벡터의 값을 수정하는 메서드이기 때문에 CubeSat 인스턴스에 대한 가변 접근이 필요하다는 점을 유의하자. 우리가 보내는 메시지의 소유권을 messages.push()로 옮긴다. 이렇게 하면 나중에 코드 품질을 보증할 수 있어서 메시지가 이미 전송된 후 메시지에 접근할 때 이를 알려 준다. 그림 4.6은 소유권 이슈를 어떻게 피할 수 있는지 보여 준다. 예제 4.13(ch4/ch4-sat-mailbox.rs)에서는 이 절에 나온 코드를 전부 모아서 다음과 같은 출력을 낸다. t0에서 t2까지의 메시지는 데이터가 프로그램에서 어떻게 흘러가는지 이해를 돕기 위해 추가했다.

```
t0: CubeSat { id: 0, mailbox: Mailbox { messages: [] } }
t1: CubeSat { id: 0, mailbox: Mailbox { messages: ["hello there!"] } }
t2: CubeSat { id: 0, mailbox: Mailbox { messages: [] } }
msg: Some("hello there!")
```

예제 4.13 참조를 이용해 소유권 문제 피하기

```
01 #[derive(Debug)]
02 struct CubeSat {
03   id: u64,
04   mailbox: Mailbox,
05 }
06
07 #[derive(Debug)]
08 struct Mailbox {
09   messages: Vec<Message>,
10 }
11
12 type Message = String;
13
14 struct GroundStation;
15
16 impl GroundStation {
17   fn send(&self, to: &mut CubeSat, msg: Message) {
18     to.mailbox.messages.push(msg);
19   }
20 }
21
22 impl CubeSat {
23   fn recv(&mut self) -> Option<Message> {
24     self.mailbox.messages.pop()
25   }
```

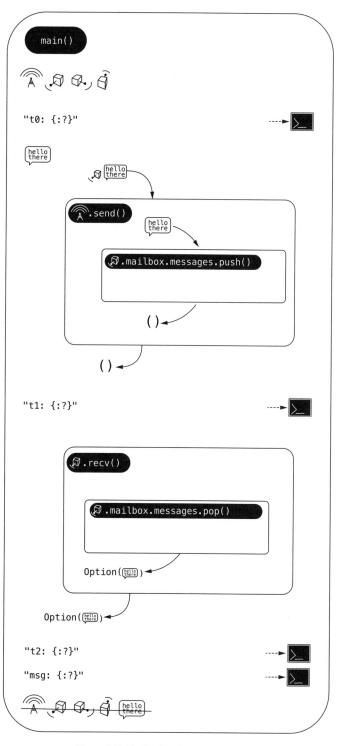

그림 4.6 계획: 참조를 이용해 소유권 문제를 피하기

```
26 }
27
28 fn main() {
29    let base = GroundStation {};
30    let mut sat_a = CubeSat {
31      id: 0,
32      mailbox: Mailbox {
33        messages: vec![]
34      }
35    };
36
37    println!("t0: {:?}", sat_a);
38
39    base.send(&mut sat_a,
40              Message::from("hello there!"));    ❶
41
42    println!("t1: {:?}", sat_a);
43
44    let msg = sat_a.recv();
45    println!("t2: {:?}", sat_a);
46
47    println!("msg: {:?}", msg);
48 }
```

❶ Message 인스턴스를 만들기 위한 완전히 인간 공학적인 방법은 아직 없다. 대신 &str을 String(또는 Message)으로 바꾸기 위해 String.from() 메서드를 이용할 것이다.

4.5.2 오래 지속되는 값은 더 적게 사용하라

전역 변수와 같은 크고 오래 지속되는 객체가 있는 경우 해당 객체를 필요로 하는 프로그램의 모든 구성 요소에 대응하면서 유지하는 것이 다소 어려울 수 있다. 오래 지속되는 객체가 포함된 접근 방식을 사용하는 대신 더 분리되고 일시적인 객체를 만드는 것이 좋다. 소유권 문제는 때때로 전체 프로그램 설계를 고려하여 해결할 수 있다.

큐브 위성 사례에서 복잡성을 많이 다룰 필요는 없다. base, sat_a, sat_b, sat_c 변수 네 개는 각각 main()이 실행되는 동안 존재한다. 실제 시스템에서는 수백 개의 서로 다른 컴포넌트와 수천 개의 상호 작용을 관리해야 한다. 이런 류의 시나리오를 더 쉽게 관리하기 위해 대상을 나누어 분리하자. 그림 4.7은 이 계획을 그림으로 정리한 것이다.

이런 종류의 전략을 구현하기 위해 큐브 위성 식별자를 반환하는 함수를 만들 것이다. 해당 함수는 데이터베이스와 비슷한 식별자 저장소와 통신하는 책임을 맡은

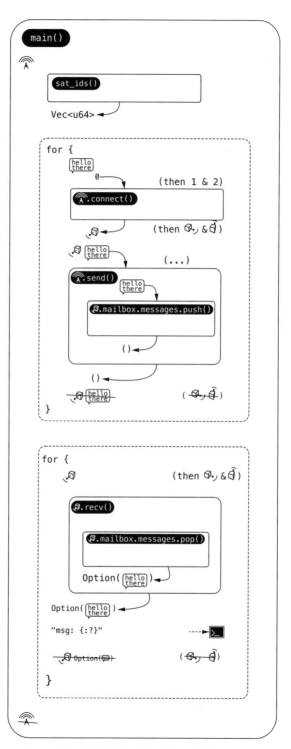

그림 4.7 계획: 소유권 문제를 피하기 위해 단기간만 유지되는 변수

블랙박스라고 가정하자. 위성과 통신하고자 할 때에는 다음 코드와 같이 객체를 생성할 것이다. 이런 방식으로 하면 프로그램의 전체 주기 동안 객체를 유지해야 할 필요가 없게 된다. 추가로 단기간만 유지되는 변수의 소유권을 다른 함수로 전달할 수 있는 또 다른 이득도 얻는다.

```
fn fetch_sat_ids() -> Vec<u64> {    ❶
  vec![1,2,3]
}
```

> ❶ 큐브 위성 아이디의 벡터를 반환한다.

또 GroundStation에 메서드를 만든다. 이 메서드는 요청 시 CubeSat 인스턴스를 만들어 낸다.

```
impl GroundStation {
  fn connect(&self, sat_id: u64) -> CubeSat {
    CubeSat { id: sat_id, mailbox: Mailbox { messages: vec![] } }
  }
}
```

이제 의도하는 결과에 좀 더 접근했다. main 함수는 다음 코드와 비슷하다. 사실상 우리는 그림 4.7의 전반부를 구현했다.

```
fn main() {
  let base = GroundStation{};

  let sat_ids = fetch_sat_ids();

  for sat_id in sat_ids {
    let mut sat = base.connect(sat_id);

    base.send(&mut sat, Message::from("hello"));
  }
}
```

하지만 문제가 있다. CubeSat 인스턴스는 for 반복문 범위 끝에서 base가 보낸 메시지와 함께 소멸한다. 단기 변수를 이용하는 설계 결정을 밀고 나가려면, 메시지가 CubeSat 외부 어딘가에 있어야 한다. 실제 시스템에서는 이 값들은 무중력 상태에서 기기의 램에 남아 있다. 우리의 가상 시뮬레이터에서는 프로그램 주기 동안 유지되는 버퍼 객체에 이 메시지들을 넣도록 한다.

우리의 메시지 저장소는 Vec<Message>가 될 것이다(MailBox 타입은 이 장의 처음 코드 예제 중 하나에서 정의했다). 다음 코드와 같이 Message 구조체를 변경하여 보낸 사람 및 받는 사람 필드를 추가한다. 이렇게 하면 현재 프락시인 CubeSat 인스턴스가 아이디를 일치시켜 메시지를 받을 수 있다.

```
#[derive(Debug)]
struct Mailbox {
  messages: Vec<Message>,
}

#[derive(Debug)]
struct Message {
    to: u64,
    content: String,
}
```

또한 메시지를 송신하고 수신하는 부분을 다시 구현해야 한다. 지금까지 CubeSat 객체는 자신의 메일함 객체에 직접 접근했다. 중앙 GroundStation에는 메시지를 보내기 위해 이 메일함들에 몰래 들어갈 수 있는 기능도 있었다. 객체당 하나의 가변 대여만 가능하므로 지금 변경해야 한다.

예제 4.14의 변경 사항을 보면 Mailbox 인스턴스에 자체 메시지 벡터를 수정할 수 있는 기능이 제공되었다. 위성 중 하나가 메시지를 전송하면 메일함의 가변 대여를 가져온다. 그런 다음 메일함 객체에 대한 배달을 연기한다. 이 API에 따르면 우리 위성은 Mailbox 메서드를 호출할 수 있지만, Mailbox 내부 데이터 자체는 절대 건드릴 수 없게 된다.

예제 4.14 **Mailbox 변경**

```
01 impl GroundStation {
02   fn send(
03     &self,
04     mailbox: &mut Mailbox,
05
06     msg: Message
07   ) {    ❶
08     mailbox.post(msg);
09   }
10 }
11
12 impl CubeSat {
13   fn recv(
14     &self,
15     mailbox: &mut Mailbox
```

```
16     ) -> Option<Message> {    ❷
17       mailbox.deliver(&self)
18   }
19 }
20
21 impl Mailbox {
22   fn post(&mut self, msg: Message) {    ❸
23     self.messages.push(msg);
24   }
25
26   fn deliver(
27     &mut self,
28     recipient: &CubeSat
29     ) -> Option<Message> {    ❹
30       for i in 0..self.messages.len() {
31         if self.messages[i].to == recipient.id {
32           let msg = self.messages.remove(i);
33           return Some(msg);    ❺
34         }
35       }
36
37       None    ❻
38   }
39 }
```

❶ 메시지를 보내기 위해 Mailbox.post()를 호출하며 Message의 소유권을 전달한다.

❷ 메시지를 받기 위해 Mailbox.deliver()를 호출하며 Message의 소유권을 얻는다.

❸ Mailbox.post()는 자신에 대한 가변 접근과 Message에 대한 소유권을 필요로 한다.

❹ Mailbox.deliver()는 id 필드를 얻기 위해 CubeSat에 대한 참조가 필요하다.

❺ 메시지를 찾으면 Option 타입에 따라 Some으로 감싼 Message와 함께 일찍 반환된다.

❻ 아무 메시지도 없으면 None을 반환한다.

 날카로운 독자라면 예제 4.14에서 강한 안티패턴을 느낄 것이다. 32행에서 self.messages 컬렉션은 반복이 이루어지는 동안에 변경된다. 이런 경우, 바로 다음 줄에 return이 있기 때문에 적법하다고 인정된다. 컴파일러는 또 다른 반복이 일어나지 않음을 증명할 수 있으므로 값의 변경을 허가한다.

기반 작업이 준비되었으므로 그림 4.7의 전략을 완전히 구현할 수 있다. 예제 4.15(ch4/ch4-short-lived-strategy.rs)는 단기 변수 계획을 전부 구현했다. 출력 결과는 다음과 같다.

```
CubeSat { id: 1 }: Some(Message { to: 1, content: "hello" })
CubeSat { id: 2 }: Some(Message { to: 2, content: "hello" })
CubeSat { id: 3 }: Some(Message { to: 3, content: "hello" })
```

예제 4.15 단기 변수 전략의 구현

```rust
01 #![allow(unused_variables)]
02
03 #[derive(Debug)]
04 struct CubeSat {
05   id: u64,
06 }
07
08 #[derive(Debug)]
09 struct Mailbox {
10   messages: Vec<Message>,
11 }
12
13 #[derive(Debug)]
14 struct Message {
15   to: u64,
16   content: String,
17 }
18
19 struct GroundStation {}
20
21 impl Mailbox {
22   fn post(&mut self, msg: Message) {
23     self.messages.push(msg);
24   }
25
26   fn deliver(&mut self, recipient: &CubeSat) -> Option<Message> {
27     for i in 0..self.messages.len() {
28       if self.messages[i].to == recipient.id {
29         let msg = self.messages.remove(i);
30         return Some(msg);
31       }
32     }
33
34     None
35   }
36 }
37
38 impl GroundStation {
39   fn connect(&self, sat_id: u64) -> CubeSat {
40     CubeSat {
41       id: sat_id,
42     }
43   }
44
45   fn send(&self, mailbox: &mut Mailbox, msg: Message) {
46     mailbox.post(msg);
47   }
```

```
48 }
49
50 impl CubeSat {
51   fn recv(&self, mailbox: &mut Mailbox) -> Option<Message> {
52     mailbox.deliver(&self)
53   }
54 }
55
56 fn fetch_sat_ids() -> Vec<u64> {
57   vec![1,2,3]
58 }
59
60 fn main() {
61   let mut mail = Mailbox { messages: vec![] };
62
63   let base = GroundStation {};
64
65   let sat_ids = fetch_sat_ids();
66
67   for sat_id in sat_ids {
68     let sat = base.connect(sat_id);
69     let msg = Message { to: sat_id, content: String::from("hello") };
70     base.send(&mut mail, msg);
71   }
72
73   let sat_ids = fetch_sat_ids();
74
75   for sat_id in sat_ids {
76     let sat = base.connect(sat_id);
77
78     let msg = sat.recv(&mut mail);
79     println!("{:?}: {:?}", sat, msg);
80   }
81 }
```

4.5.3 값의 사본 만들기

모든 객체에 단일 소유자가 있다는 것은 소프트웨어 개발에 상당한 사전 계획과 리팩터링이 필요함을 의미할 수 있다. 이전 절에서 보았듯이 초기 설계 결정에서 벗어나려면 꽤 많은 노력이 필요하다.

리팩터링에 대한 한 가지 대안은 단순히 값을 복사하는 것이다. 이 작업을 자주 한다면 대개는 눈에 거슬리지만 상황에 따라서는 유용하다. 정수와 같은 원시 타입이 좋은 예다. 원시 타입은 CPU 입장에서 사본을 만드는 비용이 적게 든다. 사실 너무 저렴해서 소유권 이동이 걱정되면 러스트는 항상 이를 복사한다.

타입에는 사본을 만드는 방법이 두 가지가 있다. 복제(cloning: C++에서 deep copy에 준하는 전체 구조와 값의 복제)와 복사(copying: C++에서 shallow copy에 준하는 최소한의 복사)다. 이는 트레이트를 통해 지원된다. 복제는 `std::clone::Clone`으로 정의되며 복사는 `std::marker::Copy`에 의해 정의된다. Copy는 암묵적으로 이루어진다. 소유권이 더 안쪽 범위로 이동하는 경우, 값의 사본이 만들어진다(객체 a의 비트는 객체 b를 만들기 위해 복제된다). Clone은 명시적으로 동작한다. Clone을 구현하는 타입에는 반드시 새 값을 생성하기 위해 필요한 모든 작업을 수행할 수 있는 `.clone()` 메서드가 있다. 표 4.2에 이 둘의 차이를 요약해 놓았다.

복제(std::clone::Clone)	복사(std::marker::Copy)
느리고 비쌀 수 있다.	언제나 빠르고 싸다.
절대 암묵적일 수 없다. `.clone()` 메서드 호출이 언제나 필요하다.	항상 암묵적이다.
원래 값과 달라질 수 있다. 크레이트 개발자는 해당 타입에서 복제가 어떤 작업을 할지 정의한다.	언제나 동일하다. 복사는 원래 값을 비트 대 비트로 사본을 만든다.

표 4.2 복제와 복사의 차이

그러면 왜 러스트 프로그래머는 항상 Copy만 쓰지 않는 것일까? 세 가지 이유가 있다.

- Copy 트레이트는 성능에 미치는 영향이 미미해야 함을 암시한다. 이는 숫자 같은 경우에는 해당되지만 String 같은 임의의 큰 타입에는 해당되지 않는다.
- Copy는 동일한 복사본을 만들기 때문에 참조를 제대로 다룰 수 없다. 순진하게 T에 대한 참조를 복사하면 T의 두 번째 소유자를 만들어 내거나 만들려고 한다. 이렇게 되면 나중에 문제가 일으킬 수 있는데 각 참조가 삭제될 때마다 T를 삭제하려고 시도할 수 있기 때문이다.
- 어떤 타입은 Clone 트레이트를 오버로드한다. 이는 사본을 만드는 것과 어느 정도는 비슷하지만 다르다. 예를 들어 `std::rc::Rc<T>`는 `.clone()`이 호출될 때 추가적인 참조를 만드는 목적으로 Clone을 이용한다.

> ✓ 러스트를 쓰다 보면 보통 `std::clone::Clone`과 `std::marker::Copy` 트레이트를 간단히 Clone과 Copy라고 하는 것을 볼 수 있다. 이것들은 표준 프렐류드를 통해 모든 크레이트의 범위에 포함된다.

Copy 구현

이동 이슈가 발생했던 예제 4.3으로 돌아가 보자. 편의를 위해 여기에 코드를 한 번 더 적었으며, sat_b와 sat_c는 간략하게 하기 위해 생략했다.

```rust
#[derive(Debug)]
struct CubeSat {
  id: u64,
}

#[derive(Debug)]
enum StatusMessage {
  Ok,
}

fn check_status(sat_id: CubeSat) -> StatusMessage {
  StatusMessage::Ok
}

fn main() {
  let sat_a = CubeSat { id: 0 };

  let a_status = check_status(sat_a);
  println!("a: {:?}", a_status);

  let a_status = check_status(sat_a);    ❶
  println!("a: {:?}", a_status);
}
```

> ❶ check_status(sat_a)를 두 번째 호출하는 부분에서 오류가 발생한다.

이 초기 단계에서 우리 프로그램은 자체적으로 Copy를 구현하는 타입을 포함하는 타입으로 구성되었다. 다음 예제에서 볼 수 있듯이 직접 구현하는 게 매우 간단하기 때문에 좋다.

예제 4.16 Copy를 구현한 타입으로 이루어진 타입에 Copy를 끌어오기

```rust
#[derive(Copy,Clone,Debug)]    ❶
struct CubeSat {
  id: u64,
}

#[derive(Copy,Clone,Debug)]    ❷
enum StatusMessage {
  Ok,
}
```

❶ ❷ #[derive(Copy,Clone,Debug)]는 각각의 트레이트에 대한 구현을 추가하라고 컴파일러에 알려 준다.

다음 예제는 Copy를 어떻게 수동으로 구현하는지 보여 준다. impl 블록은 인상적일 정도로 단순하다.

예제 4.17 Copy 트레이트를 수동으로 구현하기

```
impl Copy for CubeSat { }

impl Copy for StatusMessage { }

impl Clone for CubeSat {        ❶
  fn clone(&self) -> Self {
    CubeSat { id: self.id }     ❷
  }
}

impl Clone for StatusMessage {
  fn clone(&self) -> Self {
    *self       ❸
  }
}
```

❶ Copy를 구현하는 데는 Clone 구현이 필요하다.

❷ 원한다면 새로운 객체를 직접 만들 수 있다.

❸ 하지만 self를 역참조하기도 한다.

Clone과 Copy 사용하기

구현하는 법을 알았으니 Clone과 Copy를 사용해 보자. Copy는 암묵적이라고 이야기한 바 있다. 할당 중이거나 함수 경계를 통과하는 경우와 같이 소유권이 이동하는 경우 데이터가 대신 복사된다.

Clone은 .clone()을 명시적으로 호출해야 한다. 이는 해당 프로세스가 비용이 많이 들 수 있다고 프로그래머에게 경고하기 때문에 예제 4.18처럼 사소하지 않은 경우에 매우 유용한 표식이다. 해당 소스 코드는 ch4/ch4-check-sats-clone-and-copy-traits.rs에 있다.

예제 4.18 Clone과 Copy 사용하기

```
01 #[derive(Debug,Clone,Copy)]    ❶
02 struct CubeSat {
03   id: u64,
```

```
04 }
05
06 #[derive(Debug,Clone,Copy)]      ❷
07 enum StatusMessage {
08    Ok,
09 }
10
11 fn check_status(sat_id: CubeSat) -> StatusMessage {
12    StatusMessage::Ok
13 }
14
15 fn main () {
16    let sat_a = CubeSat { id: 0 };
17
18    let a_status = check_status(sat_a.clone());     ❸
19    println!("a: {:?}", a_status.clone());
20
21    let a_status = check_status(sat_a);       ❹
22    println!("a: {:?}", a_status);
23 }
```

❶❷ Copy는 Clone을 암시하므로 나중에 둘 중 하나를 쓸 수 있다.

❸ 각 객체를 복제하는 것은 .clone()을 호출하는 것만큼 쉽다.

❹ 기대했던 대로 복사가 작동한다.

4.5.4 데이터를 특별한 타입으로 감싸기

지금까지 러스트의 소유권과 러스트가 부과하는 제약을 다루는 법을 이야기했다. 매우 일반적인 마지막 전략은 래퍼(wrapper) 타입을 쓰는 방식이다. 래퍼 타입은 기본적으로 가능한 것보다 훨씬 더 많은 유연성을 제공한다. 하지만 러스트의 안전성 보장을 유지하기 위한 런타임 비용이 발생한다. 또 다른 방법은 프로그래머가 가비지 컬렉션을 선택할 수 있도록 러스트가 허용한다는 것이다.[4]

래퍼 타입 전략을 설명하기 위해 std::rc::Rc 래퍼 타입을 소개하겠다. std::rc::Rc는 일반적으로 타입 매개 변수 T를 받고 Rc<T>로 표기된다. Rc<T>는 '티의 알시'로 읽으며 '타입 T의 참조 카운트값'을 의미한다. Rc<T>는 T의 공유 소유권을 제공한다. 공유 소유권은 모든 소유자가 삭제되기 전까지 T가 메모리에서 삭제되는 것을 막는다.

---

4 가비지 컬렉션(흔히 GC로 약칭)은 파이썬과 자바스크립트를 비롯한 많은 프로그래밍 언어와 JVM(자바, 스칼라, 코틀린) 또는 CLR(C#, F#) 위에 구축된 모든 언어에서 사용되는 메모리 관리 전략이다.

이름에서 나타나듯이 참조 카운트는 유효한 참조를 추적하는 데 이용된다. 참조가 생성될 때마다 내부 카운트는 1씩 늘어난다. 참조가 사라지면 카운트는 1만큼 줄어든다. 카운트가 0으로 떨어지면 T 역시 없어진다.

T를 감싸려면 Rc::new()를 호출한다. 다음 예제(ch4/ch4-rc-groundstation.rs)는 이런 접근 방식을 보여 준다.

예제 4.19 사용자 정의 타입을 Rc로 감싸기

```
01 use std::rc::Rc;      ❶
02
03 #[derive(Debug)]
04 struct GroundStation {}
05
06 fn main() {
07     let base = Rc::new(GroundStation {});      ❷
08
09     println!("{:?}", base);      ❸
10 }
```

❶ use 키워드로 표준 라이브러리 모듈을 지역 범위로 가져온다.

❷ 감쌀 때에는 GroundStation 인스턴스를 Rc::new() 호출 안에 넣는다.

❸ 'GroundStation'이 출력된다.

Rc<T>는 Clone을 구현한다. base.clone()이 호출될 때마다 내부 카운터를 증가시킨다. Drop이 일어날 때마다 카운터를 감소시킨다. 내부 카운터가 0이 되면 원래 인스턴스는 해제된다.

Rc<T>는 변경을 허용하지 않는다. 변경을 하려면 래퍼로 감싸야 한다. Rc<RefCell<T>>는 내부 변경을 수행하는 데 사용할 수 있는 타입으로 3.4.1(110쪽)에서 처음 소개했다. 내부 변경이 가능한 객체는 겉으로는 불변이지만 내부 값은 바뀔 수 있다.

다음 예제에서 우리는 불변 변수로 표시된 base 변수를 변경할 수 있다. 내부 base.radio_freq의 변화를 살펴봄으로써 이를 눈으로 확인할 수 있다.

```
base: RefCell { value: GroundStation { radio_freq: 87.65 } }
base_2: GroundStation { radio_freq: 75.31 }
base: RefCell { value: GroundStation { radio_freq: 75.31 } }
base: RefCell { value: "<borrowed>" }      ❶
base_3: GroundStation { radio_freq: 118.52000000000001 }
```

❶ value: "<borrowed>"는 base가 다른 곳에서 변경 가능하게 대여되었으며 더 이상 일반적으로 접근 가능하지 않음을 알려 준다.

예제 4.20(ch4/ch4-rc-refcell-groundstation.rs)에서는 불변으로 표시된 객체 내에서 변경을 허용하기 위해 Rc<RefCell<T>>를 사용한다. Rc<RefCell<T>>는 T에 대한 공유 읽기-쓰기 접근을 허용하면서 Rc<T>에 비해 런타임 비용이 추가로 발생한다.

예제 4.20 Rc<RefCell<T>>를 이용하여 불변 객체의 값을 바꾸기

```
01 use std::rc::Rc;
02 use std::cell::RefCell;
03
04 #[derive(Debug)]
05 struct GroundStation {
06    radio_freq: f64 // Mhz
07 }
08
09 fn main() {
10    let base: Rc<RefCell<GroundStation>> = Rc::new(RefCell::new(
11      GroundStation {
12        radio_freq: 87.65
13      }
14    ));
15
16    println!("base: {:?}", base);
17
18    {   ❶
19      let mut base_2 = base.borrow_mut();
20      base_2.radio_freq -= 12.34;
21      println!("base_2: {:?}", base_2);
22    }
23
24    println!("base: {:?}", base);
25
26    let mut base_3 = base.borrow_mut();
27    base_3.radio_freq += 43.21;
28
29    println!("base: {:?}", base);
30    println!("base_3: {:?}", base_3);
31 }
```

❶ base를 가변적으로 대여할 수 있는 새로운 범위를 도입한다.

이 예제에서 두 가지를 알 수 있다.

- 다른 타입으로 감싸서 더 많은 기능을 타입에 추가(예: 이동 의미보다 참조 카운트 의미)하면 일반적으로 런타임 성능이 떨어진다.
- Clone 구현이 금지해야 할 정도로 비싸다면 Rc<T>는 간편한 대안이다. 두 군데의 공유 소유권을 허용하기 때문이다.

Rc<T>는 스레드에 대해 안전하지 않다. 다중 스레드 코드에서는 Rc<T>를 Arc<T>로, Rc<Ref
Cell<T>>를 Arc<Mutex<T>>로 대체하는 것이 낫다. arc는 원자적 참조 카운터(atomic
reference counter)를 의미한다.

요약

- 값의 소유자는 해당 값의 수명이 다했을 때 해당 값을 정리할 책임이 있다.
- 값의 수명은 해당 값에 접근하는 것이 유효한 기간이다. 수명이 만료된 값에 접
  근하려고 하면 코드가 컴파일되지 않는다.
- 값을 대여하는 것은 그 값에 접근하는 것을 의미한다.
- 대여 검사기로 인해 프로그램이 컴파일되지 않는다면 몇 가지 해결 방법이 있
  다. 때로는 프로그램 설계를 다시 생각해야 할 필요가 있음을 의미하기도 한다.
- 오랫동안 유지되는 값보다 수명이 짧은 값을 사용한다.
- 대여는 읽기 전용 또는 읽기-쓰기가 될 수 있다. 한 번에 하나의 읽기-쓰기 대여
  만 존재할 수 있다.
- 값의 사본을 만드는 것은 대여 검사기와의 교착 상태를 깰 수 있는 실용적인 방
  법이 될 수 있다. 값의 사본을 만들려면 Clone이나 Copy를 구현한다.
- Rc<T>를 통해 참조 카운트 의미를 선택하는 것이 가능하다
- 러스트는 시간이 지남에 따라 값이 변할 수 있더라도 타입이 자신을 불변으로
  나타낼 수 있도록 하는 내부 가변성이라는 기능을 지원한다.

시스템 프로그래밍 이해하기

2부에서는 시스템 프로그래밍 분야의 예제에 러스트를 적용해 봄으로써 러스트 기본 지식을 넓힌다. 모든 장에 언어의 새로운 기능이 들어간 큰 프로젝트가 최소 한 가지 포함되어 있다. 명령행 유틸리티, 라이브러리, 그래픽 애플리케이션, 네트워크 애플리케이션, 나아가 운영 체제 커널을 만들 것이다.

5장

데이터 심화

이 장에서 배울 내용
- 컴퓨터가 데이터를 표현하는 방법
- 동작하는 CPU 에뮬레이터 만들기
- 자신만의 수치 데이터 타입 생성하기
- 부동 소수점 수에 대한 이해

이 장에서는 0과 1이라는 숫자로 텍스트, 이미지, 소리와 같은 더 큰 객체를 어떻게 나타낼 수 있는지 이해한다. 또한 컴퓨터가 어떻게 계산을 하는지도 다뤄 본다.

이 장의 마지막 부분에서는 CPU, 메모리, 사용자 정의 함수를 가지는, 완전히 기능하는 컴퓨터를 에뮬레이트해 볼 것이다. 또한 부동 소수점 수를 분리하여 단일 바이트만 사용하는 숫자 타입을 만들어 볼 것이다. 이 장에는 엔디언, 정수 오버플로 등 시스템 프로그래밍을 해 본 적 없는 프로그래머에게는 익숙하지 않은 용어가 많이 등장한다.

5.1 비트 패턴과 타입

단일 비트 패턴이 서로 다른 것을 의미할 수 있다는 점은 작지만 중요한 교훈이다. 러스트와 같은 고수준 언어의 타입 체계는 실체 위에 있는 인공적인 추상화일 뿐이다. 추상화를 풀어 나가고 컴퓨터가 동작하는 방식을 깊이 이해하기 위해 이 부분을 이해하는 것이 중요하다.

예제 5.1(ch5-int-vs-int.rs)에서는 동일한 비트 패턴으로 서로 다른 두 숫자를 표현한다. 이를 구분하는 것은 CPU가 아니라 타입 체계다. 예제의 결과는 다음과 같다.

```
a: 1100001111000011 50115
b: 1100001111000011 -15421
```

예제 5.1 데이터 타입은 비트 순서가 무엇을 표현하는지 결정한다

```
1 fn main() {
2    let a: u16 = 50115;
3    let b: i16 = -15421;
4
5    println!("a: {:016b} {}", a, a);      ❶
6    println!("b: {:016b} {}", b, b);
7 }
```

❶ 이 두 값은 비트 패턴이 같지만 타입은 다르다.

비트 문자열과 숫자가 같은 값을 서로 다르게 표현하는 것을 가지고 바이너리 파일과 텍스트 파일 간의 차이를 일부 설명할 수 있다. 텍스트 파일은 비트 문자열과 문자가 일관되게 대응되는 바이너리 파일일 뿐이다. 이런 매핑을 인코딩이라고 한다. 수많은 전용 파일 형식이 이러한 정보를 외부와 공유하지 않아 이를 투명하게 알 수 없다.

우리는 이러한 인코딩 과정을 한 단계 더 발전시킬 수 있다. 러스트에 어떤 타입의 비트 패턴을 또 다른 타입으로 간주하라고 하면 어떤 일이 일어날까? 다음 예제에서 그 답을 볼 수 있다. 해당 소스 코드는 ch5/ch5-f32-as-u32.rs에 있다.

예제 5.2 부동 소수점 수 비트 문자열을 정수로 해석하기

```
01 fn main() {
02    let a: f32 = 42.42;
03    let frankentype: u32 = unsafe {
04        std::mem::transmute(a)      ❶
05    };
06
07    println!("{}", frankentype);          ❷
08    println!("{:032b}", frankentype);     ❸
09
10    let b: f32 = unsafe {
11        std::mem::transmute(frankentype)
12    };
13    println!("{}", b);
```

```
14    assert_eq!(a, b);    ❹
15 }
```

❶ 세미콜론이 없다. 이 표현식의 결과를 외부 범위로 보낼 것이다.

❷ 42.42_f32 값의 비트를 십진 정수로 본다.

❸ {:032b}는 std::fmt::Binary 트레이트를 통해 32개의 0이 왼쪽에 채워지는 이진수로 형식
화된다.

❹ 해당 연산이 서로 같음을 확인한다.

예제 5.2를 컴파일한 후 실행하면 다음과 같은 결과가 나온다.

```
1110027796
01000010001010011010111000010100
42.42
```

예제 5.2에 소개된 내용 중 일부 생소하지만 주목할 만한 부분은 다음과 같다.

- 8행에서 println!() 매크로의 새로운 지시자 {:032b}를 볼 수 있다. 032는 "32
개의 0으로 왼쪽을 채운다"라고 읽고 오른쪽의 b는 std::fmt::Binary 트레이
트를 호출한다. std::fmt::Display 트레이트를 쓰는 기본 구문({}) 또는 std
::fmt::Debug 트레이트를 쓰는 물음표 구문({:?})과는 다르다. 불행히도 f32는
std::fmt::Binary를 구현하지 않는다. 다행스러운 점은 러스트의 정수 타입은
구현한다는 것이다. 두 가지 정수 타입이 f32와 동일한 수의 비트를 가진다. 바
로 i32와 u32다. 이 중 어느 것을 선택할지 결정하는 것은 다소 임의적이다.
- 3~5행은 이전 단락에서 이야기한 것을 수행하는 부분이다. std::mem::trans
mute() 함수는 주어진 비트에 영향을 끼치지 않고 f32를 u32로 변환하도록 러스
트에 요청한다. 이와 반대 방향으로의 변환은 10~12행에서 다시 반복되었다.

한 프로그램에서 데이터 타입을 섞어 쓰는 것은 본질적으로 혼란스러우므로 이러
한 연산은 unsafe 블록으로 감싸야 한다. unsafe는 "물러서. 여기서는 내가 알아서
할게. 내가 알아서 한다고"라고 러스트 컴파일러에 말한다. 이는 컴파일러를 통한
정확성 검증을 통과하지 못하지만 개발자가 정확성을 보증하는 문맥상 의미가 있
음을 컴파일러에 전하는 신호다.

unsafe 키워드를 사용하는 것이 해당 코드가 본질적으로 위험하다는 의미는 아
니다. 예를 들어 이 키워드로 러스트의 대여 검사기를 우회할 수는 없다. 다만 컴파
일러가 프로그램의 메모리 안전성을 보장할 수 없음을 나타낸다. unsafe는 프로그

램의 무결성을 유지하는 책임이 온전히 프로그래머에게 있음을 의미한다.

> ⓘ unsafe 블록에서 허용되는 어떤 종류의 기능은 다른 것들에 비해 검증하기 더 까다롭다. 예를 들어 std::mem::transmute() 함수는 러스트 언어에서 안정성이 가장 낮은 것 중 하나다. 이는 모든 타입 안전성을 무시한다. 이 기능을 쓰기 전에 다른 대안이 없을지 찾아보도록 하라.

두말할 나위 없이 unsafe 블록을 사용하는 것은 러스트 커뮤니티에서 아주 꺼리는 일이다. 소프트웨어를 치명적인 보안 결함에 노출시킬 수 있어서다. 이를 이용하는 주된 목적은 러스트가 외부 코드, 이를테면 다른 언어로 작성된 라이브러리나 운영체제 인터페이스와 상호 작용할 수 있게 하는 것이다. 이 책에서는 다른 프로젝트에 비해 unsafe를 좀 더 자주 사용할 것인데, 예제들이 교육용일 뿐 산업용 소프트웨어가 아니기 때문이다. unsafe를 사용해서 개별 바이트의 값을 읽고 쓸 수 있으며, 이는 컴퓨터가 어떻게 동작하는지 이해하고자 하는 이들에게는 필수적인 지식이다.

5.2 정수의 수명

이전 장에서 정수에서 i32, u8 또는 usize가 무엇을 의미하는지 알아보았다. 정수는 작고 섬세한 물고기와 비슷하다. 물고기는 물속에서는 잘 살지만 물 밖으로 꺼내면 금방 고통스럽게 죽는다.

정수는 고정된 범위에서 존재한다. 컴퓨터 내부에서 표현될 때는 타입당 고정된 수의 비트 공간을 차지한다. 부동 소수점 수와는 달리 정수는 표현 가능한 영역을 늘리려고 정밀도를 희생하지 않는다. 가용한 비트가 1로 모두 다 차면 여기에서 더 나아가는 유일한 방법은 모든 비트를 0으로 되돌리는 것뿐이다.

16비트 정수는 0에서 65,355까지의 수를 표현할 수 있다. 65,356을 세고자 한다면 어떤 일이 일어날까? 직접 알아보자.

이런 종류의 문제에 대한 기술적 용어가 바로 정수 오버플로다. 정수 오버플로를 내는 가장 위험하지 않은 방법은 값을 무한히 증가시키는 것이다. 다음 예제(ch5/ch5-to-oblivion.rs)는 이런 경우에 대한 흔한 예다.

예제 5.3 정수의 범위를 초과하도록 증가시켰을 때 효과를 살펴보기

```
01 fn main() {
02   let mut i: u16 = 0;
```

```
03    print!("{}..", i);
04
05    loop {
06      i += 1000;
07      print!("{}..", i);
08      if i % 10000 == 0 {
09        print!{"\n"}
10      }
11    }
12 }
```

예제 5.3을 실행하면 프로그램이 제대로 끝나지 않는다. 그 결과를 살펴보자.

```
$ rustc ch5-to-oblivion.rs && ./ch5-to-oblivion
0..1000..2000..3000..4000..5000..6000..7000..8000..9000..10000..
11000..12000..13000..14000..15000..16000..17000..18000..19000..20000..
21000..22000..23000..24000..25000..26000..27000..28000..29000..30000..
31000..32000..33000..34000..35000..36000..37000..38000..39000..40000..
41000..42000..43000..44000..45000..46000..47000..48000..49000..50000..
51000..52000..53000..54000..55000..56000..57000..58000..59000..60000..
thread 'main' panicked at 'attempt to add with overflow', ch5-to-oblivion.rs:5:7
note: run with `RUST_BACKTRACE=1` environment variable to display a backtrace
61000..62000..63000..64000..65000..
```

패닉이 일어난 프로그램은 죽은 프로그램이다. 패닉은 프로그래머가 해당 프로그램에 뭔가 불가능한 일을 하도록 요구했다는 의미다. 프로그램은 어떻게 진행할지 알 수 없어 스스로 종료된다.

왜 이것이 심각한 종류의 버그인지 이해하기 위해 보이지 않는 곳에서 무엇이 일어나고 있는지 살펴보자. 예제 5.4(ch5/ch5-bit-patterns.rs)에서는 리터럴 형식으로 배치된 비트 패턴과 함께 숫자 여섯 개를 인쇄한다. 컴파일하면 예제는 다음과 같은 짧은 줄을 출력한다.

```
0, 1, 2, ..., 65533, 65534, 65535
```

예제 5.3의 코드를 컴파일할 때 rustc -O ch5-to-oblivion.rs로 최적화해서 생성된 실행 파일을 실행해 보자. 결과가 꽤 달라진다.[1] 우리가 관심을 갖고 있는 문제는 비트가 더 이상 남아 있지 않을 때 어떻게 되는지다. 65,536은 u16으로 나타낼 수 없다.

---

1 (옮긴이) 최적화 전에는 패닉이 났지만 최적화를 하면 패닉이 일어나지 않고 무한 실행된다. 최적화를 하게 되면 수의 경계 검사(bound check) 작업이 이뤄지지 않는다.

예제 5.4 **u16 비트 패턴이 고정된 정수로 변환되는 방식**

```
fn main() {
  let zero: u16 = 0b0000_0000_0000_0000;
  let one:  u16 = 0b0000_0000_0000_0001;
  let two:  u16 = 0b0000_0000_0000_0010;
  // ...
  let sixtyfivethousand_533: u16 = 0b1111_1111_1111_1101;
  let sixtyfivethousand_534: u16 = 0b1111_1111_1111_1110;
  let sixtyfivethousand_535: u16 = 0b1111_1111_1111_1111;

  print!("{}, {}, {}, ..., ", zero, one, two);
  println!("{}, {}, {}", sixty5_533, sixty5_534, sixty5_535);
}
```

비슷한 기법을 이용해서 프로그램을 죽일 수 있는 또 다른 쉬운 방법이 있다. 예제 5.5에서는 255까지 수를 셀 수 있는 u8에 400을 끼워 넣으라고 러스트에 요청한다. 이 예제의 소스 코드인 ch5/ch5-impossible-add.rs를 살펴보자.

예제 5.5 **불가능한 덧셈**

```
#[allow(arithmetic_overflow)]    ❶

fn main() {
  let (a, b) = (200, 200);
  let c: u8 = a + b;    ❷
  println!("200 + 200 = {}", c);
}
```

> ❶ 필요한 선언이다. 러스트 컴파일러는 이 확실한 오버플로 상황을 검출할 수 있다.

> ❷ 타입 선언이 없다면 러스트는 개발자가 불가능한 상황을 만들려고 한다고 여기지 않을 것이다.

해당 코드를 컴파일하면 둘 중 한 가지 경우가 일어난다.

• 프로그램이 패닉을 일으킨다.

```
thread 'main' panicked at 'attempt to add with overflow',
    ch5-impossible-add.rs:3:15
note: Run with `RUST_BACKTRACE=1` for a backtrace
```

해당 동작은 rustc를 다음과 같이 기본 옵션으로 실행하면 일으킬 수 있다.

```
rustc ch5-impossible-add.rs && ch5-impossible-add
```

- 프로그램이 잘못된 결과를 출력한다.

```
200 + 200 = 144
```

해당 동작은 rustc를 다음과 같이 -O 플래그로 실행하면 일어난다.

```
rustc -O ch5-impossible-add.rs && ch5-impossible-add
```

여기에서 두 가지 작은 교훈을 얻는다.

- 타입의 한계를 이해하는 것은 중요하다.
- 러스트가 강력하기는 하지만 러스트로 작성한 프로그램도 여전히 깨질 수 있다.

시스템 프로그래머와 다른 프로그래머를 구별하는 방법 중 하나는 정수 오버플로를 방지하기 위해 어떤 개발 전략을 쓰는지 보는 것이다. 동적 언어에 대한 경험만 있는 프로그래머는 정수 오버플로를 겪을 일이 극히 드물다. 동적 언어는 보통 정수 표현식의 결과가 맞는지 검사한다. 그렇지 않은 경우 해당 결과를 받는 변수는 더 넓은 정수 타입으로 상향된다.

성능이 중요한 코드를 개발할 때는 어떤 매개 변수를 조정할지 선택하게 된다. 고정 크기 타입을 사용한다면 속도를 얻게 되지만 몇 가지 위험을 감내할 필요가 있다. 위험을 완화하려면 실행 시 오버플로가 일어나지 않는지 확인하면 된다. 하지만 이러한 검사를 하게 되면 속도가 느려진다. 좀 더 일반적인 선택지는 i64와 같은 더 큰 정수 타입을 이용하는 방식으로 공간을 희생하는 것이다. 그래도 더 큰 값이 필요한 경우에는 임의의 크기를 지닌 정수로 바꿀 수 있지만, 그만큼 비용이 따른다.

5.2.1 엔디언 이해하기

CPU 제조사들은 정수를 표현하기 위해 개별 바이트를 어떻게 배열해야 할지 논쟁을 벌인다. 다중 바이트의 순서를 왼쪽에서 오른쪽으로 정렬하는 CPU도 있고, 오른쪽에서 왼쪽으로 하는 CPU도 있다. 이런 특성은 CPU의 엔디언이라고 알려져 있다. 바로 이것이 실행 파일을 한 컴퓨터에서 또 다른 컴퓨터로 복사했을 때 제대로 동작하지 않는 이유 중 하나다.

32비트 정수가 AA, BB, CC, DD 4바이트로 구성된다고 가정해 보자. 예제 5.6(ch5/

ch5-endianness.rs)에서는 sys::mem::transmute()를 이용하여 바이트 순서의 중요성을 보여 주고 있다. 예제를 컴파일하고 실행하면 예제 5.6은 사용자 기기의 엔디언에 따라 두 가지 중 하나를 출력하게 된다. 사람들이 매일 사용하는 대부분의 컴퓨터는 다음과 같이 출력한다.[2]

–573785174 vs –1430532899

하지만 조금 이색적인 하드웨어는 두 숫자를 다음과 같이 바꿔 출력한다.

–1430532899 vs –573785174

예제 5.6 엔디언 조사하기

```
use std::mem;

fn main() {
    let big_endian: [u8; 4]    = [0xAA, 0xBB, 0xCC, 0xDD];
    let little_endian: [u8; 4] = [0xDD, 0xCC, 0xBB, 0xAA];

    let a: i32 = unsafe { mem::transmute(big_endian) };
    let b: i32 = unsafe { mem::transmute(little_endian) };

    println!("{} vs {}", a, b);
}
```
❶

❶ std::mem::transmute()는 그 인자를 왼쪽에 나온 타입(여기서는 i32)으로 해석하라고 컴파일러에 지시한다.

이 용어는 바이트를 배열할 때 어떤 단위를 먼저 둘지 정하는 데서 비롯됐다. 덧셈을 배웠을 때를 떠올려 보면 숫자 123은 세 부분으로 분리할 수 있다.

100×1	100
10×2	20
1×3	3

이 부분들을 모두 더하면 원래의 수를 얻게 된다. 맨 처음 부분 100은 최상위가 된다. 통상적인 방식으로 123을 123이라고 쓴다면 우리는 빅 엔디언 형식으로 쓰는 것이다. 순서를 뒤바꾸어 321로 쓴다면 리틀 엔디언 형식으로 쓰는 것이다.

---

2   2021년 기준으로 x86-64/AMD64 CPU 아키텍처가 지배적인 플랫폼이다.

이진수도 비슷하게 동작한다. 각 수의 부분은 10의 지수(10^0, 10^1, 10^2, ..., 10^n)가 아니라 2의 지수(2^0, 2^1, 2^2, ..., 2^n)다.

1990년대 후반 이전에 엔디언은 큰 문제였다. 특히 서버 시장에서 그랬다. 많은 프로세서가 양방향 엔디언을 지원할 수 있는지에 대해 얼렁뚱땅 얼버무릴 때 썬, 크레이, 모토로라, SGI는 빅 엔디언 방식을 택했다. 암(ARM)은 위험을 회피하고자 양방향 엔디언 아키텍처를 개발하기로 결정했다. 인텔은 리틀 엔디언 방식을 선택했다. 결과적으로 리틀 엔디언 쪽이 승리했다. 정수는 거의 확실하게 리틀 엔디언 양식으로 저장된다.

다중 바이트 시퀀스와는 별도로 바이트 내에도 이와 관련된 문제가 있다. u8이 3을 표현할 때 `0000_0011`로 해야 할까, 아니면 `1100_0000`으로 해야 할까? 개별 비트 배치에 대한 컴퓨터의 선호는 비트 넘버링(bit numbering)이나 비트 엔디언(bit endianness)으로 알려져 있다. 하지만 이런 내부적인 순서 때문에 일상적인 프로그램이 영향을 받는 경우는 드물다. 좀 더 알아보고 싶다면 가장 중요한 비트가 어디에 위치하는지 여러분이 사용하는 플랫폼의 문서에서 찾아보면 된다.

 MSB라는 약어는 헷갈리기 쉽다. 사람에 따라 같은 약어를 두 가지 개념으로 이야기한다. 최상위 비트(most significant bit)와 최상위 바이트(most significant byte)가 그것이다. 혼동을 피하기 위해 이 책에서는 최상위 비트를 나타내는 데 비트 넘버링을, 최상위 바이트를 나타내는 데 엔디언을 쓴다.

5.3 십진수 표현하기

이 장의 시작 부분에서 했던 주장 중 하나는 비트 패턴을 잘 이해한다면 데이터를 압축할 수 있다는 것이었다. 실행에 옮겨 보자. 이 절에서는 부동 소수점 수에서 비트를 뽑아내는 방법과 이를 여러분이 만든 단일 바이트 형식에 넣는 방법을 배운다.

당면한 문제에 대한 몇 가지 맥락을 살펴보자. 기계 학습[3] 실무자들은 큰 모델을 저장하고 분산해야 할 때가 자주 있다. 여기에서 우리가 원하는 모델은 단순한 큰 숫자 배열이다. 이 모델에서 이 숫자들은 애플리케이션에 따라 `0..=1` 또는 `-1..=1`(러스트의 범위 구문을 이용했다)의 범위 안에 있다. `f32`나 `f64`가 지원하는

---

3 (옮긴이) 러스트 기반 기계 학습 참고 자료는 *https://www.arewelearningyet.com*을 보라.

전체 범위가 필요하지 않은데, 왜 이 모든 바이트를 이용해야 할까? 1로 어디까지 쓸 수 있는지 알아보자. 제한된 범위를 알고 있기 때문에 해당 범위를 간결하게 모델링할 수 있는 십진수 형식을 만들 수 있다.

먼저 십진수가 오늘날 컴퓨터 내에서 어떻게 표현되는지 알아볼 필요가 있다. 이는 부동 소수점 수의 내부를 알아보는 것을 의미한다.

5.4 부동 소수점 수

각 부동 소수점 수가 메모리에 놓이는 방식은 과학적 표기법을 따른다. 과학적 표기법에 익숙하지 않다면 다음에 나오는 기본적인 요약을 참고하자.

과학자들은 목성의 질량을 1.898×10^{27}kg, 개미의 질량을 3.801×10^{-4}kg이라고 설명한다. 핵심은 굉장히 다른 척도를 설명하는 데 같은 수의 숫자를 쓴다는 것이다. 컴퓨터 과학자들은 바로 이 통찰을 활용해 큰 범위의 수를 표기하는 너비가 고정된 형식을 만들어 낸다. 과학적 표기법 내에서 숫자 내의 각 위치는 다음과 같은 규칙이 있다.

- 부호(sign)가 두 예제에 포함되어 있는데 음수를 표현한다(음의 무한대에서 0까지).
- 가수부(mantissa)는 정수부(significand)라고도 알려져 있다. 가수부는 값으로 생각할 수 있다(예에서는 1.898과 3.801)
- 밑수(radix 또는 base)는 지수의 거듭제곱으로 올린 값이다(예에서는 10).
- 지수부(exponent)는 값의 척도를 설명한다(27과 −4).

이 사항은 부동 소수점 수로 깔끔하게 바꿀 수 있다. 부동 소수점값은 다음 세 개 항목의 컨테이너다.

- 부호 비트(sign bit)
- 지수부(exponent)
- 가수부(mantissa)

밑수(radix)는 어디로 갔을까? 표준에서는 모든 부동 소수점 타입에 대해 밑수를 2로 정의한다. 이 정의 덕분에 비트 패턴에서 밑수를 제외할 수 있다.

5.4.1 f32의 내부 들여다보기

그림 5.1은 러스트에서 f32 타입의 메모리 배치를 표현한 것이다. 해당 배치는 IEEE 754-2019와 IEEE-754-2008 표준에서 binary32라고 부르며, 이전 표준인 IEEE 754-1985에서는 단정도(single)라고 불렸다.

42.42 값은 f32로 01000010001010011010111000010100으로 인코딩된다. 해당 비트 패턴은 0x4229AE14로 더 간결하게 쓸 수 있다. 표 5.1은 각 세 필드의 값과 이것들의 의미를 보여 준다.

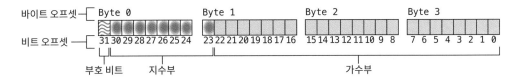

그림 5.1 러스트에서 f32 타입의 부동 소수점 수 비트 내에 인코딩된 세 가지 구성 요소의 개요

구성 요소 이름	이진수로 표현한 구성 요소	십진수(u32)로 표현한 구성 요소	디코딩된 값
부호 비트(s)	0	0	1
지수부(t)	10000100	132	5
가수부(m)	01010011010111000010100	2,731,540	1.325625
밑수			2
지수 편차(exponent bias)			127

표 5.1 f32 타입으로 42.42를 비트 패턴 0x4229AE14로 표현할 때의 구성 요소

 예제 5.10의 32~38행과 5.4.5(187쪽)의 설명을 통해 01010011010111000010100이 어떻게 1.325625를 나타내는지 알 수 있다.

다음 등식은 부동 소수점 수의 필드를 디코딩하여 하나의 수를 얻는다. 표준에서 나온 변수(Radix, Bias)는 타이틀 케이스[4]로, 비트 패턴에서 나온 변수(sign_bit, mantissa, exponent)는 소문자와 고정폭 글꼴로 나타냈다.

4 (옮긴이) 제목에서 전치사, 관사 등을 제외한 낱말의 첫 글자를 대문자로 표기하는 방식

$$n = -1^{\text{sign\_bit}} \times \text{mantissa} \times \text{Radix}^{(\text{exponent} - \text{Bias})}$$

$$n = -1^{\text{sign\_bit}} \times \text{mantissa} \times \text{Radix}^{(\text{exponent} - 127)}$$

$$n = -1^{\text{sign\_bit}} \times \text{mantissa} \times \text{Radix}^{(132 - 127)}$$

$$n = -1^{\text{sign\_bit}} \times \text{mantissa} \times 2^{(132 - 127)}$$

$$n = -1^{\text{sign\_bit}} \times 1.325625 \times 2^{(132 - 127)}$$

$$n = -1^0 \times 1.325625 \times 2^5$$

$$n = 1 \times 1.325625 \times 32$$

$$n = 42.42$$

부동 소수점 수의 기이한 점 중 하나는 부호 비트로 인해 0와 −0이 모두 존재한다는 것이다. 즉, 비트 패턴이 다른 부동 소수점 수가 동일한 경우가 있고(0과 −0), 비트 패턴이 똑같은 수가 같지 않은 경우(NAN 값)가 있다.

5.4.2 부호 비트를 분리하기

부호 비트를 분리하려면 다른 비트를 밖으로 시프트해야 한다. f32에서는 >>31을 포함한다. 다음 예제는 오른쪽 시프트를 행하는 코드의 일부분이다.

예제 5.7 f32의 부호 비트를 분리하여 디코딩하기

```
1 let n: f32 = 42.42;
2 let n_bits: u32 = n.to_bits();
3 let sign_bit = n_bits >> 31;
```

어떤 일이 일어나는지 자세히 알아보기 위해 각 단계를 상세하게 시각적으로 설명한다.

1. f32 값부터 시작하자.

   ```
   let n: f32 = 42.42;
   ```

2. f32의 비트를 u32로 변환하여 비트 조작을 할 수 있게 한다.

   ```
   let n_bits : u32 = n.to_bits();
   ```

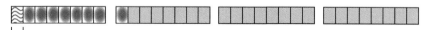

└─ 해결해야 할 문제는 바로 부호 비트의 위치다. 비트 위치를 있는 그대로 처리하면, 1(2^0) 또는 0이 아니라 4,294,967,296(2^{32})이나 0을 나타낸다.

3. n에 있는 비트를 오른쪽으로 31번 이동한다.

```
let sign_bit = n_bits >> 31;
```

부호 비트는 이제 최하위 위치에 자리한다.

5.4.3 지수부 분리하기

지수부를 분리하려면 두 번의 비트 조작이 필요하다. 우선 가수부의 비트를 덮어쓰게끔 오른쪽 시프트를 해야 한다(>>23). 그런 다음 AND 마스크 연산(& 0xff)으로 부호 비트를 제외해야 한다.

지수부의 비트는 또한 디코딩 단계를 거쳐야 한다. 지수부를 디코딩하려면 그중 8비트를 부호 있는 정수로 해석하여 결과에서 127을 빼야 한다(5.4.1에서 언급했듯이 127은 편차라고 한다). 다음 예제는 이 단계를 설명한 것이다.

예제 5.8 f32에서 지수부를 분리하고 디코딩하기

```
1 let n: f32 = 42.42;
2 let n_bits: u32 = n.to_bits();
3 let exponent_ = n_bits >> 23;
4 let exponent_ = exponent_ & 0xff;
5 let exponent_ = (exponent_ as i32) - 127;
```

더 상세히 설명하기 위해 이 단계는 다음과 같이 그림으로 설명한다.

1. f32 값에서 시작한다.

```
let n: f32 = 42.42;
```

2. f32의 비트를 u32로 변환하여 비트 조작을 할 수 있게 한다.

```
let n_bits: u32 = n.to_bits();
```

문제: 지수부의 비트가 오른쪽에 맞춰져 있지 않다.

3. 지수부의 8비트를 오른쪽으로 시프트해서 가수부를 덮어쓴다.

```
let exponent_ = n_bits >> 23;
```

문제: 부호 비트가 여덟 번째 비트에 남아 있다.

4. 부호 비트를 AND 마스크를 이용해서 지운다. 오른쪽 끝의 8개 비트만 이 마스크를 통과할 수 있다.

```
let exponent_ = exponent_ & 0xff;
```

부호 비트가 이제 제거되었다.

5. 남은 비트를 부호 있는 정수로 변환하고 표준에 정의된 대로 편차를 뺀다.

```
let exponent_ = (exponent_ as i32) - 127;
```

5.4.4 가수부 분리하기

가수부 23비트를 분리하려면 AND 마스크를 써서 부호 비트와 지수부를 제거하면 된다(& 0x7fffff). 그런데 사실 그럴 필요는 없는 것이, 다음 디코딩 단계에서 불필요한 비트를 간단히 무시할 수 있기 때문이다. 불행히도 가수부 디코딩 작업은 지수부보다 복잡하다.

가수부의 비트를 디코딩하려면 각 비트에 가중치를 곱한 후 더한다. 맨 처음 비트의 가중치는 0.5이고, 이어지는 비트의 가중치는 현재 가중치의 절반이다. 예를 들어 $0.5(2^{-1})$, $0.25(2^{-2})$, ..., $0.00000011920928955078125(2^{-23})$ 이런 식이다. 암묵적으로 24번째 비트는 특별한 경우가 일어나는 경우를 빼고는 $1.0(2^0)$을 나타내며 항상 켜져(on) 있는 것으로 간주한다. 특별한 경우는 지수부의 상태에 의해 일어난다.

- 지수부의 모든 비트가 전부 0이면 가수부의 비트에 대한 처리는 비정규 수를 표현하는 것으로 변경된다. 실제적으로 이런 변화는 표현할 수 있는 0에 가까운 십진수의 개수를 늘려 준다. 공식적으로 비정규 수는 정규 동작이 표현할 수 있는 가장 작은 숫자와 0 사이의 숫자다.

- 지수부의 모든 값이 1이면 그 수는 무한(∞) 또는 음의 무한(−∞)이거나 NAN이다. NAN 값은 수치 결과가 수학적으로 정의되지 않는 특별한 경우(0을 0으로 나누는 경우 등)나 다른 부정확한 경우를 지칭한다. NAN을 포함하는 연산은 직관적이지 않을 때가 많다. 예를 들어 두 값의 동등 검사는 항상 false이며, 심지어 두 수의 비트 패턴이 완전히 동일하더라도 그렇다. f32의 한 가지 흥미로운 점은 대략 420만 개(~2^{22})의 비트 패턴이 모두 NAN을 표현한다는 점이다.

다음 예제는 특별하지 않은 경우에 대한 구현 코드다.

예제 5.9 f32에서 가수부를 분리하고 디코딩하기

```
01 let n: f32 = 42.42;
02 let n_bits: u32 = n.to_bits();
03 let mut mantissa: f32 = 1.0;
04
05 for i in 0..23 {
06   let mask = 1 << i;
07   let one_at_bit_i = n_bits & mask;
08   if one_at_bit_i != 0 {
09     let i_ = i as f32;
10     let weight = 2_f32.powf( i_ - 23.0 );
11     mantissa += weight;
12   }
13 }
```

처리 과정을 천천히 살펴보자.

1. f32 값에서 시작한다.

   ```
   let n: f32 = 42.42;
   ```

2. f32를 u32로 변환하여 비트 조작을 할 수 있게 한다.

   ```
   let n_bits : u32 = n.to_bits();
   ```

3. 가변 f32 값을 1.0(2^{-0})으로 초기화한다. 이는 암묵적인 24번째 비트의 가중치를 의미한다.

   ```
   let mut mantissa: f32 = 1.0;
   ```

4. 가수부의 분수 비트를 반복하여 해당 비트의 정의된 값을 가수부 변수에 합산한다.

```
for i in 0..23 {
  let mask = 1 << i;
  let one_at_bit_i = n_bits & mask;
  if one_at_bit_i != 0 {
    let i_ = i as f32;
    let weight = 2_f32.powf( i_ - 23.0 );
    mantissa += weight;
  }
}
```

a. 0에서 23까지 반복하면서 임시 변수 i에 반복값을 할당한다.

```
for i in 0..23 {
```

b. 반복값만큼 비트를 옮겨서 비트 마스크를 만들고 그 결과를 mask에 할당한다. 예를 들어 i가 5라면 비트 마스크는 0b00000000_00000000_00000000_00100000이다.

```
let mask = 1 << i;
```

c. n_bits로 저장된 원래 수의 비트들을 mask를 이용해 거른다. 원래 수의 i번째 비트가 0이 아닌 값이라면, one_at_bit_i에는 0이 아닌 값이 할당된다.

```
let one_at_bit_i = n_bits & mask;
```

d. one_at_bit_i가 0이 아니라면 다음을 진행한다.

```
if one_at_bit_i != 0 {
```

e. i번째 위치 비트의 가중치를 계산한다. 가중치는 $2i^{-23}$이다.

```
let i_ = i as f32;
let weight = 2_f32.powf( i_ - 23.0 );
```

f. 가중치를 mantissa에 누적한다.

```
mantissa += weight;
```

> **러스트의 부동 소수 리터럴을 파싱하는 것은 보기보다 더 어렵다**
>
> 러스트의 수는 메서드를 가진다. 1.2에 가장 가까운 정수를 얻으려면, 러스트에서는 함수 호출 ceil(1.2)가 아니라 메서드 1.2_f32.ceil()을 이용한다. 편리하기는 하지만 컴파일러가 소스 코드를 파싱할 때 몇 가지 문제를 일으킬 수 있다.
>
> 예를 들어 단항 마이너스(unary minus)는 메서드 호출보다 우선순위가 낮은데, 예상하지 못한 수학적 오류가 일어날 수 있다. 컴파일러에 의도를 명확히 전하고 싶다면 괄호를 이용하는 것이 유용하다. $(-1)^0$을 계산하려면 -1.0을 다음과 같이 괄호로 감싸는 형태가 되어야 한다.
>
> ```
> (-1.0_f32).powf(0.0)
> ```
>
> 반면에 -1.0_f32.powf(0.0)은 $-(1^0)$으로 해석된다. (-1^0)과 $(-1)^0$은 수학적으로 유효하기에 러스트는 괄호가 누락되었다고 불평하지 않을 것이다.

5.4.5 부동 소수점 수 해부하기

5.4절 시작 부분에서 언급했듯이 부동 소수점 수는 3개의 필드로 이루어진 컨테이너다. 5.4.1~5.4.3에서 각 필드를 추출하는 데 필요한 도구를 살펴봤다. 이제 이것들을 실제로 적용해 보자.

예제 5.10에서는 쌍방 간의 변환 작업을 수행한다. 42.42에서 필드를 추출해서 f32로 개별 부분을 처리한 다음 이를 결합하여 다른 수를 만든다. 부동 소수점 수 안의 비트를 하나의 수로 변환하려면 세 가지 작업이 필요하다.

1. 컨테이너로부터 그 값의 비트를 추출하기(1~26행의 to_parts())
2. 각 값을 비트 패턴으로부터 실제 값으로 해석하기(28~51행의 decode())
3. 계산을 해서 과학적 표기법에서 일반 수로 변환하기(53~59행의 from_parts())

예제 5.10을 실행하면 f32로 인코딩된 42.42의 내부를 두 가지 방식으로 보게 된다.

```
42.42 -> 42.42
field    | as bits | as real number
sign     | 0       | 1
exponent | 10000100 | 32
mantissa | 0101001101011100001010 | 1.325625
```

예제 5.10에서 deconstruct_f32()는 비트 조작을 사용해 부동 소수점 값의 각 필드를 추출한다. decode_f32_parts()에서는 해당 필드를 관련 숫자로 변환하는 방법을 보여 준다. f32_from_parts() 메서드는 이것들을 결합하여 단일 십진수를 만든다. 이 파일의 소스는 ch5/ch5-visualizing-f32.rs에 있다.

예제 5.10 부동 소수점값을 해체하기

```
01 const BIAS: i32 = 127;        ┐ ❶
02 const RADIX: f32 = 2.0;       ┘
03
04 fn main() {    ❷
05   let n: f32 = 42.42;
06
07   let (sign, exp, frac) = to_parts(n);
08   let (sign_, exp_, mant) = decode(sign, exp, frac);
09   let n_ = from_parts(sign_, exp_, mant);
10
11   println!("{} -> {}", n, n_);
12   println!("field    | as bits | as real number");
13   println!("sign     |      {:01b} | {}", sign, sign_);
14   println!("exponent | {:08b} | {}", exp, exp_);
15   println!("mantissa | {:023b} | {}", frac, mant);
16 }
17
18 fn to_parts(n: f32) -> (u32, u32, u32) {
19   let bits = n.to_bits();
20
21   let sign     = (bits >> 31) & 1;        ❸
22   let exponent = (bits >> 23) & 0xff;     ❹
23   let fraction =  bits & 0x7fffff;        ❺
24
25   (sign, exponent, fraction)     ❻
26 }
27
28 fn decode(
29   sign: u32,
30   exponent: u32,
31   fraction: u32
32 ) -> (f32, f32, f32) {
33   let signed_1 = (-1.0_f32).powf(sign as f32);     ❼
34
35   let exponent = (exponent as i32) - BIAS;           ┐ ❽
36   let exponent = RADIX.powf(exponent as f32);        ┘
37
38   let mut mantissa: f32 = 1.0;
39
```

```
40    for i in 0..23 {
41      let mask = 1 << i;
42      let one_at_bit_i = fraction & mask;
43      if one_at_bit_i != 0 {
44        let i_ = i as f32;                           ❾
45        let weight = 2_f32.powf( i_ - 23.0 );
46        mantissa += weight;
47      }
48    }
49
50    (signed_1, exponent, mantissa)
51  }
52
53  fn from_parts(    ❿
54    sign: f32,
55    exponent: f32,
56    mantissa: f32,
57  ) -> f32 {
58      sign * exponent * mantissa
59  }
```

❶ std::f32 모듈을 통해 비슷한 상수에 접근할 수 있다.

❷ main()은 파일의 처음에 놓여도 된다.

❸ 시프트를 통해 필요 없는 비트 31개를 없애고 부호 비트만 남긴다.

❹ 논리 AND 마스크로 상위 비트를 필터링한 후 불필요한 비트 23개를 없앤다.

❺ 최하위 비트 23개만 AND 마스크로 남긴다.

❻ 가수부 부분은 디코딩해야 가수부가 되므로 여기에서는 fraction이라고 칭한다.

❼ 부호 비트를 1.0이나 -1.0으로 변환한다. 괄호는 -1.0_f32를 감싸는데, 메서드 호출이 단항 마이너스 연산자보다 등급이 높기 때문에 연산자 우선순위를 명확하게 하기 위해서다.

❽ 지수부는 BIAS를 빼면 음수가 나올 수 있으므로 i32가 되어야 한다. 그런 다음 f32로 변환하여 제곱 연산에 쓴다.

❾ 지수부를 5.4.4(184쪽)에서 설명한 방식으로 디코딩한다.

❿ 중간 과정에서 f32 값을 이용하는 약간의 꼼수를 쓴다. 다행히 이 정도는 봐줄 만하다.

바이트로부터 비트를 풀어내는 법을 알면 네트워크를 통해 날아오는 형식화되지 않은 바이트를 처리해야 할 때 개발자로서 일하는 동안 훨씬 유리한 위치에 설 수 있다.

5.5 고정 소수점 수 형식

부동 소수점 형식으로 십진수를 표현하는 방법 외에 고정 소수점 방식도 존재한다. 고정 소수점 방식은 분수를 나타내는 데 유용하며, 마이크로 컨트롤러 같은 부동 소수점 연산 유닛(floating point unit, FPU)이 없는 CPU에서 연산을 수행할 수 있는 방법 중 하나다. 부동 소수점 수와는 달리 이 방식은 소수점 자릿수가 다른 범위를 대응하기 위해 이동하지 않는다. –1..=1 사이의 값을 표현하기 위해 고정 소수점 수 형식을 이용해 볼 것이다. 정확도는 낮지만 상당한 공간을 절약할 수 있다.[5]

Q 형식은 단일 바이트를 이용하는 고정 소수점 형식이다.[6] 텍사스 인스트루먼트에서 내장 컴퓨팅 장치 용도로 개발했다. 우리가 구현할 Q 형식의 구체적인 버전은 Q7이다. Q7은 7비트로 숫자를 나타내고 추가로 부호 비트가 하나 더 있다. 우리는 i8에서 7비트를 숨겨서 십진수의 특성을 위장할 것이다. 이는 러스트 컴파일러가 값의 부호를 추적해 우리를 도와줄 수 있음을 의미한다. 또한 PartialEq와 Eq 등의 트레이트를 사용할 수 있는데, 이를 통해 타입에 대한 비교 연산이 가능해진다.

다음 코드는 예제 5.14에서 타입 정의만 발췌한 것이다. 전체 코드는 ch5/ch5-q/src/lib.rs에서 볼 수 있다.

예제 5.11 Q7 형식의 정의(다음 행 번호는 1에서 시작)

```
1 #[derive(Debug,Clone,Copy,PartialEq,Eq)]
2 pub struct Q7(i8);    ❶
```

❶ Q7은 튜플 구조체다.

이름 없는 필드로부터 생성되는 구조체(예를 들어 Q7(i8))는 튜플 구조체라고 한다. 필드에 직접 접근할 필요가 없는 경우 표기법이 간단하다. 예제 5.11에 나오지는 않았지만 튜플 구조체는 쉼표로 구분해 더 많은 타입을 추가함으로써 여러 필드를 포함할 수 있다. 참고로 #[derive(…)] 블록은 프로그래머를 대신해 몇 가지 트레이트를 구현하도록 러스트에 요청한다.

- Debug — println!() 매크로(와 그 외)에서 사용된다. {:?} 구문으로 Q7을 문자열로 변환해 준다.

---

5 기계 학습 커뮤니티에서는 이런 관례를 모델 양자화라고 부른다.
6 Q는 칠판 볼드체(blackboard bold: 수학에서 굵은 글씨를 표현하는 데 쓰는 글꼴) 스타일인 Q로 쓰기도 하는데, 이른바 유리수를 나타내는 수학 기호. 유리수는 두 정수의 분수로 표현될 수 있는 수인 1/3 같은 수를 말한다.

- Clone — Q7을 .clone() 메서드로 복제할 수 있다. 이는 i8이 Clone 트레이트를 구현하기에 가능한 것이다.
- Copy — 소유권 오류가 나지 않도록 암묵적으로 값싸게 복사할 수 있다. Q7을 이동 의미를 이용하는 타입에서 복사 의미를 이용하는 타입으로 변경하는 것이다.
- PartialEq — Q7 값을 동등 연산자(==)로 비교할 수 있다.
- Eq — 모든 가능한 Q7 값은 다른 가능한 Q7 값과 비교할 수 있다고 러스트에 알려 준다.

Q7은 아주 작은 저장 공간과 데이터 전송용으로만 의도된 타입이다. 가장 중요한 역할은 부동 소수점과의 변환이다. 예제 5.14에서 발췌한 다음 예제는 f64로의 변환을 보여 준다. 해당 소스 코드는 ch5/ch5-q/src/lib.rs에 있다.

예제 5.12 f64에서 Q7으로 변환

```
04 impl From<f64> for Q7 {
05   fn from (n: f64) -> Self {
06     // assert!(n >= -1.0);
07     // assert!(n <= 1.0);
08     if n >= 1.0 {          ❶
09       Q7(127)
10     } else if n <= -1.0 {  ❷
11       Q7(-128)
12     } else {
13       Q7((n * 128.0) as i8)
14     }
15   }
16 }
17
18 impl From<Q7> for f64 {
19   fn from(n: Q7) -> f64 {
20     (n.0 as f64) * 2f64.powf(-7.0)   ❸
21   }
22 }
```

❶❷ 범위를 벗어나는 입력을 강제로 맞춘다.

❸ 5.3.5(~쪽)에서 순차적 접근을 했던 것과 동일한 부분이다.

예제 5.12에 있는 두 개의 impl From<T> for U 블록은 러스트가 T 타입에서 U 타입으로 변환을 어떻게 수행하는지 설명해 준다.

- 4, 18행에서 impl From<T> for U 블록이 등장한다. std::convert::From 트레이트는 From으로 지역 범위에 포함되어 있으며 이는 표준 프렐류드의 일부다.

from()을 U 타입에서 구현하기 위해서는 T 값을 단일 인자로 받아야 한다.

- 6~7행은 예상하지 못한 입력값이 들어올 때 프로그램을 중단시키는 한 가지 방법을 보여 준다. 여기에서는 사용하지 않지만 여러분의 프로젝트에서 사용할 수 있다.

- 13~16행은 범위를 벗어나는 입력을 자른다. 우리가 의도한 바에 따라 범위 밖의 입력이 일어나지 않으리라는 점을 알고 있으므로 정보 손실 위험을 감수할 것이다.

> 💡 From 트레이트를 이용한 변환은 수학적으로 동일해야 한다. 타입 변환이 실패할 수 있는 경우에는 std::convert::TryFrom 트레이트를 대신 구현하는 것을 고려하라.

f32에서 Q7으로의 변환은 방금 전에 본 From<f64> 구현을 이용하여 빠르게 만들 수 있다. 예제 5.14에서 발췌한 다음 예제는 이 변환을 보여 준다. 해당 소스 코드는 ch5/ch5-q/src/lib.rs에 있다.

예제 5.13 f64를 이용하여 f32에서 Q7으로 변환하기

```
22 impl From<f32> for Q7 {
23   fn from (n: f32) -> Self {
24     Q7::from(n as f64)      ❶
25   }
26 }
27
28 impl From<Q7> for f32 {
29   fn from(n: Q7) -> f32 {
30     f64::from(n) as f32     ❷
31   }
32 }
```

❶ 설계상 f32에서 f64로 변환하는 것이 안전하다. 32비트로 표현 가능한 수는 64비트에서도 표현 가능하다.

❷ 일반적으로 f64에서 f32로 변환하는 것은 정밀도가 손실될 수 있는 위험이 있다. 이 애플리케이션에서는 -1과 1 사이에 있는 수만 변환하기 때문에 해당하는 위험은 없다.

두 부동 소수점 타입을 다뤄 보았다. 하지만 해당 코드가 의도한 대로 실제 동작하는지 어떻게 알 수 있을까? 또 작성한 코드를 어떻게 검사할까? 러스트는 카고를 이용한 단위 테스트를 훌륭히 지원한다.

지금까지 본 Q7 코드는 전체 예제에 있다. 하지만 먼저 코드를 테스트하려면 크레이트의 루트 디렉터리로 가서 cargo test를 실행한다. 다음 결과는 예제 5.14(전체 코드)로부터 얻은 것이다.

```
$ cargo test
   Compiling ch5-q v0.1.0 (file:///path/to/ch5/ch5-q)
    Finished dev [unoptimized + debuginfo] target(s) in 2.86 s
     Running target\debug\deps\ch5_q-013c963f84b21f92

running 3 tests
test tests::f32_to_q7 ... ok
test tests::out_of_bounds ... ok
test tests::q7_to_f32 ... ok

test result: ok. 3 passed; 0 failed; 0 ignored; 0 measured; 0 filtered out

    Doc-tests ch5-q

running 0 tests

test result: ok. 0 passed; 0 failed; 0 ignored; 0 measured; 0 filtered out
```

이어지는 코드에는 Q7 형식과 f32, f64 타입으로의 변환이 구현되어 있다. 해당 코드는 ch5/ch5-q/src/lib.rs에 있다.

예제 5.14 Q7 형식에 대한 전체 구현 코드

```
01 #[derive(Debug,Clone,Copy,PartialEq,Eq)]
02 pub struct Q7(i8);
03
04 impl From<f64> for Q7 {
05    fn from (n: f64) -> Self {
06       if n >= 1.0 {
07          Q7(127)
08       } else if n <= -1.0 {
09          Q7(-128)
10       } else {
11          Q7((n * 128.0) as i8)
12       }
13    }
14 }
15
16 impl From<Q7> for f64 {
17    fn from(n: Q7) -> f64 {
18       (n.0 as f64) * 2f64.powf(-7.0)
19    }
20 }
21
22 impl From<f32> for Q7 {
23    fn from (n: f32) -> Self {
24       Q7::from(n as f64)
25    }
```

```
26  }
27
28  impl From<Q7> for f32 {
29    fn from(n: Q7) -> f32 {
30      f64::from(n) as f32
31    }
32  }
33
34  #[cfg(test)]
35  mod tests {          ❶
36    use super::*;       ❷
37
38    #[test]
39    fn out_of_bounds() {
40      assert_eq!(Q7::from(10.), Q7::from(1.));
41      assert_eq!(Q7::from(-10.), Q7::from(-1.));
42    }
43
44    #[test]
45    fn f32_to_q7() {
46      let n1: f32 = 0.7;
47      let q1 = Q7::from(n1);
48
49      let n2 = -0.4;
50      let q2 = Q7::from(n2);
51
52      let n3 = 123.0;
53      let q3 = Q7::from(n3);
54
55      assert_eq!(q1, Q7(89));
56      assert_eq!(q2, Q7(-51));
57      assert_eq!(q3, Q7(127));
58    }
59
60    #[test]
61    fn q7_to_f32() {
62      let q1 = Q7::from(0.7);
63      let n1 = f32::from(q1);
64      assert_eq!(n1, 0.6953125);
65
66      let q2 = Q7::from(n1);
67      let n2 = f32::from(q2);
68      assert_eq!(n1, n2);
69    }
70  }
```

❶ 이 파일에 하위 모듈을 정의한다.

❷ 상위 모듈을 하위 모듈의 지역 범위로 가져온다. pub로 표기된 항목들은 하위 모듈에서 접근할 수 있다.

> **🗄️ 러스트 모듈 시스템 간단히 살펴보기**
>
> 러스트는 강력하고 인간 공학적인 모듈 시스템을 가지고 있다. 하지만 이 책에서는 예제를 간단하게 유지하기 위해 해당 시스템을 많이 사용하지는 않는다. 기본 가이드라인만 소개한다.
>
> - 모듈은 크레이트로 결합된다.
> - 모듈은 프로젝트 디렉터리 구조에 의해 정의될 수 있다. src/ 아래의 하위 디렉터리는 해당 디렉터리에 mod.rs 파일이 들어 있다면 모듈이 된다.
> - 모듈은 mod 키워드를 통해 파일 안에서 정의될 수도 있다.
> - 모듈은 임의로 중첩될 수 있다.
> - 하위 모듈을 포함한 모듈의 모든 멤버는 기본적으로 비공개다. 비공개 항목은 해당 모듈과 하위 모듈에서 접근이 가능하다.
> - pub 키워드를 붙임으로써 공개 항목을 만들 수 있다. pub 키워드에는 몇 가지 특수한 경우가 있다.
>   a. pub(crate)는 한 아이템을 크레이트 내 다른 모듈에 공개한다.
>   b. pub(super)는 한 아이템을 상위 모듈에 공개한다.
>   c. pub(in path)는 한 아이템을 path 안에 있는 모듈에 공개한다.
>   d. pub(self)는 항목을 비공개로 유지한다.
> - 다른 모듈의 항목을 지역 범위로 가져오려면 use 키워드를 쓴다.

5.6 임의의 바이트로부터 난수 확률을 만들어 내기

이제 재미있는 문제를 풀어 보면서 이전 내용에서 배운 지식을 시험해 보자. 난수 바이트를 만들어 내는 소스(u8)가 있고, 이 중 하나를 0과 1 사이의 부동 소수점(f32) 값으로 변환하고 싶다고 하자. mem::transmute를 이용해 입력되는 바이트를 f32/f64로 단순 변환하면, 비율이 매우 크게 달라진다. 다음 코드는 임의의 입력된 바이트로부터 0에서 1 사이의 f32 값을 생성하기 위해 나눗셈을 사용한다.

예제 5.15 u8에 나눗셈을 이용해 범위 [0,1] 사이에 있는 f32 값을 생성

```
1 fn mock_rand(n: u8) -> f32 {
2   (n as f32) / 255.0        ❶
3 }
```

❶ 255는 u8이 표현할 수 있는 최댓값이다.

나누기는 속도가 느린 연산으로, 단순히 바이트로 표현 가능한 가장 큰 수로 나누는 것보다 빠른 다른 방법이 있을 것이다. 상수인 지수부를 가정하여 입력된 비트를 시프트하여 가수부로 만들면 해당 값은 0과 1 범위에 있게 된다. 예제 5.16은 비트 연산으로 가장 좋은 결과를 얻을 수 있는 방식이다.

-1의 지수부는 0b01111110(십진수로 126)이므로 원래 바이트는 0.5에서 0.998 범위를 얻게 된다. 이를 뺄셈과 곱셈으로 0.0에서 0.996으로 정규화할 수 있다. 하지만 더 나은 방법이 있을까?

예제 5.16 u8에서 범위 [0,1] 사이에 있는 f32 값을 만들기

```
01 fn mock_rand(n: u8) -> f32 {
02
03    let base: u32 = 0b0_01111110_00000000000000000000000;
04
05    let large_n = (n as u32) << 15;           ❶
06
07    let f32_bits = base | large_n;            ❷
08
09    let m = f32::from_bits(f32_bits);         ❸
10
11    2.0 * ( m - 0.5 )                         ❹
12 }
```

❶ 입력 바이트 n을 32비트로 맞춘다. 그리고 왼쪽으로 15비트 시프트하여 값을 증가시킨다.

❷ 비트 OR 연산을 써서 base와 입력값을 섞는다.

❸ u32인 f32_bits를 f32로 변환한다.

❹ 결과의 범위를 정규화한다.

완성된 프로그램으로서, 예제 5.16의 mock_rand()를 시험용 프로그램에 매우 쉽게 포함시킬 수 있다. 예제 5.17(ch5/ch5-u8-to-mock-rand.rs)은 임의의 입력 바이트로부터 나눗셈 없이 0과 1 사이의 f32 값을 만들어 낸다. 다음은 그 결과다.

```
max of input range: 11111111 -> 0.99609375
mid of input range: 01111111 -> 0.49609375
min of input range: 00000000 -> 0
```

예제 5.17 f32 값을 나눗셈 없이 생성하기

```
01 fn mock_rand(n: u8) -> f32 {
02    let base: u32 = 0b0_01111110_00000000000000000000000;
03    let large_n =  (n as u32) << 15;
04    let f32_bits = base | large_n;
```

```
05    let m = f32::from_bits(f32_bits);
06    2.0 * ( m - 0.5 )
07 }
08
09 fn main() {
10    println!("max of input range: {:08b} -> {:?}", 0xff, mock_rand(0xff));
11    println!("mid of input range: {:08b} -> {:?}", 0x7f, mock_rand(0x7f));
12    println!("min of input range: {:08b} -> {:?}", 0x00, mock_rand(0x00));
13 }
```

5.7 CPU를 구현해 함수 역시 데이터임을 입증하기

컴퓨팅에 대한 상당히 평범하지만 아주 흥미로운 세부 사항 중 하나는 명령도 숫자에 불과하다는 것이다. 연산과 연산 대상인 데이터는 동일한 인코딩을 공유한다. 이는 범용 컴퓨팅 장치로서 여러분의 컴퓨터가 소프트웨어를 통해 다른 컴퓨터의 명령어 세트를 에뮬레이팅할 수 있음을 의미한다. CPU 동작 방식을 알기 위해 CPU를 뽑아 볼 수는 없지만 코드를 통해 구성해 볼 수는 있다.

이 절을 마치고 나면 기초적인 수준에서 컴퓨터가 어떻게 동작하는지 배우게 될 것이다. 이 절에서는 함수가 어떻게 동작하는지, 포인터라는 단어가 무엇을 의미하는지 알아본다. 어셈블리 언어를 쓰지 않고 대신 십육진수로 직접 프로그래밍을 할 것이다. 또한 이 절에서는 그동안 들어 봤을 스택이라는 용어도 소개한다.

우리는 1970년대 시장에서 유통되었던 CHIP-8이라는 시스템의 부분 집합을 구현할 것이다. CHIP-8은 다수의 제조사로부터 지원받았지만, 당시 기준으로 봐도 매우 원시적인 칩이었다(상업용이나 과학 애플리케이션용보다는 게임 제작용으로 만들어졌다).

CHIP-8 CPU를 사용한 기기 중 하나가 COSMAC VIP다. 단일 색상 화면에 64×32(0.0002메가픽셀)의 해상도, 2KB 램, 1.76MHz CPU의 사양을 가진 이 기기는 미화 275달러에 판매되었다. 그리고 사용자가 컴퓨터를 직접 조립해야 했다. 또한 세계 최초의 여성 게임 개발자인 조이스 와이스베커(Joyce Weisbecker)가 프로그램한 게임을 포함하고 있었다.

5.7.1 CPU RIA/1: 가산기

최소한의 핵심에서 시작해서 이해를 넓혀 나갈 것이다. 단일한 연산을 지원하는 에뮬레이터를 만드는 데서 시작할 텐데 바로 덧셈 연산이다. 이 절 후반의 예제 5.22

에서 어떤 일들이 일어나는지 알려면 세 가지 주요한 내용을 배워야 한다.

- 새로운 용어에 익숙해지기
- 옵코드(opcode)를 해석하는 방법
- 메인 루프를 이해하기

CPU 에뮬레이션과 관련된 용어들

CPU와 에뮬레이션을 다루려면 몇 가지 용어를 배워야 한다. 다음 내용을 잠시 살펴보자.

- 하나의 연산(줄여서 옵이라고 한다)은 시스템에서 기본적으로 지원하는 절차를 의미한다. 내용을 좀 더 살펴보면서 하드웨어 구현이나 내장 연산 같은 비슷한 문구를 만나게 될 것이다.
- 레지스터는 CPU가 직접 접근하는 데이터를 담고 있다. 대부분의 연산 작업에서 피연산자는 연산이 수행되기 위해 레지스터로 옮겨져야 한다. CHIP-8에서 각 레지스터는 u8 값이다.
- 옵코드는 연산에 매핑된 숫자다. CHIP-8 플랫폼에서 옵코드에는 연산자와 피연산자용 레지스터가 모두 포함된다.

CPU 정의하기

우리가 지원할 첫 번째 연산은 덧셈이다. 이 연산은 두 레지스터(x와 y)를 피연산자로 받아, y 레지스터에 담긴 값을 x 레지스터에 더한다. 이를 구현하고자 다음 예제에서 보이는 것처럼 가능한 한 최소한으로 코드를 쓰기로 한다. 첫 CPU는 레지스터 두 개와 옵코드 하나를 위한 공간만 갖고 있다.

예제 5.18 예제 5.22에서 사용되는 CPU 정의

```
struct CPU {
  current_operation: u16,        ❶
  registers: [u8; 2],            ❷
}
```

❶ 모든 CHIP-8 옵코드는 u16 값이다.

❷ 이 두 레지스터는 덧셈용으로는 충분하다.

지금까지 이 CPU는 스스로 동작할 수 없다. 덧셈을 실행하려면 다음 단계가 필요하지만, 아직 메모리에 데이터를 저장하지는 못한다.

1. CPU를 초기화한다.
2. u8 값을 registers에 로드한다.
3. current_operation에 덧셈 옵코드를 로드한다.
4. 연산을 실행한다.

값을 레지스터에 로드하기

CPU 부팅 과정은 CPU 구조체의 필드에 쓰는 것으로 구성된다. 예제 5.22에서 발췌한 다음 예제는 CPU 초기화 과정에 관한 것이다.

예제 5.19 **CPU 초기화**

```
32 fn main() {
33   let mut cpu = CPU {
34     current_operation: 0,   ❶
35     registers: [0; 2],
36   };
37
38   cpu.current_operation = 0x8014;
39   cpu.registers[0] = 5;      ┐
40   cpu.registers[1] = 10;     ┘  ❷
```

    ❶ 노옵(no-op: 아무것도 하지 않음)으로 초기화

    ❷ 레지스터는 u8 값만 담을 수 있다.

예제 5.19의 38행은 전후 맥락 없이는 해석하기 어렵다. 상수 0x8014는 CPU가 해석할 옵코드다. 이를 디코딩하면 다음과 같이 4개의 부분으로 나뉜다.

- 8은 레지스터 두 개가 연산에 관여함을 표시한다.
- 0은 cpu.registers[0]에 매핑된다.
- 1은 cpu.registers[1]에 매핑된다.
- 4는 덧셈을 지시한다.

에뮬레이터의 메인 루프를 이해하기

데이터를 로드했으므로 CPU는 몇 가지 작업을 할 수 있는 상태가 거의 됐다. run() 메서드는 에뮬레이터 작업 대부분을 수행한다. 다음 단계를 통해 CPU 사이클을 에뮬레이트한다.

1. (최종적으로 메모리에서) 옵코드를 읽어 들인다.

2. 명령을 디코딩한다.

3. 디코딩한 명령을 옵코드와 일치시킨다.

4. 연산을 특정한 함수에 보내 실행한다.

예제 5.22에서 발췌한 다음 코드에서 에뮬레이터에 첫 기능을 추가하는 것을 볼 수 있다.

예제 5.20 옵코드 읽기

```
06 impl CPU {
07   fn read_opcode(&self) -> u16 {
08     self.current_operation                        ❶
09   }
10
11   fn run(&mut self) {
12     // loop {   ❷
13       let opcode = self.read_opcode();
14
15       let c = ((opcode & 0xF000) >> 12) as u8;
16       let x = ((opcode & 0x0F00) >>  8) as u8;
17       let y = ((opcode & 0x00F0) >>  4) as u8;     ❸
18       let d = ((opcode & 0x000F) >>  0) as u8;
19
20       match (c, x, y, d) {
21         (0x8, _, _, 0x4) => self.add_xy(x, y),     ❹
22         _ => todo!("opcode {:04x}", opcode),        ❺
23       }
24     // }   ❻
25   }
26
27   fn add_xy(&mut self, x: u8, y: u8) {
28     self.registers[x as usize] += self.registers[y as usize];
29   }
30 }
```

❶ read_opcode()는 나중에 메모리에서 읽기를 도입하면 더 복잡해진다.

❷ 지금은 반복하지 않도록 막아 둔다.

❸ 다음 절에서 이 옵코드 디코딩 과정을 설명한다.

❹ 해당 작업을 담당하는 하드웨어 회로로 실행을 전달한다.

❺ 완전한 에뮬레이터에는 다양한 연산을 포함한다.

❻ 지금은 반복하지 않도록 막아 둔다.

CHIP-8 옵코드 해석하기

CPU가 옵코드(0x8014)를 해석할 수 있는 능력은 중요하다. 이 절에서는 CHIP-8에서 사용되는 프로세스와 명명 규칙에 대해 설명한다.

CHIP-8 옵코드는 4개의 니블(nibble)로 구성된 u16 값이다. 여기서 니블은 반 바이트를 말한다. 즉, 니블은 4비트 값이다. 러스트에는 4비트 타입이 없기 때문에 u16 값을 해당 부분으로 나누려면 성가시다. 상황을 더 복잡하게 만드는 것은, CHIP-8의 니블이 상황에 따라 8비트나 12비트 값으로 재결합하기도 한다는 점이다.

각 옵코드 부분에 대한 이야기를 간단히 하기 위해 표준 용어를 소개한다. 각 옵코드는 2바이트로 구성된다. 바로 상위 바이트(high byte)와 하위 바이트(low byte)다. 그리고 각 바이트는 두 개의 니블, 즉 상위 니블(High nibble)과 하위 니블(Low nibble)로 이루어져 있다. 그림 5.2는 각 용어를 그림으로 설명한 것이다.

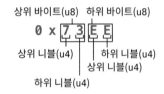

그림 5.2 CHIP-8 옵코드의 각 부분을 가리키는 용어

CHIP-8 문서에는 kk, nnn, x, y 등의 여러 변수도 소개되어 있다. 표 5.2에 각각의 역할과 위치, 너비 등을 설명해 놓았다.

변수	비트 길이	위치	설명
n*	4	하위 바이트, 하위 니블	바이트 수
x	4	상위 바이트, 하위 니블	CPU 레지스터
y	4	하위 바이트, 상위 니블	CPU 레지스터
c†	4	상위 바이트, 상위 니블	옵코드 그룹
d†*‡	4	하위 바이트, 하위 니블	옵코드 하위 그룹
kk‡	8	하위 바이트, 상하위 니블	정수
nnn‡	12	상위 바이트, 하위 니블 그리고 하위 바이트, 상하위 니블	메모리 접근

* n과 d는 같은 위치를 차지하지만 서로 완전히 다른 맥락에서 쓰인다.
† c와 d는 이 책에서는 쓰이지만 다른 CHIP-8 문서에는 없는 변수 이름이다.
‡ CPU RIA/3에서 쓰인다(예제 5.29 참고).

표 5.2 CHIP-8 옵코드 명세에 사용된 변수들

그림 5.3에서 볼 수 있듯이 옵코드에는 세 가지 형태가 있다. 디코딩 프로세스는 첫 번째 바이트의 상위 니블을 세 가지 방법 중 하나에 적용하는 것이다.

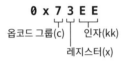

0 x 7 3 E E
옵코드 그룹(c)
인자(kk)
레지스터(x)
해석: 238(0xEE)을
레지스터 3에 더하라.
0 x 1 2 0 0
옵코드 그룹(c)
주소(nnn)
해석: 메모리 주소(0x200)로
점프하라.
0 x 8 2 3 1
옵코드 그룹(c)
옵코드
하위 타입(d)
레지스터(y)
레지스터(x)
해석: 비트 OR 연산을
레지스터 x와 y에 수행한다.
결과는 레지스터 x에
보관한다.

그림 5.3 CHIP-8 옵코드는 다양한 방식으로 디코딩된다. 어떤 것을 쓸지는 맨 왼쪽 니블값에 따라 결정된다.

바이트에서 니블을 추출하려면 오른쪽 시프트(>>)와 논리 AND(&) 비트 연산을 사용한다. 이 연산들은 5.4에서 소개했으며 특히 5.4.1~5.4.3에서 쓰였다. 다음 예제는 이 비트 연산으로 현재 문제를 해결하는 방식을 보여 준다.

예제 5.21 옵코드에서 변수 추출하기

```
fn main() {
  let opcode: u16 = 0x71E4;

  let c = (opcode & 0xF000) >> 12;
  let x = (opcode & 0x0F00) >>  8;   ❶
  let y = (opcode & 0x00F0) >>  4;
  let d = (opcode & 0x000F) >>  0;

  assert_eq!(c, 0x7);
  assert_eq!(x, 0x1);   ❷
  assert_eq!(y, 0xE);
  assert_eq!(d, 0x4);

  let nnn = opcode & 0x0FFF;   ❸
  let kk  = opcode & 0x00FF;
```

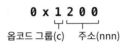

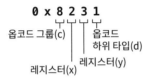

```
assert_eq!(nnn, 0x1E4);
assert_eq!(kk,   0xE4);
}
```

❶ AND 연산자(&)로 단일한 니블값을 선택하여 남을 비트를 거른다. 이후 시프트 연산으로 최하 위 위치로 비트를 이동시킨다. 각 십육진수가 4비트를 표현해서 십육진 표기가 이런 연산에 편리하다. 0xF 값은 한 니블의 모든 비트를 선택한다.

❷ 옵코드의 니블 4개는 처리 후 개별 변수로 이용 가능하다.

❸ 필터의 폭을 늘려 다수의 니블을 선택한다. 이 경우 비트를 오른쪽으로 시프트하는 일은 불필요하다.

이제 명령을 디코딩할 수 있게 되었다. 다음 단계는 실제로 이를 실행하는 것이다.

5.7.2 CPU RIA/1 전체 코드: 가산기

다음 예제는 프로토타입 에뮬레이터 가산기(adder)의 전체 코드다. 해당 소스 코드는 ch5/ch5-cpu1/src/main.rs에 있다.

예제 5.22 **CHIP-8 에뮬레이터의 첫 구현**

```
01 struct CPU {
02   current_operation: u16,
03   registers: [u8; 2],
04 }
05
06 impl CPU {
07   fn read_opcode(&self) -> u16 {
08     self.current_operation
09   }
10
11   fn run(&mut self) {
12     // loop {
13       let opcode = self.read_opcode();
14
15       let c = ((opcode & 0xF000) >> 12) as u8;
16       let x = ((opcode & 0x0F00) >>  8) as u8;
17       let y = ((opcode & 0x00F0) >>  4) as u8;
18       let d = ((opcode & 0x000F) >>  0) as u8;
19
20       match (c, x, y, d) {
21         (0x8, _, _, 0x4) => self.add_xy(x, y),
22         _  =>  todo!("opcode {:04x}", opcode),
23       }
24     // }
25   }
26
```

```
27    fn add_xy(&mut self, x: u8, y: u8) {
28      self.registers[x as usize] += self.registers[y as usize];
29    }
30 }
31
32 fn main() {
33    let mut cpu = CPU {
34      current_operation: 0,
35      registers: [0; 2],
36    };
37
38    cpu.current_operation = 0x8014;
39    cpu.registers[0] = 5;
40    cpu.registers[1] = 10;
41
42    cpu.run();
43
44    assert_eq!(cpu.registers[0], 15);
45
46    println!("5 + 10 = {}", cpu.registers[0]);
47 }
```

이 가산기는 그리 많은 일을 하지는 않는다. 실행하면 다음과 같은 결과를 출력한다.

```
5 + 10 = 15
```

5.7.3 CPU RIA/2: 곱셈기

CPU RIA/1은 한 가지 연산, 바로 덧셈만 실행할 수 있다. CPU RIA/2 곱셈기(multi-plier)는 순차적으로 여러 명령을 실행할 수 있다. 곱셈기는 램과 실제 동작하는 주 반복문, 다음에 어떤 명령이 실행될지 지시하는 변수 position_in_memory를 포함한다. 예제 5.26은 5.22를 다음과 같이 바꿨다.

- 4KB 메모리를 추가한다(4행).
- 완전한 형태의 주 반복문과 중지 조건을 포함한다(16~32행). 반복문의 각 단계에서 position_in_memory의 메모리를 읽고 옵코드를 디코딩한다. position_in_memory는 다음 메모리 주솟값으로 증가되며 해당 옵코드가 수행된다. CPU는 중지 조건을 만날 때까지(옵코드 0x0000) 계속 동작한다.
- CPU 구조체의 current_instruction 필드를 제거한다. 이 필드는 메모리에서 바이트를 디코딩하는 주 반복문으로 대체된다(27~29행).
- 메모리에 옵코드를 쓴다(61~64행).

메모리 지원을 위해 CPU 확장하기

CPU를 더 유용하게 만들기 위해 몇 가지 수정 사항을 구현해야 한다. 먼저 컴퓨터에는 메모리가 필요하다.

예제 5.26에서 발췌한 예제 5.23에는 CPU RIA/2의 정의가 있다. CPU RIA/2에는 계산을 위한 범용 레지스터(registers)와 한 개의 전용 레지스터(position_in_memory)가 있다. 편의를 위해 CPU 구조체에 memory 필드로 시스템 메모리를 포함하겠다.

예제 5.23 **CPU 구조 정의**

```
1 struct CPU {
2    registers: [u8; 16],
3    position_in_memory: usize,    ❶
4    memory: [u8; 0x1000],
5 }
```

❶ 원래 명세에서는 u16이지만 여기에서는 usize를 대신 쓴다. 러스트에서는 인덱싱에 usize를 쓰기 때문이다.

CPU의 일부 기능은 매우 참신하다.

- 16개의 레지스터가 있다는 것은 십육진수 한 자리(0에서 F)로 이를 처리할 수 있음을 의미한다. 이로써 모든 옵코드가 u16 값으로 간결하게 표현될 수 있다.
- CHIP-8은 오직 4096바이트의 램(십육진수로 0x1000)만 가진다. usize 타입에 상응하는 CHIP-8의 값의 너비는 12비트까지만 가능하다: $2^{12} = 4,096$. 이 12비트는 이전에 이야기한 nnn 변수가 된다.

이 책에서 구현한 CHIP-8은 표준과 두 가지 면에서 차이가 있다.

- '메모리 내 위치(position in memory)'라고 부르는 것은 일반적으로 '프로그램 카운터'를 가리킨다. 초보자는 프로그램 카운터가 어떤 일을 하는지 기억하기 어려울 수 있다. 대신에 이 책에서는 그 용례를 반영하는 이름을 사용한다.
- CHIP-8 명세에서 처음 512바이트(0x100)는 시스템용으로 예약되며 남은 공간이 프로그램용이다. 여기에서는 해당 제약을 완화한다.

메모리에서 옵코드 읽기

CPU 안에 memory를 추가하면 read_opcode() 메서드를 고쳐야 한다. 예제 5.26에서 발췌한 다음 코드가 그 역할을 한다. 이 코드에서는 u8 값 두 개를 u16 값 한 개로 결합함으로써 메모리에서 옵코드를 읽어 들인다.

예제 5.24 메모리에서 옵코드를 읽기

```
08    fn read_opcode(&self) -> u16 {
09        let p = self.position_in_memory;
10        let op_byte1 = self.memory[p] as u16;
11        let op_byte2 = self.memory[p + 1] as u16;
12
13        op_byte1 << 8 | op_byte2    ❶
14    }
```

❶ u16 옵코드를 생성하기 위해 메모리에서 두 값을 논리합(logical OR) 연산으로 결합한다. 메모리의 값은 먼저 u16으로 변환해야 하는데, 그렇지 않으면 왼쪽 시프트를 할 때 모든 비트가 0으로 설정된다.

정수 오버플로 관리하기

CHIP-8 안에서 마지막 레지스터는 캐리 플래그(carry flag)로 사용한다. 값이 설정되면 해당 플래그는 연산의 결과가 u8 레지스터 크기를 넘어버렸는지(overflow) 알려 준다. 예제 5.26에서 발췌한 다음 코드는 이런 오버플로를 어떻게 다루는지 잘 보여 준다.

예제 5.25 CHIP-8 연산에서 오버플로 다루기

```
34    fn add_xy(&mut self, x: u8, y: u8) {
35        let arg1 = self.registers[x as usize];
36        let arg2 = self.registers[y as usize];
37
38        let (val, overflow) = arg1.overflowing_add(arg2);    ❶
39        self.registers[x as usize] = val;
40
41        if overflow {
42            self.registers[0xF] = 1;
43        } else {
44            self.registers[0xF] = 0;
45        }
46    }
```

❶ u8을 위한 overflowing_add() 메서드는 (u8, bool)을 반환한다. 해당 불값은 오버플로가 감지될 때 참(true)이 된다.

CPU RIA/2의 전체 코드: 곱셈기

다음 예제는 우리의 두 번째 에뮬레이터에 대한 전체 코드다. 해당 코드는 ch5/ch5-cpu2/src/main.rs에 있다.

예제 5.26 에뮬레이터가 다수의 명령어를 처리하도록 하기

```rust
01 struct CPU {
02   registers: [u8; 16],
03   position_in_memory: usize,
04   memory: [u8; 0x1000],
05 }
06
07 impl CPU {
08   fn read_opcode(&self) -> u16 {
09     let p = self.position_in_memory;
10     let op_byte1 = self.memory[p] as u16;
11     let op_byte2 = self.memory[p + 1] as u16;
12
13     op_byte1 << 8 | op_byte2
14   }
15
16   fn run(&mut self) {
17     loop {          ❶
18       let opcode = self.read_opcode();
19       self.position_in_memory += 2;   ❷
20
21       let c = ((opcode & 0xF000) >> 12) as u8;
22       let x = ((opcode & 0x0F00) >>  8) as u8;
23       let y = ((opcode & 0x00F0) >>  4) as u8;
24       let d = ((opcode & 0x000F) >>  0) as u8;
25
26       match (c, x, y, d) {
27         (0, 0, 0, 0)     => { return; },    ❸
28         (0x8, _, _, 0x4) => self.add_xy(x, y),
29         _                => todo!("opcode {:04x}", opcode),
30       }
31     }
32   }
33
34   fn add_xy(&mut self, x: u8, y: u8) {
35     let arg1 = self.registers[x as usize];
36     let arg2 = self.registers[y as usize];
37
38     let (val, overflow) = arg1.overflowing_add(arg2);
39     self.registers[x as usize] = val;
40
41     if overflow {
42       self.registers[0xF] = 1;
43     } else {
44       self.registers[0xF] = 0;
45     }
46   }
47 }
```

```
48
49 fn main() {
50   let mut cpu = CPU {
51     registers: [0; 16],
52     memory: [0; 4096],
53     position_in_memory: 0,
54   };
55
56   cpu.registers[0] = 5;
57   cpu.registers[1] = 10;
58   cpu.registers[2] = 10;       ❹
59   cpu.registers[3] = 10;
60
61   let mem = &mut cpu.memory;
62   mem[0] = 0x80; mem[1] = 0x14;   ❺
63   mem[2] = 0x80; mem[3] = 0x24;   ❻
64   mem[4] = 0x80; mem[5] = 0x34;   ❼
65
66   cpu.run();
67
68   assert_eq!(cpu.registers[0], 35);
69
70   println!("5 + 10 + 10 + 10 = {}", cpu.registers[0]);
71 }
```

❶ 단일 명령을 처리한 후에도 실행을 계속한다.

❷ position_in_memory를 다음 명령 위치로 증가시킨다.

❸ 옵코드 0x0000을 만나면 실행을 종료하는 중단 구문

❹ 몇몇 레지스터를 초기화한다.

❺ 레지스터 1과 레지스터 0을 더하는 옵코드 0x8014를 로드한다.

❻ 레지스터 2와 레지스터 0을 더하는 옵코드 0x8024를 로드한다.

❼ 레지스터 3과 레지스터 0을 더하는 옵코드 0x8034를 로드한다.

앞에 나온 코드를 실행하면 CPU RIA/2는 다음 계산 결과를 출력한다.

```
5 + 10 + 10 + 10 = 35
```

5.7.4 CPU RIA/3: 호출자

에뮬레이터를 거의 다 만들었다. 이 절에서는 함수를 호출하는 기능을 추가한다. 프로그래밍 언어에 대한 지원은 없기에 모든 프로그램은 바이너리로 직접 작성해야 한다. 이 절에서는 함수 구현 외에 시작 부분에서 이야기한 내용인 '함수 역시 데이터'라는 주장을 검증한다.

스택 지원을 포함하도록 CPU 확장하기

함수를 지원하려면 다음과 같은 몇 가지 추가 옵코드를 구현해야 한다.

- CALL 옵코드(0x2nnn, 여기서 nnn은 메모리 주소)는 position_in_memory를 함수의 주소인 nnn으로 설정한다.
- RETURN 옵코드(0x00EE)는 position_in_memory를 이전 CALL 옵코드의 메모리 주소로 설정한다.

이 옵코드들이 동작하게 하려면 CPU에는 주소를 저장하는 특수한 메모리가 필요하다. 이는 스택으로 알려져 있다. 각 CALL 옵코드는 스택 포인터를 증가시키고 nnn을 스택의 위치에 기록함으로써 주소를 스택에 더한다. 각 RETURN 옵코드는 스택 포인터를 줄임으로써 최상위 주소를 제거한다. 예제 5.29에서 발췌한 다음 코드는 해당 CPU를 에뮬레이트하는 부분이다.

예제 5.27 스택과 스택 포인터를 포함하기

```
1 struct CPU {
2    registers: [u8; 16],
3    position_in_memory: usize,
4    memory: [u8; 4096],
5    stack: [u16; 16],          ❶
6    stack_pointer: usize,      ❷
7 }
```

❶ stack의 최대 높이는 16이다. 중첩된 함수 호출을 16번 넘게 하면 해당 프로그램에 스택 오버플로가 발생한다.

❷ stack_pointer를 usize 타입으로 하면 배열값을 인덱싱하기 쉽다.

함수를 정의하고 메모리에 로드하기

컴퓨터 과학에서 함수는 CPU로 실행 가능한 일련의 바이트일 뿐이다.[7] CPU는 첫 번째 옵코드에서 시작하여 마지막까지 계속 나아간다. 다음 코드는 일련의 바이트를 CPU RIA/3에서 실행 가능한 코드로 바꾸는 방법을 보여 준다.

1. 함수를 정의한다. 우리의 함수는 덧셈을 두 번 하고 돌아온다. 간결하지만 유용하다. 옵코드로 3개 길이다. 함수의 내부는 어셈블리 언어와 비슷한 형식으로 다음과 같다.

---

7 일련의 바이트는 또한 실행 가능하다고 태그되어야 한다. 태그 과정은 6.1.4에서 설명한다.

```
add_twice:
  0x8014
  0x8014
  0x00EE
```

2. 옵코드를 러스트 데이터 타입으로 변환한다. 3개의 옵코드를 러스트의 배열 구문으로 변환할 때는 이를 대괄호로 묶고 쉼표로 각 수를 구분한다. 함수는 이제 [u16; 3] 형태가 된다.

```
let add_twice: [u16; 3] = [
  0x8014,
  0x8014,
  0x00EE,
];
```

다음 단계에서 한 바이트로 처리하려 하므로 [u16;3] 배열을 [u8;6] 배열로 더 나눈다.

```
let add_twice: [u8; 6] = [
  0x80, 0x14,
  0x80, 0x14,
  0x00, 0xEE,
];
```

3. 해당 함수를 램에 로드한다. 메모리 주소 0x100에 함수를 로드한다고 할 때 두 가지 방법이 있다. 우선 슬라이스로 함수를 쓸 수 있다면 copy_from_slice() 메서드를 이용해 memory에 복사한다.

```
fn main() {
  let mut memory: [u8; 4096] = [0; 4096];
  let mem = &mut memory;

  let add_twice = [
    0x80, 0x14,
    0x80, 0x14,
    0x00, 0xEE,
  ];

  mem[0x100..0x106].copy_from_slice(&add_twice);

  println!("{:?}", &mem[0x100..0x106]); ❶
}
```

　❶ [128, 20, 128, 20, 0, 238]을 출력한다.

다른 방법은 임시 배열을 쓰지 않고 해당 바이트를 직접 memory에 덮어씌우는 방법이다.

```rust
fn main() {
  let mut memory: [u8; 4096] = [0; 4096];
  let mem = &mut memory;

  mem[0x100] = 0x80; mem[0x101] = 0x14;
  mem[0x102] = 0x80; mem[0x103] = 0x14;
  mem[0x104] = 0x00; mem[0x105] = 0xEE;

  println!("{:?}", &mem[0x100..0x106]); ❶
}
```

> ❶ [128, 20, 128, 20, 0, 238]을 출력한다.

이 접근 방식은 예제 5.29의 main() 함수 96~98행에 쓰인 것과 동일하다. 함수를 메모리에 어떻게 로드하는지 알게 되었으니 실제로 호출하도록 CPU에 명령하는 방법을 알아보자.

CALL과 RETURN 옵코드 구현하기

함수 호출은 3단계로 이루어진다.

1. 현재 메모리 위치를 스택에 저장한다.
2. 스택 포인터를 증가시킨다.
3. 현재 메모리 위치를 지정된 메모리 위치로 설정한다.

함수에서 리턴하는 것은 호출 순서를 거꾸로 수행하면 된다.

1. 스택 포인터를 감소시킨다.
2. 호출한 메모리 주소를 스택에서 가져온다.
3. 현재 메모리 위치를 가져온 메모리 주소로 설정한다.

예제 5.29에서 발췌한 다음 코드는 call()과 ret() 메서드에 초점을 두었다.

예제 5.28 call()과 ret() 메서드 추가하기

```rust
41    fn call(&mut self, addr: u16) {
42      let sp = self.stack_pointer;
43      let stack = &mut self.stack;
44
```

```
45      if sp > stack.len() {
46        panic!("Stack overflow!");
47      }
48
49      stack[sp] = self.position_in_memory as u16;      ❶
50      self.stack_pointer += 1;                         ❷
51      self.position_in_memory = addr as usize;         ❸
52    }
53
54    fn ret(&mut self) {
55      if self.stack_pointer == 0 {
56        panic!("Stack underflow");
57      }
58
59      self.stack_pointer -= 1;
60      let addr = self.stack[self.stack_pointer];       ⎤
61      self.position_in_memory = addr as usize;         ⎦ ❹
62    }
```

❶ 현재 position_in_memory를 스택에 추가한다. 이 값은 run() 메서드 안에서 메모리 주솟값
  이 증가되었기 때문에 호출하는 지점의 주소보다 2바이트만큼 크다.

❷ self.stack_pointer를 증가시켜 self.position_in_memory가 이어지는 return에서 다
  시 사용될 때까지 값이 덮어쓰이는 것을 방지한다.

❸ 해당 주소로 점프하는 효과를 주기 위해 self.position_in_memory를 수정한다.

❹ 이전 호출이 일어난 곳으로 점프한다.

CPU RIA/3 전체 코드: 호출자

이제 모든 조각이 준비되었다. 이것들을 조합하여 동작하는 프로그램으로 만들자.
예제 5.29는 (하드 코드된) 수식을 계산한다. 다음은 그 결과다.

5 + (10 * 2) + (10 * 2) = 45

이 계산 결과는 기존에 익히 보아온 코드 없이 이루어진다. 십육진수를 해석해가며
진행해 나가야 할 것이다. 이해하는 데 도움이 되도록 cpu.run()이 수행되는 도중
CPU에서 어떤 일이 일어나는지 그림 5.4에 나타냈다. 화살표는 프로그램이 진행되
면서 cpu.position_in_memory 변수가 바뀌는 상태를 반영한다.

예제 5.29는 CPU RIA/3 호출자의 전체 에뮬레이터 코드다. 해당 소스 코드는
ch5/ch5-cpu3/src/main.rs에 있다.

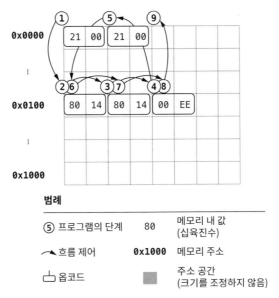

범례

⑤ 프로그램의 단계	80	메모리 내 값 (십육진수)
➤ 흐름 제어	0x1000	메모리 주소
⊔ 옵코드	▨	주소 공간 (크기를 조정하지 않음)

그림 5.4 예제 5.29에서 CPU RIA/3 내에 구현한 기능의 제어 흐름 설명

예제 5.29 사용자 정의 함수가 들어간 CPU 에뮬레이트

```
001 struct CPU {
002   registers: [u8; 16],
003   position_in_memory: usize,
004   memory: [u8; 4096],
005   stack: [u16; 16],
006   stack_pointer: usize,
007 }
008
009 impl CPU {
010   fn read_opcode(&self) -> u16 {
011     let p = self.position_in_memory;
012     let op_byte1 = self.memory[p] as u16;
013     let op_byte2 = self.memory[p + 1] as u16;
014
015     op_byte1 << 8 | op_byte2
016   }
017
018   fn run(&mut self) {
019     loop {
020       let opcode = self.read_opcode();
021       self.position_in_memory += 2;
022
023       let c = ((opcode & 0xF000) >> 12) as u8;
024       let x = ((opcode & 0x0F00) >>  8) as u8;
025       let y = ((opcode & 0x00F0) >>  4) as u8;
```

```
026        let d = ((opcode & 0x000F) >>  0) as u8;
027
028        let nnn = opcode & 0x0FFF;
029        // let kk  = (opcode & 0x00FF) as u8;
030
031        match (c, x, y, d) {
032          (  0,   0,   0,   0) => { return; },
033          (  0,   0, 0xE, 0xE) => self.ret(),
034          (0x2,   _,   _,   _) => self.call(nnn),
035          (0x8,   _,   _, 0x4) => self.add_xy(x, y),
036          _                    => todo!("opcode {:04x}", opcode),
037        }
038      }
039    }
040
041    fn call(&mut self, addr: u16) {
042      let sp = self.stack_pointer;
043      let stack = &mut self.stack;
044
045      if sp > stack.len() {
046        panic!("Stack overflow!")
047      }
048
049      stack[sp] = self.position_in_memory as u16;
050      self.stack_pointer += 1;
051      self.position_in_memory = addr as usize;
052    }
053
054    fn ret(&mut self) {
055      if self.stack_pointer == 0 {
056        panic!("Stack underflow");
057      }
058
059      self.stack_pointer -= 1;
060      let addr = self.stack[self.stack_pointer];
061      self.position_in_memory = addr as usize;
062    }
063
064    fn add_xy(&mut self, x: u8, y: u8) {
065      let arg1 = self.registers[x as usize];
066      let arg2 = self.registers[y as usize];
067
068      let (val, overflow_detected) = arg1.overflowing_add(arg2);
069      self.registers[x as usize] = val;
070
071      if overflow_detected {
072        self.registers[0xF] = 1;
073      } else {
074        self.registers[0xF] = 0;
```

```
075      }
076    }
077  }
078
079  fn main() {
080    let mut cpu = CPU {
081      registers: [0; 16],
082      memory: [0; 4096],
083      position_in_memory: 0,
084      stack: [0; 16],
085      stack_pointer: 0,
086    };
087
088    cpu.registers[0] = 5;
089    cpu.registers[1] = 10;
090
091    let mem = &mut cpu.memory;
092    mem[0x000] = 0x21; mem[0x001] = 0x00;    ❶
093    mem[0x002] = 0x21; mem[0x003] = 0x00;    ❷
094    mem[0x004] = 0x00; mem[0x005] = 0x00;    ❸
095
096    mem[0x100] = 0x80; mem[0x101] = 0x14;    ❹
097    mem[0x102] = 0x80; mem[0x103] = 0x14;    ❺
098    mem[0x104] = 0x00; mem[0x105] = 0xEE;    ❻
099
100    cpu.run();
101
102    assert_eq!(cpu.registers[0], 45);
103    println!("5 + (10 * 2) + (10 * 2) = {}", cpu.registers[0]);
104  }
```

❶ 옵코드를 0x2100로 설정, 0x100의 함수를 CALL

❷ 옵코드를 0x2100로 설정, 0x100의 함수를 CALL

❸ 옵코드를 0x0000로 설정, HALT(cpu.memory가 널 바이트로 초기화되어서 꼭 필요하지는 않다)

❹ 옵코드를 0x8014로 설정, 레지스터 1의 값을 레지스터 0에 ADD

❺ 옵코드를 0x8014로 설정, 레지스터 1의 값을 레지스터 0에 ADD

❻ 옵코드를 0x00EE로 설정, RETURN

시스템 문서를 더 자세히 살펴보면 실제 함수는 미리 지정된 메모리 위치로 단순히 점프하는 것보다 더 복잡하다는 사실을 알게 될 것이다. 운영 체제와 CPU 아키텍처마다 호출 규칙과 기능이 다르다. 피연산자가 스택에 추가되어야 할 때도 있고 피연산자를 지정한 레지스터에 넣어야 할 때도 있다. 하지만 구체적인 동작 방식은 다르더라도 처리 과정은 지금까지 보아 온 것과 대략 비슷하다. 여기까지 온 것을 축하한다.

5.7.5 CPU 4: 나머지를 추가하기

몇 가지 추가적인 옵코드만 있으면 곱셈이나 다른 많은 기능을 여러분이 방금 만든 어설픈 CPU에 구현할 수 있다. 이 책과 함께 제공하는 소스 코드를 잘 살펴보고, CHIP-8 명세에 대한 완전한 구현은 *https://github.com/rust-in-action/*의 ch5/ch5-cpu4 디렉터리를 참고하라.

CPU와 데이터를 공부하는 마지막 단계는 제어 흐름을 어떻게 할지 이해하는 것이다. CHIP-8에서 제어 흐름은 레지스터의 값을 비교하고 결과에 따라 position_in_memory를 수정함으로써 이루어진다. while이나 for 루프 같은 것은 CPU에 없다. 프로그래밍 언어에 이런 것들을 만드는 것은 컴파일러 제작 기술이다.

요약

- 동일한 비트 패턴으로 데이터 타입에 따라 다양한 값을 표현할 수 있다.
- 러스트 표준 라이브러리의 정수 타입은 고정폭이다. 정수의 최댓값을 넘어 증가시키면 정수 오버플로라는 오류가 일어난다. 최솟값을 넘어 감소시키면 정수 언더플로가 일어난다.
- 최적화를 켜고 프로그램을 컴파일(예를 들어 cargo build --release)하면 런타임 검사가 비활성화됨으로써 프로그램이 정수 오버플로와 언더플로에 노출될 수 있다.
- 엔디언은 다중 바이트 타입의 바이트 레이아웃을 의미한다. 각 CPU 제조사는 칩의 엔디언을 결정한다. 리틀 엔디언 CPU용으로 컴파일된 프로그램을 빅 엔디언 CPU 시스템에서 동작시키려고 하면 제대로 동작하지 않는다.
- 소수는 부동 소수점 수 타입으로 주로 표현된다. 러스트의 f32, f64 타입이 따르는 표준은 IEEE 754다. 이 타입들은 각기 단정도, 배정도 부동 소수점으로 알려져 있다.
- f32, f64 타입에서 동일한 비트 패턴을 비교했을 때 같지 않을 수 있으며(예를 들어 f32::NAN != f32::NAN), 서로 다른 비트 패턴이 비교 시 동일하다고 나올 수 있다(예를 들어 -0 == 0). 이에 따르면 f32와 f64는 부분 등가 관계만을 만족한다고 할 수 있다. 프로그래머는 부동 소수점값의 동등 비교를 할 때 이 점을 꼭 주의해야 한다.
- 비트 연산은 내부 데이터 구조를 조작할 때 유용하다. 하지만 그렇게 하다 보면

매우 불안전해질 수도 있다.

- 고정 소수점 수 형식 역시 이용 가능하다. 이 방식은 암묵적인 값을 분모로 하는 분수의 분잣값으로 소수를 인코딩함으로써 표현할 수 있다.
- 타입 변환을 지원해야 한다면 std::convert::From을 구현하라. 다만 변환이 실패할 수 있다면 std::convert::TryFrom 트레이트를 쓰는 것이 더 나은 선택이다.
- CPU 옵코드는 데이터라기보다는 명령을 표현하는 숫자다. 메모리 주소 역시 숫자다. 함수 호출 역시 일련의 숫자에 지나지 않는다.

6장

메모리

이 장에서 배울 내용

- 포인터의 개념과 스마트 포인터를 쓰는 이유
- 스택과 힙이라는 용어의 의미
- 프로그램이 메모리를 보는 방법

이 장에서는 시스템 프로그래머가 알고 있는 컴퓨터 메모리 동작 방식에 대한 암묵적인 지식 몇 가지를 알려 준다. 포인터와 메모리 관리에 대한 가장 쉬운 가이드를 제공하는 게 목표다. 또 애플리케이션이 운영 체제와 어떻게 상호 작용하는지 배울 것이다. 이러한 상호 작용을 프로그래머가 이해한다면 해당 지식을 이용해서 메모리 사용을 최소화하면서도 프로그램 성능을 극대화할 수 있다.

메모리는 공유 자원이며 운영 체제는 중재자라 할 수 있다. 운영 체제는 중재를 쉽게 하기 위해 메모리가 어느 정도 사용 가능한지, 어디에 위치해 있는지 프로그램에 거짓으로 알려 준다. 이 속임수 이면에 위치한 진실을 찾으려면 선행 지식이 필요하다. 이 장의 처음 두 절에서는 이 부분을 다룬다.

이 장의 4개 절은 각각 이전 내용을 기초로 한다. 4개 절 모두 독자가 해당 주제를 이전에 다뤄 보지 않았다고 가정한다. 다루어야 할 이론이 꽤 많지만 이 모든 내용을 예제를 통해 설명할 것이다.

이 장에서 그래픽 애플리케이션을 처음으로 만들 것이다. 해당 내용만으로도 복잡하므로 이 장에서 소개할 새로운 러스트 문법은 별로 없다. 주로 포인터를 구성하는 방법, 네이티브 API를 통해 운영 체제와 상호 작용하는 방법, 러스트의 외부 함수 인터페이스(foreign function interface)를 통해 다른 프로그램과 상호 작용하는 방법을 배운다.

6.1 포인터

포인터는 컴퓨터가 직접 접근할 수 없는 데이터를 참조하는 방식이다. 이 주제는 비밀스러운 분위기를 풍기는 경향이 있다. 그럴 필요가 없는데 말이다. 책의 목차를 읽어 본 적이 있다면 포인터를 사용해 본 것이다. 포인터는 다른 어떤 곳을 참조하는 숫자일 뿐이다.

전에 시스템 프로그래밍을 접해 본 적이 없다면 낯선 개념을 설명하는 많은 용어와 씨름하게 된다. 다행히 추상 개념의 바탕을 이루는 것들은 이해하기 그다지 어렵지 않다. 첫 번째로 다뤄 볼 것은 이 장의 그림에서 사용되는 표기 방식이다. 그림 6.1에서는 세 가지 개념을 소개한다.

- 화살표는 메모리의 어떤 주소를 가리키는데 이 주소는 컴파일 시점이 아니라 실행 시점에 결정된다.
- 개별 상자는 메모리 블록을 표현하고 각 블록은 usize 크기다. 다른 그림에서는 이것들이 참조하는 메모리 영역으로 바이트나 심지어 비트를 사용하기도 한다.
- 값 레이블 아래 둥근 모서리 상자는 세 개의 연속적인 메모리 블록을 표현한다.

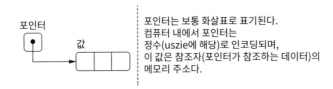

그림 6.1 이 장의 그림에서 포인터를 표현하는 표기 방식이다.
러스트에서 포인터는 주로 &T와 &mut T 형태로 등장하며, 이때 T는 해당 값의 타입이다.

신출내기 개발자에게 포인터는 두려움과 동시에 경외심을 불러일으킨다. 포인터를 제대로 사용하려면 프로그램이 메모리에 어떻게 배치되어 있는지 정확히 알아야 한다. 4장이 실제로는 135쪽에서 시작하는데 목차에는 잘못해서 97쪽이라고 적혀 있다고 하자. 헷갈리겠지만 최소한 책을 읽는 독자는 그 오류에 대처할 수 있다.

컴퓨터는 이러한 혼란을 경험하지 않는다. 또한 잘못된 장소를 가리키고 있다는 직관마저도 없다. 정확하든 그렇지 않든 마치 주어진 정보가 정확한 위치인 듯이 단지 묵묵히 일을 계속할 뿐이다. 포인터의 무서운 점은 디버깅이 불가능한 오류를 일으킬 수 있다는 점이다.

우리는 프로그램 메모리 안에 저장된 데이터가 물리적인 램 어딘가에 흩어져 있다고 생각할 수 있다. 이런 램을 이용하기 위해서는 일종의 검색 시스템이 필요하다. 주소 공간이 바로 이 검색 시스템이다.

포인터는 메모리 주소로 인코딩되며 usize 타입의 정수로 표현된다. 주소는 주소 공간의 어딘가를 가리킨다. 지금은 주소 공간을 한 줄로 끝에서 끝까지 펼쳐진 램 전체로 생각한다.

메모리 주소가 usize로 인코딩되는 이유는 무엇일까? 분명 2^{64}바이트 램을 가지고 있는 64비트 컴퓨터는 존재하지 않는다. 주소 공간의 범위는 운영 체제와 CPU에서 제공한다. 프로그램은 시스템에서 실제 사용 가능한 램 크기에 상관없이 순서대로 정렬된 일련의 바이트들만 알고 있다. 이 장의 가상 메모리 절에서 이 방식이 어떻게 동작하는지 살펴볼 것이다.

 또 다른 흥미로운 예는 Option<T> 타입이다. 러스트는 컴파일된 바이너리 내에서는 Option <T>가 0바이트를 차지하게끔 널 포인터 최적화를 이용한다. None은 널 포인터(유효하지 않은 메모리에 대한 포인터)로 표현돼서 Some(T)가 추가적인 간접 참조가 없도록 한다.

참조, 포인터, 메모리 주소는 어떤 차이가 있는가?

참조, 포인터, 메모리 주소는 헷갈릴 정도로 비슷하다.

- 메모리 주소, 줄여서 주소는 메모리의 단일 바이트를 참조하는 숫자다. 메모리 주소는 어셈블리 언어에서 제공되는 추상화다.
- 원시 포인터(raw pointer)라고도 구체적으로 일컫기도 하는 포인터는 어떤 타입의 값을 가리키는 메모리 주소다. 포인터는 고수준 언어에서 제공되는 추상화다.
- 참조는 포인터이거나 동적 크기를 가지는 타입의 경우 포인터와 추가 보호 조치가 된 정수다. 참조는 러스트에서 제공하는 추상화다.

컴파일러는 많은 타입의 유효한 바이트의 범위를 결정할 수 있다. 예를 들어 컴파일러가 i32를 가리키는 포인터를 생성할 때 정수를 인코딩하기 위해 4바이트가 존재하는지 확인할 수 있다. 이는 해당 주소가 유효한 데이터 타입을 가리킬 수도, 가리키지 않을 수도 있다는 점에서 단순히 메모리 주소를 가지는 것보다 유용하다. 불행히도 프로그래머는 컴파일 시 크기를 알 수 없는 타입의 유효성을 보장하는 책임을 감당해야 한다.

러스트의 참조는 포인터에 비해 상당한 이점을 제공한다.

- 참조는 언제나 유효한 데이터를 참조한다. 러스트의 참조는 참조 대상으로의 접근이 적법한 경우에만 사용할 수 있다. 지금쯤이라면 독자들이 러스트의 이 핵심적인 원칙에 대해 잘 알고 있으리라 확신한다.
- 참조는 여러 개의 usize로 정확히 정렬되어 있다. 기술적인 이유로, CPU는 제대로 정렬되지 않은 메모리에서 값을 가져올 때 매우 변덕스럽게 동작한다. 이러한 작업을 처리할 때 CPU는 매우 느려진다. 이러한 문제를 완화하기 위해 러스트의 타입은 실제로 참조를 생성할 때 프로그램이 느려지지 않도록 정렬로 인해 생기는 여백을 메운다.
- 참조는 이러한 보장을 동적 크기를 가지는 타입에도 적용한다. 러스트는 메모리에 고정 크기가 없는 이러한 타입에 대해 내부 포인터에 길이를 함께 붙이도록 보장한다. 이런 식으로 러스트에서는 프로그램이 메모리에서 해당 타입의 공간 크기를 초과하지 못하도록 한다.

 두 고차원 추상화(포인터와 참조)는 메모리 주소와 달리 참조하는 대상의 타입에 대한 정보를 가지고 있다.

6.2 러스트의 참조와 포인터 타입 탐험하기

이 절에서는 러스트의 여러 포인터 타입을 어떻게 사용할지 알아본다. 이 책에서는 이런 타입에 대해 이야기할 때 다음과 같은 기준을 따르고자 노력한다.

- 참조 — 러스트 컴파일러가 안전성을 보장할 것이라는 신호
- 포인터 — 좀 더 원시적인 것에 대한 참조. 여기에는 개발자가 안전성을 유지할 책임이 있다는 의미도 포함된다(안전하지 않다는 함축적 의미가 있다).
- 원시 포인터 — 안전하지 않은 특성을 지녔음을 명백히 밝히는 것이 중요한 타입에 사용된다.

이 절 전체에서 예제 6.1의 공통 코드를 확장할 것이다. ch6/ch6-pointer-intro.rs에서 소스 코드를 확인할 수 있다. 이 예제에서 두 전역 변수 B와 C는 참조를 통해 지시된다. 이 참조들은 각각 B와 C의 주소를 담고 있다. 다음 코드에서 어떤 일이 일어나는지는 그림 6.2와 6.3에 정리해 놓았다.

예제 6.1 참조로 포인터를 흉내내기

```
static B: [u8; 10] = [99, 97, 114, 114, 121, 116, 111, 119, 101, 108];
static C: [u8; 11] = [116, 104, 97, 110, 107, 115, 102, 105, 115, 104, 0];

fn main() {
  let a = 42;
  let b = &B;       ❶
  let c = &C;

  println!("a: {}, b: {:p}, c: {:p}", a, b, c);  ❷
}
```

❶ 단순하게 하기 위해 이 예제에서는 동일한 참조 타입을 사용했다. 이후 예제에서는 원시 포인터(러스트의 안전 검사를 우회하는 *mut T, *const T 같은 타입)를 스마트 포인터(Rc<T>, Box<T> 등 안전성이 보장되는 메타 데이터 등이 포함되는 포인터 기능을 할 수 있는 타입)와 구분하며 서로 다른 타입을 사용한다.

❷ {:p} 구문은 러스트에 변수를 포인터로 형식화할 것을 요청하고 해당 값이 가리키는 메모리 주소를 출력한다.

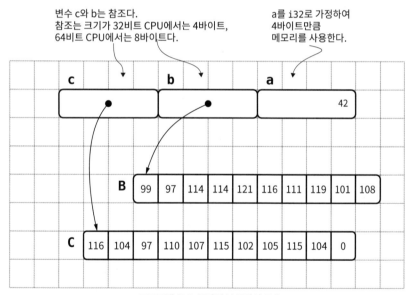

프로그램 주소 공간의 부분적인 모습

그림 6.2 두 포인터가 표준 정수에 대해 동작하는 추상적인 모습.
여기서 중요한 점은 프로그래머가 참조된 데이터의 위치를 모를 수 있다는 점이다.

예제 6.1을 보면 main() 함수 안에 변수가 세 개 있으며 a는 그냥 정수로 크게 중요하지 않다. 다른 두 가지가 더 흥미로운데 b와 c는 참조다. 이것들은 B와 C라는 두 개의 데이터 배열을 참조한다. 이 부분에서 러스트의 참조는 포인터와 동급이라고 볼 수 있다. 64비트 기기에서 실행 결과는 다음과 같다.

```
a: 42, b: 0x556fd40eb480, c: 0x556fd40eb48a ❶
```

> ❶ 해당 코드를 실행했을 때 정확한 메모리 주소는 기기에 따라 달라질 수 있다.

그림 6.3은 동일한 예제를 49바이트짜리 가상 주소 공간으로 표현했다. 포인터는 2바이트(16비트) 크기다. 예제 6.1에서 변수 b와 c는 동일한 타입이지만 메모리에서는 다르게 보이는 것을 알 수 있다. 그림 6.3의 다이어그램을 좀 더 자세히 나타낸 세부 사항과 코드 예제는 곧 나올 것이다.

그림 6.2에서 알 수 있듯이 포인터를 직접 연결되지 않은 배열을 가리키는 화살표로 표현하는 데는 한 가지 문제가 있다. 즉, 이러한 표현은 주소 공간이 연속적으로 이어져 있고 모든 변수 간에 공유된다는 점을 덜 강조하는 경향이 있다.

보이지 않는 부분에서 어떤 일이 일어나는지 좀 더 전체적으로 관찰하기 위해 예제 6.2에서는 더 많은 결과를 제공한다. 이것들이 내부적으로 어떻게 다르고, 그림 6.3에 표현된 것이 무엇인지 더 정확하게 연관시키기 위해 참조 대신에 더 정교한 타입을 이용한다. 다음은 예제 6.2의 결과다.

```
a (an unsigned integer):
  location: 0x7ffe8f7ddfd0
  size:     8 bytes
  value:    42

b (a reference to B):
  location:  0x7ffe8f7ddfd8
  size:      8 bytes
  points to: 0x55876090c830

c (a "box" for C):
  location:  0x7ffe8f7ddfe0
  size:      16 bytes
  points to: 0x558762130a40

B (an array of 10 bytes):
  location: 0x55876090c830
  size:     10 bytes
  value:    [99, 97, 114, 114, 121, 116, 111, 119, 101, 108]

C (an array of 11 bytes):
  location: 0x55876090c83a
  size:     11 bytes
  value:    [116, 104, 97, 110, 107, 115, 102, 105, 115, 104, 0]
```

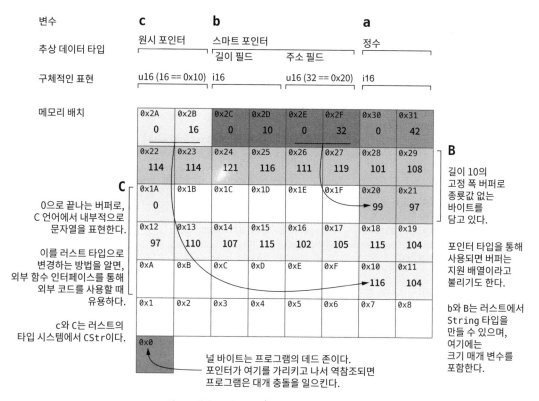

변수	**c**	**b**			**a**
추상 데이터 타입	원시 포인터	스마트 포인터			정수
		길이 필드	주소 필드		
구체적인 표현	u16 (16 == 0x10)	i16	u16 (32 == 0x20)		i16

메모리 배치

0x2A	0x2B	0x2C	0x2D	0x2E	0x2F	0x30	0x31
0	16	0	10	0	32	0	42

0x22	0x23	0x24	0x25	0x26	0x27	0x28	0x29
114	114	121	116	111	119	101	108

B 길이 10의 고정 폭 버퍼로 종룟값 없는 바이트를 담고 있다.

C 0으로 끝나는 버퍼로, C 언어에서 내부적으로 문자열을 표현한다.

0x1A	0x1B	0x1C	0x1D	0x1E	0x1F	0x20	0x21
0						→ 99	97

이를 러스트 타입으로 변경하는 방법을 알면, 외부 함수 인터페이스를 통해 외부 코드를 사용할 때 유용하다.

0x12	0x13	0x14	0x15	0x16	0x17	0x18	0x19
97	110	107	115	102	105	115	104

포인터 타입을 통해 사용되면 버퍼는 지원 배열이라고 불리기도 한다.

0xA	0xB	0xC	0xD	0xE	0xF	0x10	0x11
						→ 116	104

c와 C는 러스트의 타입 시스템에서 CStr이다.

0x1	0x2	0x3	0x4	0x5	0x6	0x7	0x8

0x0

b와 B는 러스트에서 String 타입을 만들 수 있으며, 여기에는 크기 매개 변수를 포함한다.

널 바이트는 프로그램의 데드 존이다. 포인터가 여기를 가리키고 나서 역참조되면 프로그램은 대개 충돌을 일으킨다.

그림 6.3 예제 6.1의 프로그램의 주소 공간을 표현한 그림.
주소(십육진수)와 정수(십진수) 간의 관계를 시각적으로 제공한다. 흰색 부분은 사용되지 않는 메모리다.

예제 6.2 **참조와 Box<T>를 다른 여러 타입과 비교하기**

```
01 use std::mem::size_of;
02
03 static B: [u8; 10] = [99, 97, 114, 114, 121, 116, 111, 119, 101, 108];
04 static C: [u8; 11] = [116, 104, 97, 110, 107, 115, 102, 105, 115, 104, 0];
05
06 fn main() {
07   let a: usize    = 42;    ❶
08
09   let b: &[u8; 10] = &B;    ❷
10
11   let c: Box<[u8]> = Box::new(C);    ❸
12
13   println!("a (an unsigned integer):");
14   println!("  location: {:p}", &a);
15   println!("  size:     {:?} bytes", size_of::<usize>());
16   println!("  value:    {:?}", a);
17   println!();
18
```

```
19    println!("b (a reference to B):");
20    println!("  location: {:p}", &b);
21    println!("  size:       {:?} bytes", size_of::<&[u8; 10]>());
22    println!("  points to: {:p}", b);
23    println!();
24
25    println!("c (a \"box\" for C):");
26    println!("  location: {:p}", &c);
27    println!("  size:       {:?} bytes", size_of::<Box<[u8]>>());
28    println!("  points to: {:p}", c);
29    println!();
30
31    println!("B (an array of 10 bytes):");
32    println!("  location: {:p}",  &B);
33    println!("  size:     {:?} bytes", size_of::<[u8; 10]>());
34    println!("  value:    {:?}", B);
35    println!();
36
37    println!("C (an array of 11 bytes):");
38    println!("  location: {:p}",  &C);
39    println!("  size:     {:?} bytes", size_of::<[u8; 11]>());
40    println!("  value:    {:?}", C);
41 }
```

❶ usize는 코드가 컴파일되는 CPU의 메모리 주소 크기다. 해당 CPU를 컴파일 타깃이라고 지칭한다.

❷ &[u8; 10]은 '10바이트 배열에 대한 참조'라고 한다. 배열은 정적 메모리에 위치하고 참조 자체(usize 바이트 크기의 포인터)는 스택에 위치한다.

❸ Box<[u8]> 타입은 박스된 부호 없는 바이트의 슬라이스 타입이다. 박스 내에 값을 넣으면 값의 소유권은 박스의 소유자에게 이동한다.

B와 C 안에 있는 텍스트를 디코딩하는 데 흥미 있는 독자를 위해 예제 6.3은 그림 6.3과 더 닮은 메모리 주소 배치를 만들어 낸다. 몇 가지 새로운 러스트의 기능과 상대적으로 난해한 문법을 담고 있는데, 모두 아직까지 소개하지 않은 것들이다. 이에 대해서는 곧 설명할 것이다.

예제 6.3 외부 소스로부터 제공된 문자열을 출력하기

```
use std::borrow::Cow;          ❶

use std::ffi::CStr;            ❷

use std::os::raw::c_char;      ❸
```

```
static B: [u8; 10] = [99, 97, 114, 114, 121, 116, 111, 119, 101, 108];
static C: [u8; 11] = [116, 104, 97, 110, 107, 115, 102, 105, 115, 104, 0];

fn main() {
  let a = 42;        ❹

  let b: String;     ❺

  let c: Cow<str>;   ❻

  unsafe {
    let b_ptr = &B as *const u8 as *mut u8;        ❼

    b = String::from_raw_parts(b_ptr, 10, 10);     ❽

    let c_ptr = &C as *const u8 as *const c_char;  ❾

    c = CStr::from_ptr(c_ptr).to_string_lossy();   ❿
  }

  println!("a: {}, b: {}, c: {}", a, b, c);
}
```

❶ 반드시 필요할 때에만 복사가 일어나는, 포인터 주소로부터 읽는 스마트 포인터 타입

❷ CStr은 C와 비슷한 문자열 타입으로 러스트가 0으로 끝나는 문자열을 읽도록 한다.

❸ 러스트 i8 타입의 타입 별칭인 c_char는 플랫폼에 따라 미묘한 차이가 있을 수 있음을 나타낸다.

❹ 나중에 println!에서 사용하도록 각 변수를 준비한다. b와 c를 unsafe 블록 내에서 생성했다면, 이것들은 나중에 범위를 벗어나게 될 것이다.

❺ String은 스마트 포인터 타입으로, 지원 배열을 가리키는 포인터와 그 크기를 저장한 필드를 가진다.

❻ Cow는 타입 매개 변수를 받는데 이는 해당 변수가 가리키는 데이터의 타입이다. str은 CStr. to_string_lossy()가 반환하는 타입이다. 따라서 여기에서는 적절하다.

❼ 참조는 String::from_raw_parts()에서 필요한 *mut T 타입으로 직접 변환될 수 없다. 하지만 *const T는 *mut T로 변환될 수 있으므로 여기에서 이중 변환 구문을 사용한다.

❽ String::from_raw_parts()는 바이트 배열을 가리키는 포인터(*mut T)와 크기, 용량에 대한 매개 변수를 받는다.

❾ 아스키 표준을 따르므로 128 아래 값만 쓰기에 *const u8을 *const i8로 변환한다. 여기에서는 c_char가 i8의 별칭으로 쓰였다.

❿ 개념적으로 CStr::from_ptr()은 0에 도달할 때까지 포인터를 읽는다. 그리고 결과로 Cow<str>을 생성한다.

예제 6.3에서 Cow는 '쓰기 시 복사(copy on write)'를 의미한다. 이 스마트 포인터 타입은 외부 소스가 버퍼를 제공할 때 편리하다. 복사를 피함으로써 실행 시 성능을 높일 수 있다. std::ffi는 러스트 표준 라이브러리의 외부 함수 인터페이스 모듈이다. use std::os::raw::c_char는 직접적으로 필요하지는 않지만 코드의 의도가 더 명확해진다. 실무 환경에서는 C 언어 char 타입이 1바이트로 쓰이지만 언어 표준에는 그 크기가 정해져 있지 않다. std::os::raw에서 타입 별칭 c_char를 가져와 사용함으로써 C 언어와 러스트의 차이로 인한 문제를 해결했다.

예제 6.3의 코드를 완전히 이해하려면 다뤄야 할 것이 꽤 많다. 먼저 무엇이 원시 포인터인지 살펴보고, 이를 바탕으로 만들어진 기능이 더 풍부한 대안에 대해 이야기해 보기로 한다.

6.2.1 러스트의 원시 포인터

원시 포인터는 러스트가 안전을 보장하지 않는 메모리 주소이며 기본적으로 불안전하다. 예를 들어 참조(&T)와 달리 원시 포인터는 null이 될 수 있다.

문법이 좀 이상하게 보이겠지만 *const T와 *mut T로 각각 불변, 가변 원시 포인터를 표기할 수 있다. 각각 단일 타입이지만 토큰 세 개, 바로 *, const, mut가 포함되어 있다. 이것들의 타입 T가 String을 가리키는 원시 포인터라면 *const String이 될 것이다. i32에 대한 원시 포인터는 *mut i32다. 포인터를 실제로 쓰기 전에 알아 두면 좋은 두 가지 사항이 있다.

- *mut T와 *const T의 차이는 아주 작다. 서로 자유롭게 변환할 수 있으며, 소스 내 문서에서 보면 서로 바꿔서 사용하는 경향이 있다.
- 러스트 참조(&mut T와 &T)는 원시 포인터로 컴파일된다. 이는 unsafe 블록을 사용하는 모험을 하지 않고도 원시 포인터의 성능에 근접할 수 있음을 의미한다.

다음 예제에서는 값에 대한 참조(&T)를 강제로 i64 값에 대한 원시 포인터로 만들어 본다. 그리고 {:p} 구문을 이용해 값과 그 주소를 함께 출력한다.

예제 6.4 원시 포인터(*const T) 만들기

```
fn main() {
  let a: i64 = 42;
  let a_ptr = &a as *const i64;    ❶
```

```
  println!("a: {} ({:p})", a, a_ptr);   ❷
}
```

❶ 변수 a에 대한 참조(&a)를 i64 상수 원시 포인터(*const i64)로 변환한다.

❷ 변수 a에 대한 값(42)과 메모리 주소(0x7ff…)를 출력한다.

포인터와 메모리 주소라는 용어는 서로 바꿔서 사용할 때가 있다. 이것들은 가상 메모리의 위치를 나타내는 정수다. 컴파일러 쪽에서 보면 한 가지 중요한 차이가 있다. 러스트의 포인터 타입 *const T와 *mut T는 항상 T의 시작 바이트를 가리키며 타입 T의 크기를 바이트 단위로 안다. 메모리 주소는 메모리의 어딘가를 참조한다.

i64는 크기가 8바이트(바이트당 64비트 나누기 8비트)다. 그러므로 i64가 주소 0x7fffd에 저장되어 있다면, 0x7ffd..0x8004 사이의 각 바이트는 정숫값을 다시 복원하기 위해 램에서 읽어 들여야 한다. 포인터로부터 데이터를 램에서 읽는 과정은 포인터 역참조(dereferencing a pointer)라고 한다. 다음 예제에서는 std::mem::transmute를 통해 참조를 원시 포인터로 변환함으로써 값의 주소를 알아낸다.

예제 6.5 값의 주소를 확인하기

```
fn main() {
  let a: i64 = 42;
  let a_ptr = &a as *const i64;
  let a_addr: usize = unsafe {
    std::mem::transmute(a_ptr)
  };   ❶

  println!("a: {} ({:p}...0x{:x})", a, a_ptr, a_addr + 7);

}
```

❶ *const i64를 usize로 해석한다. transmute()를 그냥 사용하는 것은 매우 불안전하지만 더 많은 문법을 사용하지 않기 위해 그렇게 했다.

내부적으로 참조(&T와 &mut T)는 원시 포인터로 구현된다. 참조는 추가적인 안전을 보장하므로 항상 선호된다.

> [!] 원시 포인터값에 접근하는 것은 언제나 불안전하다. 주의를 기울여야 한다.

러스트 코드에서 원시 포인터를 사용하는 것은 불꽃놀이를 하는 것 같다. 보통 결과는 환상적이지만 때로는 고통스러우며 가끔은 비극적일 때도 있다. 원시 포인터는 러스트 코드에서 운영 체제나 서드 파티 라이브러리를 통해 다룬다.

러스트에서 원시 포인터를 쓰는 간단한 예제를 통해 원시 포인터의 변덕스러움을 보도록 하자. 어떤 정수로부터 임의의 타입 포인터를 만드는 것은 적법하다. 해당 포인터를 역참조하려면 다음 예제와 같이 unsafe 블록 내에서 진행해야 한다. unsafe 블록은 프로그래머가 결과를 전부 책임져야 함을 의미한다.

```
fn main() {
  let ptr = 42 as *const Vec<String>;      ❶

  unsafe {
    let new_addr = ptr.offset(4);
    println!("{:p} -> {:p}", ptr, new_addr);
  }
}
```

❶ 임의의 정숫값으로부터 포인터를 안전하게 만들 수 있다. i32는 Vec<String>은 아니지만 여기서는 이를 무시해도 된다.

다시 복습하자면 원시 포인터는 안전하지 않다. 일상적인 러스트 코드에서 사용하지 말라고 강력히 권하는 몇 가지 속성을 갖고 있다.

- 원시 포인터는 값을 소유하지 않는다. 러스트 컴파일러는 참조된 데이터에 접근할 때 해당 데이터가 여전히 유효한지 검사하지 않는다.
- 동일 데이터에 대한 다중 원시 포인터가 허용된다. 모든 원시 포인터는 데이터에 쓰기, 읽기-쓰기 접근이 가능하다. 이는 공유된 데이터가 유효한지 러스트가 보장할 수 없다는 것을 의미한다.

이러한 경고에도 불구하고 원시 포인터를 써야 하는 몇 가지 타당한 경우가 있다.

- 피할 수 없는 경우. 몇몇 운영 체제 호출이나 서드 파티 코드는 원시 포인터를 필요로 한다. 원시 포인터는 외부 인터페이스를 제공하는 C 코드 내에서 흔하다.
- 어떤 대상에 대한 공유 접근이 필수적이며 런타임 성능이 가장 중요할 때. 아마도 애플리케이션 내 다수의 컴포넌트가 몇몇 계산 비용이 높은 변수에 똑같이 접근해야 할 수 있다. 멍청한 실수로 다른 모든 컴포넌트를 오염시킬 수 있는 위험을 기꺼이 감내한다면 원시 포인터는 최후의 수단이다.

6.2.2 러스트의 포인터 생태계

원시 포인터가 안전하지 않다면 더 안전한 대안은 무엇일까? 그 답은 스마트 포인터를 이용하는 것이다. 러스트 커뮤니티에서 스마트 포인터는 메모리 주소를 역참조하는 능력 이상의 강력한 힘을 가진 타입이다. 아마도 래퍼 타입이라는 용어를 들어 보았을 것이다. 러스트의 스마트 포인터 타입은 원시 포인터를 감싸서 추가적인 의미론을 부여한다.

좁은 의미의 스마트 포인터 정의는 C 커뮤니티에서 일반적이다. 일반적으로 해당 커뮤니티 개발자들은 스마트 포인터라는 용어가 러스트의 core::ptr::Unique, core::ptr::Shared, std::rc::Weak 타입에 해당하는 C 타입을 의미한다고 간주한다. 이 타입들에 대해서는 곧 소개하도록 하겠다.

 팻 포인터(fat pointer)라는 용어는 메모리 배치를 의미한다. 신 포인터(thin pointer)는 원시 포인터와 같은 것인데 단일 usize 크기다. 팻 포인터는 일반적으로 usize 두 개 크기이며 더 클 때도 있다.

러스트는 표준 라이브러리에 포인터와 포인터 비슷한 타입을 광범위하게 보유하고 있다. 각각은 독자적인 역할, 강점, 약점이 있다. 고유한 속성에 비춰 볼 때 이것들을 목록으로 써 내려가기보다는 그림 6.4와 같이 카드 기반의 역할 놀이 게임의 인물로 모델링해 보자.

여기에 소개되는 각 포인터 타입은 이 책 전반에 걸쳐 광범위하게 이용된다. 그러므로 필요할 때마다 자세하게 다룰 것이다. 일부 카드의 능력란에 있는 두 가지 새로운 속성은 내부 가변성과 공유 소유권이다. 이 두 용어는 설명이 약간 필요하다.

내부 가변성을 사용하면 변경할 수 없는 값을 사용하는 메서드에 인자를 넘길 수 있지만 가변성은 유지해야 한다. 런타임 성능을 희생할 수 있다면 불변성을 가장(fake)할 수 있다. 메서드에서 어떤 소유된 값을 필요로 하면 해당 인자를 Cell<T>로 감싼다. 참조는 RefCell<T>로 감쌀 수 있다. 불변 인자만 허용하는 참조 카운터 타입 Rc<T>와 Arc<T>를 사용해서 Cell<T>, RefCell<T>의 인자도 감싸는 것이 일반적이다. 결과로 얻게 되는 타입은 Rc<RefCell<T>>와 같다. 이렇게 하면 런타임 비용은 두 배가 되지만 상당한 유연성을 얻을 수 있다.

공유 소유권을 사용하면 네트워크 연결이나 몇몇 운영 체제 서비스에 대한 접근

원시 포인터

*mut T와 *const T 일가는 포인터 세계에서 자유로운 과격파다. 번개처럼 빠르지만 매우 불안전하다.

능력
· 빠르다
· 외부 세계와 상호 작용할 수 있다.

약점
· 불안전함

Box\<T\>

무엇이든 상자에 담는다. 장기 보관 목적으로 어떤 타입이든 받아들인다. 새롭고 안전한 프로그래밍 시대의 역군

능력
· 값을 힙이라는 장소의 중앙 보관소에 저장한다.

약점
· 크기가 커진다.

Rc\<T\>

참조 카운트 포인터 Rc\<T\>는 러스트의 능숙하지만 인색한 회계사다. 누가 무엇을 언제 빌려 갔는지 알고 있다.

능력
· 값에 대한 공유 접근

약점
· 크기가 커진다
· 런타임 비용
· 스레드 안전하지 않다.

Arc\<T\>

Arc\<T\>는 러스트의 대표(ambassador)다. 스레드 간에 값을 공유하며 서로 방해하지 않음을 보장한다.

능력
· 값에 대한 공유 접근
· 스레드 안전성

약점
· 크기가 커진다.
· 런타임 비용

Cell\<T\>

변신의 전문가. Cell\<T\>는 변경할 수 없는 값을 변경할 수 있는 능력을 부여한다.

능력
· 내부 가변성

약점
· 크기가 커진다.
· 성능

RefCell\<T\>

RefCell\<T\>로 불변 참조에 변경을 행할 수 있다. 마음을 사로잡는 그 힘에는 일정 비용이 따른다.

능력
· 내부 가변성
· Rc와 Arc에 중첩될 수 있으며 불변 참조만 허용한다.

약점
· 크기가 커진다.
· 런타임 비용
· 컴파일 시 보장 누락

Cow\<T\>

읽기만 필요한 경우라면 굳이 대상을 다시 쓸 필요는 없다. 수정이 있을 경우에만 다시 쓸 것이다. 쓰기 시 복사의 역할이 이것이다.

능력
· 단지 읽기 전용으로 쓰일 때는 쓰기 동작을 하지 않는다.

약점
· 크기가 커질 수도 있다.

String

String은 사용자 입력의 불확실성을 어떻게 다루어야 하는지에 대한 지침으로서 안전한 추상화를 어떻게 만드는지 보여 준다.

능력
· 원하는 만큼 동적으로 커진다.
· 실행 시 정확한 인코딩을 보장한다.

약점
· 할당된 크기를 넘을 수 있다.

Vec\<T\>

프로그램의 주 저장 체계. Vec\<T\>는 값이 생성되거나 파괴될 때 데이터를 순서대로 보관한다.

능력
· 원하는 만큼 동적으로 커진다.

약점
· 할당된 크기를 넘을 수 있다.

RawVec\<T\>

Vec\<T\>와 여타 동적 크기를 가진 타입의 기반. 필요할 때 데이터를 어떻게 수용할지 알고 있다.

능력
· 원하는 만큼 동적으로 커진다.
· 공간을 찾기 위해 메모리 할당자와 함께 작동한다.

약점
· 코드에서 직접 사용할 수 없다.

Unique\<T\>

값의 유일한 소유자. 유일한 포인터는 완전한 제어권을 가짐을 보장한다.

능력
· String과 같은 타입의 기반이며 값을 독점적으로 소유해야 한다.

약점
· 애플리케이션 코드에 직접 쓰는 것은 적절하지 않다.

Shared\<T\>

소유권 공유는 어렵다. Shared\<T\>를 쓰면 조금 더 쉬워진다.

능력
· 공유된 소유권
· 비어 있더라도 T의 크기만큼 메모리를 정렬할 수 있다.

약점
· 애플리케이션 코드에 직접 쓰는 것은 적절하지 않다.

그림 6.4 러스트의 스마트 포인터 타입 특성을 묘사한 가상의 역할 놀이 카드 게임

같은 일부 경우에 단일한 위치에서 주어진 시간에 읽기-쓰기 접근하는 패턴을 사용하기 어렵다. 프로그램의 두 부분이 한 자원에 공유 접근할 수 있다면 코드는 간결해질 수 있다. 러스트로 이렇게 할 수는 있지만 런타임 비용이 발생한다.

6.2.3 스마트 포인터를 이루는 블록

독자적인 의미가 있는 스마트 포인터를 만들고 싶을 수도 있다. 예컨대 새로운 연구 논문이 나와 그 결과를 이용해 보고자 할 수도 있고, 또 그 연구를 진두지휘하고 있을 수도 있다. 어쨌거나 러스트의 포인터 타입이 확장 가능하다는 것을 알면 유용하다. 이 타입들은 확장성을 염두에 두고 설계되었다.

Box<T>와 같이 모든 프로그래머가 만나는 포인터 타입은 core나 alloc 모듈처럼 러스트 내부 깊숙한 곳에 존재하는 더 원시적인 타입으로부터 만들어진다. 추가적으로 C++의 스마트 포인터 타입에는 러스트의 타입에 상응하는 것이 있다. 다음은 자신만의 스마트 포인터 타입을 만들 때 시작점으로 유용한 것들이다.

- core::ptr::Unique는 String, Box<T> 같은 타입과 포인터 필드 Vec<T>의 기반이다.
- core::ptr::Shared는 Rc<T>, Arc<T>의 기반이고 공유 접근이 필요한 상황을 다룰 수 있다.

그 외에도 특정한 경우에 다음 도구들이 편리하다.

- 깊게 상호 연결된 데이터 구조를 다룰 때는 단일 스레드 프로그램에서는 std::rc::Weak가, 다중 스레드 프로그램에서는 std::arc::Weak가 각각 유용하다. 이를 통해 Rc/Arc 안의 데이터에 참조 카운트 증가 없이 접근할 수 있다. 이는 끝이 없는 포인터의 순환을 방지할 수 있다.
- alloc::raw_vec::RawVec 타입을 바탕으로 Vec<T>와 VecDeque<T>가 만들어진다. 이 책에서 아직 나온 적 없는 확장 가능하고 양쪽 사용 가능한 큐로 어떤 주어진 타입에 대해서라도 메모리를 영리한 방법으로 할당/해제하는 법을 알고 있다.
- std::cell::UnsafeCell 타입을 바탕으로 Cell<T>와 RefCell<T>가 만들어진다. 자신이 만든 타입에 내부 가변성을 적용하고 싶다면 해당 구현을 살펴보기 바란다.

새롭고 안전한 포인터를 제대로 만들려면 러스트의 내부 일부를 건드려야 한다. 이 빌딩 블록들은 자신들만의 빌딩 블록을 가지고 있다. 불행히도 모든 상세한 내용을 설명하는 것은 이 장의 목표에서 너무 많이 벗어난다.

호기심 많은 독자라면 표준 라이브러리 포인터 타입의 소스 코드를 살펴보기 바란다. 예를 들어 std::cell::RefCell 타입은 *https://doc.rust-lang.org/std/cell/struct.RefCell.html*에 문서화되어 있다. 해당 웹 페이지의 [src] 버튼을 누르면 해당 타입의 정의로 이동한다.

6.3 프로그램에 데이터를 위한 메모리 제공하기

이 절에서는 스택과 힙이라는 용어를 알아보고자 한다. 이 용어는 그 의미를 이미 알고 있다고 가정하는 상황에서 자주 나온다. 지금은 그런 경우가 아니다. 스택과 힙이 무엇인지, 왜 존재하는지, 프로그램을 군더더기 없고 빠르게 만들기 위해 해당 지식을 어떻게 사용하는지 알아본다.

어떤 이들은 세부 사항을 샅샅이 훑는 것을 싫어한다. 그런 독자를 위해 스택과 힙의 뚜렷한 차이를 소개한다.

- 스택은 빠르다.
- 힙은 느리다.

이 차이는 다음 경구로 귀결된다. "미심쩍을 때는 스택을 택하라." 데이터를 스택에 넣기 위해서는 컴파일 시점에 컴파일러가 타입의 크기를 파악해야 한다. 러스트 방식으로 번역하면 '미심쩍을 때는 Sized를 구현한 타입을 사용하라' 정도가 되겠다. 이제 이 용어들에 대한 골자를 이해했으니 언제 느린 길(힙)을 택하는지, 빠른 길(스택)을 택할 때 느린 쪽을 어떻게 피하는지 알아볼 시간이다.

6.3.1 스택

스택은 비유로 자주 설명된다. 주방 찬장에 놓인 접시 더미(stack)를 상상해 보자. 요리사는 이 더미에서 접시를 가져다 음식을 대접하고, 설거지하는 사람이 새로운 접시를 위에 올려놓는다.

컴퓨터에서 스택의 단위는 스택 프레임이며 할당 레코드라고도 알려져 있다. 아마 이를 변수와 여타 데이터의 그룹으로 여기는 데 익숙할 것이다. 컴퓨터 분야에서 하는 많은 설명처럼, 스택과 힙에 대한 비유는 오직 일부 내용만 맞는다. 스택이 찬장에 놓은 접시 더미에 비유되고는 하지만, 불행히도 이런 상상은 부정확하다. 다음은 몇 가지 차이점이다.

- 스택은 실제로 두 가지 수준의 객체를 담는다. 스택 프레임과 데이터다.
- 스택은 프로그래머가 최상위 아이템에만 접근하는 수준이 아니라 그 안에 저장된 다수의 요소에 접근할 있도록 한다.
- 스택은 임의의 크기의 요소를 담을 수 있는데, 접시 비유에서는 모든 요소가 동일한 크기라는 점에서 차이가 있다.

그러면 왜 스택을 스택이라고 부르는 것일까? 사용하는 방식 때문이다. 스택에 있는 항목은 후입선출(last in first out, LIFO) 방식으로 만들어진다.

스택에 있는 항목을 스택 프레임이라고 부른다. 스택 프레임은 함수 호출이 일어날 때 생성된다. 프로그램이 진행되면 CPU의 커서가 현재 스택 프레임의 현재 주소를 반영하도록 업데이트된다. 이 커서를 스택 포인터라고 한다.

함수 내에서 다른 함수가 호출되면 스택이 자라나면서 스택 포인터는 값이 줄어든다. 함수가 반환되면 스택 포인터는 증가한다.

스택 프레임은 이러한 호출 시 함수 상태를 보관한다. 함수가 함수 내에서 호출되면 이전 함수의 값은 효과적으로 고정된다. 스택 프레임은 또한 활성화 프레임(activation frame)이라고도 부르는데, 할당 레코드에 비해서는 덜 일반적인 명칭이다.[1]

접시와 다르게 모든 스택 프레임은 크기가 각각 다르다. 스택 프레임은 함수의 인자, 원래 호출 지점(call site)을 가리키는 포인터 그리고 지역 변수(힙에 할당된 데이터 제외)를 위한 공간을 담고 있다.

☑ 호출 지점의 의미에 익숙하지 않다면 5장의 CPU 에뮬레이션에 관련한 절을 보라.

무슨 일이 일어나는지 더 자세히 이해하기 위해 한 가지 사고 실험을 해 보자. 부지런하지만 터무니없을 정도로 외골수인 요리사가 주방에 있다고 상상해 보자. 요리사는 모든 테이블의 주문서를 가져다가 순서대로 놓아둔다. 요리사는 기억력이 매우 나빠서 모든 주문을 공책에 적는다. 새로운 주문이 들어오면 요리사는 그 주문을 가리키도록 공책을 고친다. 주문이 완료되면 공책 페이지는 대기열의 다음 아이템으로 바뀐다. 손님에게는 안 됐지만 이 식당의 예약은 후입선출 방식으로 운영된다. 이 레스토랑에서 내일 점심시간 붐빌 때 일찍 주문하지 않기를 바란다.

이 비유에서 공책은 스택 포인터 역할을 한다. 스택 자체는 스택 프레임을 표현

---

1 좀 더 분명히 하자면 활성화 프레임은 스택에 할당될 때 스택 프레임이라고 부른다.

하는 가변 길이 주문서로 구성되어 있다. 스택 프레임처럼 식당의 주문서는 메타데이터를 담고 있다. 예를 들어 테이블 번호는 반환 주소로 동작할 수 있다.

스택의 주요 역할은 지역 변수를 위한 공간을 만드는 것이다. 스택이 왜 빠를까? 모든 함수의 변수는 메모리에 연달아 놓인다. 이 방식은 접근 속도를 높인다.

📦 String 또는 &str 중 하나만 허용하는 함수를 쓰기 좋게 개선하기

라이브러리를 만들면서 함수가 &str과 String 타입 둘 다 허용하도록 하면 해당 라이브러리를 사용하는 코드를 단순화할 수 있다. 불행히도 이 두 타입은 메모리에서 다른 방식으로 표현된다. &str은 스택에 할당되고 String은 힙에 메모리를 할당한다. 이는 이 타입들이 서로 간에 단순히 변환될 수 없다는 의미다. 하지만 러스트의 제네릭을 통해 어느 정도는 해결할 수 있다.

암호 인증을 예로 들어 보자. 강력한 암호를 만들 예정이므로, 암호는 최소한 여섯 자리 이상이어야 한다. 다음은 길이를 검사해서 암호를 검증하는 법을 보여 준다.

```
fn is_strong(password: String) -> bool {
  password.len() > 5
}
```

is_strong은 String만 받을 수 있다. 즉, 다음 코드는 동작하지 않는다.

```
let pw = "justok";
let is_strong = is_strong(pw);
```

하지만 제네릭 코드가 도움이 될 수 있다. 읽기 전용 접근이 필요한 경우, fn x(a: String)보다는 fn x<T: AsRef<str>> (a: T) 타입 시그너처를 가진 함수를 사용한다. 길고 어려운 이 타입 시그너처는 "함수 x는 T 타입의 password를 인자로 받으며, 이때 T는 AsRef<str>을 구현한다"라고 읽는다. AsRef<str>의 구현체는 실제로는 아니더라도 str의 참조처럼 동작한다.

이전 예제를 AsRef<str>을 구현한 어떠한 T 타입도 허용하도록 바꾸었다. 이제 새로운 시그너처가 준비됐다.

```
fn is_strong<T: AsRef<str>>(password: T) -> bool {  ❶
  password.as_ref().len() > 5
}
```

   ❶ password로 String 또는 &str을 제공한다.

인자에 읽기-쓰기 접근이 필요한 경우에는 일반적으로 AsRef<T>의 형제뻘 되는 AsMut<T>를 이용할 수 있다. 하지만 이 예제에서 &'static str은 변경 불가능하기 때문에 또 다른 전략을 도입한다. 바로 암묵적 변환이다.

러스트에 String 타입으로 변환할 수 있는 타입만 허용하도록 요청할 수 있다. 다음 예제는 함수 내에서 변환을 수행하여 새로 생성된 String에 필요한 비즈니스 로직을 적용한다. 이렇게 하면 &str이 불변값이 되는 문제를 피할 수 있다.

```
fn is_strong<T: Into<String>>(password: T) -> bool {
  password.into().len() > 5
}
```

이 암묵적 변환 전략은 상당한 위험이 따른다. password 변수를 문자열화한 버전을 파이프라인 내에서 여러 번 생성할 필요가 있다면, 호출한 애플리케이션 내에서 명시적으로 변환하는 쪽이 더 효율적일 수 있다. 그렇게 하면 String을 한 번만 생성하고 재사용한다.

6.3.2 힙

이번에는 힙을 소개한다. 힙은 컴파일 시점에 크기를 모르는 타입을 위한 프로그램 메모리 영역이다.

컴파일 시점에 크기를 모른다는 것은 무슨 의미일까? 러스트에서는 두 가지 의미가 있다. 어떤 타입은 필요에 따라 커지거나 줄어든다. String과 Vec<T>가 분명한 예다. 실행 시 크기가 변하지 않더라도 정확히 얼마만큼 메모리가 할당되는지 러스트 컴파일러에 알려 줄 수 없는 타입들도 있다. 이런 타입을 동적 크기 타입이라고 한다. 슬라이스([T])가 자주 언급되는 예다. 슬라이스는 컴파일 시점에 길이가 없다. 내부적으로 슬라이스는 배열의 어떤 부분을 가리키는 포인터다. 하지만 실제로는 배열 안의 어떤 크기만큼의 요소를 표현한다.

또 다른 예는 트레이트 객체로, 이 책에서 아직 다루지는 않았다. 트레이트 객체를 사용하면 러스트 프로그래머가 여러 타입을 동일한 컨테이너에 끼워 넣어서 동적 언어의 일부 기능을 흉내 낼 수 있다.

힙이란?

다음 절의 가상 메모리를 죽 훑어보면 힙이 무엇인지 완전히 이해할 수 있을 것이다. 지금은 힙이 무엇이 아닌지에 집중하자. 이 부분이 명확해지면 힙이 무엇인지 다시 살펴볼 것이다.

힙이라는 단어는 무체계를 암시한다. 더 그럴듯한 비유는 중소기업의 창고 공간일 것이다. 물품이 입고되면(변수가 생성되면) 창고에 필요한 공간을 만든다. 사업이 진행됨에 따라 이 자재들을 사용하면, 창고에는 새로운 물품을 받을 수 있는 공간이 생긴다. 틈도 생기고 어수선해질 때도 있다. 하지만 전체적으로 잘 정돈되어 있다.

또 다른 오해는 힙이 동명의 데이터 구조와는 어떤 관계도 없다는 점이다. 해당 데이터 구조는 우선순위 대기열을 생성하는 데 쓰인다. 그 자체로는 아주 영리한 도구이지만 완전히 동떨어진 개념이다. 여기서 힙은 데이터 구조가 아니다. 메모리 영역이다.

이 둘을 구분했으니 조금만 더 설명하겠다. 사용 측면에서 핵심적인 차이는 힙에 있는 변수는 포인터로 접근하는 반면, 스택에 있는 변수에 접근할 때는 포인터가 필요하지 않다는 것이다.

사소한 예제이지만 두 변수 a와 b를 살펴보자. 이 둘은 각각 정수 40과 60을 나타낸다. 다만 이 예제에서 이 중 하나는 정수를 힙에 보관하도록 한다.

```
let a: i32 = 40;
let b: Box<i32> = Box::new(60);
```

이제 중요한 차이점을 보도록 하자. 다음 코드는 컴파일되지 않는다.

```
let result = a + b;
```

b에 할당된 값은 박스에 저장되었으므로 포인터를 통해서만 접근할 수 있다. 이 값에 접근하려면 역참조를 해야 한다. 역참조 연산자는 단항 연산자 *이며 변수 앞에 붙인다.

```
let result = a + *b;
```

해당 기호가 곱셈에도 쓰이기 때문에 처음에는 이 문법을 이해하기가 까다로울 수 있다. 하지만 시간이 지나면 익숙해질 것이다. 다음은 힙에 변수를 만들 때 Box<T> 같은 포인터 타입을 통해 이를 구성하는 전체 예제다.

예제 6.6 힙에 변수를 생성하기

```
fn main() {
  let a: i32 = 40;                    ❶
```

```
    let b: Box<i32> = Box::new(60);    ❷

  println!("{} + {} = {}", a, b, a + *b);    ❸
}
```

❶ 40은 스택에 저장된다.

❷ 60은 힙에 저장된다.

❸ 60에 접근하기 위해 역참조한다.

힙이 무엇인지 그리고 프로그램이 실행될 때 메모리에서는 어떤 일이 일어나는지 알아보기 위해 조그마한 예제를 살펴보자. 이 예제에서 우리는 힙에 몇 개의 수를 생성하고 이 값을 모두 더할 것이다. 실행하면 예제 6.7의 프로그램은 단순한 결과 몇 개를 출력한다. 3이 두 개 표시된다. 그래도 여기서 중요한 것은, 결과가 아니라 프로그램 메모리의 내부다.

다음 예제는 ch6/ch6-heap-vs-stack/src/main.rs 파일에 있다. 그림 6.5는 프로그램이 실행될 때 메모리의 모습을 코드를 따라가며 그린 것이다. 먼저 프로그램의 출력을 보자.

3 3

예제 6.7 Box<T>를 통해 힙에 메모리를 할당하고 해제하기

```
01 use std::mem::drop;    ❶
02
03 fn main() {
04   let a = Box::new(1);  ┐
05   let b = Box::new(1);  │ ❷
06   let c = Box::new(1);  ┘
07
08   let result1 = *a + *b + *c;    ❸
09
10   drop(a);    ❹
11   let d = Box::new(1);
12   let result2 = *b + *c + *d;
13
14   println!("{} {}", result1, result2);
15 }
```

❶ 메모리를 수동으로 삭제하기 위해 drop()을 지역 범위로 가져온다.

❷ 값을 힙에 할당한다.

❸ 역참조 연산자인 단항 *는 박스 안의 값을 반환한다. 그러므로 result1에는 3이 담긴다.

❹ drop()을 실행해 메모리를 해제한다.

예제 6.7에서는 힙에 값 네 개를 둔 다음 이 중 하나를 제거한다. 이 예에는 새롭거나 덜 익숙한 문법이 몇 가지 들어 있는데 알아볼 가치가 있다.

- Box::new(T)는 T를 힙에 할당한다. 박스는 직관(intuition)이 없다면 헷갈릴 수 있는 용어다. 박스된 대상은 힙에, 그 포인터는 스택에 놓인다. 이는 그림 6.5의 첫 번째 열에서 볼 수 있는데, 주소 0xfff에 있는 숫자 0x100은 주소 0x100에 있는 값 1을 가리킨다. 하지만 실제 바이트 상자는 값을 묶지(enclose) 않으며 값은 어떤 식으로든 숨겨지지 않는다.
- std::mem::drop은 함수 drop()을 지역 범위로 가져온다. drop()은 대상의 유효 범위가 끝나기 전에 객체를 지운다. Drop을 구현한 타입은 drop() 메서드를 가지지만 코드에서 명시적으로 호출하는 것은 적법하지 않다. std::mem::drop은 이런 규칙에서 벗어나는 방법이다.
- 변수(*a, *b, *c, *d)에 붙은 별 기호는 단항 연산자다. 이것은 역참조 연산자다. Box::(T)를 역참조하면 T를 반환한다. 여기에서 변수 a, b, c, d는 정수에 대한 참조다.

그림 6.5에서 각 열은 그림의 코드 여섯 줄이 실행될 때 메모리 내부에서 일어나는 일을 보여 준다. 스택은 위쪽에 있는 박스로, 힙은 아래쪽에 있는 박스로 보인다. 해당 그림에는 몇 가지 세부 사항이 빠져 있지만, 스택과 힙의 관계에 대한 직관을 얻는 데 도움이 된다.

 디버거를 써 본 적이 있고 무엇이 일어나는지 살펴보고 싶다면 코드를 최적화 없이 컴파일한다. cargo build --release 말고 cargo build(또는 cargo run)로 코드를 컴파일하라. --release 플래그를 사용하면 모든 할당과 연산을 최적화한다. rustc를 수동으로 실행한다면, rustc --codegen opt-level=0 명령을 쓰도록 하라.

6.3.3 동적 메모리 할당이란?

임의의 시점에 실행 중인 프로그램은 작업을 완료하기 위한 고정된 크기만큼의 바이트를 가진다. 프로그램이 더 많은 메모리를 필요로 할 때는 운영 체제에 요청할 필요가 있다. 이를 동적 메모리 할당이라고 한다(그림 6.6). 동적 메모리 할당은 3단계로 이루어진다.

시간 경과에 따른 프로그램 실행

```
let a = Box::new(1)
        let b = Box::new(1)
                let c = Box::new(1)
                        let result1 = *a + *b + *c;
                                        drop(a)
                                                let d = Box::new(1)
```

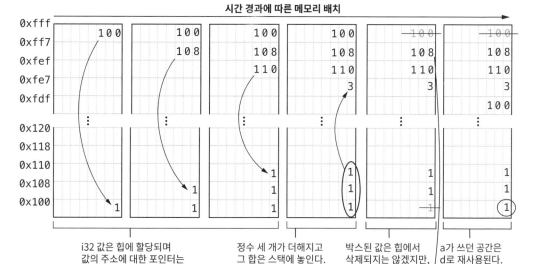

시간 경과에 따른 메모리 배치

i32 값은 힙에 할당되며
값의 주소에 대한 포인터는
스택에 놓인다(정수는 박스된다).

정수 세 개가 더해지고
그 합은 스택에 놓인다.

박스된 값은 힙에서
삭제되지는 않겠지만,
메모리 할당자는
해당 위치를 재사용
가능한 위치로
표시한다.

a가 쓰던 공간은
d로 재사용된다.

이 그림을 해석하는 법

위쪽 박스는 스택을 나타낸다.

스택은 이름에서 유추할 수 있는
방식과는 반대로 위가 아니라
아래로 자라난다.

간결하게 하기 위해 이 예제의
주소 공간은 4096바이트로 했다.
64비트 CPU 같은 좀 더 현실적인
시나리오에서 해당 주소 공간은
2^{64}바이트 정도가 된다.

아래쪽 박스는 힙을 나타낸다.

힙은 주소 공간의 맨 밑에
오프셋을 더한 곳에서
시작하며 여기서는
256(0x100)이다.

0과 오프셋 사이의 공간은
프로그램의 실행 가능한 명령과
프로그램의 수명 주기 동안
유지될 변수를 위해
예약되어 있다.

러스트의 강력한 힘

변수의 수명 주기는
이 지점에서 끝난다.

이 메모리 주소에 접근하는 것은
더 이상 유효하지 않다.
데이터는 여전히 스택에 있지만
안전하게 보호되는 러스트
프로그램 내에서 여기에
접근하는 것은 불가능하다.

그림 6.5 예제 6.7을 수행하는 동안 프로그램의 메모리 배치

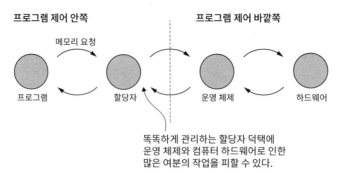

똑똑하게 관리하는 할당자 덕택에
운영 체제와 컴퓨터 하드웨어로 인한
많은 여분의 작업을 피할 수 있다.

그림 6.6 동적 메모리 할당에 관한 개념적 그림. 메모리를 요청하는 것은 프로그램 레벨에서 시작되고 끝나지만, 다른 여러 컴포넌트와 연관되어 있다. 각 단계마다 컴포넌트들은 프로세스를 중단시키고 빠르게 복귀할 수 있다.

1. 시스템 호출을 통해 운영 체제에 메모리를 요청한다. 유닉스 계열 운영 체제에 서 이 시스템 호출은 alloc()이다. 마이크로소프트 윈도우에서는 HeapAlloc() 이다.

2. 프로그램에 할당된 메모리를 이용한다.

3. 더 이상 필요하지 않은 메모리를 유닉스에서는 free()로, 윈도우에서는 Heap-Free()로 운영 체제에 반환한다.

그림을 보면 프로그램과 운영 체제 사이에 중간자가 있다. 이 특별한 보조 프로그램인 할당자는 여러분의 프로그램 이면에 심겨 있다. 할당자는 운영 체제와 CPU 내에서 많은 일을 없애기 위해 최적화를 수행한다.

동적 메모리 할당이 성능에 미치는 영향을 살펴보고 그 영향을 줄일 수 있는 방법을 살펴보자. 시작하기 전에 스택과 힙 간에 왜 성능 차이가 생기는지 알아볼 것이다. 스택과 힙은 개념적인 추상화일 뿐임을 기억하자. 이는 컴퓨터 메모리의 물리적 칸막이 형태로 존재하는 게 아니다. 이것들의 성능 특성 차이를 무엇으로 설명할 수 있을까?

스택의 데이터에 빠르게 접근할 수 있는 이유는 함수의 지역 변수가 스택에 할당될 때 램에 서로 인접해서 배치되기 때문이다. 이를 연속 배치라고 부르기도 한다.

연속 배치는 캐시 친화적이다. 대신에 힙에 할당되는 변수는 서로 붙어 있지 않다. 게다가 힙의 데이터에 접근하려면 포인터를 역참조해야 한다. 그렇게 하려면 페이지 테이블을 조회하고 주 메모리를 돌아다녀야 한다. 표 6.1에 이 차이를 요약해 놓았다.

스택은 빠른 만큼 반대급부도 있다. 스택에 있는 데이터 구조는 프로그램 수명

스택	힙
간단하다	복잡하다
안전하다	위험하다*
빠르다	느리다
엄격하다	유연하다

* 안전한 러스트에서는 좀 다르다!

표 6.1 스택과 힙을 비교한, 간단하지만 유용한 표

주기 동안 동일한 크기를 유지해야만 한다. 힙에 할당된 데이터 구조는 좀 더 유연하다. 포인터를 통해 접근하기 때문에 포인터는 변할 수 있다.

이 영향을 계량화하려면 비용을 계산하는 법을 배워야 한다. 많은 측정치를 얻으려면 많은 값을 생성하고 파괴하는 프로그램이 필요하다. 간단한 프로그램을 만들어 보자. 그림 6.7은 비디오 게임의 한 배경 요소를 보여 준다.

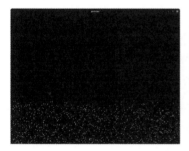

그림 6.7 예제 6.9를 실행한 스크린샷

예제 6.9를 실행하면 어두운 회색 배경으로 채워진 창이 화면에 나타난다. 흰색의 눈 같은 점이 바닥에서 떠올라 위에 다가갈수록 희미해진다. 콘솔 출력을 확인해 보면 숫자의 흐름이 나타난다. 코드에 대해 이야기해 본 다음에 이것들의 중요성에 대해 알아본다. 예제 6.9는 세 가지 주요 부분을 담고 있다.

- 동적 메모리 할당에 드는 시간을 기록하는 메모리 할당자(ReportingAllocator 구조체)
- World와 Particle의 정의와 이것들이 시간의 흐름에 따라 동작하는 방식
- 창 생성과 초기화를 담당하는 main() 함수

다음 예제는 프로그램(예제 6.9)에 필요한 의존성을 보여 준다. 이 코드의 파일은

ch6/ch6-particles/Cargo.toml이다. 예제 6.9의 소스 코드는 ch6/ch6-particles/src/main.rs에 있다.

예제 6.8 예제 6.9를 위한 의존성

```
[package]
name = "ch6-particles"
version = "0.1.0"
authors = ["TS McNamara <author@rustinaction.com>"]
edition = "2018"

[dependencies]
piston_window = "0.117"      ❶
piston2d-graphics = "0.39"   ❷
rand = "0.8"                 ❸
```

❶ 피스톤 게임 엔진의 핵심 기능에 대한 래퍼를 제공하여 화면에 대상을 쉽게 그릴 수 있게 한다. 호스트 환경과는 크게 관계없다.

❷ 벡터 대수를 제공하며 움직임을 시뮬레이트하는 데 중요하다.

❸ 난수 생성기와 관련된 기능을 제공한다.

예제 6.9 힙에 객체를 생성하고 파괴하는 그래픽 애플리케이션

```
001 use graphics::math::{Vec2d, add, mul_scalar};      ❶
002
003 use piston_window::*;                              ❷
004
005 use rand::prelude::*;                              ❸
006
007 use std::alloc::{GlobalAlloc, System, Layout};     ❹
008
009 use std::time::Instant;                            ❺
010
011
012 #[global_allocator]                                ❻
013 static ALLOCATOR: ReportingAllocator = ReportingAllocator;
014
015 struct ReportingAllocator;                         ❼
016
017 unsafe impl GlobalAlloc for ReportingAllocator {
018   unsafe fn alloc(&self, layout: Layout) -> *mut u8 {
019     let start = Instant::now();
020     let ptr = System.alloc(layout);                ❽
021     let end = Instant::now();
022     let time_taken = end - start;
023     let bytes_requested = layout.size();
024
```

```
025        eprintln!("{}\t{}", bytes_requested, time_taken.as_nanos());
026        ptr
027    }
028
029    unsafe fn dealloc(&self, ptr: *mut u8, layout: Layout) {
030        System.dealloc(ptr, layout);
031    }
032 }
033
034 struct World {
035    current_turn: u64,
036    particles: Vec<Box<Particle>>,                  ❾
037    height: f64,
038    width: f64,
039    rng: ThreadRng,
040 }
041
042 struct Particle {
043    height: f64,
044    width: f64,
045    position: Vec2d<f64>,                           ❿
046    velocity: Vec2d<f64>,
047    acceleration: Vec2d<f64>,
048    color: [f32; 4],
049 }
050
051 impl Particle {
052    fn new(world : &World) -> Particle {
053        let mut rng = thread_rng();
054        let x = rng.gen_range(0.0..=world.width);        ⓫
055        let y = world.height;
056        let x_velocity = 0.0;                            ⓬
057        let y_velocity = rng.gen_range(-2.0..0.0);
058        let x_acceleration = 0.0;                        ⓭
059        let y_acceleration = rng.gen_range(0.0..0.15);
060
061        Particle {
062            height: 4.0,
063            width: 4.0,
064            position: [x, y].into(),
065            velocity: [x_velocity, y_velocity].into(),      ⓮
066            acceleration: [x_acceleration,
067                           y_acceleration].into(),
068            color: [1.0, 1.0, 1.0, 0.99],     ⓯
069        }
070    }
071
072    fn update(&mut self) {
073        self.velocity = add(self.velocity,
```

```
074                        self.acceleration);
075      self.position = add(self.position,        ⑯
076                       self.velocity);
077      self.acceleration = mul_scalar(
078        self.acceleration,
079        0.7                                      ⑰
080      );
081      self.color[3] *= 0.995;        ⑱
082    }
083  }
084
085  impl World {
086    fn new(width: f64, height: f64) -> World {
087      World {
088        current_turn: 0,
089        particles: Vec::<Box<Particle>>::new(),   ⑲
090        height: height,
091        width: width,
092        rng: thread_rng(),
093      }
094    }
095
096    fn add_shapes(&mut self, n: i32) {
097      for _ in 0..n.abs() {
098        let particle = Particle::new(&self);      ⑳
099        let boxed_particle = Box::new(particle);  ㉑
100        self.particles.push(boxed_particle);      ㉒
101      }
102    }
103
104    fn remove_shapes(&mut self, n: i32) {
105      for _ in 0..n.abs() {
106        let mut to_delete = None;
107
108        let particle_iter = self.particles
109          .iter()                                  ㉓
110          .enumerate();
111
112        for (i, particle) in particle_iter {
113          if particle.color[3] < 0.02 {
114            to_delete = Some(i);
115          }
116          break;
117        }
118                                                  ㉔
119        if let Some(i) = to_delete {
120          self.particles.remove(i);
121        } else {
122          self.particles.remove(0);
123        };
```

```
124      }
125    }
126
127    fn update(&mut self) {
128      let n = self.rng.gen_range(-3..=3);    ㉕
129
130      if n > 0 {
131        self.add_shapes(n);
132      } else {
133        self.remove_shapes(n);
134      }
135
136      self.particles.shrink_to_fit();
137      for shape in &mut self.particles {
138        shape.update();
139      }
140      self.current_turn += 1;
141    }
142  }
143
144  fn main() {
145    let (width, height) = (1280.0, 960.0);
146    let mut window: PistonWindow = WindowSettings::new(
147      "particles", [width, height]
148    )
149    .exit_on_esc(true)
150    .build()
151    .expect("Could not create a window.");
152
153    let mut world = World::new(width, height);
154    world.add_shapes(1000);
155
156    while let Some(event) = window.next() {
157      world.update();
158
159      window.draw_2d(&event, |ctx, renderer, _device| {
160        clear([0.15, 0.17, 0.17, 0.9], renderer);
161
162        for s in &mut world.particles {
163          let size = [s.position[0], s.position[1], s.width, s.height];
164          rectangle(s.color, size, ctx.transform, renderer);
165        }
166      });
167    }
168  }
```

❶ graphics::math::Vec2d는 이차원 벡터에 대한 연산과 변환 기능을 제공한다.

❷ piston_window는 GUI 프로그램을 만들고 그 위에 모양을 그리는 도구를 제공한다.

❸ rand는 난수 생성기와 관련 기능을 제공한다.

❹ std::alloc은 메모리 할당을 제어하는 기능을 제공한다.

❺ std::time은 시스템 시계(system's clock)에 접근할 수 있도록 한다.

❻ #[global_allocator]는 다음에 나오는 값 ALLOCATOR가 GlobalAlloc 트레이트를 충족하도록 한다.

❼ 프로그램이 실행될 때 각 할당이 이루어지는 시간을 STDOUT에 출력한다. 이런 식으로 동적 메모리 할당에 드는 시간을 꽤 정확하게 표시한다.

❽ 시스템의 기본 메모리 할당자에 실제 메모리 할당을 위임한다.

❾ 프로그램의 수명 주기 동안 유용한 데이터를 담는다.

❿ 이차원 공간에 객체를 정의한다.

⓫ 창 하단의 임의의 위치에서 시작한다.

⓬ 시간이 흐름에 따라 수직으로 떠오르게 한다.

⓭ 시간이 흐름에 따라 떠오르는 속도를 높인다.

⓮ into()로 [f64;2] 타입 배열을 Vec2d로 변환한다.

⓯ 아주 약간 투명한 흰색을 넣는다.

⓰ 파티클을 다음 위치로 이동시킨다.

⓱ 화면을 이동함에 따라 파티클의 가속도를 줄인다.

⓲ 시간이 흐름에 따라 파티클을 점점 더 투명하게 만든다.

⓳ Particle 대신 Box<Particle>을 써서 모든 파티클이 생성될 때 추가적인 메모리 할당이 일어나게 한다.

⓴ Particle을 스택에 지역 변수로 만든다.

㉑ particle의 소유권을 가져와 데이터를 힙으로 옮기고 스택에 이 데이터에 대한 참조를 만든다.

㉒ 해당 참조를 self.shapes에 푸시한다.

㉓ particle_iter는 코드를 페이지 폭에 맞추기 쉽게 하려고 만든 변수다.

㉔ n번의 반복 동안 거의 투명해진 첫 파티클을 지운다. 투명한 파티클이 없다면 가장 오래된 파티클을 지운다.

㉕ −3에서 3을 포함하는 구간의 난수 정수를 반환한다.

예제 6.9는 꽤 긴 코드 예제인데 지금까지 보아 온 것과 비교해서 너무 낯설게 보이는 코드가 없기를 바란다. 코드의 끝부분에는 리스트의 클로저 문법이 나온다. window.draw_2d()를 호출하는 부분(159행)에서 수직 막대로 변수를 감싸는 두 번째 인자를 볼 수 있다(|ctx, renderer, _device| {...}). 이 수직 막대 사이에 클로저의 인자를 넣고 중괄호 사이에 그 내용을 넣는다.

클로저는 인라인으로 정의되는 함수이며 주변 범위에서 변수에 접근할 수 있다. 익명 또는 람다 함수라고도 부른다.

클로저는 관용적인 러스트 코드에서 흔한 요소이지만 이 책에서는 명령형 언어 또는 객체 지향 언어에 익숙한 프로그래머가 예제를 이해하는 데 어려움을 겪지 않도록 가급적 사용을 피하겠다. 클로저는 11장에서 모두 설명한다. 그 전에는 함수를 정의하는 간편하고 빠른 표현 방식 정도로 알아 두면 충분하다. 다음 차례로 힙에 메모리를 할당하는 것(수백만 번 정도)이 코드 성능에 영향을 미칠 수 있다는 증거를 만들어 내는 데 집중하자.

6.3.4 동적 메모리 할당의 영향 분석하기

예제 6.9를 터미널에서 실행하면 두 열의 숫자가 채워지는 것을 볼 수 있다. 이 열들에는 할당된 바이트 수와 요청을 끝내는 데 걸린 시간이 나노초 단위로 표시된다. 해당 결과는 더 자세한 분석을 위해 다음과 같이 파일로 전송할 수 있는데, 예제 6.10은 ch6-particles의 표준 에러(stderr) 내용을 파일로 보낸 것이다

예제 6.10 메모리 할당 보고서 만들기

```
$ cd ch6-particles

$ cargo run -q 2> alloc.tsv    ❶

$ head alloc.tsv    ❷
4       219
5       83
48      87
9       78
9       93
19      69
15      960
16      40
14      70
16      53
```

❶ ch6-particles를 침묵 모드(quite mode)로 실행한다.

❷ 결과의 첫 열 줄을 보여 준다.

위 짧은 내용에서 볼 수 있는 한 가지 흥미로운 사실은 메모리 할당 속도가 할당 크기와 상관관계가 크지 않다는 점이다. 모든 힙 할당을 그래프에 찍어 보면 더 명확해진다(그림 6.8).

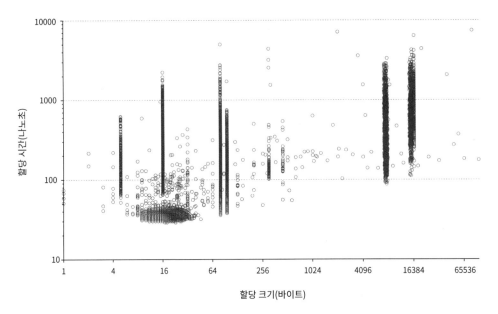

그림 6.8 힙 할당 속도를 할당 크기에 대비해 찍어 보면 둘 간에 명확한 관계가 없음을 알 수 있다.
동일한 양의 메모리를 여러 번 요청한다 할지라도 메모리 할당에 드는 시간은 근본적으로 예측 불가능하다.

그림 6.8을 자신에 맞게 만들려면 다음 gnuplot 스크립트를 이용하여 원하는 대로
조정하면 된다. 해당 파일은 ch6/ch6-particles/alloc.plot이다.

예제 6.11 gnuplot으로 그림 6.8을 생성하는 데 사용하는 스크립트

```
set key off
set rmargin 5
set grid ytics noxtics nocbtics back
set border 3 back lw 2 lc rgbcolor "#222222"

set xlabel "Allocation size (bytes)"
set logscale x 2
set xtics nomirror out
set xrange [0 to 100000]

set ylabel "Allocation duration (ns)"
set logscale y
set yrange [10 to 10000]
set ytics nomirror out

plot "alloc.tsv" with points \
    pointtype 6 \
    pointsize 1.25 \
    linecolor rgbcolor "#22dd3131"
```

메모리를 많이 할당하면 적게 할당하는 경우보다 시간이 오래 걸리는 경향이 있기는 하지만, 늘 그렇다고 단언할 수는 없다. 동일한 규모의 메모리를 할당하는 데 걸리는 시간의 범위는 대략 10배 이상이다. 100나노초가 걸릴 때도 있고 1000나노초가 걸릴 때도 있다.

이 점이 중요한가? 그렇지 않을 수도, 그럴 수도 있다. 3GHz CPU에서는 프로세서가 초당 30억 번의 연산을 수행할 수 있다. 각 연산 간에 100나노초의 지연이 생긴다면, 해당 컴퓨터는 같은 시간 간격 동안 3000만 번의 연산만 수행할 수 있다. 아마 그 수백 마이크로초는 실제로 애플리케이션에서 중요할 것이다. 힙 할당을 최소화하는 전략에는 다음과 같은 것이 있다.

- 초기화되지 않은 객체의 배열을 사용한다. 객체를 필요로 할 때마다 새로 만드는 것이 아니라 값을 0으로 하는 다수의 객체를 만든다. 이 객체 중 하나를 활성화할 때가 오면 해당 값을 0이 아닌 값으로 설정한다. 하지만 이는 러스트의 생명 주기 검사를 우회하는 전략이라서 매우 위험하다.
- 애플리케이션이 이용하는 메모리 프로파일에 맞춰진 할당자를 이용한다. 메모리 할당자의 성능은 해당 할당 크기에 굉장히 민감하다.
- arena::Arena와 arena::TypedArena를 살펴본다. 객체를 즉석에서 생성할 수 있지만 alloc(), free() 메서드는 아레나 객체가 생성되고 파괴될 때만 호출된다.

6.4 가상 메모리

이 절은 가상 메모리라는 용어의 의미와 존재 이유에 대해 설명한다. 여기서 얻은 지식으로 소프트웨어를 구축하여 프로그램 속도를 향상시킬 수 있다. CPU는 메모리에 빠르게 접근할 수 있을 때 더 빠르게 연산할 수 있다. 컴퓨터 아키텍처의 역학을 이해한다면, CPU에 메모리를 효율적으로 제공하는 데 도움이 될 수 있다.

6.4.1 배경 설명

나는 인생의 많은 기간을 컴퓨터 게임을 하는 데 썼다. 게임은 즐겁고 도전적이지만 내 10대 시절을 더 생산적인 데 썼다면 어땠을까 이따금 생각한다.[2] 그래도 게임은 많은 추억을 남겨 주었다. 그러나 씁쓸한 기억으로 남은 것도 있다.

---

2 (옮긴이) 게임을 통해 컴퓨터 업계에 대한 열망을 품은 사람도 있기 때문에 생산적인 면도 있다고 생각한다.

이따금 누군가 게임에 들어와서 거의 완벽한 조준과 불가능할 정도로 높은 체력으로 주변 모두를 학살하고는 했다. 다른 플레이어들이 "핵쟁이"라며 비난했지만 무기력하게 패배했다. 게임 내 연옥[3]에서 기다리는 동안 내내 궁금했다. "어떻게 이게 가능하지? 게임을 어떻게 이렇게 '마개조'하는 거지?"

이 절의 예제를 통해 실행 중인 프로그램의 값을 검사하고 수정할 수 있는 도구의 핵심 부분을 만들게 될 것이다.

> **🗃 가상 메모리 관련 용어들**
>
> 이 영역의 용어들은 특히나 난해하다. 다분히 수십년 전 초창기 컴퓨터가 설계될 때 내려진 결정에 얽매여 있어서다. 다음은 가장 중요한 몇 가지 용어를 간단히 요약한 것이다.
>
> - 페이지 — 실 메모리에서 워드의 고정 크기 블록. 대개 64비트 운영 체제에서는 4KB다.
> - 워드 — 포인터 크기인 타입. CPU 레지스터의 크기를 따른다. 러스트에서는 usize와 isize가 워드 길이 타입이다.
> - 페이지 폴트(fault) — 현재 물리적 램에 없는 메모리 주소가 요청되었을 때 CPU가 일으키는 오류. 적어도 하나의 페이지가 메모리로 다시 스와핑되어야 함을 운영 체제에 알린다.
> - 스와핑 — 요청에 따라 주 메모리로부터 한 페이지의 메모리를 디스크에 임시로 저장하는 것
> - 가상 메모리 — 프로그램 관점에서 자신의 메모리. 프로그램에서 접근할 수 있는 모든 메모리는 운영 체제에 의해 그 주소 공간이 제공된다.
> - 실 메모리 — 운영 체제 관점에서 시스템에서 사용 가능한 물리적 메모리. 많은 기술 문서에서 실 메모리는 물리 메모리와는 독립적으로 정의되는데, 물리 메모리는 좀 더 전기 공학적인 용어다.
> - 페이지 테이블 — 가상 메모리에서 실제 메모리로 변환을 관리하기 위해 운영 체제에서 유지하는 데이터 구조
> - 세그먼트 — 가상 메모리의 한 블록. 가상 메모리는 가상 주소와 물리 주소 간 변환에 필요한 공간을 최소화하기 위해 블록 단위로 나뉜다.
> - 세그먼테이션 폴트 — 부적법한 메모리 주소가 요청되었을 때 CPU가 일으키는 에러
> - 메모리 관리 장치(memory management unit, MMU) — 메모리 주소 변환을 관리하는 CPU의 구성 요소다. 최근에 변환된 주소의 캐시를 운영한다. 이 캐시는 변환 색인 버퍼(translation lookaside buffer, TLB)라고도 부르는데 옛날 용어다.

---

3 (옮긴이) 다른 플레이어에게 패배한 후 부활을 기다리는 것을 연옥으로 표현한 듯하다.

지금까지 이 책에서 기술적인 의미로 정의되지 않았던 용어가 하나 있는데 바로 프로세스다. 전에 이 용어를 접했는데 왜 누락되었는지 궁금할 수도 있을 텐데, 이 용어는 동시성을 논할 때 제대로 소개할 것이다. 이 장에서 프로세스 또는 같은 부류의 용어인 운영 체제 프로세스는 실행 중인 프로그램을 의미하는 것으로 간주한다.

6.4.2 1단계: 프로세스가 자신의 메모리를 조사하게 하기

직관적으로 프로그램의 메모리는 위치 0에서 시작해 n에서 끝나는 일련의 바이트다. 프로그램이 100KB의 램을 사용한다고 한다면 n은 100,000 근처 어딘가다. 이 직관을 검증해 보자.

메모리를 위치 0에서 시작해 10,000까지 훑어보는 작은 명령행 프로그램을 만들 것이다. 작은 프로그램이라서 1만 바이트를 넘지는 않는다. 하지만 실행해 보면 프로그램이 의도한 대로 동작하지 않는다. 슬프게도 충돌로 인해 종료된다. 이 충돌이 왜 일어났는지 이 절을 따라가면서 배울 것이다.

예제 6.12가 그 프로그램이다. 소스 코드는 ch6/ch6-memscan-1/src/main.rs에 있다. 해당 프로그램은 실행 중인 프로그램의 메모리를 바이트 단위로 0부터 조사한다. 원시 포인터를 만들고 역참조하는(읽는) 새로운 문법을 코드에서 선보인다.

예제 6.12 실행 중인 프로그램의 메모리를 바이트 단위로 검사

```
01 fn main() {
02   let mut n_nonzero = 0;
03
04   for i in 0..10000 {
05     let ptr = i as *const u8;          ❶
06     let byte_at_addr = unsafe { *ptr };  ❷
07
08     if byte_at_addr != 0 {
09       n_nonzero += 1;
10     }
11   }
12
13   println!("non-zero bytes in memory: {}", n_nonzero);
14 }
```

❶ 메모리 주소를 검사하기 위해 i를 u8 타입의 원시 포인터인 *const T로 변환한다. 모든 주소를 하나의 단위로 간주하며, 대부분의 값이 다수의 바이트에 걸쳐 있다는 사실은 무시할 것이다.

❷ 포인터를 역참조하여 주소 i 위치의 값을 읽는다. "가리키고 있는 값을 읽는다"라고 이해해도 된다.

예제 6.12는 충돌을 일으킨다. 그 이유는 NULL 포인터를 역참조하려고 하기 때문이다. i가 0이면 ptr은 역참조될 수 없다. 덧붙이자면 이 점이 바로 모든 포인터의 역참조가 unsafe 블록에서 이뤄져야 하는 이유다.

0이 아닌 메모리 주소에서 시작하려고 한다면 어떨까? 이 경우에는 프로그램이 실행 가능하며, 적어도 수천 바이트의 0이 아닌 데이터에 대해 반복이 이루어진다. 다음 예제는 NULL 포인터 역참조를 피하기 위해 프로세스의 메모리를 1부터 조사한다.

예제 6.13 프로세스 메모리 검사

```
01 fn main() {
02   let mut n_nonzero = 0;
03
04   for i in 1..10000 {    ❶
05     let ptr = i as *const u8;
06     let byte_at_addr = unsafe { *ptr };
07
08     if byte_at_addr != 0 {
09       n_nonzero += 1;
10     }
11   }
12
13   println!("non-zero bytes in memory: {}", n_nonzero);
14 }
```

❶ 0 대신 1에서 시작하여 NULL 포인터 역참조 예외를 피한다.

하지만 이렇게 해도 문제를 완전히 해결하지는 못한다. 예제 6.13은 실행 시 여전히 충돌이 발생하며, 0이 아닌 바이트의 수(n_nonzero)는 콘솔에 절대 출력되지 않는다. 이는 세그먼테이션 폴트로 알려진 문제에 기인한다.

세그먼테이션 폴트(세그폴트)는 여러분의 프로그램이 접근 자격이 주어지지 않은 메모리 영역에 접근하려고 시도하는 것을 CPU와 운영 체제가 감지하면 일어난다. 메모리 영역은 세그먼트로 나뉘어 있다. 세그먼테이션 폴트의 이름은 여기에서 따온 것이다.

다른 접근 방법을 시도해 보자. 바이트를 훑는 대신 존재를 알고 있는 것들의 주소를 살펴보자. 포인터를 배우는 데 많은 시간을 썼으니 이를 이용해 보자. 예제 6.14는 여러 값을 만들어 그 주소를 살펴본다.

예제 6.14를 실행할 때마다 고유한 값이 출력된다. 다음은 그중 어떤 실행의 결과다.

```
GLOBAL:    0x7ff6d6ec9310
local_str: 0x7ff6d6ec9314
local_int: 0x23d492f91c
boxed_int: 0x18361b78320
boxed_str: 0x18361b78070
fn_int:    0x23d492f8ec
```

여기에서 볼 수 있듯이 값들은 넓은 범위에 걸쳐 흩어져 있는 것처럼 보인다. 그러니 여러분의 프로그램이 단지 몇 KB의 램을 필요로 하더라도, 몇몇 변수는 아주 먼 거리를 두고 위치해 있다. 이를 가상 주소라고 한다.

힙과 스택을 비교하는 부분에서 설명했듯이 스택은 주소 공간의 위쪽에서 시작하고, 힙은 아래쪽 근처에서 시작한다. 위의 실행 결과에서 가장 큰 값은 0x7ff-6d6ec9314다. 이 값은 대략 $2^{64} \div 2$에 해당한다. 운영 체제가 자신을 위해 주소 공간의 절반을 따로 남겨 두었기 때문에 이 숫자가 나온다.

다음 예제는 주소 공간을 살펴보기 위해 프로그램 안의 여러 변수의 주소를 반환한다. 해당 코드의 소스는 ch6/ch6-memscan-3/src/main.rs에 있다.

예제 6.14 프로그램 내 변수의 주소 출력하기

```
static GLOBAL: i32 = 1000;     ❶

fn noop() -> *const i32 {
  let noop_local = 12345;       ❷
  &noop_local as *const i32     ❸
}

fn main() {
  let local_str = "a";
  let local_int = 123;
  let boxed_str = Box::new('b');     ❹
  let boxed_int = Box::new(789);
  let fn_int = noop();

  println!("GLOBAL:    {:p}", &GLOBAL as *const i32);
  println!("local_str: {:p}", local_str as *const str);
  println!("local_int: {:p}", &local_int as *const i32);
  println!("boxed_int: {:p}", Box::into_raw(boxed_int));
  println!("boxed_str: {:p}", Box::into_raw(boxed_str));
  println!("fn_int:    {:p}", fn_int);
}
```

❶ 정적으로 생성하며 이는 러스트 프로그램에서 전역 변수에 해당한다.

❷ noop_local을 원시 포인터로 하여 그 주소를 반환한다.

❸ main() 외부에 있는 대상도 메모리 주소를 가지므로 noop() 안에 지역 변수를 생성한다.

❹ 힙에 올라가는 값을 포함하여 여러 타입의 값을 생성한다.

이제 저장된 값의 주소에 접근하는 데 익숙해졌다. 실제로 배울 수 있는 두 가지 교훈이 있다.

- 어떤 메모리 주소는 적법하지 않다. 범위를 벗어나는 메모리에 접근하려는 시도를 하면 운영 체제는 프로그램을 종료시켜 버릴 것이다.
- 메모리 주소는 임의대로 구성되지 않는다. 값들이 주소 공간 내에서 서로 멀리 흩어져 있는 것처럼 보이지만 값들은 인접한 구역 안에 뭉쳐 있다.

다음 예제 프로그램을 진행하기 전에 잠시 가상 주소를 실 메모리 주소로 변환하는 내부 시스템을 살펴보자.

6.4.3 가상 주소를 물리 주소로 변환하기

프로그램 내 데이터에 접근하려면 가상 주소가 필요하다. 가상 주소는 프로그램 자신이 접근할 수 있는 유일한 주소다. 이 주소는 물리 주소로 변환된다. 이 과정에는 프로그램, 운영 체제, CPU, 램, 하드웨어 그리고 이따금 하드 드라이브나 다른 장치가 관여한다. CPU는 이 변환 수행을 담당하며 운영 체제는 명령을 저장한다.

CPU는 이 작업을 위해 설계된 메모리 관리 장치를 갖고 있다. 모든 실행 중인 프로그램에 대해 가상 주소는 전부 물리 주소로 매핑된다. 이 명령은 물론 메모리에 미리 정의된 주소에 저장되어 있다. 이는 최악의 경우, 메모리 주소에 접근하려고 시도할 때마다 메모리 조회가 두 번 일어날 수 있음을 의미한다. 하지만 최악의 경우는 피할 수 있다.

CPU는 최근 변환된 주소에 대한 캐시를 운영한다. CPU에는 메모리 접근을 가속하기 위한 (빠른) 전용 메모리가 있다. 역사적인 이유로 이 캐시를 변환 색인 버퍼, 줄여서 TLB라고 부른다. 성능을 최적화하려는 프로그래머는 데이터 구조를 간결하게 유지하고, 깊은 중첩 구조를 피해야 한다. TLB의 용량 한도(x86 프로세서에서는 대개 100페이지)에 다다르면 상당한 비용을 치르게 된다.

변환 시스템이 어떻게 동작하는지 살펴보면 훨씬 더 복잡한 세부 사항을 알 수 있다. 가상 주소는 페이지라는 블록으로 묶이는데 일반적으로 4KB 크기다. 이를 통해 프로그램의 모든 개별 변수에 대한 변환 매핑을 저장해야 할 필요를 덜 수 있다. 각 페이지가 일정한 크기를 가짐으로써 사용 가능한 램 안에서 비어 있거나 사용 불가능한 공간이 생기는 현상인 메모리 파편화(memory fragmentation)를 막는데 도움이 된다.

 이는 일반적인 지침일 뿐이다. 운영 체제와 CPU가 협동하여 메모리를 관리하는 세부 사항은 환경에 따라 달라진다. 특히 마이크로컨트롤러처럼 제한된 환경에서는 실제 주소를 쓰기도 한다. 이 부분에 대해 더 많이 알고자 하는 사람들을 위해 컴퓨터 아키텍처라는 연구 분야가 있다.

운영 체제와 CPU는 데이터가 가상 메모리의 페이지 내에 있을 때 몇 가지 흥미로운 트릭을 행할 수 있다. 예를 들면 다음과 같다.

- 가상 주소 공간이 있으면 운영 체제는 메모리를 초과 할당할 수 있다. 이를 통해 기기가 물리적으로 제공할 수 있는 것보다 더 많은 메모리를 요구하는 프로그램을 수용할 수 있다.
- 비활성 메모리 페이지는 활성화된 프로그램이 요청할 때까지 바이트 대 바이트 방식으로 디스크에 스와핑될 수 있다. 스와핑은 메모리 경합이 심한 경우에 자주 발생하지만, 운영 체제의 일시적 상태에 따라 더 폭넓게 사용될 수 있다.
- 압축과 같은 크기 최적화를 수행할 수 있다. 프로그램은 자체 메모리를 변경되지 않은 모습으로 본다. 내부적으로 운영 체제는 프로그램에서 낭비되는 데이터 사용량을 압축한다.
- 프로그램들은 데이터를 빠르게 공유할 수 있다. 예를 들어 프로그램이 새로 생성된 배열을 위해 0으로 채워진 큰 블록을 요청하는 경우 운영 체제는 현재 다른 프로그램에서 사용 중인 0으로 채워진 페이지를 가리킬 수 있다. 이 프로그램 중 어느 하나도 다른 프로그램이 같은 물리 메모리를 보고 있다는 것을 알지 못하며, 이 공간은 개별 프로그램마다 가상 주소 공간 내에서 위치가 다르다.
- 페이징은 공유 라이브러리를 로딩할 때 속도를 향상시킬 수 있다. 앞서 소개한 내용의 특수한 경우로, 공유 라이브러리가 다른 프로그램에 의해 이미 로드되었다면, 운영 체제는 새 프로그램이 기존 데이터를 바라보게 함으로써 메모리에 두 번 로딩하지 않도록 한다.
- 페이징은 프로그램 간의 보안 문제를 더한다. 이 절의 초반에서 밝혔듯이 주소 공간의 일부는 접근하면 안 된다. 운영 체제에는 추가 가능한 다른 속성들이 있다. 읽기 전용 페이지에 쓰려는 시도를 하면, 운영 체제는 해당 프로그램을 종료한다.

가상 메모리 시스템을 일상적인 프로그램에 효과적으로 이용하려면 데이터가 램에서 표현되는 방식을 생각해 봐야 한다. 다음에 몇 가지 지침을 제시한다.

- 프로그램의 핵심 동작 부분을 4KB 크기로 제한한다. 조회를 빠르게 유지할 수 있다.
- 4KB가 애플리케이션에서 모자란다면 다음 목표는 4KB * 100 이하로 유지하는 것이다. 이 대략적인 지침을 따르면 CPU가 프로그램을 지원하기 위해 변환 캐시(TLB)를 운영할 수 있다.
- 스파게티 포인터(서로 얽히고 설킨 포인터)가 있는, 깊이 중첩된 데이터 구조는 피하라. 포인터가 또 다른 페이지를 가리킨다면 성능이 떨어진다.
- 중첩 루프의 순서를 시험해 본다. CPU는 캐시 라인이라고 알려진 작은 바이트 블록을 램 하드웨어에서 읽어 들인다. 배열을 처리할 때 열 단위로 처리하는지, 행 단위로 처리하는지 조사하면 이를 활용할 수 있다.

한 가지 주의할 점이 있다. 가상화는 상황을 악화시킨다. 애플리케이션을 가상 머신에서 구동한다면, 하이퍼바이저는 주소를 게스트 운영 체제용으로 변환해야만 한다. 이런 이유 때문에 많은 CPU에서 가상화 지원을 포함하여 추가 부담을 줄인다. 컨테이너를 가상 머신 안에서 실행하면 이러한 간접 계층과 함께 지연도 더해진다. 하드웨어 성능을 있는 그대로에 가깝게 뽑아내기 위해서는 애플리케이션을 가상화 없이 맨(bare) 하드웨어에서 바로 동작시켜야 한다.

6.4.4 2단계: 운영 체제를 이용해 주소 공간을 조사하기

우리가 할 일은 실행 중인 프로그램의 메모리를 조사하는 것이다. 이미 알아봤듯이 운영 체제는 가상 주소와 물리 주소 간 매핑을 위한 명령을 운영한다. 어떤 일이 일어나고 있는지 우리에게 알려 달라고 운영 체제에 요청할 수 있을까?

운영 체제는 프로그램이 요청할 수 있는 인터페이스를 제공한다. 이를 시스템 호출이라고 한다. 윈도우에서는 실행 중인 프로세스의 메모리를 조작하고 검사하는 데 필요한 기능을 KERNEL.DLL에서 제공한다.

 왜 윈도우냐고? 많은 러스트 프로그래머가 플랫폼으로 윈도우를 사용한다. 또 윈도우의 함수는 잘 명명되어 있고 POSIX API 같은 사전 지식을 많이 필요로 하지도 않는다.

📦 **어떻게 실행 파일이 프로그램의 가상 주소 공간으로 바뀔까?**

실행 파일(바이너리)의 배치는 이 장에서 힙과 스택을 다룬 절에서 봤던 주소 공간 다이어그램과 많은 점에서 비슷하다.

정확한 과정은 운영 체제와 파일 형식에 따라 결정되지만 다음 그림은 대표적인 예를 보여 준다. 우리가 이야기한 주소 공간의 각 세그먼트는 바이너리 파일로 표현되어 있다. 실행 파일을 시작하면 운영 체제는 정확한 바이트들을 정확한 주소로 로드한다. 일단 가상 주소 공간이 만들어지면 .text 세그먼트의 시작 지점으로 건너뛸 수 있다고 CPU에 알려 주고 프로그램이 시작된다.

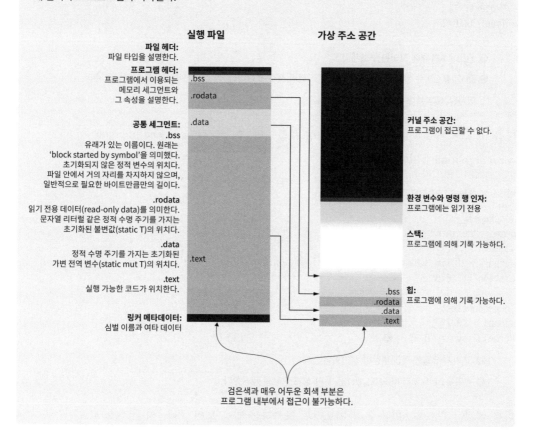

예제 6.16을 실행하면 여러 부분으로 나뉜 많은 출력 결과를 볼 수 있다. 다음과 비슷할 것이다.

```
MEMORY_BASIC_INFORMATION {    ❶
    BaseAddress: 0x00007ffbe8d9b000,
    AllocationBase: 0x0000000000000000,
    AllocationProtect: 0,    ❷
```

```
  RegionSize: 17568124928,
  State: 65536,
  Protect: 1,        ❸
  Type: 0
}
MEMORY_BASIC_INFORMATION {
  BaseAddress: 0x00007fffffe0000,
  AllocationBase: 0x00007fffffe0000,
  AllocationProtect: 2,
  RegionSize: 65536,
  State: 8192,
  Protect: 1,
  Type: 131072
```

❶ 윈도우 API 내에 정의된 구조체다.

❷❸ 이 필드들은 윈도우 API에 정의된 열거형의 정수 표현이다. 이 값을 열것값으로 디코딩할 수 있지만, 예제에 코드를 추가해야만 한다.

다음 코드는 예제 6.16에 필요한 의존성 부분이다. 이 코드는 ch6/ch6-meminfo win/Cargo.toml에 있다.

예제 6.15 예제 6.16에 필요한 의존성

```
[package]
name = "meminfo"
version = "0.1.0"
authors = ["Tim McNamara <author@rustinaction.com>"]
edition = "2018"

[dependencies]
winapi = "0.2"        ❶
kernel32-sys = "0.2"  ❷
```

❶ 몇 가지 유용한 타입 별칭이 정의되어 있다.

❷ 윈도우 API로부터 KERNEL.DLL을 통한 상호 작용을 제공한다.

다음 예제는 윈도우 API를 통해 메모리를 조사하는 법을 보여 준다. 해당 소스 코드는 ch6/ch6-meminfo-win/src/main.rs에 있다.

예제 6.16 프로그램 메모리 조사하기

```
use kernel32;
use winapi;

use winapi::{
  DWORD,           ❶
```

```
      HANDLE,           ┐ ❷
      LPVOID,           ┘
      PVOID,              ❸
      SIZE_T,             ❹
      LPSYSTEM_INFO,    ❺
      SYSTEM_INFO,                              ┐ ❻
      MEMORY_BASIC_INFORMATION as MEMINFO,      ┘
};

fn main() {
    let this_pid: DWORD;                        ┐
    let this_proc: HANDLE;                      │
    let min_app_addr: LPVOID;                   │
    let max_app_addr: LPVOID;                   │ ❼
    let mut base_addr: PVOID;                   │
    let mut proc_info: SYSTEM_INFO;             │
    let mut mem_info: MEMORY_BASIC_INFORMATION; ┘

    const MEMINFO_SIZE: usize = std::mem::size_of::<MEMINFO>();

    unsafe {    ❽
      base_addr = std::mem::zeroed();
      proc_info = std::mem::zeroed();
      mem_info = std::mem::zeroed();
    }

    unsafe {    ❾
      this_pid = kernel32::GetCurrentProcessId();
      this_proc = kernel32::GetCurrentProcess();
      kernel32::GetSystemInfo(
        &mut proc_info as LPSYSTEM_INFO      ┐ ❿
        );                                   ┘
    };

    min_app_addr = proc_info.lpMinimumApplicationAddress;   ┐ ⓫
    max_app_addr = proc_info.lpMaximumApplicationAddress;   ┘

    println!("{:?} @ {:p}", this_pid, this_proc);
    println!("{:?}", proc_info);
    println!("min: {:p}, max: {:p}", min_app_addr, max_app_addr);


    loop {    ⓬
      let rc: SIZE_T = unsafe {
        kernel32::VirtualQueryEx(    ⓭
                          this_proc, base_addr,
                          &mut mem_info, MEMINFO_SIZE as SIZE_T)
      };
```

```
    if rc == 0 {
      break
    }

    println!("{:#?}", mem_info);
    base_addr = ((base_addr as u64) + mem_info.RegionSize) as PVOID;
  }
}
```

❶ 러스트에서 DWORD는 u32다.

❷ 다양한 내부 API를 위한 포인터 타입으로 관련된 타입은 없다. 러스트에서는 std::os::raw::
c_void가 void 포인터를 정의한다. HANDLE은 윈도우 내부의 몇몇 불투명한 자원에 대한 포인
터다.

❸ 윈도우에서는 데이터 타입 이름 앞에 해당 타입의 약자가 오곤 한다. P는 포인터를, LP는 롱 포
인터(즉 64비트)를 의미한다.

❹ u64가 이 기기의 usize가 된다.

❺ SYSTEM_INFO 구조체에 대한 포인터다.

❻ 윈도우 내부적으로 정의된 구조체들이다.

❼ unsafe 블록에서 이 변수들이 초기화된다. 외부 범위에서도 접근 가능하게 하기 위해 이곳에
서 정의되어야 한다.

❽ 이 블록은 모든 메모리가 초기화됨을 보장한다.

❾ 이 블록은 시스템 호출이 일어나는 곳이다.

❿ 이 함수는 반환값을 사용하는 대신 익숙한 C 방식을 이용해 호출자에 그 결과를 제공한다. 미리
정의된 구조체를 가리키는 포인터를 제공하고 나서 결과를 보기 위해 함수가 반환되면 해당 구
조체의 새 값을 읽는다.

⓫ 편의상 이 변수의 이름을 바꾼다.

⓬ 이 반복문은 주소 공간을 훑는 역할을 한다.

⓭ base_addr에서 시작하는, 실행 중인 프로그램의 메모리 주소 공간의 특정 세그먼트에 대한 정
보를 제공한다.

드디어 운영 체제가 우리 프로그램을 종료시키지 않게 하면서 주소 공간을 탐험할
수 있게 되었다. 이제 한 가지 남은 질문이 있다. 어떻게 개별 변수를 검사하고 그
값을 바꿀 수 있을까?

6.4.5 3단계: 프로세스 메모리를 읽고 쓰기

운영 체제는 심지어 자기 자신이 아닌 다른 프로그램에 대한 메모리를 읽고 쓸 수
있는 도구를 제공한다. 이 도구는 JIT 컴파일러, 디버거, 게임 치트 프로그램에 필수

불가결한 것이다. 윈도우에서의 일반적인 과정을 러스트와 비슷한 의사 코드로 나타내면 다음과 같다.

```
let pid = some_process_id;
OpenProcess(pid);

loop address space {
  *call* VirtualQueryEx() to access the next memory segment

  *scan* the segment by calling ReadProcessMemory(),
  looking for a selected pattern

  *call* WriteProcessMemory() with the desired value
}
```

리눅스는 더 간단한 API로 process_vm_readv()와 process_vm_writev()를 제공한다. 이 API들은 윈도우의 ReadProcessMemory()와 WriteProcessMemory()에 각각 대응한다.

메모리 관리는 밝혀야 할 다양한 수준의 추상화를 가진 복잡한 영역이다. 이 장에서는 프로그래머가 작업할 때 가장 두드러진 요소에 초점을 두려 했다. 이제 저수준 코딩 기법에 대한 블로그 글을 읽을 때 그 용어의 의미를 알 수 있을 것이다.

요약

- 포인터, 참조, 메모리 주소는 CPU 입장에서는 동일하지만 프로그래밍 언어 수준에서는 중대한 차이가 있다.
- 문자열과 여타 데이터 구조는 포인터가 가리키는 지원 배열로 구현된다.
- 스마트 포인터라는 용어는 포인터처럼 동작하지만 추가적인 능력이 있는 데이터 구조를 뜻한다. 이는 거의 항상 공간에 추가 부담을 일으킨다. 그 외에도 데이터는 길이에 대한 정숫값과 용량 필드, 잠금(lock)과 같은 더 정교한 항목들을 포함할 수 있다.
- 러스트는 풍부한 스마트 포인터 타입 모음을 갖고 있다. 기능이 더 많은 타입은 보통 더 많은 런타임 비용을 발생시킨다.
- 표준 라이브러리의 스마트 포인터 타입은 여러 기본 요소를 통해 만들어지는데, 이 요소들은 필요하다면 자신만의 스마트 포인터를 정의할 때 사용할 수 있다.

- 힙과 스택은 운영 체제와 프로그래밍 언어를 통해 제공되는 추상화다. CPU 레벨에서는 존재하지 않는다.
- 운영 체제는 프로그램의 동작을 검사하기 위해 메모리 할당과 같은 메커니즘을 제공하기도 한다.

7장

파일과 저장소

이 장에서 배울 내용

- 데이터가 물리 저장 장치에 어떻게 표현되는지 알아본다.
- 선호하는 파일 형식에 데이터 구조를 쓴다.
- 파일을 읽고 그 내용을 조사하는 도구를 만든다.
- 오염에 안전한 키-값(key-value) 저장소를 만든다.

디지털 매체에 데이터를 영구적으로 저장하는 것은 보기보다 까다로운 일이다. 이 장에서는 이에 대해 자세하게 다루며 여러분을 안내한다. 램에서 수명이 짧은 전하로 유지되는 정보를 반영구적인 저장 매체로 옮기고 이를 이후에 다시 가져오는 데는 여러 층의 소프트웨어가 필요하다.

이 장에서는 러스트 개발자를 위해 라이브러리 크레이트로 프로젝트를 구조화하는 방법 같은 새로운 개념을 소개한다. 이 작업이 필요한 이유는 이 장의 프로젝트 중 하나가 야심만만하기 때문이다. 이 장의 끝부분에 이르면 여러분은 어떤 하드웨어 문제에도 견고함을 보장하는, 실제 동작하는 키-값 저장소를 만들게 될 것이다. 이 장을 공부하는 동안 부수적인 프로젝트도 진행하게 될 것이다. 이를테면 패리티 비트 검사를 구현해서 값을 해시하는 것이 어떤 의미인지 알아본다. 그 전에 파일에 들어 있는 원시 바이트의 시퀀스로부터 패턴을 만드는 일부터 시작하자.

7.1 파일 형식이란?

파일 형식은 데이터를 단일 정렬 바이트의 시퀀스로 작업하기 위한 표준이다. 하드 디스크 드라이브 같은 저장 매체는 큰 블록의 데이터를 순차적으로 읽거나 쓸 때 더 빠르게 동작한다. 이는 데이터 배치가 영향을 덜 끼치는 인메모리 데이터 구조와 대조된다.

파일 형식은 성능, 사람이 읽을 수 있는 가독성, 이식성을 절충하여 설계한다. 어떤 형식은 이식성이 높고 메시지 자체만 보고도 무엇인지 알 수 있다. 단일한 환경에서만 접근 가능하고 다른 서드 파티 도구로는 읽을 수 없게 제약이 걸려 있지만, 성능이 매우 좋은 형식도 있다.

표 7.1은 파일 형식에 대한 설계 영역 중 몇 가지를 보여 준다. 각 행은 동일한 텍스트로부터 생성된 여러 파일 형식의 내부 패턴이다. 파일 내 각 바이트에 색상을 입힘으로써 각 표현 간의 구조적 차이를 보여 준다.

희곡의 일반 텍스트 버전은 출력 가능한 문자만 담고 있다. 어두운 회색은 글자와 구두점이고, 흰색은 빈칸이다. 시각적으로 이 이미지는 노이즈가 끼어 보인다. 내부 구조가 없다. 이는 파일이 나타내는 자연어의 길이가 매우 다양하기 때문이다. 부동 소수점 수 배열을 담도록 설계된 파일 형식과 같이 규칙적이고 반복되는 구조를 가진 파일은 상당히 다르게 보이는 경향이 있다.

EPUB 형식은 맞춤형 파일 확장자를 가진, 압축된 ZIP 파일이다. 파일 안의 많은 양의 바이트가 출력 가능한 영역을 벗어나 있고 이는 중간 회색 픽셀로 표시되어 있다.

모비(MOBI)는 검은 픽셀로 표시된 4개의 NULL 바이트(0x00) 띠를 포함한다. 이 띠는 기술적인 절충점의 결과를 나타낸다. 어떤 의미에서 이 빈 바이트는 공간 낭비다. 나중에 파일 섹션을 쉽게 구문 분석할 수 있도록 패딩으로 추가되었을 것이다. 이 파일의 또 다른 주목할 만한 특징은 크기다. 해당 희곡의 다른 버전보다 크다. 이는 파일에 텍스트보다 더 많은 데이터가 포함되어 있음을 의미할 수도 있다. 여기에는 글꼴과 같은 표시 요소 또는 파일 내에서 복사 방지 제한을 강제하는 암호화 키가 포함된다.

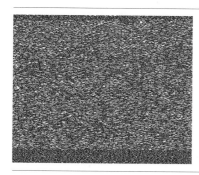

HTML 파일에는 빈칸 문자가 많이 포함되어 있다. 이것들은 흰색 픽셀로 표시된다. HTML과 같은 마크업 언어는 가독성을 위해 빈칸을 추가하는 경향이 있다.

표 7.1 프로젝트 구텐베르크[1]에서 만든 윌리엄 셰익스피어의 〈헛소동(Much Ado About Nothing)〉의 네 가지 디지털 버전 내부다.

7.2 데이터 저장을 위해 독자적인 파일 형식 만들기

장기간 저장해야 하는 데이터를 가지고 작업한다면, 철저하게 검증된 데이터베이스를 쓰는 것이 상책이다. 그렇지만 많은 시스템이 데이터를 저장하는 데 일반 텍스트 파일을 이용한다. 예를 들어 환경 설정 파일은 사람과 기계가 잘 읽을 수 있도록 설계된다. 러스트 생태계에는 데이터를 다양한 디스크용 형식으로 변환할 수 있도록 지원하는 다양한 도구가 있다.

7.2.1 serde와 bincode 형식으로 데이터를 디스크에 저장하기

serde 크레이트는 러스트의 값을 다양한 형식으로 직렬화하거나 그 형식들로부터 역직렬화한다. 각 형식은 고유한 강점을 지닌다. 사람이 읽을 수 있는 형식이 많지만 네트워크를 통해 빠르게 전송할 수 있도록 간결한 형식도 있다.

serde를 이용하는 것은 놀라울 정도로 간단하다. 예를 들어 나이지리아 칼라바르(Calabar)시의 통계를 다양한 출력 형식으로 저장해 보자. 우선 우리 코드에 City 구조체가 있다고 가정해 보자. serde 크레이트는 Serialize와 Deserialize 트레이트를 제공하며, derive 애너테이션을 통해 대부분의 코드를 구현한다.

```
#[derive(Serialize)]    ❶
struct City {
  name: String,
  population: usize,
```

---

1 (옮긴이) 저작권이 만료된 문헌을 디지털 문서 형식으로 제공하는 프로젝트로 수많은 고전 작품의 원문이 제공되는 것으로 유명하다.

```
    latitude: f64,
    longitude: f64,
}
```

> ❶ 러스트 코드가 외부 형식과 상호 작용하게 해 주는 도구를 제공한다.

칼라바르에 대한 데이터를 구조체로 만들어 내는 것은 간단하다. 다음 코드 조각이
그 구현이다.

```
let calabar = City {
    name: String::from("Calabar"),
    population: 470_000,
    latitude: 4.95,
    longitude: 8.33,
};
```

calabar 변수를 JSON으로 인코딩된 String으로 변환해 보자. 변환은 다음 한 줄이
면 된다.

```
let as_json = serde_json::to_string(&calabar).unwrap();
```

serde는 JSON 말고도 더 많은 형식을 이해한다. 예제 7.2의 코드(이 절의 후반부에
나오는)는 조금 덜 알려진 형식인 CBOR과 bincode에 대한 비슷한 예제다. CBOR
과 bincode는 JSON보다 더 간결하지만 기계만 읽을 수 있다는 단점이 있다.

다음은 예제 7.2를 실행하면 나오는 결과를 책 페이지에 맞게 편집한 것이다.
calabar 변수를 다양한 인코딩으로 보여 준다.

```
$ cargo run
    Compiling ch7-serde-eg v0.1.0 (/rust-in-action/code/ch7/ch7-serde-eg)
    Finished dev [unoptimized + debuginfo] target(s) in 0.27s
     Running `target/debug/ch7-serde-eg`
json:
{"name":"Calabar","population":470000,"latitude":4.95,"longitude":8.33}

cbor:
[164, 100, 110, 97, 109, 101, 103, 67, 97, 108, 97, 98, 97, 114, 106, 112,
 111, 112, 117, 108, 97, 116, 105, 111, 110, 26, 0, 7, 43, 240, 104, 108, 97, 116,
  105, 116, 117, 100, 101, 251, 64, 19, 204, 204, 204, 204, 204, 205, 105, 108, 111,
   110, 103, 105, 116, 117, 100, 101, 251, 64, 32, 168, 245, 194, 143, 92, 41]

bincode:
[7, 0, 0, 0, 0, 0, 0, 0, 67, 97, 108, 97, 98, 97, 114, 240, 43, 7, 0, 0,
 0, 0, 0, 205, 204, 204, 204, 204, 204, 19, 64, 41, 92, 143, 194, 245, 168, 32, 64]
```

```
json (as UTF-8):
{"name":"Calabar","population":470000,"latitude":4.95,"longitude":8.33}
```

```
cbor (as UTF-8):
"�dnamegCalabarjpopulation\u{1a}\u{0}\u{7}+�hlatitude�@\u{13}������
    ilongitude�@ ��\u{8f}\\)"
```

```
bincode (as UTF-8):
"\u{7}\u{0}\u{0}\u{0}\u{0}\u{0}\u{0}\u{0}Calabar�+\u{7}\u{0}\u{0}\u{0}\u{0}
    \u{0}������\u{13}@)\\��� @"
```

프로젝트를 다운로드하려면 다음 명령을 콘솔에 입력한다.

```
$ git clone https://github.com/rust-in-action/code rust-in-action
$ cd rust-in-action/ch7/ch7-serde-eg
```

프로젝트를 수동으로 만들려면 ch7/ch07-serde-eg 디렉터리처럼 구조를 만들고 예제 7.1과 7.2에 나오는 내용을 해당 파일에 채워 넣는다.

```
ch7-serde-eg
├── Cargo.toml    // 예제 7.1
└── src
    └── main.rs    // 예제 7.2
```

예제 7.1 예제 7.2를 위한 의존성 선언과 메타데이터 설정

```
[package]
name = "ch7-serde-eg"
version = "0.1.0"
authors = ["Tim McNamara <author@rustinaction.com>"]
edition = "2018"

[dependencies]
bincode = "1"
serde = "1"
serde_cbor = "0.8"
serde_derive = "1"
serde_json = "1"
```

예제 7.2 여러 형식으로 러스트 구조체를 직렬화하기

```
01 use bincode::serialize as to_bincode;  ┐
02 use serde_cbor::to_vec as to_cbor;      ├ ❶
03 use serde_json::to_string as to_json;  ┘
04 use serde_derive::{Serialize};
05
06 #[derive(Serialize)]    ❷
```

```
07 struct City {
08    name: String,
09    population: usize,
10    latitude: f64,
11    longitude: f64,
12 }
13
14 fn main() {
15    let calabar = City {
16        name: String::from("Calabar"),
17        population: 470_000,
18        latitude: 4.95,
19        longitude: 8.33,
20    };
21
22    let as_json = to_json(&calabar).unwrap();
23    let as_cbor = to_cbor(&calabar).unwrap();               ❸
24    let as_bincode = to_bincode(&calabar).unwrap();
25
26    println!("json:\n{}\n", &as_json);
27    println!("cbor:\n{:?}\n", &as_cbor);
28    println!("bincode:\n{:?}\n", &as_bincode);
29    println!("json (as UTF-8):\n{}\n",
30        String::from_utf8_lossy(as_json.as_bytes())));
31    println!("cbor (as UTF-8):\n{:?}\n",
32        String::from_utf8_lossy(&as_cbor));
33    println!("bincode (as UTF-8):\n{:?}\n",
34        String::from_utf8_lossy(&as_bincode));
35 }
```

❶ 사용되는 곳에서 줄여 쓰기 위해 함수 이름을 재명명한다.

❷ 인메모리 City에서 온디스크 City로 변환하도록 serde_derive 크레이트로 사용자 대신 필요한 코드를 작성하도록 지시한다.

❸ 다양한 형식으로 직렬화한다.

7.3 hexdump 복제품 구현하기

파일 내용을 조사할 때 유용한 유틸리티가 hexdump다. 이 프로그램은 파일에서 바이트 스트림을 가져와서 십육진수의 쌍으로 해당 바이트를 출력한다. 표 7.2는 그 예다. 이전 장에서 알아봤듯이 두 십육진수는 0에서 255까지의 모든 숫자를 표현할 수 있으며, 이는 단일 바이트로 표현할 수 있는 비트 패턴의 숫자다. 우리가 만들 복제품은 fview(file view의 약칭)라고 부를 것이다.

fview 입력	```fn main() { println!("Hello, world!"); }```
fview 출력	```[0x00000000] 0a 66 6e 20 6d 61 69 6e 28 29 20 7b 0a 20 20 20 [0x00000010] 20 70 72 69 6e 74 6c 6e 21 28 22 48 65 6c 6c 6f [0x00000020] 2c 20 77 6f 72 6c 64 21 22 29 3b 0a 7d```

표 7.2 fview의 실제 동작

십육진 표기법에 익숙하지 않다면 fview의 출력은 이해하기 어렵다. 비슷한 출력을 본 적이 있다면, 0x7e(127)보다 큰 바이트값이 없다는 점을 눈치챘을 것이다. 또한 0x21(33)보다 작은 바이트값도 거의 없는데, 0x0a(10)는 그중에서 예외다. 0x0a는 줄 바꿈 문자(\n)를 의미한다. 이 바이트 패턴들은 입력이 일반 텍스트임을 보여주는 표식이다.

예제 7.4는 전체 fview의 소스 코드다. 하지만 러스트의 새로운 기능에 대한 설명이 필요하므로 전체 프로그램으로 가는 데 몇 가지 단계를 거칠 것이다.

예제 7.3으로 시작하자. 이 예제는 문자열 리터럴을 입력받아 표 7.2의 결과를 출력한다. 여러 줄의 문자열 리터럴과 std::io::prelude를 통해 임포트되는 std::io 트레이트가 사용되는 것을 볼 수 있다. 이렇게 하면 &[u8] 타입을 std::io::Read 트레이트를 통해 파일로부터 읽어 들일 수 있다. 해당 소스는 ch7/ch7-fview-str/src/main.rs에 있다.

예제 7.3 하드코드된 입력으로 파일 I/O를 흉내 낸 hexdump 복제품

```
01 use std::io::prelude::*;     ❶
02
03 const BYTES_PER_LINE: usize = 16;
04 const INPUT: &'static [u8] = br#"     ❷
05 fn main() {
06   println!("Hello, world!");
07 }"#;
08
09 fn main() -> std::io::Result<()> {
10   let mut buffer: Vec<u8> = vec!();     ❸
11   INPUT.read_to_end(&mut buffer)?;     ❹
12
13   let mut position_in_input = 0;
14   for line in buffer.chunks(BYTES_PER_LINE) {
15     print!("[0x{:08x}] ", position_in_input);     ❺
16     for byte in line {
17       print!("{:02x} ", byte);
```

```
18      }
19      println!();      ❻
20      position_in_input += BYTES_PER_LINE;
21    }
22
23    Ok(())
24 }
```

❶ prelude는 I/O 작업에서의 Read나 Write처럼 사용 빈도가 높은 트레이트를 임포트한다. 각 트레이트를 수동으로 포함할 수도 있지만, 해당 트레이트가 흔히 쓰이므로 코드를 간결하게 유지하는 데 도움이 되도록 표준 라이브러리에서 이 편의 기능을 제공한다.

❷ 여러 줄의 문자열을 원시 문자열 리터럴(r 접두사와 # 구분자)을 통해 만들면, 큰따옴표로 이스케이프할 필요가 없다. 추가적인 b 접두사는 이 문자열이 UTF-8 텍스트(&str)가 아니고 바이트(&[u8])로 취급되어야 함을 지시한다.

❸ 내장 버퍼로 프로그램의 입력을 받게끔 공간을 만든다.

❹ 입력 내용을 읽어서 내부 버퍼에 삽입한다.

❺ 현재 위치를 여덟 자리로 출력하되 왼쪽 빈 영역은 0으로 채워 출력한다.

❻ 표준 출력에 새로운 줄을 출력하는 단축 명령이다.

이제 fview의 의도된 동작을 보았으니 실제 파일을 읽을 수 있도록 기능을 확장해 보자. 다음 예제는 러스트로 파일을 여는 방법과 해당 콘텐츠를 반복하는 방법을 보여 주는 기본적인 hexdump 복제품이다. 해당 소스 코드는 ch7/ch7-fview/src/main.rs에 있다.

예제 7.4 러스트에서 파일을 열고 그 내용을 반복하여 처리하기

```
01 use std::fs::File;
02 use std::io::prelude::*;
03 use std::env;
04
05 const BYTES_PER_LINE: usize = 16;      ❶
06
07 fn main() {
08    let arg1 = env::args().nth(1);
09
10    let fname = arg1.expect("usage: fview FILENAME");
11
12    let mut f = File::open(&fname).expect("Unable to open file.");
13    let mut pos = 0;
14    let mut buffer = [0; BYTES_PER_LINE];
15
16    while let Ok(_) = f.read_exact(&mut buffer) {
17      print!("[0x{:08x}] ", pos);
```

```
18      for byte in &buffer {
19        match *byte {
20          0x00 => print!(".  "),
21          0xff => print!("## "),
22          _ => print!("{:02x} ", byte),
23        }
24      }
25
26      println!("");
27      pos += BYTES_PER_LINE;
28    }
29 }
```

❶ 프로그램의 출력을 바꾸려면 이 상수를 바꾸도록 한다.

예제 7.4에서 러스트의 새로운 기능이 몇 가지 나왔다. 이 중 일부를 살펴보자.

- while let Ok(_) { ... } — 프로그램은 이 흐름 제어 구조를 이용해 f.read_exact()가 Err을 반환할 때까지 계속 반복한다. Err 값은 더 이상 읽을 바이트가 없을 때 발생한다.

- f.read_exact() — Read 트레이트의 이 메서드는 입력원(이 경우 f)으로부터 받은 데이터를 인자로 제공된 버퍼에 전달한다. 해당 버퍼가 가득 차면 실행을 멈춘다.

f.read_exact()는 예제 7.3에서 사용한 chunks()보다 메모리 관리를 더 강력하게 제어할 수 있지만 몇 가지 단점이 있다. 버퍼가 읽을 수 있는 바이트보다 길 경우 해당 파일은 오류를 반환하고 버퍼 상태는 미정의 상태가 된다. 예제 7.4에는 몇 가지 스타일 관련 추가 사항이 있다.

- 서드 파티 라이브러리를 쓰지 않고 명령행 인자를 다루고자 std::env::args()를 사용했다. 이는 프로그램에 제공된 인자에 대한 반복자를 반환한다. 반복자에는 nth() 메서드가 있어서 n번째 위치의 요소를 추출할 수 있다.

- 모든 반복자의 nth() 메서드는 Option 타입을 반환한다. n이 반복자 길이보다 큰 경우 None이 반환된다. 이러한 Option 값을 다루기 위해 expect()를 호출했다.

- expect() 메서드는 unwrap()보다 더 사용하기 쉬운 버전으로 여겨진다. expect()는 오류 메시지를 인자로 사용하지만, unwrap()은 문제가 있을 때 그냥 갑자기 종료된다.

std::env::args()를 직접 사용한다는 것은 입력을 검증하지 않음을 의미한다. 여기
서 살펴본 간단한 예에서는 단순히 넘어갈 수 있지만, 더 큰 프로그램에서는 분명
히 고려해야 할 부분이다.

7.4 러스트의 파일 작업

지금까지 데이터가 일련의 바이트로 어떻게 변환되는지 알아보는 데 많은 시간을
할애했다. 이제 추상화의 또 다른 수준인 파일을 살펴보자. 이전 장에서는 파일을
열고 읽는 등의 간단한 작업을 다뤘다. 이 절에서는 더 세분화된 제어를 제공하는
몇 가지 유용한 기법을 소개한다.

7.4.1 러스트에서 파일을 열고 파일의 모드를 제어하기

파일은 운영 체제에서 운영하는 하나의 추상화다. 원시 바이트를 바탕으로 이름과
계층 구조로 이루어진 형태를 취한다.

파일에는 또한 보안 계층이 있다. 여기에는 운영 체제가 강제하는 허가권이 포함
되어 있다. 이러한 허가권이 있는 덕분에 (적어도 원칙적으로는) 자체 계정으로 실
행되는 웹 서버가 다른 사용자가 소유한 파일을 읽지 못하게 막는 것 같은 보안 조
치를 수행할 수 있다.

std::fs::File은 파일 시스템과 상호 작용하기 위한 기본 타입이다. 파일을 생성
하는 데는 open()과 create()라는 두 가지 메서드가 존재한다. open()은 파일이 이
미 존재한다는 것을 아는 경우 이용한다. 표 7.3은 둘 사이의 차이점을 좀 더 자세
히 설명한다.

메서드	파일이 이미 존재할 때 반환값	해당 파일에 미치는 영향	파일이 존재하지 않을 때 반환값
File::open	Ok(File)*	읽기 전용으로 연다.	Err
File::create	Ok(File)*	기존 바이트는 전부 없애고 파일이 새로운 파일의 시작 지점에서 열린다.	Ok(File)*

* 사용자 계정이 허가권을 가졌을 때를 가정

표 7.3 러스트에서 File 값을 생성하는 방식과 주어진 파일 시스템에 미치는 영향

더 많은 제어가 필요하다면 std::fs::OpenOptions를 사용할 수 있다. 이는 애플리
케이션에 맞는 기능을 제공한다. 예제 7.16은 추가 모드(append mode)를 요청하

는 경우에 대한 예다. 해당 애플리케이션은 기록 가능하면서도 읽을 수 있는 파일을 필요로 하고, 파일이 존재하지 않을 경우 새로 만든다. 예제 7.16에서 발췌한 예제 7.5를 보면 std::fs::OpenOptions를 사용해서 쓰기 가능한 파일을 생성한다. 해당 파일이 열릴 때 내용은 삭제되지 않는다.

예제 7.5 std::fs::OpenOptions를 사용하여 쓰기 가능한 파일을 만들기

```
let f = OpenOptions::new()      ❶
        .read(true)             ❷
        .write(true)            ❸
        .create(true)           ❹
        .append(true)           ❺
        .open(path)?;           ❻
```

❶ 각 메서드가 관련 옵션 모음을 가진 OpenOptions의 새로운 인스턴스를 반환하는 빌더(Builder) 패턴의 예

❷ 읽기용으로 파일을 연다.

❸ 쓰기 기능을 활성화한다. 이 줄이 꼭 필요하지는 않다. append에서 해당 기능을 암시하고 있다.

❹ path로 지정된 경로에 해당 파일이 없다면 생성한다.

❺ 디스크에 내용이 이미 기록되어 있다면 지우지 않는다.

❻ 중간 Result 결괏값을 푼 후에 path 위치의 파일을 연다.

7.4.2 std::fs::Path를 사용해 타입 안전한 방법으로 파일 시스템과 상호 작용하기

러스트는 표준 라이브러리에서 str 및 String과 비슷하면서 타입 안전한 std::path:Path와 std::path::PathBuf를 제공한다. 이 타입을 사용하면 크로스 플랫폼 방식으로 경로 구분자(path separator)를 명확하게 사용할 수 있다. Path는 파일, 디렉터리, 심볼릭 링크 같은 추상화를 해결할 수 있다. Path와 PathBuf 값은 일반 문자열 타입으로부터 from() 정적 메서드를 통해 나온다.

```
let hello = PathBuf::from("/tmp/hello.txt");
```

이 타입에서는 경로 관련 특정 메서드를 볼 수 있다.

```
hello.extension()      ❶
```

❶ 확장자(txt)를 반환한다.

전체 API는 경로를 조작하는 코드를 사용해 본 사람에게는 간단하므로 여기에서는

다루지 않는다. 다만 다른 많은 언어에는 이러한 기능이 빠져 있는데 러스트에는
왜 포함되어 있는지 알아보면 유익할 것이다.

> 구현을 상세히 보면 std::fs::Path와 std::fs::PathBuf는 각각 std::ffi::OsStr과 std::
> ffi::OsString을 토대로 구현되었다. 이는 Path와 PathBuf가 UTF-8 호환성이 보장되지 않
> 음을 의미한다.

문자열을 직접 조작하는 대신 Path를 쓰는 이유는 무엇일까? Path를 사용할 때 몇
가지 좋은 점은 다음과 같다.

- 명확한 의도 — Path는 set_extention()과 같이 의도한 결과를 바로 알 수 있는
  유용한 메서드를 제공한다. 이는 나중에 코드를 읽는 프로그래머에게 도움이 된
  다. 문자열을 조작하는 것은 그것만 가지고는 무엇을 의미하는지 명확히 알기
  어렵다.
- 이식성 — 파일 시스템 경로에 대소문자를 구분하는 운영 체제도 있고, 그렇지
  않은 운영 체제도 있다. 한 운영 체제의 관례를 사용하면 다른 호스트 시스템에
  서 문제가 생길 수 있다. 그 외에도 경로 구분자는 운영 체제마다 고유해서 서로
  다를 수 있다. 원시 문자열을 사용하면 이식성 문제를 일으킬 수 있다는 의미다.
  비교할 때에는 정확한 일치가 필요하다.
- 좀 더 쉬운 디버깅 — 경로 /tmp/hello.txt에서 /tmp만 추출할 경우, 이를 수동
  으로 처리하면 실행 시에만 나타나는 미묘한 버그를 만들어 낼 수 있다. 더욱이
  문자열을 /로 나눈 후 해당 인덱스값의 정확한 순서를 잘못 계산하는 등의 문제
  는 컴파일 시에 잡아낼 수 없는 버그를 야기할 수 있다.

미묘한 오류라는 것을 알아보기 위해 구분자의 경우를 들어 보자. 슬래시(/)는 오
늘날 운영 체제에서 공통적으로 이용되지만, 이러한 관례가 정립되기까지는 어느
정도 시간이 필요했다.

- \는 마이크로소프트 윈도우에서 흔히 사용된다.
- /는 유닉스 계열 운영 체제의 관례다.
- :는 클래식 맥 OS의 경로 구분자였다.
- >는 스트레이터스(Stratus) VOS 운영 체제에서 쓰였다.

표 7.4는 std::String과 std::path::Path를 비교한다.

```
fn main() {
  let hello = String::from("/tmp/hello.txt");
  let tmp_dir = hello.split("/").nth(0);    ❶
  println!("{:?}", tmp_dir);                ❷
}
```

❶ hello를 슬래시로 나눈 후 결과 Vec<String>의
   0번째 요소를 취한다.

❷ 오류다! 뭔가("") 출력된다.

```
use std::path::PathBuf;

fn main() {
  let mut hello = PathBuf::from("/tmp/hello.txt");
  hello.pop();                              ❶
  println!("{:?}", hello.display());        ❷
}
```

❶ hello를 자른다.

❷ 성공했다! "/tmp/"가 출력된다.

일반 String 코드는 익숙한 메서드를 쓸 수 있지만, 컴파일 시 잡아내기 어려운 미묘한 버그를 만들어 낸다. 이 경우에는 상위 디렉터리(/tmp)에 접근하려 할 때 잘못된 첨자를 사용했다.

path::Path를 사용한다고 해도 미묘한 오류에서 완전히 벗어나지는 못하지만, 그럴 가능성을 줄일 수 있다. Path는 파일 확장자를 설정하는 등의 일반적인 작업에 대한 전용 메서드를 제공한다.

표 7.4 std::String과 std::path::Path를 사용해 파일의 상위 디렉터리 추출하기

7.5 로그 구조의 추가 전용 저장 구조를 가진 키-값 저장소 구현하기

더 큰 것을 다룰 시간이다. 데이터베이스 기술을 파헤쳐 보자. 내용을 진행하면서 로그 구조의 추가 전용(append-only) 모델을 이용하는 데이터베이스 시스템의 내부 구조에 대해 배우게 된다.

로그 구조의 추가 전용 데이터베이스 시스템은 최적의 읽기 성능을 제공하면서 매우 탄력적으로 설계되었기 때문에 사례 연구로 중요하다. 데이터를 플래시 저장소나 하드 디스크 드라이브 같은 손상되기 쉬운 매체에 보관하더라도 이러한 모델을 이용하는 데이터베이스는 데이터가 절대 유실되지 않고 백업된 데이터 파일은 절대 손상되지 않음을 (이론상) 보장할 수 있다.

7.5.1 키-값 모델

이 장에서 구현하는 키-값 저장소인 actionkv는 임의의 길이를 가진 일련의 바이트([u8])를 저장하고 검색한다. 각 시퀀스는 두 부분으로 나뉜다. 첫 번째 부분은 키이고 두 번째 부분은 값이다. &str 타입이 내부적으로 [u8]로 표현되므로 표 7.5에서는 이진 표기 대신 일반 텍스트로 표기했다.

키	값
"Cook Islands"	"Avarua"
"Fiji"	"Suva"
"Kiribati"	"South Tarawa"
"Niue"	"Alofi"

표 7.5 키와 값을 국가와 그 수도를 통해
보여 주기

키-값 모델을 이용하면 "피지(Fiji)의 수도는 어디인가?" 같은 간단한 질의를 할 수 있다. 하지만 더 광범위한 "태평양 제도(諸島) 국가의 수도 목록은?" 같은 질의를 수행할 수는 없다.

7.5.2 actionkv v1: 명령행 인터페이스를 가진 인메모리 키-값 저장소

우리가 만드는 키-값 저장소의 첫 번째 버전은 이 장의 나머지 부분에서 이용할 API를 보여 줌과 동시에 주 라이브러리 코드를 선보인다. 라이브러리 코드는 이어서 나오는 두 시스템이 해당 코드를 기반으로 구성되므로 변경되지 않을 것이다. 시작하기 전에 먼저 다루어야 할 몇 가지 전제 조건이 있다.

이 책의 다른 프로젝트와는 달리 이 프로젝트는 라이브러리 템플릿을 사용해 시작한다(cargo new --lib actionkv). 프로젝트는 다음과 같은 구조로 구성된다.

```
actionkv
├── src
│   ├── akv_mem.rs
│   └── lib.rs
└── Cargo.toml
```

라이브러리 크레이트를 이용하면 프로그래머가 자기 프로젝트에 재사용 가능한 추상화 부분을 만들 수 있다. 여기서는 여러 실행 파일에 대해 동일한 lib.rs 파일을 사용할 것이다. 앞으로 생길 수 있는 모호성을 피하기 위해 actionkv 프로젝트가 생성하는 실행 가능한 바이너리를 알려 줄 필요가 있다.

이렇게 하려면 프로젝트의 Cargo.toml 파일에 두 개의 대괄호 쌍으로 감싼 bin 섹션([[bin]])을 작성한다. 다음 코드의 15~16행을 보자. 두 대괄호는 해당 섹션이 여러 번 나올 수 있음을 나타낸다. 다음 소스 코드는 ch7/ch7-actionkv/Cargo.toml에 있다.

예제 7.6 의존성과 다른 메타데이터 정의

```
01 [package]
02 name = "actionkv"
03 version = "1.0.0"
04 authors = ["Tim McNamara <author@rustinaction.com>"]
05 edition = "2018"
06
07 [dependencies]
08 byteorder = "1.2"    ❶
```

```
09 crc = "1.7"          ❷
10 serde="1"
11 serde_derive="1"
12
13 [lib]
14 name = "libactionkv"    ❸
15 path = "src/lib.rs"
16
17 [[bin]]   ❹
18 name = "akv_mem"
19 path = "src/akv_mem.rs"
```

❶ 추가 트레이트를 사용하여 러스트의 타입을 확장한다. 해당 타입은 디스크에 저장된 다음 반복 가능하고 사용하기 쉬운 방식을 통해 프로그램에서 다시 읽어 들일 수 있다.

❷ 우리가 포함하기 바라는 체크섬 기능을 제공한다.

❸ Cargo.toml의 이 부분은 만들려는 라이브러리의 이름을 정의하는 곳이다. 크레이트는 오직 하나의 라이브러리만 가질 수 있다는 점에 주의하라.

❹ [[bin]] 섹션은 Cargo.toml에서 여러 번 나올 수 있으며 이 크레이트를 통해 만들어질 실행 파일을 정의한다. 이중 대괄호 문법은 bin이 하나 이상의 요소를 갖는다는 점을 분명하게 하기 위해 필요하다.

actionkv 프로젝트는 최종적으로는 여러 파일로 구성된다. 그림 7.1은 프로젝트 Cargo.toml 파일의 [[bin]] 섹션의 내용을 바탕으로, akv_mem 실행 파일을 만드는 데 필요한 각 요소 간의 관계와 동작 방식을 보여 준다

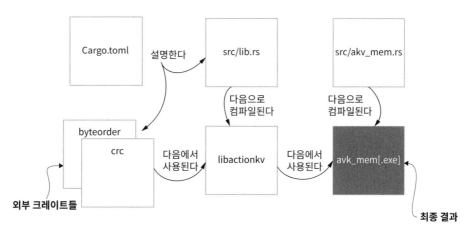

그림 7.1 actionkv 프로젝트에서 서로 다른 파일과 해당 의존성이 함께 작동하는 방식에 대한 개요. 프로젝트의 Cargo.toml은 궁극적으로 실행 파일을 생성하는 많은 활동을 조정한다.

7.6 actionkv v1: 프런트엔드 코드

actionkv의 공개 API는 get, delete, insert, update 4개 동작으로 구성되어 있다.
표 7.6은 이 동작들을 설명한다.

명령	설명
get <key>	저장소에서 key에 있는 값을 찾아온다.
insert <key> <value>	저장소에 키-값 쌍을 추가한다.
delete <key>	저장소에서 해당하는 키-값 쌍을 삭제한다.
update <key> <value>	이전 값을 새로운 값으로 대체한다.

표 7.6 actionkv v1에서 지원되는 동작

> ### 📦 이름 짓기는 어렵다
>
> 저장된 키-값 쌍에 접근하기 위해 API는 get, retrieve, 아니면 fetch 중 어떤 이름을 써야 할까?
> 값을 설정하는 API는 insert, store, set 중 어떤 이름을 써야 할까? actionkv는 std::collec
> tions::HashMap에서 제공되는 API를 따름으로써 어느 편에도 서지 않고 중립을 지키고자 했다.

예제 7.8에서 발췌한 다음 코드는 앞서 언급한 명명에 대한 고려 사항을 보여 준다.
우리 프로젝트에서는 러스트의 매칭 기능을 사용하여 명령행 인자를 효과적으로
다루고 올바른 내부 함수로 분기시킨다.

예제 7.7 공개 API 시연하기

```
32   match action {      ❶
33     "get" => match store.get(key).unwrap() {
34       None => eprintln!("{:?} not found", key),
35       Some(value) => println!("{:?}", value),      ❷
36     },
37
38     "delete" => store.delete(key).unwrap(),
39
40     "insert" => {
41       let value = maybe_value.expect(&USAGE).as_ref();      ❸
42       store.insert(key, value).unwrap()
43     },
44
45     "update" => {
46       let value = maybe_value.expect(&USAGE).as_ref();
```

```
47       store.update(key, value).unwrap()
48     },
49
50     _ => eprintln!("{}", &USAGE),
51   }
```

❶ 명령행 인자 action은 &str 타입이다.

❷ println!은 Debug 구문({:?})을 써야 하는데, [u8]은 Display를 구현하지 않는 임의의 바이트를 담고 있기 때문이다.

❸ 향후 업데이트에서는 러스트의 HashMap과 호환되는 기능을 추가하여 insert 시에 기존에 값이 존재했다면 이전 값을 반환할 것이다.

예제 7.8은 actionkv v1 전체 코드다. 파일 시스템과 상호 작용하는 무거운 작업은 store라는 ActionKV 인스턴스에 위임했다. ActionKV가 어떻게 동작하는지는 7.7절에서 설명한다. 이 예제의 소스는 ch7/ch7-actionkv1/src/akv_mem.rs에 있다.

예제 7.8 인메모리 키-값 저장소 명령행 애플리케이션

```
01 use libactionkv::ActionKV;            ❶
02
03 #[cfg(target_os = "windows")]
04 const USAGE: &str = "
05 Usage:
06   akv_mem.exe FILE get KEY              ❷
07   akv_mem.exe FILE delete KEY
08   akv_mem.exe FILE insert KEY VALUE
09   akv_mem.exe FILE update KEY VALUE
10 ";
11
12 #[cfg(not(target_os = "windows"))]
13 const USAGE: &str = "
14 Usage:
15   akv_mem FILE get KEY
16   akv_mem FILE delete KEY
17   akv_mem FILE insert KEY VALUE
18   akv_mem FILE update KEY VALUE
19 ";
20
21 fn main() {
22   let args: Vec<String> = std::env::args().collect();
23   let fname = args.get(1).expect(&USAGE);
24   let action = args.get(2).expect(&USAGE).as_ref();
25   let key = args.get(3).expect(&USAGE).as_ref();
26   let maybe_value = args.get(4);
27
28   let path = std::path::Path::new(&fname);
```

```
29    let mut store = ActionKV::open(path).expect("unable to open file");
30    store.load().expect("unable to load data");
31
32    match action {
33      "get" => match store.get(key).unwrap() {
34        None => eprintln!("{:?} not found", key),
35        Some(value) => println!("{:?}", value),
36      },
37
38      "delete" => store.delete(key).unwrap(),
39
40      "insert" => {
41        let value = maybe_value.expect(&USAGE).as_ref();
42        store.insert(key, value).unwrap()
43      },
44
45      "update" => {
46        let value = maybe_value.expect(&USAGE).as_ref();
47        store.update(key, value).unwrap()
48      },
49
50      _ => eprintln!("{}", &USAGE),
51    }
52 }
```

❶ src/lib.rs가 프로젝트 내에 존재하지만 src/bin.rs 파일 안에 있는 다른 크레이트와 똑같이 취급된다.

❷ cfg 속성을 통해 윈도우 사용자에게 도움말에서 올바른 확장자가 보이도록 한다. 해당 속성은 다음 절에서 설명한다.

7.6.1 조건부 컴파일로 컴파일되는 내용을 조정하기

러스트는 컴파일러 타깃 아키텍처에 따라 무엇을 컴파일할지 고를 수 있는 멋진 기능을 제공한다. 일반적으로 이는 타깃 운영 체제에 맞춰 조정되지만 CPU에 따라 결정될 수도 있다. 컴파일 시 조건에 따라 무엇을 컴파일할지 바꾸는 것을 조건부 컴파일이라고 한다.

조건부 컴파일을 프로젝트에 추가하려면 소스 코드에 cfg 속성으로 표시를 해야 한다. cfg는 컴파일하는 동안 rustc에 주어지는 타깃 매개 변수와 연계하여 동작한다.

예제 7.8은 여러 운영 체제에서 동작하는 명령행 유틸리티용 도움말로 일반적인 문자열을 사용하는 방식이다. 코드 내에서 const USAGE의 두 가지 정의를 제공하기 위해 조건부 컴파일을 사용했다. 프로젝트가 윈도우에서 만들어지면 사용법 문자열은 .exe 파일 확장자를 담는다. 결과 바이너리 파일에는 타깃과 관련된 데이터만 포함된다.

예제 7.9 조건부 컴파일의 사용 시연

```
03 #[cfg(target_os = "windows")]
04 const USAGE: &str = "
05 Usage:
06     akv_mem.exe FILE get KEY
07     akv_mem.exe FILE delete KEY
08     akv_mem.exe FILE insert KEY VALUE
09     akv_mem.exe FILE update KEY VALUE
10 ";
11
12 #[cfg(not(target_os = "windows"))]
13 const USAGE: &str = "
14 Usage:
15     akv_mem FILE get KEY
16     akv_mem FILE delete KEY
17     akv_mem FILE insert KEY VALUE
18     akv_mem FILE update KEY VALUE
19 ";
```

이러한 매칭에서 부정 연산자는 쓰이지 않는다. 즉, #[cfg(target_os != "windows")]는 동작하지 않는다. 대신 함수와 비슷한 문법으로 매칭을 특정한다. 부정 연산자 대용으로는 #[cfg(not(...))]을 사용한다. #[cfg(all(...))]과 #[cfg(any(...))]는 리스트의 요소에 대한 일치 여부에 이용된다. 끝으로 카고나 rustc를 실행할 때 --cfg ATTRIBUTE 명령행 인자를 이용해서 cfg 속성을 조정할 수 있다.

컴파일 변경을 일으키는 조건의 목록은 광범위하다. 표 7.7에 이 중 일부를 수록했다.

속성	유효한 옵션	참고
target_arch	aarch64, arm, mips, powerpc, powerpc64, x86, x86_64	이외 다수 존재
target_os	android, bitrig, dragonfly, freebsd, haiku, ios, linux, macos, netbsd, redox, openbsd, windows	이외 다수 존재
target_family	unix, windows	
target_env	"", gnu, msvc, musl	빈 문자열("")일 때가 있다.

target_endian	big, little	
target_pointer_width	32, 64	타깃 아키텍처에서 포인터의 크기(비트). isize, usize, * const, * mut 타입에 쓰인다.
target_has_atomic	8, 16, 32, 64, ptr	원자적 연산을 지원하는 정수 크기. 원자적 연산이 수행되는 동안, CPU는 성능 저하를 감수하면서라도 공유된 데이터의 경쟁 조건을 막을 책임을 진다. 원자적이라는 단어는 나눌 수 없다는 의미로 이용된다.
target_vendor	apple, pc, unknown	
test		가능한 옵션은 없다. 간단한 불 검사만 한다.
debug_assertions		가능한 옵션은 없다. 간단한 불 검사만 한다. 이 속성은 빌드 시 최적화를 하지 않으며, debug_assert! 매크로를 지원한다.

표 7.7 cfg 속성으로 매치 가능한 옵션들

7.7 actionkv의 핵심 이해하기: libactionkv 크레이트

7.6절에서 만든 명령행 애플리케이션은 libactionkv:: ActionKV에 작업을 전달한다. ActionKV 구조체는 파일 시스템과의 상호 작용을 관리하고 온디스크 형식의 데이터를 인코딩, 디코딩하는 책임을 진다. 그림 7.2는 이 관계를 보여 준다.

7.7.1 ActionKV 구조체 초기화

예제 7.10은 예제 7.8에서 libactionkv::ActionKV의 초기화 부분을 발췌한 것이다. libactionkv::ActionKV의 인스턴스를 만들려면 다음과 같이 해야 한다.

1. 데이터가 저장될 파일을 지정할 것
2. 파일 안의 데이터로부터 인메모리 인덱스를 읽어 들일 것

사용자

상호 작용한다.

akv_mem[.exe]

다음에서 컴파일된다.

src/bin.rs

모듈을 가져온다.

libactionkv

다음에서 컴파일된다.

src/lib.rs

그림 7.2 libactionkv와 actionkv 프로젝트 다른 부분의 관계

예제 7.10 libactionkv::ActionKV 초기화

```
29    let mut store = ActionKV::open(path).expect("unable to open file");    ❶
30    store.load().expect("unable to load data");                            ❷
```

> ❶ path에 있는 파일을 연다.
>
> ❷ path에 있는 데이터를 읽어 인메모리 색인을 생성한다.

두 단계 모두 Result를 반환하며 이 때문에 .expect()를 호출하는 부분이 보인다. ActionKV::open()과 ActionKV::load()의 내부를 살펴보자. open()은 디스크로부터 파일을 열고, load()는 기존 데이터의 오프셋을 메모리의 인덱스로 읽어 들인다. 해당 코드는 ByteStr과 ByteString이라는 두 개의 타입 별칭을 이용한다.

```
type ByteStr = [u8];
```

바이너리(원시 바이트) 형식인 데이터가 문자열로 사용될 때 ByteStr 별칭을 사용한다. ByteStr의 텍스트 기반 버전은 내장 str이다. str과는 달리 ByteStr은 유효한 UTF-8 텍스트를 담고 있다고 보장하지 않는다.

  str과 [u8](또는 그 별칭인 ByteStr)은 둘 다 현실에서는 &str과 &[u8](또는 &ByteStr)로 쓰인다. 이를 슬라이스라고 한다.

```
type ByteString = Vec<u8>;
```

ByteString 별칭은 String처럼 동작하는 타입을 쓰고 싶을 때 핵심 역할을 한다. 또한 임의의 바이너리 데이터를 담을 수 있기도 하다. 예제 7.16에서 발췌한 다음 예제에서는 ActionKV::open()의 사용 예를 보여 준다.

예제 7.11 ActionKV::open() 사용하기

```
12 type ByteString = Vec<u8>;        ❶
13 type ByteStr = [u8];              ❷
14
15 #[derive(Debug, Serialize, Deserialize)]    ❸
16 pub struct KeyValuePair {
17   pub key: ByteString,
18   pub value: ByteString,
19 }
20
21 #[derive(Debug)]
22 pub struct ActionKV {
23   f: File,
24   pub index: HashMap<ByteString, u64>,    ❹
```

```
25 }
26
27 impl ActionKV {
28   pub fn open(
29     path: &Path
30   ) -> io::Result<Self> {
31     let f = OpenOptions::new()
32       .read(true)
33       .write(true)
34       .create(true)
35       .append(true)
36       .open(path)?;
37     let index = HashMap::new();
38     Ok(ActionKV { f, index })
39   }
```

```
079   pub fn load(&mut self) -> io::Result<()> {    ❺
080     let mut f = BufReader::new(&mut self.f);
081
082     loop {
083       let current_position = f.seek(SeekFrom::Current(0))?;    ❻
084
085       let maybe_kv = ActionKV::process_record(&mut f);    ❼
086       let kv = match maybe_kv {
087         Ok(kv) => kv,
088         Err(err) => {
089           match err.kind() {
090             io::ErrorKind::UnexpectedEof => {    ❽
091               break;
092             }
093             _ => return Err(err),
094           }
095         }
096       };
097
098       self.index.insert(kv.key, current_position);
099     }
100
101     Ok(())
102   }
```

❶ 이 코드는 많은 양의 Vec<u8> 데이터를 처리한다. String을 사용하는 것처럼 쓰이므로 ByteStr은 유용한 별칭이다.

❷ ByteStr과 &str의 관계는 ByteString과 Vec<u8>의 관계와 같다.

❸ KeyValuePair 데이터를 디스크에 쓸 수 있도록 직렬화 코드를 생성하라고 컴파일러에 지시한다. Serialize와 Deserialize는 7.2.1(267쪽)에서 설명했다.

❹ 키와 파일 위치 간의 매핑을 관리한다.

❺ ActionKV::load()는 ActionKV 구조체의 인덱스를 생성하며 키를 파일 위치에 매핑한다.

❻ File::seek()은 파일 시작으로부터 현재 위치까지의 바이트 수를 반환한다. 이 값은 인덱스의 값이 된다.

❼ ActionKV::process_record()는 파일의 해당 위치에서 레코드를 하나 읽는다.

❽ Unexpected라는 것은 상대적이다. 해당 애플리케이션은 파일 끝에 다다르는 것을 예상하지 못할 수 있으나 우리는 파일이 유한함을 알고 있으므로 그 결과를 처리한다.

📦 EOF란?

러스트의 파일 작업은 std::io::ErrorKind::UnexpectedEof 타입의 오류를 반환할 수도 있다. 그런데 Eof는 무엇인가? 파일의 끝(End of file, EOF)은 운영 체제에서 애플리케이션에 제공하는 하나의 관례다. 파일 자체에는 파일의 끝에 붙는 특별한 표식이나 구분 기호는 없다.

　EOF는 0바이트(0u8)다. 파일에서 읽을 때 운영 체제는 저장소로부터 얼마나 많은 바이트를 읽는 데 성공했는지 애플리케이션에 알려 준다. 디스크로부터 읽은 바이트가 없다면 에러 조건이 아직 검출되지 않았어도 운영 체제와 애플리케이션은 EOF에 다다른 것으로 가정한다.

　운영 체제는 물리적인 장치와 상호 작용하는 책임을 지고 있기 때문에 이런 일을 한다. 애플리케이션은 파일을 읽을 때 디스크에 접근하고자 한다는 것을 운영 체제에 알려 준다.

7.7.2 개별 레코드 처리하기

actionkv는 온디스크 표현을 위해 공개된 표준을 이용한다. 이는 리애크(Riak) 데이터베이스의 최초 구현을 위해 개발된 비트캐스크(Bitcask) 스토리지 백엔드 구현이다. 비트캐스크는 로그 구조 해시 테이블(log-structured hash table)로 알려진 파일 형식에 속한다.

📦 리애크는 무엇인가?

리애크는 NoSQL 데이터베이스의 일종으로 NoSQL 운동이 한창일 때 개발되었으며 MongoDB, 아파치 CouchDB, 도쿄 타이런트(Tokyo Tyrant) 같은 비슷한 시스템과 경쟁했다. 리애크는 장애 회복력에 중점을 두었다.

　다른 경쟁 상대에 비해 느리지만 데이터를 절대 유실하지 않는다고 보장한다. 데이터 형식을 현명하게 선택한 덕분에 부분적으로 이러한 보장을 할 수 있었다.

비트캐스크는 규정된 방식으로 모든 레코드를 배열한다. 그림 7.3은 비트캐스크 파일 형식의 단일 레코드를 그린 것이다.

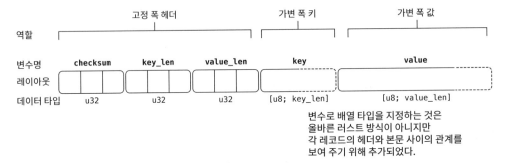

그림 7.3 비트캐스크 파일 형식의 단일 레코드. 레코드를 구문 분석하려면 헤더 정보를 읽은 다음 해당 정보를 사용하여 본문을 읽는다. 마지막으로 헤더에 제공된 체크섬으로 본문 내용을 확인한다.

모든 키-값 쌍은 12바이트로 고정되어 있다. 이 바이트는 그 길이(key_len + val_len)와 내용(checksum)을 나타낸다.

process_record() 함수는 ActionKV 내의 이 레코드를 처리한다. 이 함수는 정수 3개를 나타내는 12바이트를 읽는 것으로 시작한다. 바로 체크섬, 키의 길이, 값의 길이다. 이 값들은 디스크에서 나머지 데이터를 읽고 무엇을 의도하는지 검증하는 데 사용된다. 예제 7.16에서 발췌한 다음 예제는 이 과정을 보여 준다.

예제 7.12 ActionKV::process_record() 메서드

```
41    fn process_record<R: Read>(
42      f: &mut R          ❶
43    ) -> io::Result<KeyValuePair> {
44      let saved_checksum =
45        f.read_u32::<LittleEndian>()?;
46      let key_len =
47        f.read_u32::<LittleEndian>()?;      ❷
48      let val_len =
49        f.read_u32::<LittleEndian>()?;
50      let data_len = key_len + val_len;
51
52      let mut data = ByteString::with_capacity(data_len as usize);
53
54      {
55        f.by_ref()        ❸
56          .take(data_len as u64)
57          .read_to_end(&mut data)?;
58      }
```

```
59      debug_assert_eq!(data.len(), data_len as usize);      ❹
60
61      let checksum = crc32::checksum_ieee(&data);      ❺
62      if checksum != saved_checksum {
63        panic!(
64          "data corruption encountered ({:08x} != {:08x})",
65          checksum, saved_checksum
66        );
67      }
68
69      let value = data.split_off(key_len as usize);      ❻
70      let key = data;
71
72      Ok(KeyValuePair { key, value })
73    }
```

❶ f는 파일을 읽는 타입 같은, Read 트레이트를 구현하는 어떤 타입도 될 수 있다. &[u8]도 가능하다.

❷ byteorder 크레이트를 사용하면 다음 절에서 설명하는 것처럼 온디스크 정수를 결정적인(deterministic) 방식으로 읽을 수 있다.

❸ f.by_ref()는 take(n)이 새 Read 값을 만들기 때문에 필요하다. 소유권 이슈를 피하기 위해 수명이 짧은 블록에서 참조를 사용했다.

❹ debug_assert! 테스트는 최적화 빌드에서는 비활성화된다. 디버그 빌드를 활성화하면 런타임 확인을 더 많이 한다.

❺ 체크섬(숫자)은 디스크에서 읽은 바이트가 의도했던 것과 동일한지 검증한다. 해당 처리 과정은 7.7.4(292쪽)에서 다룬다.

❻ split_off(n) 메서드는 위치 n을 기준으로 Vec<T>를 두 개로 나눈다.

7.7.3 다중 바이트 바이너리 데이터를 보장된 바이트 순서로 디스크에 쓰기

우리 코드가 당면한 한 가지 도전은 다중 바이트 데이터를 결정적인 방식으로 디스크에 저장할 수 있어야 한다는 점이다. 말은 쉽지만 컴퓨팅 플랫폼마다 숫자를 읽는 방법은 서로 다르다. i32의 4바이트를 왼쪽에서 오른쪽으로 읽는 플랫폼도 있고, 오른쪽에서 왼쪽으로 읽는 플랫폼도 있다. 프로그램을 설계할 때 어떤 플랫폼의 컴퓨터에서 작성해서 또 다른 플랫폼의 컴퓨터에서 읽히도록 했다면 잠재적으로 문제가 될 수 있다.

러스트 생태계에서는 이에 대한 지원을 어느 정도 하고 있다. byteorder 크레이트는 표준 라이브러리의 std::io::Read와 std::io::Write 트레이트를 구현하는 타입을 확장할 수 있다. std::io::Read와 std::io::Write는 일반적으로 std::io::File

과 연관되지만 [u8]과 TcpStream 같은 다른 타입으로도 구현된다. 해당 확장은 다중 바이트 시퀀스가 리틀 엔디언 또는 빅 엔디언으로 해석되는 방식을 보장할 수 있다.

키-값 저장소에서 무슨 일이 일어나고 있는지 알아보려면 byteorder가 어떻게 작동하는지 이해하면 도움이 될 것이다. 예제 7.14는 핵심 기능을 보여 주는 작은 애플리케이션이다. 11~23행은 파일에 쓰는 방법을 보여 주고 28~35행은 파일을 읽는 방법을 보여 준다. 핵심이 되는 두 행은 다음과 같다.

```
use byteorder::{LittleEndian};
use byteorder::{ReadBytesExt, WriteBytesExt};
```

byteorder::LittleEndian과 그에 대응되는 BigEndian과 NativeEndian(예제 7.14에서는 쓰이지 않았다)은 다중 바이트 데이터를 디스크에 쓰고 디스크에서 읽는 방법을 선언하는 타입이다. byteorder::ReadBytesExt와 byteorder::WriteBytesExt는 트레이트다. 이 두 트레이트들은 기본 타입에 추가적인 메서드를 제공하는 게 목적이기 때문에, 코드 내에서 직접 사용되는 부분이 보이지는 않는다.

이것들은 추가적인 작업 없이 f32와 i16 같은 기본 타입의 메서드를 확장한다. 위에서 use 문을 사용해 이것들을 범위로 가져옴으로써, byteorder로 구현된 타입 (실제로는 기본 타입을 의미)에 바로 해당 능력을 추가한다. 정적 타입 언어인 러스트는 이러한 변환을 컴파일할 때 진행한다. 실행 중인 프로그램의 관점에서 보면, 정수는 항상 미리 정의된 순서로 자신을 디스크에 쓸 수 있는 기능이 있다.

예제 7.14를 실행하면 1_u32, 2_i8, 3.0_f32를 리틀 엔디언 방식으로 기록했을 때의 바이트 패턴을 보여 준다. 다음은 그 결과다.

```
[1, 0, 0, 0]
[1, 0, 0, 0, 2]
[1, 0, 0, 0, 2, 0, 0, 0, 0, 0, 0, 8, 64]
```

다음은 예제 7.14에 나온 프로젝트의 메타데이터다. 이 예제의 코드는 ch7/ch7-write123/Cargo.toml에 있다. 예제 7.14의 소스 코드는 ch7/ch7-write123/src/main.rs에 있다.

예제 7.13 예제 7.14의 메타데이터

```
[package]
name = "write123"
```

```
version = "0.1.0"
authors = ["Tim McNamara <author@rustinaction.com>"]
edition = "2018"

[dependencies]
byteorder = "1.2"
```

예제 7.14 정수를 디스크에 쓰기

```
01 use std::io::Cursor;                               ❶
02 use byteorder::{LittleEndian};                     ❷
03 use byteorder::{ReadBytesExt, WriteBytesExt};      ❸
04
05 fn write_numbers_to_file() -> (u32, i8, f64) {
06    let mut w = vec![];      ❹
07
08    let one: u32   = 1;
09    let two: i8    = 2;
10    let three: f64 = 3.0;
11
12    w.write_u32::<LittleEndian>(one).unwrap();       ❺
13    println!("{:?}", &w);
14
15    w.write_i8(two).unwrap();      ❻
16    println!("{:?}", &w);
17
18    w.write_f64::<LittleEndian>(three).unwrap();     ❼
19    println!("{:?}", &w);
20
21    (one, two, three)
22 }
23
24 fn read_numbers_from_file() -> (u32, i8, f64) {
25    let mut r = Cursor::new(vec![1, 0, 0, 0, 2, 0, 0, 0, 0, 0, 0, 8, 64]);
26    let one_ = r.read_u32::<LittleEndian>().unwrap();
27    let two_ = r.read_i8().unwrap();
28    let three_ = r.read_f64::<LittleEndian>().unwrap();
29
30    (one_, two_, three_)
31 }
32
33 fn main() {
34    let (one, two, three) = write_numbers_to_file();
35    let (one_, two_, three_) = read_numbers_from_file();
36
37    assert_eq!(one, one_);
38    assert_eq!(two, two_);
39    assert_eq!(three, three_);
40 }
```

❶ 파일은 앞뒤로 움직이며 다른 위치로 이동하는 seek() 기능을 지원하므로 Vec<T>가 파일인 듯이 흉내 내는 것이 필요하다. io::Cursor는 인메모리 Vec<T>가 파일처럼 보이도록 하는 역할을 한다.

❷ 여러 read_*()와 write_*() 메서드를 위한 타입 인자로 사용된다.

❸ read_*()와 write_*() 메서드를 제공하는 트레이트

❹ w 변수는 writer를 나타낸다.

❺ ❼ 값을 디스크에 쓴다. 이 메서드는 io::Result를 반환하는데 컴퓨터가 이 프로그램을 실행할 때 무엇인가 심각하게 잘못되지 않는 한 실패할 리가 없기 때문에 바로 풀어 이용한다.

❻ 단일 바이트 타입 i8과 u8은 엔디언 매개 변수를 필요로 하지 않는다.

7.7.4 I/O 에러를 체크섬으로 검증하기

actionkv v1에는 디스크에서 읽은 내용이 기록된 내용과 동일한지 검증하는 부분이 빠져 있다. 처음 기록하는 중에 무엇인가 방해가 있었다면 어떨까? 이 경우 원본 데이터를 복구하지 못할 수도 있겠지만 문제를 인지할 수 있다면 사용자에게 경고할 수 있다.

이 문제를 극복하기 위한 잘 알려진 방법은 체크섬이라는 기술을 사용하는 것이다. 다음은 그 동작 방식이다.

- 디스크에 저장할 때 — 디스크에 데이터를 쓰기 전에 검사 함수(해당하는 함수에는 다양한 옵션이 존재한다)가 해당 바이트에 적용된다. 검사 함수의 결과(체크섬)는 원본 데이터와 함께 기록된다. 체크섬의 바이트는 계산되지 않는다. 체크섬의 자체 바이트를 디스크에 쓰는 동안 문제가 발생하는 경우는 나중에 오류로 알 수 있다.

- 디스크에서 읽을 때 — 데이터와 저장된 체크섬을 읽고 데이터에는 검사 함수를 적용한다. 그런 다음 검사 함수의 결과와 체크섬을 비교한다. 두 값이 일치하지 않으면 오류가 발생한 것이며 데이터가 손상된 것으로 간주해야 한다.

어떤 검사 함수를 사용해야 할까? 컴퓨터 과학의 많은 것들이 그렇듯이 상황에 따라 다르다. 이상적인 체크섬 함수는 다음 조건을 만족해야 한다.

- 같은 입력에 같은 결과를 반환할 것
- 다른 입력에 대해서는 항상 다른 결과를 반환할 것
- 빨라야 할 것

- 구현이 쉬워야 할 것

표 7.8에 몇 가지 체크섬 방식을 비교했다. 요약하자면 다음과 같다.

- 패리티 비트(parity bit)는 쉽고 빠르지만 오류에 다소 취약하다.
- CRC32(cyclic redundancy check: 32비트 값을 반환하는 순환 중복 검사)는 더 많이 복잡하지만, 결과는 더 신뢰할 수 있다.
- 암호화 해시 함수(cryptographic hash function)는 더 복잡하다. 상당히 느리지만 가장 높은 수준의 보장을 제공한다.

체크섬 기법	결과의 크기	간결성	속도	신뢰성
패리티 비트	1비트	★★★★★	★★★★★	★★☆☆☆
CRC32	32비트	★★★☆☆	★★★★☆	★★★☆☆
암호화 해시 함수	128~512비트(또는 그 이상)	★☆☆☆☆	★★☆☆☆	★★★★★

표 7.8 체크섬 함수 간단 평가

실제로 볼 수 있는 함수는 애플리케이션 영역에 따라 다르다. 좀 더 전통적인 영역에서는 패리티 비트 또는 CRC32와 같은 더 간단한 시스템이 사용되는 것을 볼 수 있다.

패리티 비트 검사 구현하기

여기서는 간단한 체크섬 방법 중 하나인 패리티 검사에 대해 설명한다. 패리티 검사에서는 비트스트림 내 1의 개수를 센다. 그리고 나서 카운트가 짝수인지 홀수인지 나타내는 비트를 저장한다.

패리티 비트는 전통적으로 전파 등 아날로그 시스템을 통해 데이터를 전송하는 것과 같이 잡음이 많은 통신 시스템 내에서 오류 감지에 사용되었다. 예를 들어 텍스트의 아스키 인코딩에는 이 체계를 매우 편리하게 이용할 수 있는 특정 속성이 있다. 128개의 문자는 7비트의 저장 공간만 필요하다($128 = 2^7$). 그러면 모든 바이트마다 1개의 예비 비트가 남는다.

어떤 시스템은 더 큰 바이트 스트림에 패리티 비트를 포함할 수도 있다. 예제 7.15는 (좀 과도한) 구현을 보여 준다. 1~10행의 `parity_bit()` 함수는 임의의 바이트 스트림을 가져와서 입력 비트 수가 짝수인지 홀수인지 나타내는 u8을 반환한다.

해당 예제를 실행하면 다음과 같은 결과가 나온다.

```
input: [97, 98, 99]  ❶
97 (0b01100001) has 3 one bits
98 (0b01100010) has 3 one bits
99 (0b01100011) has 4 one bits
output: 00000001

input: [97, 98, 99, 100]  ❷
97 (0b01100001) has 3 one bits
98 (0b01100010) has 3 one bits
99 (0b01100011) has 4 one bits
100 (0b01100100) has 3 one bits
result: 00000000
```

> ❶ input: [97, 98, 99]는 b"abc"를 러스트 컴파일러 내부에서 본 것이다.
>
> ❷ input: [97, 98, 99, 100]은 b"abcd"를 나타낸다.

 다음 코드는 ch7/ch7-paritybit/src/main.rs에 있다.

예제 7.15 패리티 비트 검사 구현

```rust
01 fn parity_bit(bytes: &[u8]) -> u8 {  ❶
02   let mut n_ones: u32 = 0;
03
04   for byte in bytes {
05     let ones = byte.count_ones();  ❷
06     n_ones += ones;
07     println!("{} (0b{:08b}) has {} one bits", byte, byte, ones);
08   }
09   (n_ones % 2 == 0) as u8  ❸
10 }
11
12 fn main() {
13   let abc = b"abc";
14   println!("input: {:?}", abc);
15   println!("output: {:08x}", parity_bit(abc));
16   println!();
17   let abcd = b"abcd";
18   println!("input: {:?}", abcd);
19   println!("result: {:08x}", parity_bit(abcd))
20 }
```

> ❶ bytes 인자로 바이트 슬라이스를 받아 출력으로 단일 바이트를 반환한다. 이 함수는 불값을 반환할 수도 있지만, u8을 반환하면 향후에 원하는 위치로 해당 값을 비트 이동시킬 수 있다.
>
> ❷ 러스트의 모든 정수 타입에는 count_ones()와 count_zeros() 메서드가 따라온다.

❸ 이 함수를 최적화할 수 있는 방법은 많다. 한 가지 단순한 방법은 의도한 결과에 해당하는 0과 1의 const [u8; 256] 배열을 미리 만들어 각 바이트로 해당 배열을 인덱싱하는 것이다.

7.7.5 기존 데이터베이스에 새로운 키-값 쌍 삽입하기

7.6절에서 이야기했듯이 우리 코드가 지원해야 하는 네 가지 작업이 있다. 바로 삽입, 가져오기, 업데이트, 삭제다. 우리는 파일 뒤에 덧붙이기만 해도 되도록 설계했기 때문에, 마지막 두 작업은 삽입 작업을 변형해서 구현할 수 있다.

load()를 수행하는 동안 내부 루프가 파일의 끝까지 계속된다는 것을 눈치챘을 것이다. 이렇게 하면 최신 업데이트가 오래된 데이터를 덮어쓰고 삭제까지 할 수 있다. 새 레코드를 삽입하는 것은 7.7.2에 설명한 process_record()와 거의 반대다.

```
164    pub fn insert(
165      &mut self,
166      key: &ByteStr,
167      value: &ByteStr
168    ) -> io::Result<()> {
169      let position = self.insert_but_ignore_index(key, value)?;
170
171      self.index.insert(key.to_vec(), position);    ❶
172      Ok(())
173    }
174
175    pub fn insert_but_ignore_index(
176      &mut self,
177      key: &ByteStr,
178      value: &ByteStr
179    ) -> io::Result<u64> {
180      let mut f = BufWriter::new(&mut self.f);    ❷
181
182      let key_len = key.len();
183      let val_len = value.len();
184      let mut tmp = ByteString::with_capacity(key_len + val_len);
185
186      for byte in key {
187        tmp.push(*byte);     ❸
188      }
189
190      for byte in value {
191        tmp.push(*byte);     ❹
192      }
193
194      let checksum = crc32::checksum_ieee(&tmp);
195
```

```
196    let next_byte = SeekFrom::End(0);
197    let current_position = f.seek(SeekFrom::Current(0))?;
198    f.seek(next_byte)?;
199    f.write_u32::<LittleEndian>(checksum)?;
200    f.write_u32::<LittleEndian>(key_len as u32)?;
201    f.write_u32::<LittleEndian>(val_len as u32)?;
202    f.write_all(&tmp)?;
203
204    Ok(current_position)
205  }
```

❶ key.to_vec()은 &ByteStr을 ByteString으로 변환한다.

❷ std::io::BufWriter 타입은 여러 개의 짧은 write() 호출을 더 적은 수의 실제 디스크 작업
으로 일괄 처리하여 단일 작업을 만든다. 이렇게 하면 애플리케이션 코드를 더 깔끔하게 유지
하되 처리량은 증가한다.

❸❹ 한 컬렉션을 반복하여 다른 컬렉션을 채우는 것은 약간 어색하지만 작업은 끝낼 수 있다.

7.7.6 actionkv 전체 코드

libactionkv는 키-값 저장소에서 중요한 일을 수행한다. actionkv 프로젝트의 많은
부분을 7.7절에서 이미 살펴본 바 있다. 다음 코드는 ch7/ch7-actionkv1/src/lib.rs
에 있는 내용으로 프로젝트의 코드 전체다.

예제 7.16 actionkv 프로젝트(전체 코드)

```
001 use std::collections::HashMap;
002 use std::fs::{File, OpenOptions};
003 use std::io;
004 use std::io::prelude::*;
005 use std::io::{BufReader, BufWriter, SeekFrom};
006 use std::path::Path;
007
008 use byteorder::{LittleEndian, ReadBytesExt, WriteBytesExt};
009 use crc::crc32;
010 use serde_derive::{Deserialize, Serialize};
011
012 type ByteString = Vec<u8>;
013 type ByteStr = [u8];
014
015 #[derive(Debug, Serialize, Deserialize)]
016 pub struct KeyValuePair {
017    pub key: ByteString,
018    pub value: ByteString,
019 }
020
```

```
021 #[derive(Debug)]
022 pub struct ActionKV {
023   f: File,
024   pub index: HashMap<ByteString, u64>,
025 }
026
027 impl ActionKV {
028   pub fn open(
029     path: &Path
030   ) -> io::Result<Self> {
031     let f = OpenOptions::new()
032       .read(true)
033       .write(true)
034       .create(true)
035       .append(true)
036       .open(path)?;
037     let index = HashMap::new();
038     Ok(ActionKV { f, index })
039   }
040
041   fn process_record<R: Read>(     ❶
042     f: &mut R
043   ) -> io::Result<KeyValuePair> {
044     let saved_checksum =
045       f.read_u32::<LittleEndian>()?;
046     let key_len =
047       f.read_u32::<LittleEndian>()?;
048     let val_len =
049       f.read_u32::<LittleEndian>()?;
050     let data_len = key_len + val_len;
051
052     let mut data = ByteString::with_capacity(data_len as usize);
053
054     {
055       f.by_ref()     ❷
056         .take(data_len as u64)
057         .read_to_end(&mut data)?;
058     }
059     debug_assert_eq!(data.len(), data_len as usize);
060
061     let checksum = crc32::checksum_ieee(&data);
062     if checksum != saved_checksum {
063       panic!(
064         "data corruption encountered ({:08x} != {:08x})",
065         checksum, saved_checksum
066       );
067     }
068
069     let value = data.split_off(key_len as usize);
```

```
070     let key = data;
071
072     Ok(KeyValuePair { key, value })
073   }
074
075   pub fn seek_to_end(&mut self) -> io::Result<u64> {
076     self.f.seek(SeekFrom::End(0))
077   }
078
079   pub fn load(&mut self) -> io::Result<()> {
080     let mut f = BufReader::new(&mut self.f);
081
082     loop {
083       let current_position = f.seek(SeekFrom::Current(0))?;
084
085       let maybe_kv = ActionKV::process_record(&mut f);
086       let kv = match maybe_kv {
087         Ok(kv) => kv,
088         Err(err) => {
089           match err.kind() {
090             io::ErrorKind::UnexpectedEof => {   ❸
091               break;
092             }
093             _ => return Err(err),
094           }
095         }
096       };
097
098       self.index.insert(kv.key, current_position);
099     }
100
101     Ok(())
102   }
103
104   pub fn get(
105     &mut self,
106     key: &ByteStr
107   ) -> io::Result<Option<ByteString>> {   ❹
108     let position = match self.index.get(key) {
109       None => return Ok(None),
110       Some(position) => *position,
111     };
112
113     let kv = self.get_at(position)?;
114
115     Ok(Some(kv.value))
116   }
117
118   pub fn get_at(
```

```
119        &mut self,
120        position: u64
121    ) -> io::Result<KeyValuePair> {
122        let mut f = BufReader::new(&mut self.f);
123        f.seek(SeekFrom::Start(position))?;
124        let kv = ActionKV::process_record(&mut f)?;
125
126        Ok(kv)
127    }
128
129    pub fn find(
130        &mut self,
131        target: &ByteStr
132    ) -> io::Result<Option<(u64, ByteString)>> {
133        let mut f = BufReader::new(&mut self.f);
134
135        let mut found: Option<(u64, ByteString)> = None;
136
137        loop {
138            let position = f.seek(SeekFrom::Current(0))?;
139
140            let maybe_kv = ActionKV::process_record(&mut f);
141            let kv = match maybe_kv {
142                Ok(kv) => kv,
143                Err(err) => {
144                    match err.kind() {
145                        io::ErrorKind::UnexpectedEof => {    ❺
146                            break;
147                        }
148                        _ => return Err(err),
149                    }
150                }
151            };
152
153            if kv.key == target {
154                found = Some((position, kv.value));
155            }
156
157            // 키를 덮어쓸 경우를 대비해
158            // 파일의 끝까지 반복하는 것이 중요하다.
159        }
160
161        Ok(found)
162    }
163
164    pub fn insert(
165        &mut self,
166        key: &ByteStr,
167        value: &ByteStr
```

```
168  ) -> io::Result<()> {
169    let position = self.insert_but_ignore_index(key, value)?;
170
171    self.index.insert(key.to_vec(), position);
172    Ok(())
173  }
174
175  pub fn insert_but_ignore_index(
176    &mut self,
177    key: &ByteStr,
178    value: &ByteStr
179  ) -> io::Result<u64> {
180    let mut f = BufWriter::new(&mut self.f);
181
182    let key_len = key.len();
183    let val_len = value.len();
184    let mut tmp = ByteString::with_capacity(key_len + val_len);
185
186    for byte in key {
187      tmp.push(*byte);
188    }
189
190    for byte in value {
191      tmp.push(*byte);
192    }
193
194    let checksum = crc32::checksum_ieee(&tmp);
195
196    let next_byte = SeekFrom::End(0);
197    let current_position = f.seek(SeekFrom::Current(0))?;
198    f.seek(next_byte)?;
199    f.write_u32::<LittleEndian>(checksum)?;
200    f.write_u32::<LittleEndian>(key_len as u32)?;
201    f.write_u32::<LittleEndian>(val_len as u32)?;
202    f.write_all(&tmp)?;
203
204    Ok(current_position)
205  }
206
207  #[inline]
208  pub fn update(
209    &mut self,
210    key: &ByteStr,
211    value: &ByteStr
212  ) -> io::Result<()> {
213    self.insert(key, value)
214  }
215
216  #[inline]
```

```
217    pub fn delete(
218      &mut self,
219      key: &ByteStr
220    ) -> io::Result<()> {
221      self.insert(key, b"")
222    }
223  }
```

❶ process_record()는 f가 파일의 정확한 지점에 있을 것이라고 가정한다.

❷ f.by_ref()는 take(n)이 새 Read 값을 만들기 때문에 필요하다. 소유권 이슈를 피하기 위해
  짧은 수명을 가진 블록에서 참조를 사용했다.

❸ Unexpected는 상대적이다. 해당 애플리케이션은 파일 끝에 다다르는 것을 예상하지 못할 수
  있으나 우리는 파일이 유한하다고 예상한다.

❹ I/O 에러의 가능성과 누락된 값이 허용되도록 Option을 Result 안에 감싼다.

❺ Unexpected는 상대적이다. 해당 애플리케이션은 파일 끝에 다다르는 것을 예상하지 못할 수
  있으나 우리는 파일이 유한하다고 예상한다.

여기까지 왔다면 스스로를 칭찬해 주자. 무엇을 전달하든 만족스럽게 저장하고 검
색할 수 있는 키-값 저장소를 구현했으니 말이다.

7.7.7 HashMap과 BTreeMap으로 키와 값을 다루기

거의 모든 프로그래밍 언어에서 키-값 쌍을 가지고 작업한다. 어느 곳에서든 학습
자에게 엄청난 혜택을 주는 이러한 작업과 이를 지원하는 데이터 구조에는 다양한
이름이 있다.

- 컴퓨터 과학 배경이 있는 사람들은 해시 테이블이라는 용어를 선호한다.
- 펄과 루비는 해시라고 부른다.
- 루아는 반대로 테이블이라는 용어를 쓴다.
- 많은 커뮤니티에서 사전(dictionary)이나 맵 같은, 은유에 기반한 이름을 쓴다.
- 해당 구조가 수행하는 역할에 기반을 둔 이름을 선호하는 커뮤니티도 있다.
- PHP에서는 연관 배열이라고 한다.
- 자바스크립트의 객체는 키-값 쌍 컬렉션 형태로 구현하는 경향이 있어 일반적인
  용어 객체로 충분하다.
- 정적 언어에서는 이것들이 어떻게 구현되었는지에 따라 명명한다.
- C++와 자바는 해시 맵과 트리 맵을 구분한다.

러스트는 HashMap과 BTreeMap이라는 용어를 써서 동일한 추상 데이터 타입에 대한 두 구현을 정의한다. 러스트는 이런 점에서 C++와 자바에 가장 가깝다. 이 책에서 키-값 쌍의 컬렉션이나 연관 배열은 해당 추상 데이터 타입을 의미한다. 해시 테이블은 해시 테이블을 이용해 연관 배열을 구현한 것을 의미하는데, HashMap은 러스트에서의 해시 테이블 구현이다.

🗃 해시는 무엇인가? 해시한다는 것은 무엇인가?

해시라는 용어가 헷갈린다면 정수가 아닌 키를 값에 매핑해 주는 구현 사항과 관련이 있다는 점을 이해하도록 하자. 다음 정의를 통해 이 용어를 명확히 알 수 있을 것이다.

- HashMap은 해시 함수로 구현된다. 컴퓨터 과학에서 이것은 보통 특정한 동작 패턴을 내포함을 의미한다. 해시 맵은 일반적으로 big-O 표기법에서 공식적으로 O(1)로 표시되는 일정한 조회 시간을 가진다(하지만 해시 맵의 성능은 기본 해시 함수가 몇 가지 극단적인 경우에 처하면 저하될 수 있다. 잠시 후에 살펴보겠다).

- 해시 함수는 가변 길잇값과 고정 길잇값 간의 관계를 매핑한다. 실제 해시 함수의 반환값은 정수다. 바로 이 고정폭 값을 사용하여 효율적인 조회 테이블을 작성할 수 있다. 이 내부 조회 테이블을 해시 테이블이라고 한다.

다음 예는 문자열의 첫 번째 문자를 부호 없는 정수로 단순 해석하는 &str에 대한 기본 해시 함수를 보여 준다. 즉, 문자열의 첫 번째 문자를 해시값으로 사용한다.

```
fn basic_hash(key: &str) -> u32 {
  let first = key.chars()                    ❶
                 .next()                     ❷
                 .unwrap_or('\0');           ❸

  unsafe {
    std::mem::transmute::<char, u32>(first)  ❹
  }
}
```

❶ .chars() 반복자는 문자열을 각각 4바이트 길이의 일련의 문잣값으로 변환한다.

❷ Option 타입값으로 문자열의 현재 다음 위치에 값이 있는 경우 char나 다른 무엇을, 빈 문자열의 경우 None 값을 반환한다.

❸ 빈 문자열인 경우 기본값으로 NULL을 제공한다. unwrap_or()은 unwrap()처럼 동작하지만 None이 발생했을 때 패닉을 일으키지 않고 값을 제공한다.

❹ 타입이 char인 경우에도 first의 메모리를 u32로 해석한다.

basic_hash는 가능한 입력의 무한한 집합인 모든 문자열을 입력으로 사용할 수 있으며 모든 입력에 대해 결정적인 방식으로 고정폭 결과를 반환한다. 대단한 함수다! 그러나 basic_hash는 빠르지만 몇 가지 상당한 결함이 있다.

여러 입력이 동일한 문자로 시작하는 경우(예: Tonga와 Tuvalu)에는 동일한 결과가 나온다. 이는 무한한 입력 공간이 유한 공간에 매핑되는 모든 경우에 발생하지만 여기에서는 특히나 나쁜 결과다. 자연어 문장은 균일하게 분포되어 있지 않다.

러스트의 HashMap을 비롯한 해시 테이블은 이러한 해시 충돌이라는 현상을 처리한다. 해시 테이블에서는 동일한 해시값으로 키에 대한 백업 위치를 제공한다. 이러한 보조 저장소는 일반적으로 충돌 저장소(collision store)라고 하는 Vec<T>다. 충돌이 발생하면 충돌 저장소에 접근할 때 앞에서 뒤로 스캔한다. 이러한 선형 스캔은 저장소의 크기가 커질수록 실행하는 데 시간이 점점 더 오래 걸린다. 공격자는 이 특성을 이용하여 해시 함수를 수행하는 컴퓨터에 과부하를 줄 수 있다.

일반적으로 해시 함수가 더 빠를수록 공격을 피하기 위한 작업을 별로 수행하지 않는다. 입력이 정해진 범위 내에 있을 때 해시 함수의 성능이 가장 좋다.

해시 테이블이 내부적으로 구현되는 방식에 대한 모든 정보는 세부적인 내용이 너무 많아 여기에 다 담을 수 없다. 그러나 프로그램에서 최적의 성능과 메모리 사용을 끌어내려는 프로그래머에게는 매력적인 주제다.

7.7.8 HashMap 생성과 값 채우기

다음 예제는 JSON으로 인코딩된 키-값 쌍의 컬렉션을 제공한다. 이 코드는 연관 배열 사용을 보여 주기 위해 일부 폴리네시아 섬 국가와 그 수도를 사용한다.

예제 7.17 **JSON 표기법에서 연관 배열 사용 시연**

```
{
  "Cook Islands": "Avarua",
  "Fiji": "Suva",
  "Kiribati": "South Tarawa",
  "Niue": "Alofi",
  "Tonga": "Nuku'alofa",
  "Tuvalu": "Funafuti"
}
```

러스트는 표준 라이브러리에서 HashMap에 대한 리터럴 구문을 제공하지 않는다. 항목을 삽입하고 다시 꺼내려면 예제 7.18에서 제공된 예제를 따르도록 한다. 이 소스는 ch7/ch7-pacific-basic/src/main.rs에서 확인할 수 있다. 예제 7.18의 실행 결과는 다음과 같다.

```
Capital of Tonga is: Nuku'alofa
```

예제 7.18 HashMap의 기본 동작의 예

```
01 use std::collections::HashMap;
02
03 fn main() {
04   let mut capitals = HashMap::new();    ❶
05
06   capitals.insert("Cook Islands", "Avarua");
07   capitals.insert("Fiji", "Suva");
08   capitals.insert("Kiribati", "South Tarawa");
09   capitals.insert("Niue", "Alofi");
10   capitals.insert("Tonga", "Nuku'alofa");
11   capitals.insert("Tuvalu", "Funafuti");
12
13   let tongan_capital = capitals["Tonga"];    ❷
14
15   println!("Capital of Tonga is: {}", tongan_capital);
16 }
```

❶ 키와 값의 타입 선언은 러스트 컴파일러에 의해 추론되기 때문에 여기에서 필요하지 않다.

❷ HashMap은 대괄호 인덱싱 스타일을 통해 값을 검색할 수 있는 인덱스를 구현한다.

모든 것을 메서드 호출로 작성하면 때때로 불필요할 정도로 장황하게 느껴질 수 있다. 러스트 생태계에서는 JSON 문자열 리터럴을 러스트 코드에 직접 주입할 수 있는 기능을 지원한다. 이러한 변환은 컴파일 시에 수행하는 것이 가장 좋다. 즉, 이렇게 하면 실행 시 성능이 떨어지지 않는다. 예제 7.19의 출력도 한 줄이다.

```
Capital of Tonga is: "Nuku'alofa"    ❶
```

❶ json! 매크로가 기본 표현인 String을 감싸는 래퍼를 반환하기 때문에 큰따옴표를 쓴다.

다음 예제에서는 serde-json 크레이트를 사용하여 러스트 소스 코드 안에 JSON 리터럴을 집어넣는다. 소스 코드는 ch7/ch7-pacific-json/src/main.rs다.

예제 7.19 serde-json을 이용하여 JSON 리터럴을 포함하기

```
01 #[macro_use]                         ❶
02 extern crate serde_json;
03
04 fn main() {
05   let capitals = json!({    ❷
06     "Cook Islands": "Avarua",
07     "Fiji": "Suva",
08     "Kiribati": "South Tarawa",
```

```
09      "Niue": "Alofi",
10      "Tonga": "Nuku'alofa",
11      "Tuvalu": "Funafuti"
12   });
13
14   println!("Capital of Tonga is: {}", capitals["Tonga"])
15 }
```

❶ serde_json 크레이트를 가져오고 그 매크로를 사용해서 json! 매크로를 현재 범위 안으로 가져온다.

❷ json!은 JSON 리터럴과 러스트의 표현식을 사용하여 String 값을 구현한다. 이 값을 JSON 명세 내의 모든 타입을 나타낼 수 있는 열거형인 serde_json::Value 타입의 러스트 값으로 변환한다.

7.7.9 HashMap과 BTreeMap에서 값을 검색하기

키-값 저장소가 제공하는 주요 이점은 해당 값에 접근할 수 있다는 것이다. 여기에는 두 가지 방법이 있다. 설명을 위해 예제 7.19에서 capitals를 초기화했다고 가정해 보자. (이미 살펴봤듯이) 방법은 대괄호를 통해 값에 접근하는 것이다.

```
capitals["Tonga"]   ❶
```

❶ "Nuku'alofa"를 반환한다.

이 방식은 값에 대한 읽기 전용 참조를 반환한다. 참조의 상태가 다소 숨겨져 있어 문자열 리터럴을 포함하는 예제를 다룰 때 무언가 속이는 것처럼 보인다. 러스트 문서에서 사용하는 구문에서는 이를 &V와 같이 표현하는데, 여기서 &는 읽기 전용 참조를 나타내고 V는 값의 유형을 나타낸다. 키가 없으면 프로그램이 패닉을 일으킨다.

 인덱스 표기법은 Index 트레이트를 구현하는 모든 타입에서 지원된다. capitals["Tonga"]는 capitals.index("Tonga")에 대한 편의 문법이다.

HashMap에 .get() 메서드를 사용할 수도 있다. 이때 Option<&V>가 반환되며, 이렇게 하면 값이 누락될 때 이를 복구할 수 있다. 다음은 그 예다.

```
capitals.get("Tonga")   ❶
```

❶ "Nuku'alofa"를 반환한다.

HashMap에서 제공되는 다른 중요한 연산에는 다음과 같은 것이 있다.

- 키-값 쌍을 지우는 .remove() 메서드
- 키, 값, 키-값 쌍에 대한 반복자인 .keys(), .values(), .iter() 메서드와 읽기-쓰기 용도인 .keys_mut(), .values_mut(), .iter_mut() 메서드

데이터의 일부에 대해 반복하는 메서드는 없다. 이런 경우 BTreeMap을 써야 한다.

7.7.10 HashMap과 BTreeMap 중 하나를 고르기

어떤 데이터 구조를 선택해야 하는지 궁금하다면 간단한 지침이 있다. BTreeMap을 사용해야 하는 합당한 이유가 없는 한 HashMap을 사용하라. BTreeMap은 키 사이에 자연스러운 순서가 있고 애플리케이션이 해당 배치를 사용할 때 더 빠르다. 표 7.9 는 차이점을 보여 준다.

기본 해시 함수가 있는 std::collections::HashMap (SipHash라고도 한다)	암호학적으로 안전하고 서비스 거부 공격에 강하지만 다른 해시 함수보다 느리다.
std::collections::BTreeMap	캐시 일관성으로 속도를 높일 수 있는, 고유한 순서가 있는 키에 유용하다.

표 7.9 키를 값에 매핑하는 데 사용할 구현 결정

유럽 역사에서 비롯된 예를 통해 이 두 가지 사용 사례를 살펴보겠다. 네덜란드 동인도 회사(Vereenigde Oostindische Compagnie, VOC)는 전성기에 매우 강력한 정치 경제 세력이었다. 2세기 동안 VOC는 아시아와 유럽에서 지배적인 무역업자였다. 자체 해군과 통화가 있었고 자체 식민지(교역소라고 함)를 설립했다. 채권을 발행한 최초의 회사이기도 하다. 처음에는 6개 영업 회의소의 투자자들이 사업에 자본을 제공했다.

이러한 투자 정보를 키-값 쌍으로 사용해 보자. 예제 7.20을 컴파일한 실행 파일은 다음을 출력한다.

```
$ cargo run -q
Rotterdam invested 173000
Hoorn invested 266868
Delft invested 469400
Enkhuizen invested 540000
Middelburg invested 1300405
```

```
Amsterdam invested 3697915
smaller chambers: Rotterdam Hoorn Delft
```

예제 7.20 BTreeMap의 범위 질의와 정렬된 반복 시연

```
01 use std::collections::BTreeMap;
02
03 fn main() {
04   let mut voc = BTreeMap::new();
05
06   voc.insert(3_697_915, "Amsterdam");
07   voc.insert(1_300_405, "Middelburg");
08   voc.insert(  540_000, "Enkhuizen");
09   voc.insert(  469_400, "Delft");
10   voc.insert(  266_868, "Hoorn");
11   voc.insert(  173_000, "Rotterdam");
12
13   for (guilders,kamer) in &voc {
14     println!("chamber {} invested {}", kamer, guilders);    ❶
15   }
16
17   print!("smaller chambers: ");
18   for (_guilders,kamer) in voc.range(0..500_000) {    ❷
19     print!("{} ", kamer);                              ❸
20   }
21   println!("");
22 }
```

❶❸ 정렬된 순서로 출력한다.

❷ BtreeMap에서는 range 문법으로 키의 일부분을 선택하여 반복하는 것이 가능하다.

7.7.11 actionkv v2.0에 데이터베이스 색인 추가하기

데이터베이스와 파일 시스템은 단일 파일보다 훨씬 더 큰 소프트웨어다. 저장 및 검색 시스템과 관련된 방대한 설계 영역이 있기 때문에 새로운 시스템이 항상 개발되고 있다. 그런데 데이터베이스의 두뇌에 해당하는 구성 요소가 이러한 모든 시스템에 공통으로 들어간다.

7.5.2(278쪽)에서 만든 actionkv v1에는 시작할 때 시간이 낭비되는 주요한 문제가 있다. 바로 실행될 때마다 키가 저장된 위치의 인덱스를 다시 만들어야 한다는 점이다. 애플리케이션 데이터를 저장하는 데 사용하는 파일 안에 인덱스 데이터를 저장하도록 actionkv에 기능을 추가해 보자. 생각보다 쉬울 것이다. libactionkv는 변경할 필요가 없다. 프런트엔드 코드에 약간만 추가하면 된다. 이제 프로젝트 폴더에 파일이 추가되어 새로운 구조가 된다(예제 7.21 참고).

예제 7.21 actionkv v2.0의 변경된 프로젝트 구조

```
actionkv
├── src
│   ├── akv_disk.rs    ❶
│   ├── akv_mem.rs
│   └── lib.rs
└── Cargo.toml    ❷
```

❶ 프로젝트에 새로운 파일이 추가되었다.

❷ Cargo.toml에 새로운 바이너리와 의존성을 추가하는 두 가지 업데이트를 해야 한다.

프로젝트의 Cargo.toml에는 예제 7.22의 마지막 세 줄에서 볼 수 있듯이 두 번째 [[bin]] 항목과 함께 몇 가지 새로운 의존성이 추가되었다. 이 예제의 소스는 ch7/ch7-actionkv2/Cargo.toml에 있다.

예제 7.22 변경된 actionkv v2.0의 Cargo.toml 파일

```
[package]
name = "actionkv"
version = "2.0.0"
authors = ["Tim McNamara <author@rustinaction.com>"]
edition = "2018"

[dependencies]
bincode = "1"    ❶
byteorder = "1"
crc = "1"
serde = "1"
serde_derive = "1"    ❷

[lib]
name = "libactionkv"
path = "src/lib.rs"

[[bin]]
name = "akv_mem"
path = "src/akv_mem.rs"

[[bin]]
name = "akv_disk"
path = "src/akv_disk.rs"    ❸
```

❶❷ 디스크에 인덱스를 쓰는 것을 지원하기 위한 추가된 의존성

❸ 새로운 실행 파일 정의

get 작업으로 키에 접근할 때 디스크에서 해당 위치를 찾으려면 먼저 디스크에서

인덱스를 로드해서 인메모리 형식으로 변환해야 한다. 다음 예제는 예제 7.24에서 발췌한 것이다. actionkv의 온디스크 구현에는 파일의 다른 레코드에 빠르게 접근할 수 있는 숨겨진 INDEX_KEY 값이 포함되어 있다.

예제 7.23 예제 7.8에서의 주된 변경 부분

```
46    match action {
47      "get" => {
48        let index_as_bytes = a.get(&INDEX_KEY)        ❶
49                             .unwrap()          ⎤
50                             .unwrap();         ⎦ ❷
51
52        let index_decoded = bincode::deserialize(&index_as_bytes);
53
54        let index: HashMap<ByteString, u64> = index_decoded.unwrap();
55
56        match index.get(key) {                          ⎤
57          None => eprintln!("{:?} not found", key),     │
58          Some(&i) => {                                  │ ❸
59            let kv = a.get_at(i).unwrap();               │
60            println!("{:?}", kv.value);                  │
61          }                                              │
62        }                                               ⎦
63      },
```

❶ INDEX_KEY는 데이터베이스 내 인덱스의 숨겨진 내부 명칭이다.

❷ a.index는 Option을 반환하는 HashMap이고 값 자체는 향후 쉽게 삭제하기 위해 Option 내에 저장되기 때문에 unwrap()을 두 번 호출해야 한다.

❸ 이제 값 검색 시에 먼저 인덱스를 가져온 다음 디스크에서 올바른 위치를 식별하는 작업이 따른다.

예제 7.24는 실행 간에 인덱스 데이터를 유지하는 키-값 저장소를 보여 준다. 이 소스는 ch7/ch7-actionkv2/src/akv_disk.rs에 있다.

예제 7.24 실행 간에 인덱스 데이터 유지

```
01 use libactionkv::ActionKV;
02 use std::collections::HashMap;
03
04 #[cfg(target_os = "windows")]
05 const USAGE: &str = "
06 Usage:
07    akv_disk.exe FILE get KEY
08    akv_disk.exe FILE delete KEY
09    akv_disk.exe FILE insert KEY VALUE
```

```
10    akv_disk.exe FILE update KEY VALUE
11 ";
12
13 #[cfg(not(target_os = "windows"))]
14 const USAGE: &str = "
15 Usage:
16   akv_disk FILE get KEY
17   akv_disk FILE delete KEY
18   akv_disk FILE insert KEY VALUE
19   akv_disk FILE update KEY VALUE
20 ";
21
22 type ByteStr = [u8];
23 type ByteString = Vec<u8>;
24
25 fn store_index_on_disk(a: &mut ActionKV, index_key: &ByteStr) {
26   a.index.remove(index_key);
27   let index_as_bytes = bincode::serialize(&a.index).unwrap();
28   a.index = std::collections::HashMap::new();
29   a.insert(index_key, &index_as_bytes).unwrap();
30 }
31
32 fn main() {
33   const INDEX_KEY: &ByteStr = b"+index";
34
35   let args: Vec<String> = std::env::args().collect();
36   let fname = args.get(1).expect(&USAGE);
37   let action = args.get(2).expect(&USAGE).as_ref();
38   let key = args.get(3).expect(&USAGE).as_ref();
39   let maybe_value = args.get(4);
40
41   let path = std::path::Path::new(&fname);
42   let mut a = ActionKV::open(path).expect("unable to open file");
43
44   a.load().expect("unable to load data");
45
46   match action {
47     "get" => {
48       let index_as_bytes = a.get(&INDEX_KEY)
49                               .unwrap()
50                               .unwrap();
51
52       let index_decoded = bincode::deserialize(&index_as_bytes);
53
54       let index: HashMap<ByteString, u64> = index_decoded.unwrap();
55
56       match index.get(key) {
57         None => eprintln!("{:?} not found", key),
58         Some(&i) => {
```

```
59          let kv = a.get_at(i).unwrap();
60          println!("{:?}", kv.value);      ❶
61        }
62      }
63    },
64
65    "delete" => {
66      a.delete(key).unwrap();
67      store_index_on_disk(&mut a, INDEX_KEY);
68    }
69
70    "insert" => {
71      let value = maybe_value.expect(&USAGE).as_ref();
72      a.insert(key, value).unwrap();
73      store_index_on_disk(&mut a, INDEX_KEY);      ❷
74    },
75
76    "update" => {
77      let value = maybe_value.expect(&USAGE).as_ref();
78      a.update(key, value).unwrap();
79      store_index_on_disk(&mut a, INDEX_KEY);      ❸
80    },
81    _ => eprintln!("{}", &USAGE),
82  }
83 }
```

❶ 값을 출력하려면 [u8] 값에 임의의 바이트가 담겨 있으므로 Debug를 사용해야 한다.

❷❸ 데이터가 변경될 때마다 인덱스도 업데이트되어야 한다.

요약

- 파일에 저장하거나 네트워크를 통해 보낼 원시 바이트 스트림과 인메모리 데이터 구조 간의 변환을 직렬화/역직렬화라고 한다. 러스트에서는 serde가 이 두 가지 작업에 가장 널리 사용된다.

- 파일 시스템과 상호 작용하는 것은 거의 항상 std::io::Result를 처리해야 함을 의미한다. Result는 정상적인 제어 흐름의 일부가 아닌 오류에 사용된다.

- 파일 시스템 경로에는 std::path::Path와 std::path::PathBuf 같은 고유한 타입이 있다. 학습 부담이 더해지지만 이를 구현하면 경로를 문자열로 직접 처리하다가 발생할 수 있는 일반적인 실수를 피할 수 있다.

- 전송이나 저장 중 데이터 손상 위험을 줄이려면 체크섬과 패리티 비트를 사용하라.

- 라이브러리 크레이트를 사용하면 복잡한 소프트웨어 프로젝트를 더 쉽게 관리할 수 있다. 라이브러리는 프로젝트 간에 공유할 수 있으며 프로젝트를 더 모듈화할 수 있다.

- 러스트 표준 라이브러리 내에서 키-값 쌍을 처리하는 두 가지 기본 데이터 구조가 있다. 바로 HashMap과 BTreeMap이다. BTreeMap에서 제공하는 기능을 사용하려는 경우가 아니면 HashMap을 사용하라.

- cfg 속성과 cfg! 매크로를 써서 플랫폼별로 코드를 컴파일할 수 있다.

- 표준 오류(stderr)로 출력하려면 eprintln! 매크로를 쓴다. 이 API는 표준 출력(stdout)으로 출력하는 데 사용되는 매크로 println!과 동일하다.

- Option 타입은 빈 리스트에 항목을 요청하는 것과 같이 값이 누락될 수 있는 경우를 나타내는 데 사용된다.

8장

네트워킹

이 장에서 배울 내용

- 네트워크 스택을 구현한다.
- 지역 범위 안에서 다수의 에러 타입을 다룬다.
- 트레이트 객체를 언제 사용할지 알아본다.
- 러스트로 상태 기계(state machine)를 구현한다.

이 장에서는 HTTP 요청을 여러 차례에 걸쳐 만들 텐데 만들 때마다 추상화 계층을 제거해 나갈 것이다. 우리는 사용자 친화적인 라이브러리를 사용하는 데서 시작해 원시 TCP 패킷을 직접 조작하는 데까지 나아간다. 모든 과정이 끝나면 IP 주소와 MAC(media access control) 주소를 구별할 수 있게 된다. 그리고 우리가 IPv4에서 IPv6로 바로 넘어간 이유를 알게 될 것이다.

또한 이 장에서 러스트의 많은 부분을 배우게 될 것이다. 대부분의 내용은 업스트림 크레이트를 사용하는 데 필수적인 고급 오류 처리 기술과 관련이 있다. 오류 처리를 설명하는 데 여러 쪽을 할애할 것이다. 여기에는 트레이트 객체에 대한 자세한 소개가 포함된다.

네트워킹은 한 장에서 다루기 어려운 주제다. 네트워크의 각 층은 복잡성으로 따지면 프랙털에 비견될 만하다. 네트워킹 전문가들은 이 책이 이러한 다양한 주제를 다루기에는 깊이가 부족하다는 점을 너그러이 양해해 주기 바란다.

그림 8.1은 이 장에서 다루는 주제에 대한 개요다. HTTP 요청 생성을 비롯해 표준을 따르는 MAC 주소 생성 및 DNS 해석 구현 등이 이 장에서 다루는 프로젝트들이다. 가벼운 기분 전환을 위해 롤플레잉 게임도 추가되어 있다.

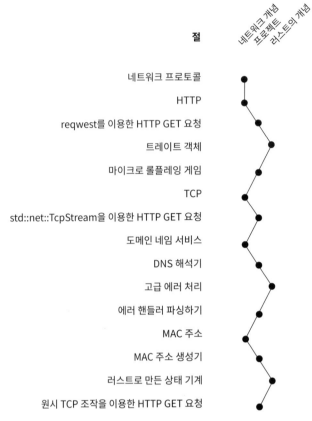

그림 8.1 8장의 지도. 이 장에는 이론과 실습이 균형 있게 들어 있다.

8.1 일곱 단락으로 네트워크 요약하기

전체 네트워킹 스택을 배우려고 하기보다 실용적인 것에 집중하자. 이 책을 읽는 독자는 대부분 웹 프로그래밍을 접했을 것이다. 웹 프로그래밍은 대부분 프레임워크를 사용하여 작업한다. 이 부분을 살펴보자.

HTTP는 웹 프레임워크가 이해하는 프로토콜이다. HTTP에 대해 더 많이 배우면 웹 프레임워크에서 최고의 성능을 끌어낼 수 있다. 또한 발생하는 문제를 좀 더 쉽게 진단하는 데 도움이 된다. 그림 8.2는 인터넷으로 콘텐츠를 전달하는 네트워킹 프로토콜을 보여 준다.

네트워킹은 계층으로 구성된다. 여러분이 이 분야에 처음이라면 쏟아지는 약어에 겁먹지 말기 바란다. 기억해야 할 가장 중요한 점은 하위 계층은 상위 계층에서 무슨 일이 일어나는지 모르고, 상위 계층은 하위 계층에서 무슨 일이 일어나는

컴퓨터는 어떻게 서로 소통하는가

그림 소개

네트워킹 스택의 모습.
각 계층은 그 아래에 있는
계층에 의존한다.

때때로 계층이 서로 섞일 때도
있다. 예를 들어 HTML 파일에는
HTTP에서 제공하는 것을
덮어쓰는 지시문이 포함될
수 있다.

메시지를 받으려면 아래에서
위로 각 계층을 가로질러야 한다.
메시지를 보내려면 단계를
반대로 한다.

어떻게 읽어야 하는가

수직으로 위치한 항목들은
일반적으로 두 계층이 해당
위치에서 상호 작용함을 나타낸다.

TLS에서 제공하는 암호화는
예외다. IPv4 또는 IPv6에서
제공하는 네트워크 주소 지정과
가상 계층은 물리적 링크를 거의
무시한다(물리적인 영향은 대기
시간과 안정성의 형태로 상위
계층에서 나타난다).

계층 사이의 간격은 상위 계층이
하위 계층으로 직접 통과할 수
있음을 나타낸다. 예를 들어
HTTP가 작동하는 데 도메인
이름이나 TLS 보안은 필요하지 않다.

범례

이 장에서 설명하는 프로토콜

이 계층에서 사용하는 프로토콜

이 계층은 수백 개의 다른 프로토콜이
존재함을 표현한다.

해당 프로토콜은 사용 가능하지만
더 알아보지는 않는다.

TCP/IP 모델
OSI 모델

계층	
6	로컬 압축 해제, 디코딩, 프레젠테이션
6	파일 HTML 자바스크립트 CSS
5/7	WWW / 데이터
5/7	HTTP / 웹 API
	TLS / 데이터베이스
4	DNS / 텍스트 / 이메일 / POP / SMTP / IMAP
4	TCP
3	ARP
3	IPv4 / GOPHER
2	MAC 주소 / LDAP
2/1	이더넷 / 연락처
	표준과 법규

IPv6, ICMP, NDP, UDP, DTLS, NTP, DHCP, RTSP, 스트리밍 비디오, 음악 파일, 스트리밍

그림 8.2 인터넷을 통한 콘텐츠 전달과 관련된 여러 계층의 네트워킹 프로토콜.
이 그림은 7계층 OSI 모델과 4계층 TCP/IP 모델을 비롯해 몇 가지 일반적인 모델을 비교한다.

지 알 수 없다는 것이다. 하위 계층은 바이트 스트림을 수신하여 전달한다. 상위 계층은 메시지가 전송되는 방식에 신경 쓰지 않는다. 어떤 방식이든 전송되기만 바란다.

HTTP라는 한 가지 예를 살펴보자. HTTP는 애플리케이션 수준 프로토콜로 알려져 있다. HTTP가 하는 일은 HTML, CSS, 자바스크립트, 웹어셈블리 모듈, 이미지, 비디오, 기타 형식 등 콘텐츠를 전송하는 것이다. 이러한 형식에는 압축 및 인코딩 표준을 통해 다른 임베딩된 형식이 포함되는 경우가 많다. HTTP 자체는 그 아래 계층 중 하나인 TCP에서 제공하는 정보를 중복으로 포함하기도 한다. HTTP와 TCP 사이에는 TLS가 있다. SSL을 대체한 TLS는 HTTP에 S를 더해서 HTTPS로 바꿀 수 있다.

TLS는 암호화되지 않은 연결 위에 암호화된 메시징을 제공한다. TLS는 TCP 위에 구현된다. TCP는 다른 많은 프로토콜을 기반으로 한다. 이는 전압을 0과 1로 해석하는 방법을 지정하는 데까지 이어진다. 그렇지만 이야기가 복잡해질수록 더 이해하기 어려워진다. 일반적인 컴퓨터 사용자에게 이 계층들은 수채화 물감처럼 서로 함께 겹쳐 보인다.

HTML에는 HTTP 내에서 생략되거나 지정된 지시문을 보완하거나 덮어쓰는 메커니즘이 포함되어 있다. 바로 `<meta>` 태그의 `http-equiv` 속성이다. HTTP는 하위 계층인 TCP를 조정할 수 있다. "Connection: keep-alive" HTTP 헤더는 이 HTTP 메시지가 수신된 후 연결을 유지하도록 TCP에 지시한다. 이러한 종류의 상호 작용은 네트워킹 스택 전체에서 발생한다. 그림 8.2는 네트워킹 스택의 한 면을 보여 준다. 좀 더 복잡해 보인다. 그런데 복잡해 보이지만 이 그림 역시 매우 단순화해 표현한 것이다.

그렇기는 하지만 우리는 이 장에서 가능한 한 많은 레이어를 구현하려고 노력할 것이다. 이 작업이 끝나면 가상 네트워킹 장치와 직접 만든 최소한의 TCP 구현과 DNS 해석기를 사용하여 HTTP 요청을 보낼 수 있을 것이다.

8.2 reqwest를 이용하여 HTTP GET 요청 만들기

첫 번째 구현은 HTTP에 중점을 둔 고수준 라이브러리를 사용하는 것이다. reqwest 라이브러리를 사용하는 이유는 주로 러스트 프로그래머가 HTTP 요청을 쉽게 생성할 수 있도록 하는 데 중점을 두고 있기 때문이다.

reqwest 구현은 분량은 가장 짧지만 기능은 가장 완벽하다. HTTP 헤더를 올바르게 해석할 수 있을 뿐 아니라 콘텐츠 리디렉션과 같은 경우도 처리한다. 가장 중요한 점은 TLS를 올바르게 처리하는 방법을 알고 있다는 것이다.

확장된 네트워킹 기능 외에도 reqwest는 콘텐츠 인코딩의 유효성을 검사하고 유효한 String으로 애플리케이션에 전송되도록 하는 기능도 포함하고 있다. 우리의 하위 계층 구현 중 어느 것도 그런 작업을 수행하지 않는다. 다음은 예제 8.2의 프로젝트 구조다.

```
ch8-simple/
├── src
│   └── main.rs
└── Cargo.toml
```

다음은 예제 8.2를 위한 메타데이터다. 해당 소스 코드는 ch8/ch8-simple/Cargo.toml이다.

예제 8.1 예제 8.2를 위한 크레이트 메타데이터

```
[package]
name = "ch8-simple"
version = "0.1.0"
authors = ["Tim McNamara <author@rustinaction.com>"]
edition = "2018"

[dependencies]
reqwest = "0.9"
```

예제 8.2는 reqwest 라이브러리를 통해 HTTP 요청을 만드는 방법을 보여 준다. 해당 소스는 ch8/ch8-simple/src/main.rs다.

예제 8.2 reqwest로 HTTP 요청 만들기

```
01 use std::error::Error;
02
03 use reqwest;
04
05 fn main() -> Result<(), Box<dyn Error>> {    ❶
06   let url = "http://www.rustinaction.com/";
07   let mut response = reqwest::get(url)?;
08
09   let content = response.text()?;
10   print!("{}", content);
11
```

```
12    Ok(())
13  }
```

| ❶ Box<dyn Error>는 트레이트 객체를 나타내며 8.3절에서 설명한다.

웹 프로그래밍을 해 본 적이 있다면 예제 8.2는 간단할 것이다. reqwest::get()은 url이 나타내는 URL에 HTTP GET 요청을 보낸다. response 변수는 서버의 응답을 나타내는 구조체를 가진다. response.text() 메서드는 내용이 유효한 String인지 확인한 후 HTTP 본문에 대한 접근을 제공하는 Result를 반환한다.

하지만 한 가지 의문이 있다. Result 반환 타입 중 오류에 해당하는 Box<dyn std::error::Error>의 값은 도대체 무엇인가? 이것은 러스트가 실행 시에 다형성을 지원할 수 있게 해 주는 트레이트 객체의 예다. 트레이트 객체는 구체적인 타입에 대한 프락시다. Box<dyn std::error::Error> 구문은 std::error::Error를 구현하는 모든 타입에 대한 Box(포인터)를 의미한다.

HTTP 라이브러리를 사용하면 프로그램의 많은 상세 사항을 생략할 수 있다. 예를 들어 다음과 같다.

- 연결을 닫을 때를 알고 있다. HTTP에는 연결이 종료될 때 각 당사자에게 알리는 규칙이 있다. 수동으로 요청할 때는 이 규칙을 사용할 수 없다. 대신 우리는 가능한 한 오랫동안 연결을 유지하여 서버가 닫히기를 바랄 수밖에 없다.

- 바이트 스트림을 콘텐츠로 변환한다. 메시지 본문을 [u8]에서 String(또는 이미지, 비디오 아니면 기타 콘텐츠)으로 변환하는 규칙은 프로토콜의 일부로 처리된다. HTTP를 사용하면 콘텐츠를 여러 방법으로 압축하고 여러 일반 텍스트 형식으로 인코딩할 수 있으므로 수동으로 처리하는 것은 번잡할 수 있다.

- 포트 번호를 넣거나 생략한다. HTTP의 기본값은 포트 80이다. reqwest처럼 HTTP에 맞게 만들어진 라이브러리를 사용하면 포트 번호를 생략할 수 있다. 그러나 일반 TCP 크레이트를 사용하여 수동으로 요청을 작성할 때는 명시적으로 써야 한다.

- IP 주소를 해석한다. 예를 들어 TCP 프로토콜은 www.rustinaction.com과 같은 도메인 이름을 실제로 알지 못한다. 라이브러리는 우리를 대신하여 www.rustinaction.com의 IP 주소를 해석한다.

8.3 트레이트 객체

이 절에서는 트레이트 객체에 대해 자세히 설명한다. 또한 세계적인 차세대 흥행 대작 판타지 롤플레잉 게임이 될 rpg 프로젝트를 개발하게 된다. 네트워킹에 대해서만 보려면 8.4절로 건너뛰자.

다음 몇 단락에서 전문 용어가 좀 등장한다. 자신감을 가지기 바란다. 여러분은 잘 해낼 것이다. 트레이트 객체가 무엇인지 알아보는 대신, 무엇을 할 수 있는지 소개하는 것으로 시작하겠다.

8.3.1 트레이트 객체로 무엇이 가능한가?

트레이트 객체는 다양한 용도로 사용되지만 다양한 타입의 컨테이너를 만들 수 있다는 점이 직접적으로 도움이 된다. 우리가 만들 롤플레잉 게임의 플레이어는 서로 다른 종족을 선택할 수 있고 각 종족은 고유한 struct로 정의되지만 단일 타입으로 취급하고 싶다고 하자. Vec<T>는 여기에 맞지 않는다. 어떤 타입의 래퍼 객체를 도입하지 않고는 T, U, V 타입을 Vec<T>에 쉽게 끼워 넣을 수 없기 때문이다.

8.3.2 트레이트 객체는 무엇인가?

트레이트 객체는 동적 디스패치를 통해 러스트에 일종의 다형성(타입 간에 인터페이스를 공유하는 기능)을 추가한다. 트레이트 객체는 제네릭 객체와 비슷하다. 제네릭은 정적 디스패치를 통해 다형성을 제공한다. 제네릭과 트레이트 객체 중에서 선택하는 것은 일반적으로 디스크 공간과 시간 사이의 절충을 필요로 한다.

- 제네릭은 디스크 공간을 더 사용하지만 실행 시 더 빠르다.
- 트레이트 객체는 디스크 공간을 덜 사용하지만, 포인터 간접 지정으로 인한 약간의 런타임 부하가 발생한다.

트레이트 객체는 동적으로 크기가 조정되는 타입이므로 실제로는 항상 포인터 뒤에 있는 모습으로 볼 수 있다. 트레이트 객체는 &dyn Trait, &mut dyn Trait, Box<dyn Trait>[1] 세 가지 형태로 나타난다. 세 가지 형식의 주요 차이점은 Box<dyn Trait>는 소유된 트레이트 객체이고 다른 두 개는 대여된 것이라는 점이다.

---

[1] 오래된 러스트 코드에서는 &Trait와 Box<Trait>를 볼 수 있다. 적법한 문법이지만 공식적으로 더는 사용되지 않는다. dyn 키워드를 추가하는 쪽을 권장한다.

8.3.3 작은 롤플레잉 게임 만들기: rpg 프로젝트

예제 8.4는 우리가 만들 게임의 시작 부분이다. 게임 캐릭터는 인간과 엘프, 드워프 세 가지 종족 중 하나다. 이들은 각각 Human, Elf, Dwarf 구조체로 표시된다.

캐릭터는 사물과 상호 작용한다. 사물은 Thing 타입으로 표시된다.[2] Thing은 현재 검과 장신구를 나타내는 열거형이다. 지금은 한 가지 형태의 상호 작용밖에 없다. 바로 강화다. 강화를 하려면 enchant() 메서드를 호출해야 한다.

```
character.enchant(&mut thing)
```

강화가 성공하면 thing은 밝게 빛난다. 실패하면 thing은 장신구로 바뀐다. 예제 8.4에서 다음과 같은 구문으로 캐릭터들의 파티를 만들 것이다.

```
58    let d = Dwarf {};
59    let e = Elf {};
60    let h = Human {};
61
62    let party: Vec<&dyn Enchanter> = vec![&d, &e, &h];    ❶
```

> ❶ d, e, h는 서로 다른 타입이지만 &dyn Enchanter 타입 힌트를 사용하여 각 값을 트레이트 객체로 취급하도록 컴파일러에 알려 준다. 이제 이것들은 동일한 타입을 갖는다.

주문을 외우려면 주문 시전자를 고른다. 이 경우에 rand 크레이트를 이용한다.

```
63    let spellcaster = party.choose(&mut rand::thread_rng()).unwrap();
64
65    spellcaster.enchant(&mut it)
```

choose() 메서드는 rand::seq::SliceRandom 트레이트에서 유래하며 예제 8.4에 나온다. 이 메서드로 파티원 중 하나가 임의로 선택된다. 해당 파티는 객체 it을 강화하고자 시도한다. 예제 8.4를 컴파일하고 실행하면 다음과 같은 결과가 나온다.

```
$ cargo run
...
    Compiling rpg v0.1.0 (/rust-in-action/code/ch8/ch8-rpg)
    Finished dev [unoptimized + debuginfo] target(s) in 2.13s
     Running `target/debug/rpg`
Human mutters incoherently. The Sword glows brightly.
```

---

2 무성의하게 이름을 지은 것 같지만, 사실 이름 짓기 자체는 꽤 어렵다.

Elf mutters incoherently. The Sword fizzes, then turns into a worthless trinket.

> ❶ 재컴파일하지 않고 해당 명령을 다시 실행한다.

다음 코드는 판타지 롤플레잉 게임의 메타데이터다. rpg 프로젝트를 위한 이 코드는 ch8/ch8-rpg/Cargo.toml에 있다.

예제 8.3 rpg 프로젝트의 크레이트 메타데이터

```
[package]
name = "rpg"
version = "0.1.0"
authors = ["Tim McNamara <author@rustinaction.com>"]
edition = "2018"

[dependencies]
rand = "0.7"
```

예제 8.4는 컨테이너가 여러 타입을 가질 수 있도록 하기 위해 트레이트 객체를 사용하는 예다. 소스 파일은 ch8/ch8-rpg/src/main.rs다.

예제 8.4 트레이트 객체 &dyn Enchanter 사용하기

```
01 use rand;
02 use rand::seq::SliceRandom;
03 use rand::Rng;
04
05 #[derive(Debug)]
06 struct Dwarf {}
07
08 #[derive(Debug)]
09 struct Elf {}
10
11 #[derive(Debug)]
12 struct Human {}
13
14 #[derive(Debug)]
15 enum Thing {
16    Sword,
17    Trinket,
18 }
19
20 trait Enchanter: std::fmt::Debug {
21    fn competency(&self) -> f64;
22
23    fn enchant(&self, thing: &mut Thing) {
24       let probability_of_success = self.competency();
```

```
25      let spell_is_successful = rand::thread_rng()
26          .gen_bool(probability_of_success);      ❶
27
28    print!("{:?} mutters incoherently. ", self);
29    if spell_is_successful {
30      println!("The {:?} glows brightly.", thing);
31    } else {
32      println!("The {:?} fizzes, \
33        then turns into a worthless trinket.", thing);
34      *thing = Thing::Trinket {};
35    }
36  }
37 }
38
39 impl Enchanter for Dwarf {
40   fn competency(&self) -> f64 {
41     0.5    ❷
42   }
43 }
44 impl Enchanter for Elf {
45   fn competency(&self) -> f64 {
46     0.95   ❸
47   }
48 }
49 impl Enchanter for Human {
50   fn competency(&self) -> f64 {
51     0.8    ❹
52   }
53 }
54
55 fn main() {
56   let mut it = Thing::Sword;
57
58   let d = Dwarf {};
59   let e = Elf {};
60   let h = Human {};
61
62   let party: Vec<&dyn Enchanter> = vec![&d, &h, &e];    ❺
63   let spellcaster = party.choose(&mut rand::thread_rng()).unwrap();
64
65   spellcaster.enchant(&mut it);
66 }
```

❶ gen_bool()은 불값을 생성하며 여기서 참은 인자에 따라 나온다. 예를 들어 값이 0.5이면 전체 시도 중 50%가 참을 반환한다.

❷ 드워프는 형편없는 주문 시전자로 이들의 주문은 주기적으로 실패한다.

❸ 엘프가 시전하는 주문은 거의 실패하지 않는다.

❹ 인간은 물건을 강화하는 데 능숙하다. 실수하는 일은 드물다.

❺ 모두 Enchanter 트레이트를 구현하므로 동일한 Vec 내에서 서로 다른 타입의 멤버를 가질 수 있다.

트레이트 객체는 언어의 강력한 구성 요소다. 어떤 의미에서 트레이트 객체는 러스트의 엄격한 타입 시스템을 탐색하는 방법을 제공한다. 이 기능에 대해 더 자세히 배우다 보면 몇 가지 용어를 접하게 된다. 예를 들어 트레이트 객체는 타입 삭제 (type erasure)의 한 형태다. 컴파일러는 enchant()를 호출하는 동안 원래 타입에 접근할 수 없다.

> ### 🎁 트레이트 대 타입
>
> 초보자가 러스트 문법을 공부할 때 까다롭게 느끼는 점 중 하나는 트레이트 객체와 타입 매개 변수가 비슷해 보인다는 것이다. 그러나 타입과 트레이트는 사용하는 곳이 다르다. 예를 들어 다음 두 줄을 보자.
>
> ```
> use rand::Rng;
> use rand::rngs::ThreadRng;
> ```
>
> 이 둘은 난수 생성기와 관련이 있지만 상당히 다르다. rand::Rng는 트레이트이고 rand::rngs::ThreadRng는 구조체다. 트레이트 객체는 이 구분을 더 어렵게 만든다.
>
> 함수 인자나 비슷한 경우에 사용될 때 &dyn Rng 형식은 Rng 트레이트를 구현하는 것에 대한 참조인 반면 &ThreadRng는 ThreadRng 값에 대한 참조다. 시간이 지나면 트레이트와 타입을 구분하는 법을 더 쉽게 파악할 수 있을 것이다. 다음은 트레이트 객체에 대한 몇 가지 일반적인 사용 사례다.
>
> - 서로 다른 타입을 가지는 객체들의 컬렉션 만들기
> - 값을 반환한다. 트레이트 객체를 사용하면 함수가 여러 가지 구체적인 타입을 반환할 수 있다.
> - 호출되는 함수가 컴파일 시간이 아닌 런타임에 결정되는 동적 디스패치를 지원한다.
>
> 러스트 2018 에디션 이전에는 dyn 키워드가 존재하지 않다 보니 훨씬 더 혼란스러웠다. &Rng와 &ThreadRng 중 하나를 결정하려면 맥락에 대한 정보가 필요했다.
>
> 트레이트 객체는 객체 지향 프로그래머가 이해하는 의미에서의 객체와 다르다. 아마도 믹스인 클래스에 더 가까울 것이다. 트레이트 객체는 자체적으로 존재하지 않고 다른 타입의 에이전트다.
>
> 다르게 비유하자면 또 다른 구체적인 타입으로부터 일부 권한이 위임된 싱글턴 객체라고 할 수 있다. 예제 8.4에서 &Enchanter는 세 가지 구체적인 타입을 대신하도록 위임되었다.

8.4 TCP

HTTP 아래 계층에는 TCP가 있다. 러스트 표준 라이브러리에는 TCP 요청을 만들기 위한 크로스 플랫폼 도구가 있다. 이를 사용해 보자. 예제 8.6에서는 이를 통해 HTTP GET 요청을 생성하는데, 이 프로젝트의 파일 구조는 다음과 같다.

```
ch8-stdlib
├── src
│   └── main.rs
└── Cargo.toml
```

다음 내용은 예제 8.6을 위한 메타데이터다. 해당 소스는 ch8/ch8-stdlib/Cargo.toml이다.

예제 8.5 예제 8.6을 위한 프로젝트 메타데이터

```
[package]
name = "ch8-stdlib"
version = "0.1.0"
authors = ["Tim McNamara <author@rustinaction.com>"]
edition = "2018"

[dependencies]
```

예제 8.6은 러스트 표준 라이브러리를 써서 std::net::TcpStream으로 HTTP GET 요청을 만드는 방법을 보여 준다. 해당 소스는 ch8/ch8-stdlib/src/main.rs다.

예제 8.6 HTTP GET 요청 만들기

```
01 use std::io::prelude::*;
02 use std::net::TcpStream;
03
04 fn main() -> std::io::Result<()> {
05   let host = "www.rustinaction.com:80";      ❶
06
07   let mut connection = TcpStream::connect(host)?;
08
09   connection.write_all(b"GET / HTTP/1.0")?;
10   connection.write_all(b"\r\n")?;            ❷
11
12   connection.write_all(b"Host: www.rustinaction.com")?;
13   connection.write_all(b"\r\n\r\n")?;        ❸
14
```

```
15   std::io::copy(
16     &mut connection,
17     &mut std::io::stdout()        ❹
18   )?;
19
20   Ok(())
21 }
```

❶ 명시적으로 포트(80)를 지정하는 것이 필요하다. TcpStream은 해당 요청이 HTTP 요청임을 알
　 지 못한다.

❷ 많은 네트워킹 프로토콜에서 \r\n은 새 줄의 시작임을 알려 준다.

❸ 두 개의 빈 줄은 요청의 끝을 의미한다.

❹ std::io::copy()는 Reader로부터 얻은 바이트를 Writer로 보낸다.

예제 8.6에서 주목할 부분이 있다.

- 9행에서 HTTP 1.0을 지정한다. 이 버전의 HTTP를 사용하면 서버가 응답을 보
  낼 때 연결이 닫힌다. 그런데 HTTP 1.0은 ‘연결 유지’ 요청을 지원하지 않는다.
  HTTP 1.1을 지정하면 서버가 또 다른 요청을 수신할 때까지 연결 닫기를 거부
  할 것이고 클라이언트가 해당하는 요청을 보내지 않을 것이기 때문에 코드에 문
  제를 일으키게 된다.
- 12행에서 우리는 호스트 이름을 포함시켰다. 7행에서 연결할 때 정확한 호스
  트 이름을 사용했기 때문에 중복처럼 느껴질 수도 있다. 그러나 연결이 설정될
  때는 호스트 이름이 아니라 IP를 통해 이루어진다는 점을 기억해야 한다. Tcp
  Stream::connect()로 서버에 연결할 때는 IP 주소만 사용한다. 호스트 이름을
  Host HTTP 헤더를 통해 추가하여 해당 정보를 요청 콘텍스트에 주입할 수 있다.

8.4.1 포트 번호란?

포트 번호는 순전히 가상적인 것이다. 이 번호는 단순히 u16 값이다. 포트 번호를
사용하면 한 IP에서 여러 서비스를 지원할 수 있다.

8.4.2 호스트 이름을 IP 주소로 바꾸기

지금까지 우리는 호스트 이름 www.rustinaction.com을 러스트에 제공했다. 그러
나 인터넷을 통해 메시지를 보내려면 IP 주소가 필요하다. TCP는 도메인 이름에 대
해 아무것도 모른다. 도메인 이름을 IP 주소로 변환하기 위해 우리는 DNS와 도메

인 이름 해석이라는 프로세스에 의존한다.

서버에 요청해서 이름을 해석할 수 있는데 다른 서버에 재귀적으로 요청할 수도 있다. DNS 요청은 TLS 암호화를 포함하여 TCP를 통해 이루어질 수 있지만 UDP (user datagram protocol)를 통해서도 전송된다. 학습 목적에 더 유용하므로 여기 서는 DNS를 사용한다.

도메인 이름에서 IP 주소로 변환이 작동하는 방식을 설명하기 위해 변환을 수행 하는 작은 애플리케이션을 만들어 보자. 우리는 이 애플리케이션을 resolve라고 부 를 것이다. 소스 코드는 예제 8.9에 있다. 애플리케이션은 공용 DNS 서비스를 사용 하지만 –s 인자를 사용하여 원하는 DNS 서비스를 쉽게 추가할 수 있다.

> **📦 공개 DNS 제공자**
>
> 이 글을 쓰는 현재, 여러 회사에서 공개 DNS 서버를 제공하고 있다. 여기에 나열된 모든 IP 주소는 거의 같은 서비스를 제공할 것이다:
>
> - 클라우드플레어의 1.1.1.1과 1.0.0.1
> - 구글의 8.8.8.8과 8.8.4.4
> - 쿼드9(IBM이 설립에 참여한 쿼드9 재단에서 운영)의 9.9.9.9
> - 베리사인의 64.6.64.6과 64.6.65.6

우리의 resolve 애플리케이션은 DNS 프로토콜의 일부만 이해하지만, 그 정도도 우 리의 목적에는 충분하다. 이 프로젝트는 어려운 작업을 수행하기 위해 외부 크레이 트인 trust-dns를 사용한다. trust-dns 크레이트는 RFC 1035를 구현한다. RFC 1035 는 DNS에서 파생된 용어를 사용하여 DNS와 그 이후 여러 RFC를 충실히 정의했다. 표 8.1은 관련 내용을 이해하는 데 유용한 몇 가지 용어를 설명한다.

용어	정의	코드에서의 표현

도메인 이름	도메인 이름은 일상 언어에서도 도메인 이름이라고 부르는 그것이다. 기술적 정의에는 한 개의 점으로 인코딩되는 루트 도메인(rust-lang.org처럼 호스트가 지정되지 않은 도메인)이나 대소문자를 구분하지 않아야 하는 도메인 이름과 같은 몇 가지 특수한 경우가 포함된다.	trust_dns::domain::Name에 정의됨
		``rust
		pub struct Name {
		  is_fqdn: bool, ❶
		  labels: Vec<Label>,
		}
		``
		❶ fqdn은 전체 주소 도메인 이름(fully qualified domain name)을 나타낸다.

용어	정의	코드에서의 표현
메시지	메시지는 DNS 서버에 대한 요청 (질의라고 함)과 클라이언트에 보내는 대답(응답이라고 함) 모두에 대한 컨테이너다. 메시지에는 반드시 헤더가 포함되어야 하지만 다른 필드는 필요하지 않다. Message 구조체는 이러한 구조를 나타내며 여러 Vec<T> 필드를 포함한다. 길이가 0일 수 있으므로 누락된 값을 나타내기 위해 Option으로 래핑할 필요는 없다.	trust_dns::domain::Name에 정의됨 ```struct Message { header: Header, queries: Vec<Query>, answers: Vec<Record>, name_servers: Vec<Record>, additionals: Vec<Record>, sig0: Vec<Record>, ❶ edns: Option<Edns>, ❷}``` ❶ 암호화 서명된 레코드인 sig0은 메시지 무결성을 확인한다. RFC 2535에 정의되어 있다. ❷ edns는 해당 메시지가 확장된 DNS(extended DNS)를 포함하는지 여부를 나타낸다.
메시지 타입	메시지 타입은 메시지를 질의 또는 응답으로 식별한다. 질의는 코드가 무시하는 기능인 업데이트일 수도 있다.*	trust_dns::op::MessageType에 정의됨 ```pub enum MessageType { Query, Response,}```
메시지 아이디	발신자가 질의와 응답을 연결하기 위해 사용하는 숫자	u16
자원 레코드 타입	자원 레코드 타입은 도메인 이름을 구성한 적이 있는 경우 접했을 DNS 코드를 나타낸다. 주의할 점은 trust_dns가 잘못된 코드를 처리하는 방법이다. RecordType 열거형에는 이해하지 못하는 코드에 사용할 수 있는 Unknown(u16) 열것값이 포함되어 있다.	trust_dns::rr::record_type::RecordType에 정의됨 ```pub enum RecordType { A, AAAA, ANAME, ANY, // ... Unknown(u16), ZERO,}```
질의	Query 구조체는 우리가 찾고자 하는 DNS 세부 정보에 대한 도메인 이름과 레코드 타입을 갖고 있다. 이 트레이트는 또한 DNS 클래스를 설명하고 질의가 인터넷을 통해 다른 전송 프로토콜에서 보낸 메시지를 구별할 수 있도록 한다.	trust_dns::op::Query에 정의됨 ```pub struct Query { name: Name, query_type: RecordType, query_class: DNSClass,}```
옵코드	OpCode 열거형은 어떤 의미에서 Message–Type의 하위 타입이다. 이는 향후에 생길 기능을 추가할 수 있는 확장 가능한 메커니즘이다. 예를 들어 RFC 1035는 Query 및 Status 옵코드를 정의하지만 나머지는 나중에 정의되었다. Notify 및 Update 옵코드는 각각 RFC 1996와 RFC 2136에서 정의된다.	trust_dns::op::OpCode에 정의됨 ```pub enum OpCode { Query, Status, Notify, Update,}```

* (옮긴이) 업데이트는 HTTP 프로토콜 버전을 변경하는 등에 대한 규약이다.

표 8.1 RFC 1035, trust-dns 크레이트, 예제 6.9에서 사용된 용어들과 이것들의 연관 관계

현실적으로 어쩔 수 없는 점은 프로토콜과 관련된 많은 옵션, 타입, 하위 타입이 있다는 것이다. 예제 8.9에서 발췌한 예제 8.7은 "친애하는 DNS 서버, domain_name의 IPv4 주소는 무엇입니까?"라는 메시지를 구성하는 프로세스를 보여 준다. 예제에서 DNS 메시지를 구성할 때 trust-dns 크레이트는 domain_name에 대한 IPv4 주소를 요청한다.

예제 8.7 러스트로 DNS 메시지 만들기

```
35    let mut msg = Message::new();    ❶
36    msg
37      .set_id(rand::random::<u16>())    ❷
38      .set_message_type(MessageType::Query)
39      .add_query(    ❸
40        Query::query(domain_name, RecordType::A))    ❹
41      .set_op_code(OpCode::Query)
42      .set_recursion_desired(true);    ❺
```

❶ Message는 요청(또는 응답)을 위한 컨테이너다.

❷ 임의의 u16 숫자를 생성한다.

❸ 다수의 질의가 동일한 메시지에 포함될 수 있다.

❹ IPv6 주소에 해당하는 레코드 타입은 AAAA다. 레코드 타입 A는 IPv4 주소에 대한 요청이다.

❺ 요청을 받은 DNS 서버가 응답할 정보가 없다면 다른 DNS 서버에 다시 요청한다.

이제 코드를 의미 있게 검사할 수 있는 위치에 있다. 코드는 다음과 같은 구조를 가지고 있다.

- 명령행 인자를 분석한다.
- trust_dns 타입을 이용해 DNS 메시지를 만든다.
- 구조화된 데이터를 바이트 스트림으로 변환한다.
- 변환된 바이트를 네트워크를 통해 전송한다.

그런 다음에는 서버의 응답을 수락하고 들어오는 바이트를 디코딩하고 결과를 출력해야 한다. 오류 처리는 unwrap()과 expect() 호출이 많아서 상대적으로 지저분한 상태다. 이 문제는 8.5절에서 곧 다룰 것이다. 최종 프로세스는 매우 간단한 명령행 애플리케이션이다.

resolve 애플리케이션을 실행하는 데는 약간의 절차가 필요하다. 도메인 이름이 주어지면 프로그램이 IP 주소를 제공한다.

```
$ resolve www.rustinaction.com
35.185.44.232
```

예제 8.8과 8.9는 프로젝트의 소스 코드다. 프로젝트를 실험하는 동안 작업 속도를 높이기 위해 cargo run의 일부 기능을 사용할 수 있다.

```
$ cargo run -q -- www.rustinaction.com   ❶
35.185.44.232
```

    ❶ --의 오른쪽에 있는 인자를 컴파일하는 실행 파일로 보낸다. -q 옵션은 중간 출력을 생략한다.

공식 소스 코드 저장소에서 resolve 애플리케이션을 컴파일하려면 콘솔에서 다음 명령을 실행한다.

```
$ git clone https://github.com/rust-in-action/code rust-in-action
Cloning into 'rust-in-action'...
```

```
$ cd rust-in-action/ch8/ch8-resolve
```

```
$ cargo run -q -- www.rustinaction.com   ❶
35.185.44.232
```

    ❶ 프로젝트 의존성을 다운로드하고 코드를 컴파일하는 데 시간이 걸릴 수 있다. -q 플래그는 중간 출력을 생략한다. 대시 두 개(--)를 추가하면 컴파일된 실행 파일에 추가 인자를 전송한다.

처음부터 컴파일하고 빌드하려면 다음 지시에 따라 프로젝트 구조를 설정하라.

1. 명령행에 다음 명령을 입력한다.

```
$ cargo new resolve
    Created binary (application) `resolve` package
```

```
$ cargo install cargo-edit
...
```

```
$ cd resolve
```

```
$ cargo add rand@0.6
    Updating 'https://github.com/rust-lang/crates.io-index' index
      Adding rand v0.6 to dependencies
```

```
$ cargo add clap@2
    Updating 'https://github.com/rust-lang/crates.io-index' index
      Adding rand v2 to dependencies
```

```
$ cargo add trust-dns@0.16 --no-default-features
```

```
Updating 'https://github.com/rust-lang/crates.io-index' index
  Adding trust-dns v0.16 to dependencies
```

2. 구조가 만들어졌다면 ch8/ch8-resolve/Cargo.toml의 내용인 예제 8.8과 자신의 Cargo.toml이 일치하는지 확인한다.

3. 예제 8.9의 내용으로 src/main.rs를 바꾼다. 해당 소스는 ch8/ch8-resolve/src/main.rs에 있다.

다음은 프로젝트 파일과 예제 번호 간의 관계를 보여 준다.

```
ch8/ch8-resolve
├── Cargo.toml    ❶
└── src
    └── main.rs   ❷

    ❶ 예제 8.8
    ❷ 예제 8.9
```

예제 8.8 resolve 앱의 크레이트 메타데이터

```
[package]
name = "resolve"
version = "0.1.0"
authors = ["Tim McNamara <author@rustinaction.com>"]
edition = "2018"

[dependencies]
rand = "0.6"
clap = "2.33"
trust-dns = { version = "0.16", default-features = false }
```

예제 8.9 호스트 이름으로부터 IP 주소를 알아내는 명령행 유틸리티

```
01 use std::net::{SocketAddr, UdpSocket};
02 use std::time::Duration;
03
04 use clap::{App, Arg};
05 use rand;
06 use trust_dns::op::{Message, MessageType, OpCode, Query};
07 use trust_dns::rr::domain::Name;
08 use trust_dns::rr::record_type::RecordType;
09 use trust_dns::serialize::binary::*;
10
11 fn main() {
12   let app = App::new("resolve")
13     .about("A simple to use DNS resolver")
```

```
14      .arg(Arg::with_name("dns-server").short("s").default_value("1.1.1.1"))
15      .arg(Arg::with_name("domain-name").required(true))
16      .get_matches();
17
18   let domain_name_raw =
19      app.value_of("domain-name").unwrap();                              ❶
20   let domain_name =
21      Name::from_ascii(&domain_name_raw).unwrap();
22
23   let dns_server_raw =
24      app.value_of("dns-server").unwrap();
25   let dns_server: SocketAddr =
26      format!("{}:53", dns_server_raw)                                   ❷
27      .parse()
28      .expect("invalid address");
29
30   let mut request_as_bytes: Vec<u8> =
31      Vec::with_capacity(512);                                          ❸
32   let mut response_as_bytes: Vec<u8> =
33      vec![0; 512];
34
35   let mut msg = Message::new();          ❹
36   msg
37      .set_id(rand::random::<u16>())
38      .set_message_type(MessageType::Query)          ❺
39      .add_query(
40          Query::query(domain_name, RecordType::A))
41      .set_op_code(OpCode::Query)
42      .set_recursion_desired(true);
43
44   let mut encoder =
45      BinEncoder::new(&mut request_as_bytes);          ❻
46   msg.emit(&mut encoder).unwrap();
47
48   let localhost = UdpSocket::bind("0.0.0.0:0")          ❼
49      .expect("cannot bind to local socket");
50   let timeout = Duration::from_secs(3);
51   localhost.set_read_timeout(Some(timeout)).unwrap();
52   localhost.set_nonblocking(false).unwrap();
53
54   let _amt = localhost
55      .send_to(&request_as_bytes, dns_server)
56      .expect("socket misconfigured");
57
58   let (_amt, _remote) = localhost
59      .recv_from(&mut response_as_bytes)
60      .expect("timeout reached");
61
62   let dns_message = Message::from_vec(&response_as_bytes)
```

```
63       .expect("unable to parse response");
64
65    for answer in dns_message.answers() {
66      if answer.record_type() == RecordType::A {
67        let resource = answer.rdata();
68        let ip = resource
69          .to_ip_addr()
70          .expect("invalid IP address received");
71        println!("{}", ip.to_string());
72      }
73    }
74 }
```

❶ 명령행 인자를 형식화된 도메인 이름으로 변환한다.

❷ 명령행 인자를 형식화된 DNS 서버로 변환한다.

❸ 이어지는 코드에서 이 두 초기화 방식이 사용되는 이유를 알려 준다.

❹ Message는 DNS 메시지를 나타내며 이는 질의와 응답 같은 다른 정보에 대한 컨테이너다.

❺ DNS 응답이 아닌 DNS 질의임을 지정한다. 이 둘 모두 같은 표현을 사용하지만, 러스트의 타입 시스템에서는 서로 다르다.

❻ Message 타입을 BinEncoder를 이용해 원시 바이트로 전환한다.

❼ 0.0.0.0:0은 모든 주소로부터 오는 요청을 임의의 포트에서 수신한다는 의미다. 실제 포트는 운영 체제가 선택한다.

예제 8.9에는 설명이 필요한 비즈니스 로직이 포함되어 있다. 30~33행에서 Vec<u8>을 초기화하는 방법을 두 가지 사용했다. 왜일까?

```
30    let mut request_as_bytes: Vec<u8> =
31      Vec::with_capacity(512);
32    let mut response_as_bytes: Vec<u8> =
33      vec![0; 512];
```

각 방식의 결과는 분명히 다르다.

- Vec::with_capacity(512)는 길이가 0이고 용량이 512인 Vec<T>를 생성한다.
- vec![0; 512]는 길이와 용량이 512인 Vec<T>를 생성한다.

기본 배열은 동일해 보이지만 길이의 차이가 크다. recv_from()을 호출할 때 Udp Socket 크레이트는 response_as_bytes의 크기가 결과를 담기에 충분한지 확인한다. 이 검사는 길이 필드를 사용하므로 프로그램에 충돌이 발생한다. 초기화하는 방법을 알면 해당 API에서 원하는 조건을 충족시킬 수 있다.

> 📦 **DNS는 UDP를 통한 연결을 어떻게 지원하는가**
>
> UDP에는 수명이 긴 연결이라는 개념이 없다. TCP와 달리 모든 메시지는 수명이 짧고 단방향이다. 다시 말하면 UDP는 양방향(이중) 통신을 지원하지 않는다. 그러나 DNS는 DNS 서버에서 클라이언트로 응답을 다시 보내야 한다.
>
> UDP 내에서 양방향 통신을 하려면 콘텍스트에 따라 양쪽 모두가 클라이언트와 서버 역할을 동시에 해야 한다. 해당 콘텍스트는 UDP 위에 구축된 프로토콜에 의해 정의된다. DNS 내에서 클라이언트는 DNS 서버가 되어 서버의 응답을 받는다. 다음 표는 프로세스의 흐름도다.
>
> | 단계 | DNS 클라이언트 역할 | DNS 서버 역할 |
> | --- | --- | --- |
> | DNS 클라이언트로부터 요청이 나감 | UDP 클라이언트 | UDP 서버 |
> | DNS 서버로부터 응답이 나감 | UDP 서버 | UDP 클라이언트 |

정리할 시간이다. 이 절에서 우리의 전반적인 작업은 HTTP 요청을 만드는 것이었다. HTTP는 TCP 위에 구축된다. 요청을 만들 때는 도메인 이름(www.rustinaction.com)만 있었기 때문에 DNS를 사용해야 했다. DNS는 주로 UDP를 통해 전달되므로 주제를 잠시 전환해서 UDP에 대해 배워야 했다.

이제 TCP로 돌아갈 시간이 되었다. 하지만 그러기 전에 여러 의존성에서 발생하는 오류 타입을 결합하는 방법을 배워야 한다.

8.5 라이브러리에 대한 인간 공학적 오류 처리

러스트의 오류 처리는 안전하고 정교하다. 그러나 몇 가지 문제가 있다. 함수가 두 개의 업스트림 크레이트의 Result 타입을 한 번에 처리해야 할 때? 연산자는 단일 타입만 이해하기 때문에 더 이상 유효하지 않다. 이는 TCP 코드와 함께 작동하도록 도메인 확인 코드를 리팩터링할 때 중요하다. 이 절에서는 이러한 문제 중 몇 가지와 이를 해결하기 위한 전략에 대해 알아본다.

8.5.1 문제: 다양한 에러 타입의 반환이 불가능하다

Result<T, E>를 반환하는 것은 오류 타입이 E 하나일 때는 잘 작동한다. 그러나 여러 오류 타입으로 작업하려는 경우 상황이 더 복잡해진다.

파일이 하나인 경우 코드를 cargo build 대신 rustc <filename>으로 코드를 컴파일하자. 예를 들어 파일 이름이 io-error.rs인 경우 셸 명령은 rustc io-error.rs && ./io-error[. exe]다.

먼저 쉬운 경우인 단일 오류 타입을 다루는 작은 예를 살펴보자. 존재하지 않는 파일을 열려고 하는 예제 8.10을 실행하면 러스트 구문으로 짧은 메시지가 출력된다.

```
$ rustc ch8/misc/io-error.rs && ./io-error
Error: Os { code: 2, kind: NotFound, message: "No such file or directory" }
```

이 결과는 사용자 경험 측면에서는 별로지만 이로부터 언어의 새로운 기능을 배울 수 있다. 다음 예제는 단일 오류 타입을 생성하는 코드다. 소스는 ch8/misc/io-error.rs에 있다.

예제 8.10 I/O 오류를 늘 일으키는 러스트 프로그램

```
1 use std::fs::File;
2
3 fn main() -> Result<(), std::io::Error> {
4   let _f = File::open("invisible.txt")?;
5
6   Ok(())
7 }
```

이제 main()에 또 다른 오류 타입을 도입해 본다. 다음 코드는 컴파일러 오류가 나겠지만 컴파일할 수 있도록 몇 가지 방법을 살펴볼 것이다. 이 코드는 ch8/misc/multierror.rs에 있다.

예제 8.11 다수의 Result 타입을 반환하려고 시도하는 함수

```
01 use std::fs::File;
02 use std::net::Ipv6Addr;
03
04 fn main() -> Result<(), std::io::Error> {
05   let _f = File::open("invisible.txt")?;        ❶
06
07   let _localhost = "::1"          ⎤
08     .parse::<Ipv6Addr>()?;        ⎦ ❷
09
10   Ok(())
11 }
```

❶ File::open()은 Result<(), std::io::Error>를 반환한다.

❷ "::1".parse::<Ipv6Addr>()은 Result<Ipv6Addr, std::new::AddrParseError>를 반환한다.

예제 8.11을 컴파일하려면 ch8/misc 디렉터리로 들어가 rustc를 사용한다. 결과는 심각하지만 반면에 유용한 오류 메시지가 나온다.

```
$ rustc multierror.rs
error[E0277]: `?` couldn't convert the error to `std::io::Error`
 --> multierror.rs:6:47
  |
4 | fn main() -> Result<(), std::io::Error> {
  |              ------------------------ expected `std::io::Error` because of this
5 |     let _f = File::open("invisible.txt")?;
6 |     let _localhost = "::1".parse::<Ipv6Addr>()?;
  |                                                ^ the trait `From<AddrParseError>` is
  |                                                  not implemented for `std::io::Error`
  |
  = note: the question mark operation (`?`) implicitly performs a conversion
            on the error value using the `From` trait
  = help: the following implementations were found:
            <std::io::Error as From<ErrorKind>>
            <std::io::Error as From<IntoInnerError<W>>>
            <std::io::Error as From<NulError>>
  = note: required because of the requirements on the impl of `FromResidual
            <Result<Infallible, AddrParseError>>` for `Result<(),
            std::io::Error>`
  = note: required by `from_residual`

error: aborting due to previous error

For more information about this error, try `rustc --explain E0277`.
```

물음표 연산자(?)가 무엇을 하는지 모르면 오류 메시지를 해석하기 어려울 수 있다. std::convert::From에 대한 메시지가 여러 개인 이유는 무엇일까? 그러니까 ? 연산자는 try! 매크로에 대한 간편 문법이다. try!는 두 가지 함수를 실행한다.

- Ok(value)를 검출하면 해당 표현식을 value로 평가한다.
- Err(err)이 발생하면 try!/?는 err을 호출 중인 함수에 정의된 에러 타입으로 변환하려고 시도한 후 바로 종료된다.

러스트와 비슷한 의사 코드로 try! 매크로는 다음과 같이 정의할 수 있다.

```
macro try {
  match expression {
    Result::Ok(val) => val,          ❶
    Result::Err(err) => {
      let converted = convert::From::from(err);   ❷
      return Result::Err(converted);              ❸
    }
  });
}
```

❶ expression이 Result::Ok(val)과 일치하면 val을 사용한다.

❷ Result::Err(err)과 일치하면 err을 외부 함수의 오류 타입으로 변환하고 바로 종료한다.

❸ try! 매크로가 아닌 호출 중인 함수로부터 반환된다.

예제 8.11을 다시 보면 try! 매크로가 ?처럼 동작함을 알 수 있다.

```
04 fn main() -> Result<(), std::io::Error> {
05   let _f = File::open("invisible.txt")?;    ❶
06
07   let _localhost = "::1"
08     .parse::<Ipv6Addr>()?;           ❷
09
10   Ok(())
11 }
```

❶ File::open은 std::io::Error를 반환하므로 변환은 필요 없다.

❷ "::1".parse::<Ipv6Addr>()은 std::net::AddrParseError를 반환하는 ?를 제공한다. std::net::AddrParseError를 std::io::Error로 변환하는 방법을 정의하지 않았으므로 컴파일이 실패한다.

? 연산자는 값을 추출하거나 오류를 반환하기 위해 명시적 패턴 일치를 사용할 필요가 없을 뿐 아니라 필요한 경우 인자를 오류 타입으로 변환하려고 시도한다. main의 시그너처가 main() -> Result<(), std::io::Error>이기 때문에 러스트는 parse::<Ipv6Addr>()에 의해 생성된 std::net::AddrParseError를 std::io::Error로 변환하려고 시도한다. 하지만 걱정하지 말자. 우리는 이 문제를 고칠 수 있다. 앞서 8.3절에서 트레이트 객체를 소개했다. 이제 이것을 잘 사용해 보자.

main() 함수에서 Box<dyn Error>를 오류 타입으로 사용하면 문제를 해결할 수 있다. dyn 키워드는 'dynamic'의 줄임말로 이러한 유연성에 런타임 비용이 따름을 의미한다. 예제 8.12를 실행하면 다음과 같이 출력된다.

```
$ rustc ch8/misc/traiterror.rs && ./traiterror
Error: Os { code: 2, kind: NotFound, message: "No such file or directory" }
```

제한된 형태의 진전이라고 생각하겠지만 어쨌거나 진전이 있다. 우리는 처음의 결과로 되돌아갔다. 그러나 컴파일러 오류를 통과했으며 이것이 우리가 원한 결과다.

이제 예제 8.12를 살펴보자. 이 코드는 여러 업스트림 크레이트에서 오류가 발생할 때 오류 처리를 단순화하기 위해 반환값에 트레이트 객체를 구현한다. 코드 출처는 ch8/misc/traiterror.rs다.

예제 8.12 반환값으로 트레이트 객체 이용하기

```
01 use std::fs::File;
02 use std::error::Error;
03 use std::net::Ipv6Addr;
04
05 fn main() -> Result<(), Box<dyn Error>> {    ❶
06
07   let _f = File::open("invisible.txt")?;    ❷
08
09   let _localhost: Ipv6Addr =
10     "::1".parse()::<Ipv6Addr>()?;    ❸
11
12   Ok(())
13 }
```

❶ 트레이트 객체 Box<dyn Error>는 Error를 구현하는 모든 타입을 의미한다.

❷ 오류 타입은 std::io::Error다.

❸ 오류 타입은 std::net::AddrParseError다.

컴파일 시에 크기(스택의 바이트 단위)를 알 수 없기 때문에 Box로 트레이트 객체를 감싸는 게 필요하다. 예제 8.12의 경우 트레이트 객체는 File::open() 또는 "::1".parse()에서 비롯될 수 있다. 실제 결과는 실행했을 때 상황에 따라 다르다. Box는 알려진 크기를 스택에 저장한다. 이 정보는 트레이트 객체와 같이 크기를 알 수 없는 경우를 위한 것이다.

8.5.2 다운스트림 오류를 독자적인 오류 타입을 정의하여 감싸기

우리는 각 의존성이 자체 오류 타입을 정의하고 있다는 문제를 해결하려 하고 있다. 한 함수에 여러 오류 타입이 있으면 Result를 반환할 수 없다. 우리가 살펴본 첫 번째 전략은 트레이트 객체를 사용하는 것이지만 트레이트 객체에는 잠재적으로 심각한 단점이 있다.

트레이트 객체를 사용하는 것을 타입 삭제라고도 한다. 러스트는 업스트림 오류가 어떤 부분에서 발생했는지 더 이상 인식하지 못한다. Box<dyn Error>를 Result 의 오류 열것값으로 사용하는 것은 어떤 의미에서는 원래 업스트림 오류 타입이 손 실됨을 의미한다. 원래 오류는 이제 정확히 동일한 타입으로 변환된다.

업스트림 오류를 유지할 수는 있지만 이를 위해서는 더 많은 작업이 필요하다. 업스트림 오류를 자체 타입으로 묶을 필요가 있다. 업스트림 오류가 나중에 필요할 때(예: 사용자에게 오류를 보고하기 위해) 패턴 일치로 이를 추출할 수 있다. 다음 은 그 과정이다.

1. 업스트림 오류를 열것값으로 포함하는 열거형을 정의한다.
2. #[derive(Debug)]를 해당 열거형에 붙인다.
3. Display를 구현한다.
4. Error를 구현한다. 이 트레이트는 Debug와 Display를 구현했기 때문에 아무 작 업 없이도 얻을 수 있다.
5. map_err()을 써서 업스트림 오류를 일괄적인 오류 타입으로 변환한다.

 여러분은 map_err() 함수를 아직 접해 보지 않았다. 이 함수가 무엇을 하는지는 이 절 후반부 에서 설명한다.

이전 단계로 끝낼 수 있지만 추가 단계를 거쳐 사용성을 향상시킬 수 있다. map_ err()을 호출할 필요가 없도록 std::convert::From을 구현해야 한다. 코드가 실패 한다는 것을 아는 예제 8.11에서 다시 시작한다.

```
use std::fs::File;
use std::net::Ipv6Addr;

fn main() -> Result<(), std::io::Error> {
  let _f = File::open("invisible.txt")?;

  let _localhost = "::1".parse::<Ipv6Addr>()?;

  Ok(())
}
```

이 코드는 "::1".parse::<Ipv6Addr>()이 std::io::Error를 반환하지 않기 때문에 컴파일되지 않는다. 우리가 완성하고자 하는 코드는 다음과 좀 더 비슷해 보이는 코드다.

예제 8.13 우리가 작성하고자 하는 종류의 코드에 대한 가상의 예

```
01 use std::fs::File;
02 use std::io::Error;
03 use std::net::AddrParseError;      ❶
04 use std::net::Ipv6Addr;
05
06 enum UpstreamError{
07   IO(std::io::Error),
08   Parsing(AddrParseError),
09 }
10
11 fn main() -> Result<(), UpstreamError> {
12   let _f = File::open("invisible.txt")?
13     .maybe_convert_to(UpstreamError);
14
15   let _localhost = "::1"
16     .parse::<Ipv6Addr>()?
17     .maybe_convert_to(UpstreamError);
18
19   Ok(())
20 }
```

❶ 업스트림 오류 타입을 지역 범위로 가져온다.

업스트림 오류를 변이로 포함하는 열거형을 정의한다

가장 먼저 할 일은 업스트림 오류 타입을 가질 수 있는 타입을 반환하는 것이다. 러스트에서는 열거형이 이런 목적에 적합하다. 예제 8.13은 컴파일되지는 않지만 이단계를 수행한다. 다만 크레이트를 가져오는 부분은 약간 정리한다.

```
use std::io;
use std::net;

enum UpstreamError {
  IO(io::Error),
  Parsing(net::AddrParseError),
}
```

#[derive(Debug)]를 해당 열거형에 붙인다

다음 변경은 쉽다. 한 줄만 바꾸면 된다. 열거형에 #[derive(Debug)]를 더하면 다음과 같다.

```
use std::io;
use std::net;
```

```
#[derive(Debug)]
enum UpstreamError{
  IO(io::Error),
  Parsing(net::AddrParseError),
}
```

std::fmt::Display를 구현한다

약간의 트릭과 Debug 트레이트를 사용해 Display 트레이트를 구현할 것이다. 오류 타입이 반드시 Debug를 정의해야 하기 때문에 이런 편법이 가능하다. 업데이트된 코드는 다음과 같다.

```
use std::fmt;
use std::io;
use std::net;

#[derive(Debug)]
enum UpstreamError{
  IO(io::Error),
  Parsing(net::AddrParseError),
}

impl fmt::Display for UpstreamError {
  fn fmt(&self, f: &mut fmt::Formatter<'_>) -> fmt::Result {
    write!(f, "{:?}", self)    ❶
  }
}
```

❶ "{:?}" 문법을 통해 Debug 트레이트를 써서 Display 트레이트를 구현한다.

std::error::Error를 구현한다

여기서 다시 간단한 변경을 한다. 우리가 작성하고 싶은 종류의 코드로 마무리하기 위해 다음과 같이 변경한다.

```
use std::error;    ❶
use std::fmt;
use std::io;
use std::net;

#[derive(Debug)]
enum UpstreamError{
  IO(io::Error),
  Parsing(net::AddrParseError),
}
```

```
impl fmt::Display for UpstreamError {
  fn fmt(&self, f: &mut fmt::Formatter<'_>) -> fmt::Result {
    write!(f, "{:?}", self)
  }
}
```

impl error::Error for UpstreamError { }   ❷

> ❶ std::error::Error 트레이트를 지역 범위로 가져온다.
>
> ❷ 기본 메서드 구현을 미룬다. 컴파일러가 이 빈 부분을 채울 것이다.

impl 블록은 특히 간결한데 컴파일러가 제공하는 기본 구현에 의존할 수 있어서다. std::error::Error에 정의된 모든 메서드의 기본 구현이 있기 때문에 모든 작업을 수행하도록 컴파일러에 요청할 수 있다.

map_err() 사용하기

다음 수정은 업스트림 오류를 여러 형태의(omnibus) 오류 타입으로 변환하기 위해 코드에 map_err()을 추가하는 것이다. 예제 8.13으로 돌아가 보면 main()이 다음과 같기를 바랐다.

```
fn main() -> Result<(), UpstreamError> {
  let _f = File::open("invisible.txt")?
    .maybe_convert_to(UpstreamError);

  let _localhost = "::1".parse::<Ipv6Addr>()?
    .maybe_convert_to(UpstreamError);

  Ok(())
}
```

그대로는 안 되지만 다음과 같이 할 수는 있다.

```
fn main() -> Result<(), UpstreamError> {
  let _f = File::open("invisible.txt")
    .map_err(UpstreamError::IO)?;

  let _localhost = "::1".parse::<Ipv6Addr>()
    .map_err(UpstreamError::Parsing)?;

  Ok(())
}
```

이 새로운 코드는 잘 작동한다! 이유는 다음과 같다. `map_err()` 함수는 오류를 함수에 매핑한다(여기서 UpstreamError 열거형의 열것값을 함수로 사용할 수 있다). `?` 연산자는 끝에 있어야 한다. 그렇지 않으면 코드가 오류를 변환하기 전에 함수가 종료될 수 있다.

예제 8.14는 새로운 코드다. 실행하면 다음과 같이 메시지를 콘솔에 출력한다.

```
$ rustc ch8/misc/wraperror.rs && ./wraperror
Error: IO(Os { code: 2, kind: NotFound, message: "No such file or directory"
})
```

타입 안전성을 유지하기 위해 다음 예제에 새 코드를 사용할 수 있다. 이 코드는 ch8/misc/wraperror.rs에 있다.

예제 8.14 업스트림 에러를 독자적인 타입으로 감싸기

```
01 use std::io;
02 use std::fmt;
03 use std::net;
04 use std::fs::File;
05 use std::net::Ipv6Addr;
06
07 #[derive(Debug)]
08 enum UpstreamError{
09   IO(io::Error),
10   Parsing(net::AddrParseError),
11 }
12
13 impl fmt::Display for UpstreamError {
14   fn fmt(&self, f: &mut fmt::Formatter<'_>) -> fmt::Result {
15     write!(f, "{:?}", self)
16   }
17 }
18
19 impl error::Error for UpstreamError { }
20
21 fn main() -> Result<(), UpstreamError> {
22   let _f = File::open("invisible.txt")
23     .map_err(UpstreamError::IO)?;
24
25   let _localhost = "::1"
26     .parse::<Ipv6Addr>()
27     .map_err(UpstreamError::Parsing)?;
28
29   Ok(())
30 }
```

map_err() 호출을 제거할 수도 있다. 그러나 이렇게 하려면 From을 구현해야 한다.

map_err() 호출을 제거하기 위해 std::convert::From 구현하기

std::convert::From 트레이트에는 한 가지 필수 메서드인 from()이 있다. 두 개의 업스트림 오류 타입을 변환할 수 있도록 하려면 두 개의 impl 블록이 필요하다. 다음은 그 방법을 보여 준다.

```
impl From<io::Error> for UpstreamError {
  fn from(error: io::Error) -> Self {
    UpstreamError::IO(error)
  }
}

impl From<net::AddrParseError> for UpstreamError {
  fn from(error: net::AddrParseError) -> Self {
    UpstreamError::Parsing(error)
  }
}
```

이제 main() 함수는 원래의 간단한 형식이 된다.

```
fn main() -> Result<(), UpstreamError> {
  let _f = File::open("invisible.txt")?;
  let _localhost = "::1".parse::<Ipv6Addr>()?;

  Ok(())
}
```

전체 코드는 예제 8.15에 나와 있다. From을 구현하면 라이브러리 작성자가 추가 구문을 넣어야 하는 부담이 생긴다. 하지만 그렇게 하면 결과적으로 크레이트를 사용하기가 더 쉬워진다. 이 소스는 ch8/misc/wraperror2.rs에 있다.

예제 8.15 래퍼 오류 타입에 std::convert::From 구현하기

```
01 use std::io;
02 use std::fmt;
03 use std::net;
04 use std::fs::File;
05 use std::net::Ipv6Addr;
06
07 #[derive(Debug)]
08 enum UpstreamError{
09   IO(io::Error),
```

```
10    Parsing(net::AddrParseError),
11 }
12
13 impl fmt::Display for UpstreamError {
14   fn fmt(&self, f: &mut fmt::Formatter<'_>) -> fmt::Result {
15     write!(f, "{:?}", self)
16   }
17 }
18
19 impl error::Error for UpstreamError { }
20
21 impl From<io::Error> for UpstreamError {
22   fn from(error: io::Error) -> Self {
23     UpstreamError::IO(error)
24   }
25 }
26
27 impl From<net::AddrParseError> for UpstreamError {
28   fn from(error: net::AddrParseError) -> Self {
29     UpstreamError::Parsing(error)
30   }
31 }
32
33 fn main() -> Result<(), UpstreamError> {
34   let _f = File::open("invisible.txt")?;
35   let _localhost = "::1".parse::<Ipv6Addr>()?;
36
37   Ok(())
38 }
```

8.5.3 unwrap()과 expect()로 속이기

여러 오류 타입을 처리하는 마지막 방법은 unwrap()과 expect()를 사용하는 것이다. 이제 함수에서 여러 오류 타입을 처리할 수 있는 도구가 있으므로 여정을 이어나갈 수 있다.

---

 main() 함수를 작성할 때 이 방식이 합리적이지만 라이브러리 작성자에게는 권장되지 않는다. 사용자는 제어할 수 없는 것 때문에 프로그램에서 충돌이 일어나는 것을 원하지 않는다.

8.6 MAC 주소

앞서 나온 예제 8.9에서 DNS 해석기를 구현했다. 이 프로그램은 www.rustinaction.com과 같은 호스트 이름을 IP 주소로 변환한다. 이제 연결할 IP 주소가 있다.

인터넷 프로토콜을 사용하면 장치가 IP 주소를 통해 서로 연결할 수 있다. 하지만 그게 다가 아니다. 모든 하드웨어 장치에는 연결된 네트워크와는 독립적인 고유 식별자도 포함되어 있다. 왜 또 다른 숫자가 여기서 필요할까? 답은 부분적으로는 기술적이고 부분적으로는 역사적이다.

이더넷 네트워킹과 인터넷은 독립적으로 태동했다. 이더넷은 근거리 통신망(local area network, LAN)에 초점을 맞추었다. 인터넷은 네트워크 간 통신을 가능하게 하기 위해 개발되었으며, 이더넷은 물리적 링크(또는 와이파이, 블루투스, 여타 무선 기술 같은 무선 링크)를 공유하는 장치가 이해하는 주소 지정 시스템이다. MAC 주소가 전기 신호를 공유하는 장치에서 사용된다고(그림 8.3) 표현하는 편이 좀 더 나은 방법일 것이다. 그러나 몇 가지 차이점이 있다.

- IP 주소는 계층적이지만 MAC 주소는 그렇지 않다. 숫자가 인접해 있다고 해도 이 주소를 쓰는 장치가 물리적으로나 또는 조직 계층 내에서 가까운 곳에 있다는 것은 아니다.
- MAC 주소는 48비트(6바이트) 너비다. IP 주소는 IPv4의 경우 32비트(4바이트)이고 IPv6의 경우 128비트(16바이트)다.

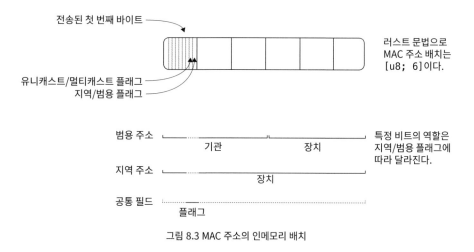

그림 8.3 MAC 주소의 인메모리 배치

MAC 주소에는 두 가지 형식이 있다.

- 범용 관리(또는 범용) 주소는 장치가 제조될 때 설정된다. 제조업체는 IEEE 등록 기관에서 할당한 접두사 및 나머지 비트에 대해 선택한 방식을 사용한다.
- 지역 관리(또는 지역) 주소를 사용하면 장치 등록 없이 고유한 MAC 주소를 생성

할 수 있다. 소프트웨어에서 장치의 MAC 주소를 직접 설정할 때 주소가 지역 형식으로 설정되어 있는지 확인해야 한다.

MAC 주소에는 유니캐스트와 멀티캐스트 두 가지 모드가 있다. 이 두 방식의 전송 동작은 동일하다. 차이는 장치가 프레임을 수락할지 여부를 결정할 때 생긴다. 프레임이란 이더넷 프로토콜에서 사용하는 용어로, 이 수준에서는 바이트 슬라이스를 지칭한다. 프레임을 패킷, 래퍼, 엔벌롭(envelop)에 비유하기도 한다. 그림 8.4는 이러한 구분을 보여 준다.

유니캐스트 vs. 멀티캐스트 MAC 주소

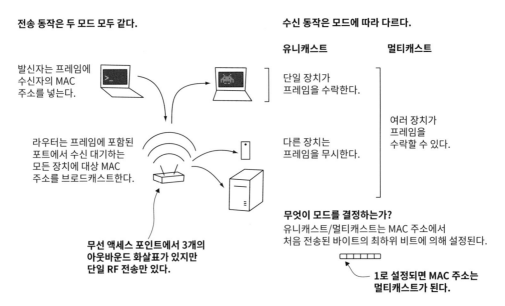

그림 8.4 멀티캐스트와 유니캐스트 MAC 주소의 차이

유니캐스트 주소는 직접 접촉하는 두 지점(예: 랩톱과 라우터 사이) 간에 정보를 전송하기 위한 것이다. 무선 액세스 포인트는 다소 복잡하지만 기본적으로는 동일하다. 멀티캐스트 주소는 여러 수신자가 수락할 수 있는 반면 유니캐스트에는 단일 수신자만 있다. 그런데 유니캐스트라는 용어는 다소 오해의 소지가 있다. 이더넷 패킷 전송에는 2개 이상의 장치가 필요하다. 유니캐스트 주소를 사용하면 장치가 패킷을 수신할 때 수행하는 작업을 변경하지만, 유선(또는 전파)을 통해 전송되는 데이터는 변경되지 않는다.

8.6.1 MAC 주소 생성하기

8.8절에서 원시 TCP에 대해 이야기할 때 예제 8.22로 가상 하드웨어 장치를 생성할 것이다. 장치가 통신을 하도록 하려면 가상 장치의 MAC 주소를 할당하는 방법을 배워야 한다. 예제 8.17의 macgen 프로젝트는 MAC 주소를 생성한다. 다음 내용은 해당 프로젝트의 메타데이터를 보여 준다. ch8/ch8-mac/Cargo.toml에 소스가 있다.

예제 8.16 macgen 프로젝트를 위한 크레이트 메타데이터

```
[package]
name = "ch8-macgen"
version = "0.1.0"
authors = ["Tim McNamara <author@rustinaction.com>"]
edition = "2018"

[dependencies]
rand = "0.7"
```

다음은 MAC 주소 생성기인 macgen 프로젝트다. 이 프로젝트의 소스 코드는 ch8/ch8-mac/src/main.rs 파일에 있다.

예제 8.17 MAC 주소 생성기 macgen 만들기

```
01 extern crate rand;
02
03 use rand::RngCore;
04 use std::fmt;
05 use std::fmt::Display;
06
07 #[derive(Debug)]
08 struct MacAddress([u8; 6]);     ❶
09
10 impl Display for MacAddress {
11   fn fmt(&self, f: &mut fmt::Formatter<'_>) -> fmt::Result {
12     let octet = &self.0;
13     write!(
14       f,
15       "{:02x}:{:02x}:{:02x}:{:02x}:{:02x}:{:02x}",
16       octet[0], octet[1], octet[2], octet[3], octet[4], octet[5]     ❷
17     )
18   }
19 }
20
21 impl MacAddress {
22   fn new() -> MacAddress {
```

```
23     let mut octets: [u8; 6] = [0; 6];
24     rand::thread_rng().fill_bytes(&mut octets);
25     octets[0] |= 0b_0000_0011;        ❸
26     MacAddress { 0: octets }
27   }
28
29   fn is_local(&self) -> bool {
30     (self.0[0] & 0b_0000_0010) == 0b_0000_0010
31   }
32
33   fn is_unicast(&self) -> bool {
34     (self.0[0] & 0b_0000_0001) == 0b_0000_0001
35   }
36 }
37
38 fn main() {
39   let mac = MacAddress::new();
40   assert!(mac.is_local());
41   assert!(mac.is_unicast());
42   println!("mac: {}", mac);
43 }
```

❶ newtype 패턴을 사용하여 간단히 배열을 구조체에 넣는다.

❷ 각 바이트를 십육진수 형식으로 변환한다.

❸ MAC 주소를 지역·유니캐스트 주소로 설정한다.

예제 8.17의 코드를 쉽게 읽을 수 있어야 한다. 그러나 25행에는 비교적 모호한 구문이 포함되어 있다. octets[0] |= 0b_0000_0011은 그림 8.3에 설명된 두 플래그 비트를 1의 상태로 강제 변환한다. 이는 우리가 생성하는 모든 MAC 주소를 로컬 할당 및 유니캐스트로 지정한다.

8.7 러스트의 열거형으로 상태 기계 구현하기

네트워크 메시지를 처리하기 위한 또 다른 전제 조건은 상태 기계를 정의할 수 있어야 한다는 것이다. 우리의 코드는 연결 상태의 변화를 처리할 수 있어야 한다.

예제 8.22에는 loop, match, 러스트 열거형으로 구현된 상태 기계가 포함되어 있다. 러스트의 표현식 기반 특성 때문에 제어 흐름 연산자도 값을 반환한다. 루프를 돌 때마다 상태가 변경된다. 다음은 enum에 match를 반복하여 적용하는 의사 코드다.

예제 8.18 **상태 기계 구현에 대한 의사 코드**

```
enum HttpState {
  Connect,
  Request,
  Response,
}

loop {
  state = match state {
    HttpState::Connect if !socket.is_active() => {
      socket.connect();
      HttpState::Request
    }

    HttpState::Request if socket.may_send() => {
      socket.send(data);
      HttpState::Response
    }

    HttpState::Response if socket.can_recv() => {
      received = socket.recv();
      HttpState::Response
    }

    HttpState::Response if !socket.may_recv() => {
      break;
    }
    _ => state,
  }
}
```

유한 상태 기계를 구현하는 더 진보된 방법이 존재한다. 하지만 앞의 방식이 가장
간단하다. 더 나은 방법은 예제 8.22에서 사용할 것이다. 열거형을 사용하면 상태
기계의 전환이 타입 시스템 자체에 포함된다.

그러나 우리는 여전히 너무 높은 수준에 있다! 더 깊이 파고들려면 운영 체제의
도움을 받아야 한다.

8.8 원시 TCP

원시 TCP 패킷을 쓰려면 일반적으로 루트·슈퍼 사용자 권한이 필요하다. 권한이
없는 사용자가 원시 네트워크 요청을 만들려고 하면 운영 체제가 이를 거부한다.

리눅스에서는 슈퍼 사용자가 아닌 사용자가 직접 통신할 수 있는 프락시 장치를 생성하여 이 문제를 피해 갈 수 있다.

> 🎁 **리눅스를 사용하지 않을 경우**
>
> 여타 운영 체제를 쓰고 있다면 다양한 가상화 방법이 있다.
>
> - 멀티패스 프로젝트(*https://multipass.run/*)에서는 macOS와 윈도우 호스트에서 돌아가는 빠른 우분투 가상 기계를 제공한다.
> - 리눅스용 윈도우 하위 시스템(Windows Subsystem for Linux, WSL, *https://docs.microsoft.com/en-us/windows/wsl/about*)은 살펴볼 만한 또 다른 방식이다.
> - 오라클 버추얼박스(*https://www.virtualbox.org/*)는 다양한 운영 체제를 훌륭히 지원하는 오픈 소스 프로젝트다.

8.9 가상 네트워킹 장치 만들기

이 절을 진행하려면 가상 네트워킹 하드웨어를 만들어야 한다. 가상 하드웨어를 사용하면 IP 및 MAC 주소를 자유롭게 할당할 수 있는 등 더 많은 제어를 할 수 있다. 또한 네트워크 연결 기능에 영향을 줄 수 있는 하드웨어 설정 변경을 방지한다. tap-rust라는 TAP 장치를 생성하려면 리눅스 콘솔에서 다음 명령을 실행한다.

```
$ sudo \              ❶
>  ip tuntap \        ❷
>    add \            ❸
>    mode tap \       ❹
>    name tap-rust \  ❺
>    user $USER       ❻
```

❶ 루트 사용자로 실행한다.

❷ ip에 TUN/TAP 장치를 관리한다고 알려 준다.

❸ add 하위 명령을 사용한다.

❹ TUN 터널링 모드를 사용한다.

❺ 장치에 고유한 이름을 부여한다.

❻ 루트가 아닌 사용자 계정에 접근을 허용한다.

성공하면 ip는 아무것도 출력하지 않는다. tap-rust 장치가 추가되었는지 확인하기 위해 다음과 같이 ip tuntap list 하위 명령을 사용한다. 명령을 실행하면 장치 목록에 tap-rust 장치가 출력되어야 한다.

```
$ ip tuntap list
tap-rust: tap persist user
```

네트워킹 장치를 만들었으므로 장치에 IP 주소를 할당하고 시스템에 패킷을 전달하도록 지시해야 한다. 다음은 이 기능을 활성화하는 명령이다.

```
$ sudo ip link set tap-rust up                          ❶
$ sudo ip addr add 192.168.42.100/24 dev tap-rust       ❷

$ sudo iptables \
>   -t nat \
>   -A POSTROUTING \                                     ❸
>   -s 192.168.42.0/24 \
>   -j MASQUERADE

$ sudo sysctl net.ipv4.ip_forward=1      ❹
```

> ❶ tap-rust라는 네트워크 장치를 구성하고 활성화한다.
>
> ❷ 해당 장치에 IP 주소로 192.168.42.100을 할당한다.
>
> ❸ 인터넷 패킷이 소스 IP 주소 마스크(-s 192.168.42.100/24)에 도달할 수 있도록 새로운 규칙 (-A POSTROUTING)을 추가하고, IP 주소를 해당 장치에 동적으로 매핑한다(-j MASQUERADE).
>
> ❹ 커널에 IPv4 패킷 포워딩을 활성화하도록 지시한다.

다음은 add 대신 del을 사용하여 장치를 제거하는 방법(이 장을 완료한 후)이다.

```
$ sudo ip tuntap del mode tap name tap-rust
```

8.10 '원시' HTTP

이제 TCP 수준에서 HTTP를 사용하는 문제를 해결하는 데 필요한 지식을 전부 갖추었다. mget(manual get) 프로젝트는 예제 8.20~8.23에 걸쳐 있다. 규모가 큰 프로젝트이지만 이해하고 구축하면 매우 만족스러울 것이다. 각 파일은 각기 다른 역할을 한다.

- main.rs(예제 8.20) — 명령행 구문 분석을 처리하고 피어 파일에서 제공하는 기능을 함께 엮는다. 8.5.2(337쪽)에서 설명한 프로세스를 사용하여 오류 타입을 결합하는 것은 이 파일이다.

- ethernet.rs(예제 8.21) — 예제 8.17의 논리를 사용하여 MAC 주소를 생성하고 MAC 주소 타입(smoltcp 크레이트에 의해 정의됨)과 우리가 정의한 타입을 서로 변환한다.
- http.rs(예제 8.22) — HTTP 요청을 만들기 위해 서버와 상호 작용하는 작업을 수행한다.
- dns.rs(예제 8.23) — 도메인 이름을 IP 주소로 변환하는 DNS 해석 작업을 수행한다.

 이 예제(및 책의 모든 코드 목록)에 대한 소스 코드는 *https://github.com/rust-in-action/code* 또는 *https://www.manning.com/books/rust-in-action*에 있다.

예제 8.22가 smoltcp 크레이트에 들어 있는 HTTP 클라이언트 예제에서 파생되었음을 아는 것이 중요하다. whitequark(*https://whitequark.org/*)는 정말 환상적인 네트워킹 라이브러리를 구축했다. mget 프로젝트의 파일 구조는 다음과 같다.

```
ch8-mget
├── Cargo.toml        ❶
└── src
    ├── main.rs       ❷
    ├── ethernet.rs   ❸
    ├── http.rs       ❹
    └── dns.rs        ❺

    ❶ 예제 8.19
    ❷ 예제 8.20
    ❸ 예제 8.21
    ❹ 예제 8.22
    ❺ 예제 8.23
```

소스 관리 도구를 써서 mget 프로젝트를 다운로드하고 실행하려면 명령행에서 다음을 실행한다.

```
$ git clone https://github.com/rust-in-action/code rust-in-action
Cloning into 'rust-in-action'...

$ cd rust-in-action/ch8/ch8-mget
```

다음은 단계별 작업을 즐기는 독자를 위한 프로젝트 생성 방법이다(출력 생략).

1. 명령행에 다음 명령을 넣는다.

```
$ cargo new mget
$ cd mget
$ cargo install cargo-edit
$ cargo add clap@2
$ cargo add url@02
$ cargo add rand@0.7
$ cargo add trust-dns@0.16 --no-default-features
$ cargo add smoltcp@0.6 --features='proto-igmp proto-ipv4 verbose log'
```

2. 프로젝트의 Cargo.toml 내용이 예제 8.19의 내용과 맞는지 확인한다.

3. src 디렉터리 안에서 예제 8.20의 코드는 main.rs에, 예제 8.21의 코드는 ether-net.rs에, 예제 8.22의 코드는 http.rs에, 예제 8.23의 코드는 dns.rs에 작성한다.

다음은 mget의 메타데이터다. 해당 소스는 ch8/ch8-mget/Cargo.toml 파일이다.

예제 8.19 **mget의 크레이트 메타데이터**

```
[package]
name = "mget"
version = "0.1.0"
authors = ["Tim McNamara <author@rustinaction.com>"]
edition = "2018"

[dependencies]
clap = "2"          ❶
rand = "0.7"        ❷
smoltcp = {         ❸
  version = "0.6",
  features = ["proto-igmp", "proto-ipv4", "verbose", "log"]
}
trust-dns = {       ❹
  version = "0.16",
  default_features = false
}
url = "2"           ❺
```

    ❶ 명령행 인자를 분석하는 용도

    ❷ 임의의 포트 번호를 만들기 위해 사용한다.

    ❸ TCP 구현을 제공한다.

    ❹ DNS 서버에 접속하기 위해 사용한다.

    ❺ URL을 분석하고 검증한다.

다음은 프로젝트에 대한 명령행 구문 분석 부분이다. 이 소스는 ch8/ch8-mget/src/main.rs에 있다.

예제 8.20 mget 명령행 분석과 전체적인 조율

```
01 use clap::{App, Arg};
02 use smoltcp::phy::TapInterface;
03 use url::Url;
04
05 mod dns;
06 mod http;
07 mod ethernet;
08
09 fn main() {
10   let app = App::new("mget")
11     .about("GET a webpage, manually")
12     .arg(Arg::with_name("url").required(true))          ❶
13     .arg(Arg::with_name("tap-device").required(true))   ❷
14     .arg(
15       Arg::with_name("dns-server")
16         .default_value("1.1.1.1")     ❸
17         )
18     .get_matches();    ❹
19
20   let url_text = app.value_of("url").unwrap();
21   let dns_server_text =
22     app.value_of("dns-server").unwrap();
23   let tap_text = app.value_of("tap-device").unwrap();
24
25   let url = Url::parse(url_text)    ❺
26     .expect("error: unable to parse <url> as a URL");
27
28   if url.scheme() != "http" {    ❻
29     eprintln!("error: only HTTP protocol supported");
30     return;
31   }
32
33   let tap = TapInterface::new(&tap_text)    ❼
34     .expect(
35       "error: unable to use <tap-device> \
36       as a network interface"
37       );
38
39   let domain_name =
40     url.host_str()    ❽
41       .expect("domain name required");
42
43   let _dns_server: std::net::Ipv4Addr =
```

```
44    dns_server_text
45      .parse()      ❾
46      .expect(
47        "error: unable to parse <dns-server> \
48        as an IPv4 address"
49        );
50
51   let addr =
52     dns::resolve(dns_server_text, domain_name)    ❿
53       .unwrap()
54       .unwrap();
55
56   let mac = ethernet::MacAddress::new().into();    ⓫
57
58   http::get(tap, mac, addr, url).unwrap();    ⓬
59 }
```

❶ 데이터를 다운로드할 URL을 요구한다.

❷ 연결할 TAP 네트워킹 장치를 요구한다.

❸ 사용자가 어느 DNS 서버를 사용할지 선택할 수 있도록 한다.

❹ 명령행 인자를 분석한다.

❺❻❼❽❾ 명령행 인자를 검증한다.

❿ URL의 도메인 이름을 연결할 IP 주소로 변환한다.

⓫ 임의의 유일한 MAC 주소를 생성한다.

⓬ HTTP GET 요청을 만든다.

예제 8.21은 MAC 주소를 생성하고 smoltcp 크레이트에 정의된 MAC 주소 타입과 우리 고유의 MAC 주소 타입을 서로 변환한다. 이 코드는 ch8/ch8-mget/src/ethernet.rs에 있다.

예제 8.21 이더넷 타입 변환과 MAC 주소 생성

```
01 use rand;
02 use std::fmt;
03 use std::fmt::Display;
04
05 use rand::RngCore;
06 use smoltcp::wire;
07
08 #[derive(Debug)]
09 pub struct MacAddress([u8; 6]);
10
11 impl Display for MacAddress {
12   fn fmt(&self, f: &mut fmt::Formatter<'_>) -> fmt::Result {
13     let octet = self.0;
```

```
14    write!(
15      f,
16      "{:02x}:{:02x}:{:02x}:{:02x}:{:02x}:{:02x}",
17      octet[0], octet[1], octet[2],
18      octet[3], octet[4], octet[5]
19    )
20  }
21 }
22
23 impl MacAddress {
24   pub fn new() -> MacAddress {
25     let mut octets: [u8; 6] = [0; 6];
26     rand::thread_rng().fill_bytes(&mut octets);      ❶
27     octets[0] |= 0b_0000_0010;                       ❷
28     octets[0] &= 0b_1111_1110;                       ❸
29     MacAddress { 0: octets }
30   }
31 }
32
33 impl Into<wire::EthernetAddress> for MacAddress {
34   fn into(self) -> wire::EthernetAddress {
35     wire::EthernetAddress { 0: self.0 }
36   }
37 }
```

❶ 난수를 생성한다.

❷ 지역 주소 비트가 1로 설정됨을 확인한다.

❸ 유니캐스트 비트가 0으로 설정됨을 확인한다.

예제 8.22는 HTTP 요청을 만들기 위해 서버와 상호 작용한다. 이 코드는 ch8/ch8-mget/src/http.rs에 있다.

예제 8.22 TCP 기본 요소를 사용하여 수동으로 HTTP 요청 생성

```
001 use std::collections::BTreeMap;
002 use std::fmt;
003 use std::net::IpAddr;
004 use std::os::unix::io::AsRawFd;
005
006 use smoltcp::iface::{EthernetInterfaceBuilder, NeighborCache, Routes};
007 use smoltcp::phy::{wait as phy_wait, TapInterface};
008 use smoltcp::socket::{SocketSet, TcpSocket, TcpSocketBuffer};
009 use smoltcp::time::Instant;
010 use smoltcp::wire::{EthernetAddress, IpAddress, IpCidr, Ipv4Address};
011 use url::Url;
012
013 #[derive(Debug)]
014 enum HttpState {
```

```
015    Connect,
016    Request,
017    Response,
018  }
019
020  #[derive(Debug)]
021  pub enum UpstreamError {
022    Network(smoltcp::Error),
023    InvalidUrl,
024    Content(std::str::Utf8Error),
025  }
026
027  impl fmt::Display for UpstreamError {
028    fn fmt(&self, f: &mut fmt::Formatter<'_>) -> fmt::Result {
029      write!(f, "{:?}", self)
030    }
031  }
032
033  impl From<smoltcp::Error> for UpstreamError {
034    fn from(error: smoltcp::Error) -> Self {
035      UpstreamError::Network(error)
036    }
037  }
038
039  impl From<std::str::Utf8Error> for UpstreamError {
040    fn from(error: std::str::Utf8Error) -> Self {
041      UpstreamError::Content(error)
042    }
043  }
044
045  fn random_port() -> u16 {
046    49152 + rand::random::<u16>() % 16384
047  }
048
049  pub fn get(
050    tap: TapInterface,
051    mac: EthernetAddress,
052    addr: IpAddr,
053    url: Url,
054    ) -> Result<(), UpstreamError> {
055    let domain_name = url.host_str().ok_or(UpstreamError::InvalidUrl)?;
056
057    let neighbor_cache = NeighborCache::new(BTreeMap::new());
058
059    let tcp_rx_buffer = TcpSocketBuffer::new(vec![0; 1024]);
060    let tcp_tx_buffer = TcpSocketBuffer::new(vec![0; 1024]);
061    let tcp_socket = TcpSocket::new(tcp_rx_buffer, tcp_tx_buffer);
062
063    let ip_addrs = [IpCidr::new(IpAddress::v4(192, 168, 42, 1), 24)];
```

```
064
065    let fd = tap.as_raw_fd();
066    let mut routes = Routes::new(BTreeMap::new());
067    let default_gateway = Ipv4Address::new(192, 168, 42, 100);
068    routes.add_default_ipv4_route(default_gateway).unwrap();
069    let mut iface = EthernetInterfaceBuilder::new(tap)
070      .ethernet_addr(mac)
071      .neighbor_cache(neighbor_cache)
072      .ip_addrs(ip_addrs)
073      .routes(routes)
074      .finalize();
075
076    let mut sockets = SocketSet::new(vec![]);
077    let tcp_handle = sockets.add(tcp_socket);
078
079    let http_header = format!(
080      "GET {} HTTP/1.0\r\nHost: {}\r\nConnection: close\r\n\r\n",
081      url.path(),
082      domain_name,
083    );
084
085    let mut state = HttpState::Connect;
086    'http: loop {
087      let timestamp = Instant::now();
088      match iface.poll(&mut sockets, timestamp) {
089        Ok(_) => {}
090        Err(smoltcp::Error::Unrecognized) => {}
091        Err(e) => {
092          eprintln!("error: {:?}", e);
093        }
094      }
095
096      {
097        let mut socket = sockets.get::<TcpSocket>(tcp_handle);
098
099        state = match state {
100          HttpState::Connect if !socket.is_active() => {
101            eprintln!("connecting");
102            socket.connect((addr, 80), random_port())?;
103            HttpState::Request
104          }
105
106          HttpState::Request if socket.may_send() => {
107            eprintln!("sending request");
108            socket.send_slice(http_header.as_ref())?;
109            HttpState::Response
110          }
111
112          HttpState::Response if socket.can_recv() => {
```

```
113        socket.recv(|raw_data| {
114            let output = String::from_utf8_lossy(raw_data);
115            println!("{}", output);
116            (raw_data.len(), ())
117        })?;
118        HttpState::Response
119      }
120
121      HttpState::Response if !socket.may_recv() => {
122        eprintln!("received complete response");
123        break 'http;
124      }
125      _ => state,
126    }
127  }
128
129    phy_wait(fd, iface.poll_delay(&sockets, timestamp))
130      .expect("wait error");
131  }
132
133  Ok(())
134 }
```

마지막으로 DNS 해석을 수행한다. 이 소스는 ch8/ch8-mget/src/dns.rs에 있다.

예제 8.23 도메인 이름을 IP 주소로 변환하는 DNS 질의를 만들기

```
001 use std::error::Error;
002 use std::net::{SocketAddr, UdpSocket};
003 use std::time::Duration;
004
005 use trust_dns::op::{Message, MessageType, OpCode, Query};
006 use trust_dns::proto::error::ProtoError;
007 use trust_dns::rr::domain::Name;
008 use trust_dns::rr::record_type::RecordType;
009 use trust_dns::serialize::binary::*;
010
011 fn message_id() -> u16 {
012   let candidate = rand::random();
013   if candidate == 0 {
014     return message_id();
015   }
016   candidate
017 }
018
019 #[derive(Debug)]
020 pub enum DnsError {
021   ParseDomainName(ProtoError),
022   ParseDnsServerAddress(std::net::AddrParseError),
```

```
023    Encoding(ProtoError),
024    Decoding(ProtoError),
025    Network(std::io::Error),
026    Sending(std::io::Error),
027    Receving(std::io::Error),
028 }
029
030 impl std::fmt::Display for DnsError {
031    fn fmt(&self, f: &mut std::fmt::Formatter) -> std::fmt::Result {
032      write!(f, "{:#?}", self)
033    }
034 }
035
036 impl std::error::Error for DnsError {}     ❶
037
038 pub fn resolve(
039    dns_server_address: &str,
040    domain_name: &str,
041 ) -> Result<Option<std::net::IpAddr>, Box<dyn Error>> {
042    let domain_name =
043      Name::from_ascii(domain_name)
044        .map_err(DnsError::ParseDomainName)?;
045
046    let dns_server_address =
047      format!("{}:53", dns_server_address);     ❷
048    let dns_server: SocketAddr = dns_server_address
049      .parse()
050      .map_err(DnsError::ParseDnsServerAddress)?;
051
052    let mut request_buffer: Vec<u8> =          ❸
053      Vec::with_capacity(64);
054    let mut response_buffer: Vec<u8> =         ❹
055      vec![0; 512];
056
057    let mut request = Message::new();
058    request.add_query(
059      Query::query(domain_name, RecordType::A)  ❺
060    );
061
062    request
063      .set_id(message_id())
064      .set_message_type(MessageType::Query)
065      .set_op_code(OpCode::Query)
066      .set_recursion_desired(true);     ❻
067
068    let localhost =
069      UdpSocket::bind("0.0.0.0:0").map_err(DnsError::Network)?;
070
071    let timeout = Duration::from_secs(5);
```

```
072    localhost
073      .set_read_timeout(Some(timeout))
074      .map_err(DnsError::Network)?;    ❼
075
076    localhost
077      .set_nonblocking(false)
078      .map_err(DnsError::Network)?;
079
080    let mut encoder = BinEncoder::new(&mut request_buffer);
081    request.emit(&mut encoder).map_err(DnsError::Encoding)?;
082
083    let _n_bytes_sent = localhost
084      .send_to(&request_buffer, dns_server)
085      .map_err(DnsError::Sending)?;
086
087    loop {  ❽
088      let (_b_bytes_recv, remote_port) = localhost
089        .recv_from(&mut response_buffer)
090        .map_err(DnsError::Receving)?;
091
092      if remote_port == dns_server {
093        break;
094      }
095    }
096
097    let response =
098      Message::from_vec(&response_buffer)
099        .map_err(DnsError::Decoding)?;
100
101    for answer in response.answers() {
102      if answer.record_type() == RecordType::A {
103        let resource = answer.rdata();
104        let server_ip =
105          resource.to_ip_addr().expect("invalid IP address received");
106        return Ok(Some(server_ip));
107      }
108    }
109
110    Ok(None)
111 }
```

❶ 기본 메서드를 이용한다.

❷ 원시 텍스트 입력을 사용하여 내부 데이터 구조를 구축한다.

❸ DNS 요청이 작은 관계로 작은 공간만 필요하다.

❹ UDP를 이용한 DNS에서 가능한 최대 패킷 크기는 512바이트다.

❺ DNS 메시지는 다수의 질의를 담을 수 있지만 여기에서는 하나만 넣는다.

❻ 결과를 모르는 경우 DNS 서버에서 우리를 대신해 다시 요청하도록 한다.

❼ 포트 0에 바인딩하면 운영 체제가 우리를 대신하여 포트를 할당하도록 요청한다.

❽ 알 수 없는 발신자로부터 우리의 포트에 또 다른 UDP 메시지가 수신될 가능성이 조금은 있다. 이를 피하기 위해 예상 못한 IP 주소의 패킷은 무시한다.

mget은 야심 찬 프로젝트다. 이 장의 모든 코드를 한데 모았기 때문에 길이가 백 줄이 넘지만 예제 8.2에서 만든 reqwest::get(url) 호출보다 기능이 떨어진다. 여러분이 탐색하고자 하는 몇 가지 흥미로운 것들을 찾았기를 바란다. 놀랍게도 더 풀어 봐야 할 네트워킹 계층이 몇 가지 있을 것이다. 길고 어려운 장을 잘 통과했다.

요약

- 네트워킹은 복잡하다. OSI와 같은 표준 모델은 그저 부분적으로만 정확하다.
- 트레이트 객체로 런타임 다형성이 가능하다. 일반적으로 프로그래머는 트레이트 객체가 약간의 런타임 비용을 발생시키기 때문에 제네릭을 선호한다. 그러나 이러한 상황이 항상 명확한 것은 아니다. 트레이트 객체를 사용하면 각 함수의 한 가지 버전만 컴파일하면 되므로 공간을 줄일 수 있다. 함수가 적으면 캐시 일관성에도 도움이 된다.
- 네트워킹 프로토콜은 어떤 바이트를 쓰는지에 대해 민감하다. 일반적으로 완전한 제어를 하려면 &str 리터럴("...")보다 &[u8] 리터럴(b"...")을 사용하는 것이 좋다.
- 단일 범위 내에서 여러 업스트림 오류 타입을 처리하려면 세 가지 주요 전략이 있다.
  ◦ 내부 래퍼 타입을 만들어 각각의 업스트림 타입에 대해 From을 구현한다.
  ◦ std::error::Error를 구현하는 트레이트 객체를 사용하도록 반환 타입을 변경한다.
  ◦ .unwrap()과 .expect()를 사용한다.
- 유한 상태 기계는 열거형과 반복을 사용하여 리스트로 우아하게 모델링할 수 있다. 각 반복에서 적절한 열거형 열것값을 반환하여 다음 상태를 나타낸다.
- UDP에서 양방향 통신을 가능하게 하려면 통신의 각 주체가 클라이언트와 서버 역할을 할 수 있어야 한다.

9장

시간과 시간 관리

이 장에서 배울 내용
- 컴퓨터가 시간을 맞추는 방법 이해
- 운영 체제가 타임스탬프를 표현하는 방법
- 네트워크 시간 프로토콜(Network Time Protocol, NTP)을 이용해 원자시계와 동기화하기

이 장에서는 전 세계 공개 시간 서버 네트워크에 현재 시간을 요청하는 NTP 클라이언트를 만든다. 이 프로그램은 완전히 기능하는 클라이언트로 컴퓨터 부팅 과정에 포함시켜 세계 시간과 동기화할 수 있다.

컴퓨터 내에서 시간이 어떻게 작동하는지 이해하면 탄력적인 애플리케이션을 구축하는 데 도움이 된다. 시스템 클록은 시간이 지남에 따라 앞뒤로 움직인다. 왜 이런 일이 발생하는지 알면 그 결과를 예상하고 대비할 수 있다.

또한 컴퓨터에는 여러 개의 물리 시계와 가상 시계가 포함되어 있다. 각각의 한계가 무엇인지, 어느 경우에 적절한지 이해하려면 지식이 약간 필요하다. 각각의 한계를 이해하면 마이크로 벤치마크와 기타 시간에 민감한 코드에 대해 건강한 회의적 태도를 갖출 수 있다.

매우 어려운 소프트웨어 엔지니어링 중 하나가 시간을 동기화해야 하는 분산 시스템이다. 구글의 자원을 쓸 수 있다면, 전 세계적으로 오차가 7밀리초 이내인 동기화된 시간을 제공하는 네트워크 원자시계를 운영할 수 있을 것이다. 이와 가장 비슷한 오픈 소스 대안은 CockroachDB(*https://www.cockroachlabs.com/*)다. 이는 (전 세계적인) 지연 시간이 수십 밀리초인 NTP에 의존한다. 그러나 이러한 오차 때

문에 해당 기술이 쓸모없는 것은 아니다. 로컬 네트워크 내에 배포된 NTP를 사용하면 몇 밀리초 이하로 시간을 동기화할 수 있다.

이 장에서는 운영 체제 내부와 상호 작용하는 데 많은 시간을 할애한다. 이 장을 공부하면 unsafe 블록과 원시 포인터를 사용하는 데 자신이 더 생길 것이다. 또한 고수준 시간과 클록 동작을 위한 사실상의 표준 크레이트인 chrono에 익숙해질 것이다.

9.1 배경지식

하루가 8만 6400초(60초×60분×24시간 = 86400초)라고 생각하기 쉽다. 하지만 지구 자전은 그렇게 완벽하지 않다. 달과의 조석 마찰, 지구 중심핵과 맨틀 경계에서 일어나는 토크(torque) 같은 여타 효과로 인해 매일의 길이는 달라진다.

소프트웨어에서는 이러한 불완전성이 용납되지 않는다. 대부분의 시스템은 매초가 동일하다고 가정한다. 실제와 소프트웨어의 이런 불일치는 몇 가지 문제로 나타난다.

2012년 레딧(Reddit)과 모질라 같은 유명 사이트의 하둡 인프라를 포함한 많은 서비스가 시계에 윤초가 추가된 후 작동을 멈췄다. 그리고 이따금 시스템 시계는 시간을 거슬러 올라갈 수도 있다(그러나 이 장에서는 시간 여행을 다루지 않는다). 동일한 타임스탬프가 두 번 표시될 수 있는 소프트웨어 시스템은 거의 없다. 이런 경우가 발생하면 로그를 디버그하기 어렵다. 이러한 난관을 해결하기 위한 두 가지 방안이 있다.

- 각 초의 길이를 고정한다. 이것은 컴퓨터에는 좋지만 사람에게는 짜증 나는 일이다. 시간이 지남에 따라 '정오'라는 시점이 일몰이나 일출 쪽으로 옮겨지기 때문이다.
- 매년 같은 장소에서 정오에 태양이 항상 같은 자리에 오도록 매년의 길이를 조정한다. 이것은 인간에게는 좋지만 컴퓨터에 매우 좋지 않을 때가 있다.

실무에서는 이 장에서 하는 것처럼 두 가지 방안을 모두 선택할 수 있다. 세계의 원자시계는 TAI(temps atomique international: 국제 원자시를 의미하는 프랑스어)라고 하는 고정 길이 초가 있는 자체 표준 시간대를 사용한다. 다른 모든 시간에 대한 정보는 주기적으로 조정되는 표준 시간대를 사용한다. 이것을 UTC(협정 세계시)

라고 부른다.

TAI는 세계 각국의 원자시계에서 사용되며 고정된 길이의 한 해를 유지한다. UTC는 약 18개월에 한 번 TAI에 윤초를 추가한다. 1972년 TAI와 UTC는 10초 차이가 났다. 2016년에는 36초 차이까지 벌어졌다.

지구의 변덕스러운 자전 속도 문제 외에도 컴퓨터의 물리적 특성으로 인해 정확한 시간을 맞추기가 어렵다. 또한 시스템에서 (최소한) 두 개의 시계가 동작하고 있다. 하나는 실시간 클록이라고 하는, 건전지로 구동되는 장치다. 다른 하나는 시스템 시간으로 알려져 있다. 시스템 클록은 컴퓨터 마더보드에서 제공하는 하드웨어 인터럽트를 기반으로 자체적으로 증가한다. 해당 인터럽트는 시스템 어딘가에서 진동하는 수정 진동자를 통해 발생한다.

📦 실시간 시계가 없는 하드웨어 플랫폼 다루기

라즈베리 파이(Raspberry Pi) 장치에는 건전지로 구동되는 실시간 시계가 포함되어 있지 않다. 컴퓨터가 켜지면 시스템 시계가 기원(epoch) 시간으로 설정된다. 즉, 1970년 1월 1일 이후 경과된 시간(초)으로 설정된다. 부팅하는 동안에는 NTP를 사용하여 현재 시간을 식별한다.

네트워크 연결이 없는 상황은 어떨까? 컴퓨터 비전을 적용하여 외래종 포식자를 정확하게 식별하여 뉴질랜드 토종 조류를 보호하는 장치를 개발하는 캐코퍼니 프로젝트(Cacophony Project, *https://cacophony.org.nz/*)에서 바로 이러한 상황에 직면했다.

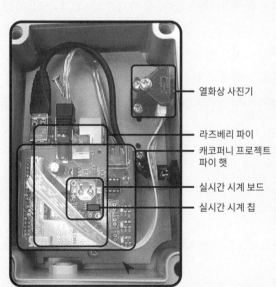

열화상 사진기

라즈베리 파이

캐코퍼니 프로젝트 파이 햇

실시간 시계 보드

실시간 시계 칩

장치의 주요 센서는 열화상 사진기다. 영상은 정확한 타임 스탬프로 표시되어야 한다. 이를 가능하게 하기 위해 캐코퍼니 프로젝트 팀은 맞춤형 보드에 실시간 시계인 라즈베리 파이 햇(Raspberry Pi Hat)을 추가하기로 결정했다. 다음 사진은 캐코퍼니 프로젝트에서 만든 자동화된 외래종 포식자 탐지 시스템 프로토타입의 내부다.

9.2 시간의 원천

컴퓨터가 벽에 걸린 시계를 보고 시간을 알 수는 없다. 컴퓨터 스스로 알아내야 한다. 이러한 일이 어떻게 일어나는지 설명하기 위해 디지털 시계가 일반적으로 어떻게 작동하는지, 그리고 전원 없이 작동해야 하는 것 같은 어려운 제약 조건 아래에서 컴퓨터 시스템이 어떻게 작동하는지 살펴본다.

디지털 시계는 두 가지 주요 부분으로 구성된다. 첫 번째 부분은 일정한 간격으로 째깍거리는 구성 요소다. 두 번째 부분은 한 쌍의 계수기다. 째깍거림이 발생하면 한쪽 계수기가 1만큼 증가한다. 다른 계수기는 초의 변화가 발생하면 증가한다. 디지털 시계에서 '지금'을 결정한다는 것은 미리 결정된 시작점과 초의 수를 비교하는 것을 의미한다. 시작점을 기원이라고 한다.

임베디드 하드웨어를 제외하면 컴퓨터가 꺼져도 건전지로 작동되는 작은 시계는 계속 동작한다. 건전지의 전하로 인해 수정 진동자가 빠르게 진동한다. 시계는 이러한 진동을 측정하고 내부 계수기를 업데이트한다. 실행 중인 컴퓨터에서 CPU 클록 주파수는 규칙적인 째깍거림의 원천이 된다. CPU 코어는 고정 주파수에서 작동한다.[1] 하드웨어 내부에서 CPU 명령어를 통하거나 미리 정의된 CPU 레지스터에 접근함으로써 계수기에 접근할 수 있다.[2]

CPU 클록에 의존하는 것은 일부 과학 관련 분야나 애플리케이션 동작 프로파일링 같은 기타 고정밀 영역에서 문제가 될 수 있다. 특히 다수의 CPU를 사용하는 것이 일반적인 고성능 컴퓨팅 영역에서는 CPU마다 클록 속도도 약간씩 다르다. 또한 CPU는 비순차적으로 실행된다. 이는 벤치마킹·프로파일링 소프트웨어 제품군을 만드는 사람이 두 타임스탬프 사이에서 함수 실행이 얼마나 오래 걸리는지 알 수 없음을 의미한다. 현재 시점의 타임스탬프를 요청하는 CPU 명령어가 이동했을 수도 있다.

9.3 정의

이 장에서는 다음과 같은 용어가 나온다.

- 절대 시간 — 다른 사람이 시간을 묻는 경우 대답해 주는 시간이다. 벽 시계 시

---

1 많은 프로세서에서 소비 전력을 절약하기 위해 CPU 클록 속도를 동적으로 조정하지만, 이러한 작업은 클록 관점에서 중요하지 않을 정도로 드물게 발생한다.
2 예를 들어 인텔 기반 프로세서는 RDTSC(read time stamp counter) 명령을 지원한다.

간(wall clock time), 달력 시간(calendar time)이라고도 한다.

- 실시간 클록 — 컴퓨터 마더보드에 내장된 물리적 시계로, 전원이 꺼져도 시간을 유지한다. CMOS 클록이라고도 한다.

- 시스템 클록 — 운영 체제 쪽에서의 시간이다. 부팅 시 운영 체제는 실시간 클록을 대신하여 시간을 관리하게 된다. 모든 애플리케이션은 시스템 시간에서 시간 정보를 가져온다. 시스템 클록은 수동으로 다른 위치로 설정할 수 있으므로 점프가 발생한다. 이 불규칙성은 일부 애플리케이션에 문제를 일으킬 수 있다.

- 단조 증가 — 같은 시간을 두 번 제공하지 않는 클록. 로그 메시지에 반복되는 타임스탬프가 없기 때문에 다른 여러 장점 가운데서도 컴퓨터 애플리케이션에 유용한 특성이다. 불행히도 시간 조정을 막으면 로컬 클록의 왜곡에 영구적으로 묶이게 된다. 시스템 클록은 단조 증가하지 않는다.

- 물리적 고정 클록 — 이 클록은 두 가지를 보장한다. 초의 길이는 모두 동일하고 단조 증가한다. 물리적 고정 클록의 값은 시스템 클록의 시간 또는 절대 시간과 일치하지 않을 수 있다. 일반적으로 컴퓨터가 부팅될 때 0에서 시작하여 내부 계수기가 움직임에 따라 증가한다. 절대 시간을 아는 데는 잠정적으로 쓸모가 없지만 두 시점 사이의 지속 시간을 계산하는 데는 편리하다.

- 높은 정확도 — 초의 길이가 규칙적이라면 시계는 매우 정확하다. 두 클록 간의 차이를 스큐(skew)라고 한다. 매우 정확한 시계는 정확한 시간을 유지하기 위한 인류 최고의 공학적 노력인 원자시계와 비교해도 이 스큐가 거의 없다.

- 고해상도 — 10나노초 이하의 정확도를 제공한다. 고해상도 클록은 일반적으로 CPU 칩 내에 구현되는데, 이러한 고주파수에서 시간을 유지할 수 있는 장치가 거의 없기 때문이다. CPU는 이 일을 할 수 있다. 작업 단위는 주기(cycle)로 측정되며 주기의 지속 시간은 동일하다. 1GHz CPU 코어는 한 주기를 계산하는 데 1나노초가 걸린다.

- 빠른 클록 — 시간을 읽는 데 시간이 거의 걸리지 않는 클록. 그러나 빠른 클록은 속도를 위해 정확도와 정밀도를 희생한다.

9.4 시간 인코딩하기

컴퓨터 내에서 시간을 나타내는 방법에는 여러 가지가 있다. 일반적인 접근 방식은 32비트 정수 쌍을 사용하는 것이다. 첫 번째 정수는 경과된 초 수를 계산한다. 두 번째 정수는 초의 소수부를 나타낸다. 초 부분의 정밀도는 기기에 따라 다르다.

시작점은 임의로 결정된다. 유닉스 기반 시스템에서 가장 일반적인 기원은 1970년 1월 1일 UTC다. 대안으로는 1601년 1월 1일(그레고리력의 시작), 1900년 1월 1일(NTP에서 사용됨) 그리고 좀 더 최근 애플리케이션에서 쓰이는 2000년 1월 1일이 있다. 고정 너비 정수를 사용하면 두 가지 주요 이점과 두 가지 주요 문제가 있다.

- 이점
  - 단순함 — 해당 형식을 이해하기 쉽다.
  - 효율성 — 정수 연산은 CPU 입장에서 가장 선호하는 작업이다.
- 약점
  - 고정폭 — 모든 고정 정수 타입은 유한하므로 시간이 결국 다시 0으로 바뀐다.
  - 부정확함 — 정수는 불연속적이지만 시간은 연속적이다. 1초 미만의 정확도와 관련하여 시스템마다 서로 다른 절충안을 쓰는데 이는 반올림 오류로 이어진다.

일반적인 접근 방식이 일관되지 않게 구현된다는 점도 중요하다. 실제로 초의 각 구성 요소를 표현하는 몇 가지 예는 다음과 같다.

- 유닉스 타임스탬프는 32비트 정수로 기원(1970년 1월 1일)부터의 밀리초를 나타낸다.
- 마이크로소프트 윈도우 FILETIME 구조체(윈도우 2000 이후)는 64비트 부호 없는 정수이며 1601년 1월 1일(UTC) 이후 100나노초 단위의 증가분으로 표현된다.
- 러스트 커뮤니티의 chrono 크레이트는 32비트 부호 있는 정수이며 적절한 시간대를 나타내기 위한 열거형과 함께 NaiveTime을 구현한다.[3]
- C 표준 라이브러리(libc) 내의 time_t(시간 타입을 의미하지만 단순 시간 또는 달력 시간이라고도 함)는 다음과 같이 여러 종류가 있다.
  - 딘컴웨어(Dinkumware) libc는 unsigned long int(32비트 부호 없는 정수)를 제공한다.
  - GNU libc에는 long int(32비트 부호 있는 정수)가 포함되어 있다.

---

3 chrono는 상대적으로 몇 가지 단점이 있는데 그중 하나는 나노초 항목에 윤초를 몰래 넣는 것이다.

- AVR libc는 32비트 부호 없는 정수를 사용하며 기원 2000년 1월 1일 자정 (UTC)을 기준으로 한다.

초의 소수점 이하 부분은 초 단위 부분과 동일한 타입을 사용하는 경향이 있지만 꼭 그렇지만도 않다. 이제 시간대를 살펴보자.

9.4.1 시간대 표현하기

시간대는 기술적 구분이 아니라 정치적 구분이다. 시간대에 따라 UTC와의 차이를 초로 환산하여 또 다른 정수로 저장하는 방식을 쓰도록 강제적이지는 않은 합의가 형성된 것으로 보인다.

9.5 clock v0.1.0: 시간을 알리는 방법을 애플리케이션에 가르치기

NTP 클라이언트 코딩을 시작하기 위해 시간을 읽는 방법을 먼저 배워 보자. 그림 9.1은 애플리케이션이 이를 어떻게 수행하는지 간략하게 보여 준다.

그림 9.1 애플리케이션은 운영 체제에서 시간 정보를 얻는데, 일반적으로 시스템 libc 구현에서 제공되는 기능이다.

지역 시간대로 시스템 시간을 읽어 주는 예제 9.2는 완전한 예라고 하기에는 너무 작게 느껴질 수 있다. 그러나 코드를 실행하면 ISO 8601 표준에 따라 형식이 지정된 현재 타임스탬프가 생성된다. 다음은 해당 애플리케이션의 구성이다. 이 소스 코드는 ch9/ch9-clock0/Cargo.toml에 있다.

예제 9.1 예제 9.2의 크레이트 구성

```
[package]
name = "clock"
version = "0.1.0"
authors = ["Tim McNamara <author@rustinaction.com>"]
edition = "2018"

[dependencies]
chrono = "0.4"
```

다음은 시스템 시간을 읽고 출력하는 코드다. 해당 소스 코드는 ch9/ch9-clock0/src/main.rs에 있다.

예제 9.2 시스템 시간을 읽어 화면에 출력하기

```
1 use chrono::Local;
2
3 fn main() {
4     let now = Local::now();     ❶
5     println!("{}", now);
6 }
```

 시스템의 현지 시간대 시간을 요청한다.

예제 9.2의 여섯 줄짜리 코드에는 많은 복잡성이 숨겨져 있다. 대부분은 이 장이 진행되는 동안 밝혀질 것이다. 지금은 chrono::Local이 마법을 부린다고 알기만 해도 충분하다. chrono::Local은 시간대가 포함된 타입이 정해진 값을 반환한다.

> ☑ 시간대가 포함되지 않은 타임스탬프와 상호 작용하거나 다른 형식의 잘못된 시간 계산을 수행하면 프로그램은 컴파일되지 않는다.

9.6 clock v0.1.1: ISO 8601과 이메일 표준을 준수하도록 타임스탬프 형식화하기

우리가 만들 clock 애플리케이션은 현재 시간을 알려 준다. 전체 애플리케이션 소스 코드는 예제 9.7에 있다. 이 장을 진행해 나가면서 NTP를 통해 수동으로 시간을 설정할 수 있도록 애플리케이션을 점진적으로 개선할 것이다. 하지만 지금은 예제 9.8의 코드를 컴파일한 후 --use-standard timestamp 플래그로 실행한 결과를 먼저 보자.

```
$ cd ch9/ch9-clock1
$ cargo run -- --use-standard rfc2822
warning: associated function is never used: `set`
  --> src/main.rs:12:8
   |
12 |     fn set() -> ! {
   |        ^^^
   |
   = note: `#[warn(dead_code)]` on by default
```

```
warning: 1 warning emitted
    Finished dev [unoptimized + debuginfo] target(s) in 0.01s
     Running `target/debug/clock --use-standard rfc2822`
Sat, 20 Feb 2021 15:36:12 +1300
```

9.6.1 더 다양한 아키텍처를 지원하도록 clock v0.1.0 코드 리팩터링

clock이 더 큰 애플리케이션이 될 수 있도록 뼈대를 만드는 데 잠깐 시간을 쓰자. 애플리케이션의 모양을 조금 바꿀 것이다. 함수를 사용하여 시간을 읽고 조정하는 대신 Clock 구조체의 정적 메서드를 사용하려 한다. 다음은 예제 9.7에서 발췌한 내용으로 예제 9.2에서 변경된 사항을 보여 준다.

예제 9.3 로컬 시스템 클록에서 시간 읽기

```
02 use chrono::{DateTime};
03 use chrono::{Local};
04
05 struct Clock;
06
07 impl Clock {
08   fn get() -> DateTime<Local> {    ❶
09     Local::now()
10   }
11
12   fn set() -> ! {
13     unimplemented!()
14   }
15 }
```

❶ DateTime<Local>은 지역 시간대 정보를 가지고 있는 DateTime 타입이다.

set()의 반환 타입은 무엇일까? 느낌표(!)는 해당 함수는 절대 종료되지 않는다고 컴파일러에 알려 준다(반환값 자체가 불가능함). 이를 Never 타입이라고 한다. 실행 시에 unimplemented!() 매크로(또는 비슷한 계열의 더 짧은 표현인 todo!()) 부분에 다다르면, 프로그램은 패닉이 발생해 종료된다.

Clock은 이 단계에서 순수하게 이름 공간 역할만 한다. 지금 구조체를 추가해서 이후에 확장할 수 있도록 한다. 애플리케이션이 점점 더 커짐에 따라 Clock을 호출할 때 상탯값을 포함시킨다거나 새로운 기능을 지원하는 트레이트를 구현하는 등에 유용할 것이다.

필드가 없는 구조체는 크기가 0인 타입 또는 ZST(zero-sized type)라고 한다. 완성된 애플리케이션에서는 메모리를 차지하지 않으며 오직 컴파일 때에만 구성된다.

9.6.2 시간 형식화하기

이 절에서는 ISO 8601, RFC 2822, RFC 3339에 따라 유닉스 타임스탬프 또는 형식이 지정된 문자열로 시간을 형식화하는 방법을 살펴본다. 다음 코드는 예제 9.7에서 발췌한 것으로 chrono에서 제공하는 기능을 사용하여 타임스탬프를 생성한다. 그런 다음 타임스탬프를 표준 출력으로 전송한다.

예제 9.4 타임스탬프 형식 지정에 사용된 방법 표시

```
53    let now = Clock::get();
54    match std {
55      "timestamp" => println!("{}", now.timestamp()),
56      "rfc2822"   => println!("{}", now.to_rfc2822()),
57      "rfc3339"   => println!("{}", now.to_rfc3339()),
58      _ => unreachable!(),
59    }
```

clock 애플리케이션은 (chrono 덕분에) timestamp, rfc2822, rfc3339 세 가지 형식을 지원한다.

- timestamp — 유닉스 타임스탬프라고도 하며 기원(1970년 1월 1일 0시) 이후 경과된 시간(초)의 형식을 지정한다.
- rfc2822 — 이메일 메시지 헤더 내에서 시간 형식을 지정하는 RFC 2822(*https://tools.ietf.org/html/rfc2822*)에 해당한다.
- rfc3339 — RFC 3339(*https://tools.ietf.org/html/rfc3339*)에 해당한다. RFC 3339는 ISO 8601 표준에 가까워 좀 더 일반적인 방식으로 시간 형식을 지정한다. 그런데 ISO 8601은 약간 더 엄격한 표준이다. 모든 RFC 3339 호환 타임스탬프는 ISO 8601 호환 타임스탬프이지만 그 반대는 아니다.

9.6.3 완전한 명령행 인터페이스 제공하기

명령행 인자는 애플리케이션이 설정될 때 운영 체제에서 애플리케이션에 제공하는 환경 정보의 일부다. 이 값은 원시 문자열이다. 러스트는 std::env::args를 통해 원시 Vec<String>에 접근하는 것을 어느 정도 지원하지만, 중간 크기 애플리케이션에 많은 분석 로직을 개발하는 것은 번잡할 수 있다.

우리가 바라는 출력 형식을 clock 앱이 실제로 지원할 수 있도록 특정 입력의 유효성을 검사할 수 있는 코드를 만들어야 한다. 그러나 입력을 검증하는 것은 짜증날 정도로 복잡하다. 이러한 어려움을 피하기 위해 clock은 clap 크레이트를 사용한다.

시작하는 데 유용한 두 가지 기본 타입이 있다. 바로 clap::App과 clap::Arg다. 각 clap::Arg는 명령행 인자와 해당 인자가 나타낼 수 있는 옵션을 나타낸다. clap::App은 이것들을 하나의 애플리케이션으로 모은다. 표 9.1의 공개 API를 지원하기 위해 예제 9.5에서는 하나의 App 내에서 함께 감싼 세 개의 Arg 구조체를 사용한다.

예제 9.5는 예제 9.7에서 발췌한 것이다. clap을 사용하여 표 9.1에 제시된 API를 구현하는 방법을 보여 준다.

사용법	설명	출력 예시
clock	기본 사용법, 현재 시간 출력	2018-06-17T11:25:19...
clock get	기본 형식을 사용하여 명시적으로 get 작업 제공	2018-06-17T11:25:19...
clock get --use-standard timestamp	형식화 표준을 사용하여 get 작업 제공	1529191458
clock get -s timestamp	짧은 표기법을 사용하는 형식화 표준을 사용하여 get 작업 제공	1529191458
clock set <datetime>	기본 분석 규칙을 이용하여 명시적으로 set 작업 제공	
clock set --use-standard timestamp <datetime>	입력이 유닉스 타임스탬프가 될 것임을 알려 주며, 명시적으로 set 작업 제공	

표 9.1 명령행에서 clock 애플리케이션을 실행하는 예. 각 명령은 파서에서 지원해야 한다.

예제 9.5 clap을 이용해 명령행 인자 분석하기

```
18   let app = App::new("clock")
19     .version("0.1")
20     .about("Gets and (aspirationally) sets the time.")
21     .arg(
22       Arg::with_name("action")
23         .takes_value(true)
```

```
24            .possible_values(&["get", "set"])
25            .default_value("get")
26            )
27        .arg(
28          Arg::with_name("std")
29            .short("s")
30            .long("use-standard")
31            .takes_value(true)
32            .possible_values(&[
33              "rfc2822",
34              "rfc3339",
35              "timestamp"
36              ])
37            .default_value("rfc3339"))
38        .arg(
39          Arg::with_name("datetime")
40            .help(
41              "When <action> is 'set', apply <datetime>. \    ❶
42              Otherwise, ignore."
43              ));
44
45    let args = app.get_matches();
```

❶ 러스트는 역슬래시를 만나면 개행 문자를 건너뛰고, 다음 들여쓰기 부분으로 작업을 이어 나
간다.

clap은 여러분을 대신하여 clock 애플리케이션 사용 설명서를 자동으로 생성한다.
--help 옵션을 사용하면 사용법 설명을 볼 수 있다.

9.6.4 clock v0.1.1: 전체 프로젝트

다음 터미널 세션은 공개 깃 저장소에서 clock v0.1.1 프로젝트를 다운로드하고 컴
파일하는 과정이다. 여기에는 이전 절에서 언급한 --help 옵션을 사용하는 부분도
포함된다.

```
$ git clone https://github.com/rust-in-action/code rust-in-action
$ cd rust-in-action/ch9/ch9-clock1
$ cargo build
...
   Compiling clock v0.1.1 (rust-in-action/ch9/ch9-clock1)
warning: associated function is never used: `set`    ❶
  --> src/main.rs:12:6
   |
12 |     fn set() -> ! {
   |        ^^^
```

```
    |
    = note: `#[warn(dead_code)]` on by default

warning: 1 warning emitted
```

$ cargo run -- --help ❷
```
...
clock 0.1
Gets and sets (aspirationally) the time.

USAGE:
    clock.exe [OPTIONS] [ARGS]

FLAGS:
    -h, --help       Prints help information
    -V, --version    Prints version information

OPTIONS:
    -s, --use-standard <std> [default: rfc3339]
                             [possible values: rfc2822, rfc3339, timestamp]

ARGS:
    <action>       [default: get]  [possible values: get, set]
    <datetime>     When <action> is 'set', apply <datetime>. Otherwise, ignore.
```

$ target/debug/clock ❸
```
2021-04-03T15:48:23.984946724+13:00
```

❶ 이 경고는 clock v0.1.2에서 제거된다.

❷ -- 우측에 있는 인자는 실행 파일로 전달된다.

❸ target/debug/clock 실행 파일을 직접 실행한다.

프로젝트를 단계별로 생성하려면 약간 더 많은 작업이 필요하다. clock v0.1.1은 카고에서 관리하는 프로젝트이므로 표준 구조를 따른다.

```
├── Cargo.toml     ❶
└── src
    └── main.rs     ❷
```

❶ 예제 9.6

❷ 예제 9.7

수동으로 생성하려면 다음 단계를 따른다.

1. 명령행에서 다음 명령을 실행한다.

```
$ cargo new clock
$ cd clock
$ cargo install cargo-edit
$ cargo add clap@2
$ cargo add chrono@0.4
```

2. 프로젝트의 Cargo.toml 파일의 내용을 예제 9.6과 비교한다. 저자(authors) 필드를 빼고 나머지는 모두 똑같아야 한다.

3. src/main.rs의 내용을 예제 9.7로 바꾼다.

다음은 프로젝트의 Cargo.toml 파일이다. ch9/ch9-clock1/Cargo.toml에 있다. 이어지는 예제 9.7은 프로젝트의 src/main.rs 파일이다. 소스 코드는 ch9/ch9-clock1/src/main.rs에 있다.

예제 9.6 clock v0.1.1의 크레이트 환경 설정

```
[package]
name = "clock"
version = "0.1.1"
authors = ["Tim McNamara <author@rustinaction.com>"]
edition = "2018"

[dependencies]
chrono = "0.4"
clap = "2"
```

예제 9.7 명령행으로부터 형식화된 날짜를 만들어 내는 clock 0.1.1

```
01 use chrono::DateTime;
02 use chrono::Local;
03 use clap::{App, Arg};
04
05 struct Clock;
06
07 impl Clock {
08   fn get() -> DateTime<Local> {
09     Local::now()
10   }
11
12   fn set() -> ! {
13     unimplemented!()
14   }
15 }
```

```
16
17 fn main() {
18   let app = App::new("clock")
19     .version("0.1")
20     .about("Gets and (aspirationally) sets the time.")
21     .arg(
22       Arg::with_name("action")
23         .takes_value(true)
24         .possible_values(&["get", "set"])
25         .default_value("get"),
26     )
27     .arg(
28       Arg::with_name("std")
29         .short("s")
30         .long("use-standard")
31         .takes_value(true)
32         .possible_values(&[
33           "rfc2822",
34           "rfc3339",
35           "timestamp",
36         ])
37         .default_value("rfc3339"),
38     )
39     .arg(Arg::with_name("datetime").help(
40       "When <action> is 'set', apply <datetime>. \
41        Otherwise, ignore.",
42     ));
43
44   let args = app.get_matches();
45
46   let action = args.value_of("action").unwrap();      ❶
47   let std = args.value_of("std").unwrap();
48
49   if action == "set" {
50     unimplemented!()      ❷
51   }
52
53   let now = Clock::get();
54   match std {
55     "timestamp" => println!("{}", now.timestamp()),
56     "rfc2822" => println!("{}", now.to_rfc2822()),
57     "rfc3339" => println!("{}", now.to_rfc3339()),
58     _ => unreachable!(),
59   }
60 }
```

❶ default_value("get")과 default_value("rfc3339")를 통해 각 인자에 기본값을 제공한
다. 이 두 줄에서 unwrap()을 호출하는 것이 안전하다.

❷ 시간 설정은 아직 준비되지 않았으므로 빠르게 종료한다.

9.7 clock v0.1.2: 시간 설정

운영 체제마다 자체 메커니즘이 있기 때문에 시간 설정은 복잡하다. 교차 이식 가능한 프로그램을 만들려면 운영 체제별 조건부 컴파일 기능을 사용할 필요가 있다.

9.7.1 공통 동작

예제 9.11은 시간을 설정하는 두 가지 구현이다. 이 두 가지는 일반적인 패턴을 따른다.

1. 명령행 인자를 구문 분석하여 DateTime<FixedOffset> 값을 만든다. FixedOffset 시간대는 chrono에서 제공하는데 '사용자가 제공한 시간대'에 대한 프락시다. chrono는 어떤 시간대가 선택되는지 컴파일 시에는 알지 못한다.
2. 시간대를 비교할 수 있도록 DateTime<FixedOffset>을 DateTime<Local>로 변환한다.
3. 필요한 시스템 호출에 대한 인자로 사용되는 운영 체제별 구조체를 인스턴스화한다(시스템 호출은 운영 체제에서 제공하는 함수 호출이다).
4. unsafe 블록 내에서 시스템 시간을 설정한다. 이 블록은 운영 체제에 책임을 위임하기 때문에 필요하다.
5. 갱신된 시간을 출력한다.

> **!** 이 코드는 시스템 시간을 다른 시간으로 바꾼다. 이 변경 때문에 시스템이 불안정해질 수 있다.

일부 애플리케이션은 시간이 단조 증가할 것으로 예상한다. 더 똑똑한(그러나 더 복잡한) 접근 방식은 원하는 시간에 도달할 때까지 n초 동안 1초의 길이를 조정하는 것이다. 이 기능은 9.6.1에서 소개된 Clock 구조체 내에서 구현된다.

9.7.2 libc를 이용하는 운영 체제에서 시간 설정하기

POSIX 호환 운영 체제는 libc에서 제공하는 settimeofday() 호출을 통해 시간을 설정할 수 있다. libc는 C 표준 라이브러리이며 역사적으로 유닉스 운영 체제와 관련이 있다. 실제로 C 언어를 개발해 유닉스를 재작성했다. 오늘날에도 유닉스 파생제품과 상호 작용하려면 C 언어에서 제공하는 도구를 사용해야 한다. 러스트 프로그래머가 예제 9.11의 코드를 이해하는 데 필요한 두 가지 장애물이 있다. 이에 대해서는 다음 절에서 다룬다.

- libc에서 제공되는 이상한 타입들
- 포인터를 인자로 제공하는 낯섦

libc 타입 명명 관례

libc는 러스트와 다른 명명 관례를 사용한다. libc는 파스칼 케이스로 타입을 나타내지 않으며 소문자 사용을 선호한다. 즉, 러스트가 TimeVal을 사용하는 반면 libc는 timeval을 사용한다. 타입 별칭을 처리할 때는 규칙이 약간 달라진다. libc 내에서 타입 별칭은 타입 이름에 밑줄과 문자 t(_t)를 추가한다. 다음 코드 조각에서는 libc 크레이트의 일부를 가져오는 것과 러스트로 timeval 타입을 만드는 것을 보여준다.

예제 9.8의 64행에 다음 줄이 나온다.

```
libc::{timeval, time_t, suseconds_t};
```

위 코드는 두 가지 타입 별칭과 구조체 정의를 나타낸다. 러스트 구문에서는 다음과 같이 정의된다.

```
#![allow(non_camel_case_types)]

type time_t = i64;
type suseconds_t = i64;

pub struct timeval {
  pub tv_sec: time_t,
  pub tv_usec: suseconds_t,
}
```

time_t는 기원 이후 경과된 초를 나타낸다. suseconds_t는 현재 초의 소수점 부분을 나타낸다.

시간 기록과 관련된 타입과 함수에는 많은 간접 참조가 포함된다. 코드는 구현하기 쉽도록 설계됐으며, 이는 로컬 구현자(하드웨어 디자이너)가 플랫폼에서 필요한 부분을 변경할 수 있음을 의미한다. 이를 수행하는 방법은 정의된 정수 타입을 고수하기보다는 모든 곳에서 타입 별칭을 사용하는 것이다.

윈도우 운영 체제가 아닌 곳에서의 clock 코드

libc 라이브러리는 예제 9.8에서 사용할 편리한 함수인 settimeofday를 제공한다.
비윈도우 플랫폼용 크레이트에 libc 바인딩을 가져오려면 프로젝트의 Cargo.toml
파일에 두 줄을 추가한다.

```
[target.'cfg(not(windows))'.dependencies]    ❶
libc = "0.2"
```

> ❶ 이 두 줄을 해당 파일의 끝에 추가한다.

예제 9.11에서 발췌한 다음 내용은 C 표준 라이브러리인 libc로 시간을 설정하는
방법이다. 여기에서는 리눅스, BSD 운영 체제 또는 기타 비슷한 운영 체제를 사용
한다.

예제 9.8 libc 환경에서 시간 설정하기

```
62    #[cfg(not(windows))]
63    fn set<Tz: TimeZone>(t: DateTime<Tz>) -> () {    ❶
64      use libc::{timeval, time_t, suseconds_t};      ❷
65      use libc::{settimeofday, timezone};
66
67      let t = t.with_timezone(&Local);
68      let mut u: timeval = unsafe { zeroed() };
69
70      u.tv_sec = t.timestamp() as time_t;
71      u.tv_usec =
72        t.timestamp_subsec_micros() as suseconds_t;
73
74      unsafe {
75        let mock_tz: *const timezone = std::ptr::null();    ❸
76        settimeofday(&u as *const timeval, mock_tz);
77      }
78    }
```

> ❶❸ t는 명령행에서 받아오고 분석이 이미 완료됐다.
>
> ❷ settimeofday()의 timezone 매개 변수는 일종의 역사적 실수다. 널이 아닌 값을 전달하는 경
> 우 에러가 발생한다.

전역 범위에 영향을 주지 않도록 함수 내에서 운영 체제별로 가져오기를 수행한
다. libc::settimeofday는 시스템 시계를 수정하는 함수이며 suseconds_t, time_t,
timeval, timezone은 모두 시스템 시계와 상호 작용하는 데 사용되는 타입이다.

이 코드는 안이하고, 어쩌면 위험할 정도로 settimeofday 함수가 성공적으로 수행됐는지 확인하지 않는다. 어쩌면 실패했을 가능성이 크다. 이 부분은 clock 애플리케이션의 다음 버전에서 수정할 것이다.

9.7.3 마이크로소프트 윈도우에서 시간 설정

마이크로소프트 윈도우용 코드는 libc 버전과 비슷하다. 시간을 설정하는 구조체에 초 및 초의 소수점 부분 외에도 더 많은 필드가 있기 때문에 내용이 다소 길다. libc 라이브러리에 해당하는 요소는 kernel32.dll이며, winapi 크레이트를 포함시킨 후 접근할 수 있다.

윈도우 API 정수 타입

윈도우는 독자적인 정수 타입을 제공한다. 이 코드에서는 WORD 타입만 사용하지만 컴퓨터가 16비트 CPU를 사용한 이후 등장한 두 가지 다른 일반적인 타입을 알아 두면 유용할 것이다. 다음 표는 kernel32.dll의 정수 타입이 어떻게 러스트 타입에 대응하는지 보여 준다.

윈도우 타입	러스트 타입	비고
WORD	u16	윈도우가 처음 만들어졌을 때의 CPU '워드' 너비다.
DWORD	u32	두 개(double)의 워드
QWORD	u64	네 개(quadruple)의 워드
LARGE_INTEGER	i64	32비트 및 64비트 플랫폼에서 코드를 공유할 수 있도록 보조 수단으로 정의된 타입
ULARGE_INTEGER	u64	LARGE_INTEGER의 부호 없는 버전

윈도우에서 시간 표현

윈도우는 여러 시간 타입을 제공한다. 그러나 clock 애플리케이션 내에서 우리는 대부분 SYSTEMTIME에 관심이 있다. 제공되는 또 다른 타입은 FILETIME이다. 다음 표에서는 혼동을 피하기 위해 이러한 타입에 대해 설명한다.

윈도우 타입	러스트 타입	비고
SYSTEMTIME	winapi::SYSTEMTIME	년, 월, 요일, 일, 시, 분, 초, 밀리초에 대한 필드를 포함한다.
FILETIME	winapi::FILETIME	libc::timeval과 비슷하다. 초와 밀리초 필드를 포함한다. 마이크로소프트 문서에 따르면 64비트 플랫폼에서 이를 사용할 경우 까다로운 타입 변환 없이는 오버플로 버그가 발생할 수 있다고 경고하므로 여기에서는 사용하지 않는다.

윈도우 clock 코드

SYSTEMTIME 구조체가 많은 필드를 포함하므로 이를 생성하면 조금 더 길다. 다음은 이러한 생성 과정이다.

예제 9.9 윈도우 kernel32.dll API를 이용하여 시간 설정하기

```
19    #[cfg(windows)]
20    fn set<Tz: TimeZone>(t: DateTime<Tz>) -> () {
21      use chrono::Weekday;
22      use kernel32::SetSystemTime;
23      use winapi::{SYSTEMTIME, WORD};
24
25      let t = t.with_timezone(&Local);
26
27      let mut systime: SYSTEMTIME = unsafe { zeroed() };
28
29      let dow = match t.weekday() {
30        Weekday::Mon => 1,
31        Weekday::Tue => 2,
32        Weekday::Wed => 3,
33        Weekday::Thu => 4,                    ❶
34        Weekday::Fri => 5,
35        Weekday::Sat => 6,
36        Weekday::Sun => 0,
37      };
38
39      let mut ns = t.nanosecond();
40      let mut leap = 0;
41      let is_leap_second = ns > 1_000_000_000;
42                                              ❷
43      if is_leap_second {
44        ns -= 1_000_000_000;
45        leap += 1;
46      }
47
48      systime.wYear = t.year() as WORD;
49      systime.wMonth = t.month() as WORD;
```

```
50    systime.wDayOfWeek = dow as WORD;
51    systime.wDay = t.day() as WORD;
52    systime.wHour = t.hour() as WORD;
53    systime.wMinute = t.minute() as WORD;
54    systime.wSecond = t.second() as WORD;
55    systime.wMilliseconds = (ns / 1_000_000) as WORD;
56
57    let systime_ptr = &systime as *const SYSTEMTIME;
58
59    unsafe {
60        SetSystemTime(systime_ptr);          ❸
61    }
62  }
```

❶ chrono::Datelike 트레이트는 weekday() 메서드를 제공한다. 마이크로소프트 개발자 문서
에 변환표가 있다.

❷ 구현 세부 사항으로 chrono는 나노초 필드 내에 여분의 초를 추가하여 윤초를 나타낸다. 윈도
우에서 요구하는 대로 나노초를 밀리초로 변환하려면 이를 고려해야 한다.

❸ 러스트 컴파일러 관점에서 메모리에 직접 접근하는 것은 안전하지 않다. 러스트는 윈도우 커널
이 제대로 작동한다고 보장할 수 없다.

9.7.4 clock v0.1.2: 전체 코드

clock v0.1.2는 다음과 같이 v0.1.1과 동일한 프로젝트 구조를 따른다. 플랫폼에 따
라 다르게 동작하게 하려면 Cargo.toml에 몇 가지 수정이 필요하다.

```
clock
├── Cargo.toml      ❶
└── src
    └── main.rs     ❷

       ❶ 예제 9.10
       ❷ 예제 9.11
```

예제 9.10과 9.11은 해당 프로젝트의 전체 코드를 보여 준다. 이 코드는 ch9/ch9-
clock2/Cargo.toml과 ch9/ch9-clock2/src/main.rs에 있다.

예제 9.10 예제 9.11을 위한 크레이트 환경 설정

```
[package]
name = "clock"
version = "0.1.2"
authors = ["Tim McNamara <author@rustinaction.com>"]
edition = "2018"
```

```
[dependencies]
chrono = "0.4"
clap = "2"

[target.'cfg(windows)'.dependencies]
winapi = "0.2"
kernel32-sys = "0.2"

[target.'cfg(not(windows))'.dependencies]
libc = "0.2"
```

예제 9.11 시스템 시간을 설정하는 이식성 높은 코드

```
001 #[cfg(windows)]
002 use kernel32;
003 #[cfg(not(windows))]
004 use libc;
005 #[cfg(windows)]
006 use winapi;
007
008 use chrono::{DateTime, Local, TimeZone};
009 use clap::{App, Arg};
010 use std::mem::zeroed;
011
012 struct Clock;
013
014 impl Clock {
015   fn get() -> DateTime<Local> {
016     Local::now()
017   }
018
019   #[cfg(windows)]
020   fn set<Tz: TimeZone>(t: DateTime<Tz>) -> () {
021     use chrono::Weekday;
022     use kernel32::SetSystemTime;
023     use winapi::{SYSTEMTIME, WORD};
024
025     let t = t.with_timezone(&Local);
026
027     let mut systime: SYSTEMTIME = unsafe { zeroed() };
028
029     let dow = match t.weekday() {
030       Weekday::Mon => 1,
031       Weekday::Tue => 2,
032       Weekday::Wed => 3,
033       Weekday::Thu => 4,
034       Weekday::Fri => 5,
035       Weekday::Sat => 6,
036       Weekday::Sun => 0,
```

```
037       };
038
039       let mut ns = t.nanosecond();
040       let is_leap_second = ns > 1_000_000_000;
041
042       if is_leap_second {
043         ns -= 1_000_000_000;
044       }
045
046       systime.wYear = t.year() as WORD;
047       systime.wMonth = t.month() as WORD;
048       systime.wDayOfWeek = dow as WORD;
049       systime.wDay = t.day() as WORD;
050       systime.wHour = t.hour() as WORD;
051       systime.wMinute = t.minute() as WORD;
052       systime.wSecond = t.second() as WORD;
053       systime.wMilliseconds = (ns / 1_000_000) as WORD;
054
055       let systime_ptr = &systime as *const SYSTEMTIME;
056
057       unsafe {
058         SetSystemTime(systime_ptr);
059       }
060     }
061
062     #[cfg(not(windows))]
063     fn set<Tz: TimeZone>(t: DateTime<Tz>) -> () {
064       use libc::{timeval, time_t, suseconds_t};
065       use libc::{settimeofday, timezone};
066
067       let t = t.with_timezone(&Local);
068       let mut u: timeval = unsafe { zeroed() };
069
070       u.tv_sec = t.timestamp() as time_t;
071       u.tv_usec =
072         t.timestamp_subsec_micros() as suseconds_t;
073
074       unsafe {
075         let mock_tz: *const timezone = std::ptr::null();
076         settimeofday(&u as *const timeval, mock_tz);
077       }
078     }
079 }
080
081 fn main() {
082   let app = App::new("clock")
083     .version("0.1.2")
084     .about("Gets and (aspirationally) sets the time.")
085     .after_help(
```

```
086        "Note: UNIX timestamps are parsed as whole \
087         seconds since 1st January 1970 0:00:00 UTC. \
088         For more accuracy, use another format.",
089      )
090      .arg(
091        Arg::with_name("action")
092          .takes_value(true)
093          .possible_values(&["get", "set"])
094          .default_value("get"),
095      )
096      .arg(
097        Arg::with_name("std")
098          .short("s")
099          .long("use-standard")
100          .takes_value(true)
101          .possible_values(&[
102            "rfc2822",
103            "rfc3339",
104            "timestamp",
105          ])
106          .default_value("rfc3339"),
107      )
108      .arg(Arg::with_name("datetime").help(
109        "When <action> is 'set', apply <datetime>. \
110        Otherwise, ignore.",
111      ));
112
113    let args = app.get_matches();
114
115    let action = args.value_of("action").unwrap();
116    let std = args.value_of("std").unwrap();
117
118    if action == "set" {
119      let t_ = args.value_of("datetime").unwrap();
120
121      let parser = match std {
122        "rfc2822" => DateTime::parse_from_rfc2822,
123        "rfc3339" => DateTime::parse_from_rfc3339,
124        _ => unimplemented!(),
125      };
126
127      let err_msg = format!(
128        "Unable to parse {} according to {}",
129        t_, std
130      );
131      let t = parser(t_).expect(&err_msg);
132
133      Clock::set(t)
134    }
```

```
135
136    let now = Clock::get();
137
138    match std {
139      "timestamp" => println!("{}", now.timestamp()),
140      "rfc2822" => println!("{}", now.to_rfc2822()),
141      "rfc3339" => println!("{}", now.to_rfc3339()),
142      _ => unreachable!(),
143    }
144 }
```

9.8 오류 처리 향상시키기

이전에 운영 체제를 다룬 적이 있는 독자라면 9.7절의 일부 코드가 당혹스러울 것이다. 무엇보다도 settimeofday()와 SetSystemTime()호출이 실제로 성공했는지 여부를 확인하지 않았다.

시간 설정이 실패하는 데는 여러 이유가 있다. 가장 일반적인 경우는 시간을 설정하려는 사용자에게 권한이 없는 것이다. 확실한 방식은 Clock::set(t)가 Result를 반환하도록 하는 것이다. 이 방법은 이미 상세히 설명하는 데 시간을 들인 두 가지 기능을 수정해야 하므로 대신 운영 체제의 오류 보고를 사용하는 해결 방법을 소개한다.

```
fn main() {
  // ...
  if action == "set" {
    // ...

    Clock::set(t);

    let maybe_error =
      std::io::Error::last_os_error();      ❶
    let os_error_code =
      &maybe_error.raw_os_error();          ❷

    match os_error_code {
      Some(0) => (),        ❸
      None => (),
      Some(_) => eprintln!("Unable to set the time: {:?}", maybe_error),
    }
  }
}
```

❶❷ maybe_error를 해체해(deconstruct) 패턴 검사를 쉽게 할 수 있도록 원시 i32 값으로 변

환한다.

❸ 원시 정숫값에 대한 패턴 검사를 하면 열거형을 쓸 필요가 없지만 타입 안정성이 희생된다. 실제 운영할 코드에서는 이런 식으로 약은 수를 쓰면 안 된다.

Clock::set(t)를 호출한 후 러스트는 std::io::Error::last_os_error()로 운영 체제와 잘 통신한다. 러스트는 오류 코드가 생성됐는지 확인한다.

9.9 clock 0.1.3: 네트워크 시간 프로토콜로 클록 간 차이 해결하기

정확한 시간에 대한 합의에 도달하는 것을 공식적으로는 시간 동기화라고 한다. 시간 동기화에 대한 여러 국제 표준이 있다. 이 절에서는 가장 유명한 NTP에 중점을 둔다.

NTP는 1980년대 중반부터 존재했으며 매우 안정적인 것으로 입증됐다. NTP의 온와이어 형식은 프로토콜의 첫 4개 개정판에서 변경되지 않았으며 하위 호환성이 내내 유지됐다. NTP는 '항상 켜짐'과 '요청/응답' 정도로 설명할 수 있는 두 가지 모드에서 작동한다.

항상 켜짐 모드를 사용하면 컴퓨터 여러 대가 P2P 방식으로 작업하여 현재(now)라는 정의에 대한 합의를 도출할 수 있다. 각 장치에서 상시 실행되는 소프트웨어 데몬이나 서비스가 필요하지만 로컬 네트워크 내에서 긴밀한 동기화를 달성할 수 있다.

요청/응답 모드는 훨씬 간단하다. 로컬 클라이언트는 단일 메시지를 통해 시간을 요청한 다음 응답을 구문 분석하여 경과 시간을 추적한다. 그런 다음 클라이언트는 원래 타임스탬프를 서버에서 보낸 타임스탬프와 비교하고, 네트워크 대기 시간으로 인한 지연을 변경하고 필요한 조정을 수행하여 로컬 시계를 서버 시간에 맞출 수 있다.

컴퓨터는 어떤 서버에 연결해야 하는가? NTP는 계층 구조로 작동한다. 중앙에는 작은 원자시계 네트워크가 있다. 국가 수준의 서버 풀도 있다.

NTP를 사용하면 클라이언트가 원자시계에 더 가까운 컴퓨터에 시간을 요청할 수 있다. 그러나 그것은 전체 과정의 일부일 뿐이다. 자신의 컴퓨터가 10대의 컴퓨터에 몇 시인지 묻는다고 가정해 보자. 이제 시간에 대한 10개의 서로 다른 주장이 있으며 네트워크 지연은 소스마다 다르다!

9.9.1 NTP 요청을 보내고 응답을 해석하기

컴퓨터가 자체 시간을 수정하려고 하는 클라이언트-서버 상황을 고려해 보자. 확인하려는 모든 컴퓨터(이를 시간 서버라고 하자)에는 두 가지 메시지가 있다.

- 컴퓨터에서 각 시간 서버로 보내는 메시지는 요청이다.
- 그 대답을 응답이라고 한다.

이 두 메시지는 4개의 시점을 생성한다. 이것들이 순서대로 발생한다는 점에 주의하자.

- T_1 — 요청이 전송됐을 때 클라이언트의 타임스탬프. 코드에서 t1이라고 한다.
- T_2 — 요청이 수신됐을 때 시간 서버의 타임스탬프. 코드에서 t2라고 한다.
- T_3 — 응답을 보낼 때 시간 서버의 타임스탬프. 코드에서 t3이라고 한다.
- T_4 — 응답이 수신됐을 때 클라이언트의 타임스탬프. 코드에서 t4라고 한다.

T_1~T_4는 RFC 2030 명세에 지정되어 있다. 그림 9.2는 이 타임스탬프를 보여 준다.

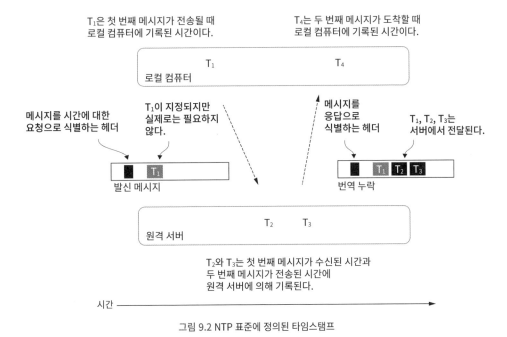

그림 9.2 NTP 표준에 정의된 타임스탬프

이것이 코드에서 의미하는 바를 보려면 잠시 시간을 내어 예제 9.12를 살펴보자. 2~12행은 연결이 어떻게 이뤄지는지 다룬다. 11~18행은 T_1~T_4를 생성한다.

예제 9.12 NTP 메시지를 전송하는 함수 정의

```
01 fn ntp_roundtrip(host: &str, port: u16) -> Result<NTPResult, std::io::Error> {
02   let destination = format!("{}:{}", host, port);
03   let timeout = Duration::from_secs(1);
04
05   let request = NTPMessage::client();
06   let mut response = NTPMessage::new();
07
08   let message = request.data;
09   let mut udp = UdpSocket::bind(LOCAL_ADDR)?;
10
11   udp.connect(&destination).expect("unable to connect");
12
13   let t1 = Utc::now();      ❶
14
15   udp.send(&message)?;      ❷
16   udp.set_read_timeout(Some(timeout));
17   udp.recv_from(&mut response.data)?;     ❸
18
19   let t4 = Utc::now();
20
21   let t2: DateTime<Utc> = ┐
22     response              │
23       .rx_time()          │  ❹
24       .unwrap()           │
25       .into();            ┘
26
27   let t3: DateTime<Utc> = ┐
28     response              │
29       .tx_time()          │  ❺
30       .unwrap()           │
31       .into();            ┘
32
33   Ok(NTPResult {
34     t1: t1,
35     t2: t2,
36     t3: t3,
37     t4: t4,
38   })
39 }
```

❶ 이 코드는 t1을 발신 메시지로 인코딩하지 않는 속임수를 쓴다. 그러나 실제로 이것은 완벽하게 잘 작동하고 부분적으로 더 적은 작업만 필요하다.

❷ 요청 페이로드(다른 곳에서 정의됨)를 서버로 보낸다.

❸ 데이터를 수신할 준비가 될 때까지 애플리케이션을 차단한다.

❹ rx_time()은 수신된 타임스탬프를 나타내며 서버가 클라이언트의 메시지를 수신한 시간이다.

⑤ tx_time()은 전송된 타임스탬프를 나타내며 서버가 응답을 보낸 시간이다.

예제 9.12에 **NTPResult**로 캡슐화된 T_1~T_4는 현지 시간이 서버 시간과 일치하는지 여부를 판단하는 데 모두 필요하다. 프로토콜에는 오류 처리와 관련된 내용이 더 많이 포함되어 있지만 여기서는 단순화를 위해 생략했다. 그것만 뺀다면 완벽하게 사용 가능한 NTP 클라이언트다.

9.9.2 서버 응답에 따른 로컬 시간 조정

우리 클라이언트가 NTP 응답을 적어도 하나(그리고 바라건대 몇 개 더) 받았다는 것을 감안할 때 남은 일은 '적절한' 시간을 계산하는 것이다. 하지만 몇 시가 맞을까? 우리가 가지고 있는 것은 상대적 타임스탬프뿐이다. 우리가 접근할 수 있는 보편적인 '정확성'은 아직 없다.

 그리스 문자를 좋아하지 않는 독자는 다음 몇 단락을 간단히 훑어보거나 건너뛰어도 된다.

NTP 문서에는 해당 상황을 해결하는 데 도움이 되는 두 가지 방정식이 있다. 우리의 목표는 두 값을 계산하는 것이다. 표 9.2에서 이를 보여 준다.

- 시간 오프셋은 우리가 궁극적으로 관심을 갖는 것이다. 공식 문서에서는 θ(세타)로 표시한다. θ가 양수일 때 우리의 시계는 빠르다. 음수이면 느리다
- 지연은 네트워크 정체, 대기 시간, 기타 노이즈로 인해 생긴다. 이것은 δ(델타)로 표시된다. δ가 크면 판독값의 신뢰성이 낮다는 것을 의미한다. 우리 코드는 이 값을 사용하여 빠르게 응답하는 서버를 따른다.

$\delta = (T_4 - T_1) - (T_3 - T_2)$	$(T_4 - T_1)$은 클라이언트 측에서 소비한 총 시간이다. $(T_3 - T_2)$는 서버 측에서 쓴 총 시간이다. 두 차이(예: δ)는 클록 간 차이에 대한 추정치에 네트워크 트래픽 및 처리로 인한 지연을 더한 것이다.
$\theta = ((T_2 - T_1) + (T_4 - T_3)) / 2$	두 쌍의 타임스탬프의 평균을 취한다

표 9.2 NTP의 θ와 δ를 계산하기

시간이 실제로 무엇인지 알고자 하는 원천적인 욕구에 비춰 볼 때 이런 수학적인 방식은 혼란스러울 수 있다. 실질적인 시간을 알 수 없으며 서버에서 저마다 시간을 주장할 뿐이다.

NTP는 하루에 여러 번 작동하도록 설계됐으며 이 프로토콜에 참여한 서버는 시간이 지남에 따라 시계를 조금씩 움직인다. 충분한 조정이 이루어지면 θ는 0이 되고 δ는 상대적으로 안정된다.

이 표준은 조정을 수행하는 공식이 상당히 규범적이다. 예를 들어, NTP 참조 구현에는 악의적인 행위자와 기타 가짜 결과의 영향을 제한하는 몇 가지 유용한 필터링이 포함된다. 그러나 우리는 해당 필터링을 대신하는 편법을 쓸 것이다. 우리는 $1/\theta^2$로 가중된 평균차를 취할 것이다. 이렇게 하면 느린 서버에 적극적으로 불이익을 준다. 부정적인 결과의 가능성을 최소화하려면 다음과 같이 한다.

- '좋은' 활동자로 알려진 대상으로부터 시간을 확인한다. 특히 우리는 의심스러운 결과를 얻을 가능성을 최소화하기 위해 주요 운영 체제 판매사와 그 외 신뢰할 수 있는 소스에서 호스팅하는 시간 서버를 사용할 것이다
- 결과에 너무 많은 영향을 미치는 단일 결과를 쓰지 않는다. 로컬 시간으로 조정하는 경우 200밀리초의 조정 상한선을 둔다.

예제 9.15에서 발췌한 다음 코드는 다중 시간 서버에 대한 이와 같은 절차를 보여준다.

예제 9.13 다수의 응답을 통해 시간 조정하기

```
175  fn check_time() -> Result<f64, std::io::Error> {
176    const NTP_PORT: u16 = 123;
177
178    let servers = [
179      "time.nist.gov",
180      "time.apple.com",
181      "time.euro.apple.com",
182      "time.google.com",          ❶
183      "time2.google.com",
184      //"time.windows.com",       ❷
185    ];
186
187    let mut times = Vec::with_capacity(servers.len());
188
189    for &server in servers.iter() {
190      print!("{} =>", server);
191
192      let calc = ntp_roundtrip(&server, NTP_PORT);
193
194      match calc {
195        Ok(time) => {
```

```
196        println!(" {}ms away from local system time", time.offset());
197        times.push(time);
198      }
199    Err(_) => {
200        println!(" ? [response took too long]")
201      }
202    };
203  }
204
205  let mut offsets = Vec::with_capacity(servers.len());
206  let mut offset_weights = Vec::with_capacity(servers.len());
207
208  for time in &times {
209    let offset = time.offset() as f64;
210    let delay = time.delay() as f64;
211
212    let weight = 1_000_000.0 / (delay * delay);    ❸
213    if weight.is_finite() {
214      offsets.push(offset);
215      offset_weights.push(weight);
216    }
217  }
218
219  let avg_offset = weighted_mean(&offsets, &offset_weights);
220
221  Ok(avg_offset)
222 }
```

❶ 구글 시간 서버는 초를 추가하는 대신 초의 길이를 확장하여 윤초를 구현한다. 따라서 이 서버
   는 약 18개월마다 하루씩 여타 서버와는 다른 시간을 보고한다.

❷ 이 책을 쓰는 시점에 마이크로소프트 시간 서버는 다른 서버보다 15초 빠르다.

❸ 느린 서버에는 가중치를 매우 많이 줄임으로써 불이익을 준다.

9.9.3 다른 정밀도와 기원을 사용하는 시간 표현 간 변환

chrono는 나노초(10의 −9제곱) 정밀도까지 초의 소수 부분을 나타내는 반면, NTP
는 약 250피코초(10의 −12제곱)만큼의 오차를 가진다. 약 4배 더 정확하다! 서로
다른 내부 표현을 사용하면 변환 도중 정확도가 조금은 손실될 가능성이 있다.

From 트레이트는 두 타입이 변환될 수 있음을 러스트에 알려 주는 메커니즘이다.
From은 from() 메서드를 제공하며 이 메서드는 러스트 사용 초기에 접하게 된다(예:
String::from("Hello, world!")).

다음은 예제 9.15에서 발췌한 세 가지를 조합한 것으로 std::convert::From 트레
이트 구현이다. 이 코드로 인해 예제 9.12의 25행과 31행에서 .into() 호출이 가능
했다.

예제 9.14 chrono::DateTime과 NTP 타임스탬프를 서로 변환하기

```rust
19 const NTP_TO_UNIX_SECONDS: i64 = 2_208_988_800;    ❶
20 const LOCAL_ADDR: &'static str = "0.0.0.0:12300";
21
22 #[derive(Default, Debug, Copy, Clone)]
23 struct NTPTimestamp {
24   seconds: u32,                    ❷
25   fraction: u32,
26 }
27
28 struct NTPMessage {
29   data: [u8; NTP_MESSAGE_LENGTH],
30 }
31
32 #[derive(Debug)]
33 struct NTPResult {
34   t1: DateTime<Utc>,
35   t2: DateTime<Utc>,
36   t3: DateTime<Utc>,
37   t4: DateTime<Utc>,
38 }
39
40 impl NTPResult {
41   fn offset(&self) -> i64 {
42     let delta = self.delay();
43     delta.abs() / 2
44   }
45
46   fn delay(&self) -> i64 {
47     let duration = (self.t4 - self.t1) - (self.t3 - self.t2);
48     duration.num_milliseconds()
49   }
50 }
51
52 impl From<NTPTimestamp> for DateTime<Utc> {
53   fn from(ntp: NTPTimestamp) -> Self {
54     let secs = ntp.seconds as i64 - NTP_TO_UNIX_SECONDS;
55     let mut nanos = ntp.fraction as f64;
56     nanos *= 1e9;                       ❸
57     nanos /= 2_f64.powi(32);
58
59     Utc.timestamp(secs, nanos as u32)
60   }
61 }
62
63 impl From<DateTime<Utc>> for NTPTimestamp {
64   fn from(utc: DateTime<Utc>) -> Self {
65     let secs = utc.timestamp() + NTP_TO_UNIX_SECONDS;
```

```
66    let mut fraction = utc.nanosecond() as f64;
67    fraction *= 2_f64.powi(32);          ┐
68    fraction /= 1e9;                      ┘ ❹
69
70    NTPTimestamp {
71      seconds: secs as u32,
72      fraction: fraction as u32,
73    }
74  }
75 }
```

❶ 1900년 1월 1일(NTP 기원)부터 1970년 1월 1일(유닉스 기원)까지 총 초

❷ NTP 타임스탬프를 나타내는 내부 타입

❸❹ 비트 시프트 연산을 사용하여 이러한 변환을 구현할 수 있지만 가독성이 훨씬 떨어진다.

From에는 대응하는 Into가 있다. From을 구현하면 러스트에서 자체적으로 Into 구현을 자동으로 생성한다. 예외적으로 구조가 더 복잡하여 자체적으로 Into를 생성하지 못하는 경우에는 개발자가 Into를 수동으로 구현하는 데 필요한 지식을 이미 가지고 있을 것이므로 여기에서는 따로 다루지 않는다.

9.9.4 clock v0.1.3: 전체 코드

clock 애플리케이션의 전체 코드 목록은 예제 9.15에 있다. clock 애플리케이션 전체는 상당히 크고 인상적이다. 코드 내에서 설명이 필요한 새로운 러스트 구문이 없기를 바란다. 이 소스는 ch9/ch9-clock3/src/main.rs에 있다.

예제 9.15 명령행 NTP 클라이언트 프로그램 clock 전체 코드

```
001 #[cfg(windows)]
002 use kernel32;
003 #[cfg(not(windows))]
004 use libc;
005 #[cfg(windows)]
006 use winapi;
007
008 use byteorder::{BigEndian, ReadBytesExt};
009 use chrono::{
010   DateTime, Duration as ChronoDuration, TimeZone, Timelike,
011 };
012 use chrono::{Local, Utc};
013 use clap::{App, Arg};
014 use std::mem::zeroed;
015 use std::net::UdpSocket;
016 use std::time::Duration;
```

```
017
018 const NTP_MESSAGE_LENGTH: usize = 48;      ❶
019 const NTP_TO_UNIX_SECONDS: i64 = 2_208_988_800;
020 const LOCAL_ADDR: &'static str = "0.0.0.0:12300";      ❷
021
022 #[derive(Default, Debug, Copy, Clone)]
023 struct NTPTimestamp {
024    seconds: u32,
025    fraction: u32,
026 }
027
028 struct NTPMessage {
029    data: [u8; NTP_MESSAGE_LENGTH],
030 }
031
032 #[derive(Debug)]
033 struct NTPResult {
034    t1: DateTime<Utc>,
035    t2: DateTime<Utc>,
036    t3: DateTime<Utc>,
037    t4: DateTime<Utc>,
038 }
039
040 impl NTPResult {
041    fn offset(&self) -> i64 {
042       let delta = self.delay();
043       delta.abs() / 2
044    }
045
046    fn delay(&self) -> i64 {
047       let duration = (self.t4 - self.t1) - (self.t3 - self.t2);
048       duration.num_milliseconds()
049    }
050 }
051
052 impl From<NTPTimestamp> for DateTime<Utc> {
053    fn from(ntp: NTPTimestamp) -> Self {
054       let secs = ntp.seconds as i64 - NTP_TO_UNIX_SECONDS;
055       let mut nanos = ntp.fraction as f64;
056       nanos *= 1e9;
057       nanos /= 2_f64.powi(32);
058
059       Utc.timestamp(secs, nanos as u32)
060    }
061 }
062
063 impl From<DateTime<Utc>> for NTPTimestamp {
064    fn from(utc: DateTime<Utc>) -> Self {
065       let secs = utc.timestamp() + NTP_TO_UNIX_SECONDS;
```

```
066     let mut fraction = utc.nanosecond() as f64;
067     fraction *= 2_f64.powi(32);
068     fraction /= 1e9;
069
070     NTPTimestamp {
071       seconds: secs as u32,
072       fraction: fraction as u32,
073     }
074   }
075 }
076
077 impl NTPMessage {
078   fn new() -> Self {
079     NTPMessage {
080       data: [0; NTP_MESSAGE_LENGTH],
081     }
082   }
083
084   fn client() -> Self {
085     const VERSION: u8 = 0b00_011_000;    ➌
086     const MODE: u8    = 0b00_000_011;
087
088     let mut msg = NTPMessage::new();
089
090     msg.data[0] |= VERSION;    ➍
091     msg.data[0] |= MODE;
092     msg    ➎
093   }
094
095   fn parse_timestamp(
096     &self,
097     i: usize,
098   ) -> Result<NTPTimestamp, std::io::Error> {
099     let mut reader = &self.data[i..i + 8];    ➏
100     let seconds    = reader.read_u32::<BigEndian>()?;
101     let fraction   = reader.read_u32::<BigEndian>()?;
102
103     Ok(NTPTimestamp {
104       seconds:  seconds,
105       fraction: fraction,
106     })
107   }
108
109   fn rx_time(
110     &self
111   ) -> Result<NTPTimestamp, std::io::Error> {    ➐
112     self.parse_timestamp(32)
113   }
114
```

```
115    fn tx_time(
116      &self
117    ) -> Result<NTPTimestamp, std::io::Error> {    ❽
118      self.parse_timestamp(40)
119    }
120  }
121
122  fn weighted_mean(values: &[f64], weights: &[f64]) -> f64 {
123    let mut result = 0.0;
124    let mut sum_of_weights = 0.0;
125
126    for (v, w) in values.iter().zip(weights) {
127      result += v * w;
128      sum_of_weights += w;
129    }
130
131    result / sum_of_weights
132  }
133
134  fn ntp_roundtrip(
135    host: &str,
136    port: u16,
137  ) -> Result<NTPResult, std::io::Error> {
138    let destination = format!("{}:{}", host, port);
139    let timeout = Duration::from_secs(1);
140
141    let request = NTPMessage::client();
142    let mut response = NTPMessage::new();
143
144    let message = request.data;
145
146    let udp = UdpSocket::bind(LOCAL_ADDR)?;
147    udp.connect(&destination).expect("unable to connect");
148
149    let t1 = Utc::now();
150
151    udp.send(&message)?;
152    udp.set_read_timeout(Some(timeout))?;
153    udp.recv_from(&mut response.data)?;
154    let t4 = Utc::now();
155
156    let t2: DateTime<Utc> =
157      response
158        .rx_time()
159        .unwrap()
160        .into();
161    let t3: DateTime<Utc> =
162      response
163        .tx_time()
```

```
164        .unwrap()
165        .into();
166
167    Ok(NTPResult {
168      t1: t1,
169      t2: t2,
170      t3: t3,
171      t4: t4,
172    })
173  }
174
175  fn check_time() -> Result<f64, std::io::Error> {
176    const NTP_PORT: u16 = 123;
177
178    let servers = [
179      "time.nist.gov",
180      "time.apple.com",
181      "time.euro.apple.com",
182      "time.google.com",
183      "time2.google.com",
184      //"time.windows.com",
185    ];
186
187    let mut times = Vec::with_capacity(servers.len());
188
189    for &server in servers.iter() {
190      print!("{} =>", server);
191
192      let calc = ntp_roundtrip(&server, NTP_PORT);
193
194      match calc {
195        Ok(time) => {
196          println!(" {}ms away from local system time", time.offset());
197          times.push(time);
198        }
199        Err(_) => {
200          println!(" ? [response took too long]")
201        }
202      };
203    }
204
205    let mut offsets = Vec::with_capacity(servers.len());
206    let mut offset_weights = Vec::with_capacity(servers.len());
207
208    for time in &times {
209      let offset = time.offset() as f64;
210      let delay = time.delay() as f64;
211
212      let weight = 1_000_000.0 / (delay * delay);
```

```
213     if weight.is_finite() {
214       offsets.push(offset);
215       offset_weights.push(weight);
216     }
217   }
218
219   let avg_offset = weighted_mean(&offsets, &offset_weights);
220
221   Ok(avg_offset)
222 }
223
224 struct Clock;
225
226 impl Clock {
227   fn get() -> DateTime<Local> {
228     Local::now()
229   }
230
231   #[cfg(windows)]
232   fn set<Tz: TimeZone>(t: DateTime<Tz>) -> () {
233     use chrono::Weekday;
234     use kernel32::SetSystemTime;
235     use winapi::{SYSTEMTIME, WORD};
236
237     let t = t.with_timezone(&Local);
238
239     let mut systime: SYSTEMTIME = unsafe { zeroed() };
240
241     let dow = match t.weekday() {
242       Weekday::Mon => 1,
243       Weekday::Tue => 2,
244       Weekday::Wed => 3,
245       Weekday::Thu => 4,
246       Weekday::Fri => 5,
247       Weekday::Sat => 6,
248       Weekday::Sun => 0,
249     };
250
251     let mut ns = t.nanosecond();
252     let is_leap_second = ns > 1_000_000_000;
253
254     if is_leap_second {
255       ns -= 1_000_000_000;
256     }
257
258     systime.wYear = t.year() as WORD;
259     systime.wMonth = t.month() as WORD;
260     systime.wDayOfWeek = dow as WORD;
261     systime.wDay = t.day() as WORD;
```

```
262    systime.wHour = t.hour() as WORD;
263    systime.wMinute = t.minute() as WORD;
264    systime.wSecond = t.second() as WORD;
265    systime.wMilliseconds = (ns / 1_000_000) as WORD;
266
267    let systime_ptr = &systime as *const SYSTEMTIME;
268    unsafe {
269      SetSystemTime(systime_ptr);
270    }
271  }
272
273  #[cfg(not(windows))]
274  fn set<Tz: TimeZone>(t: DateTime<Tz>) -> () {
275    use libc::settimeofday;
276    use libc::{suseconds_t, time_t, timeval, timezone};
277
278    let t = t.with_timezone(&Local);
279    let mut u: timeval = unsafe { zeroed() };
280
281    u.tv_sec = t.timestamp() as time_t;
282    u.tv_usec = t.timestamp_subsec_micros() as suseconds_t;
283
284    unsafe {
285      let mock_tz: *const timezone = std::ptr::null();
286      settimeofday(&u as *const timeval, mock_tz);
287    }
288  }
289 }
290
291 fn main() {
292   let app = App::new("clock")
293     .version("0.1.3")
294     .about("Gets and sets the time.")
295     .after_help(
296       "Note: UNIX timestamps are parsed as whole seconds since 1st \
297        January 1970 0:00:00 UTC. For more accuracy, use another \
298        format.",
299     )
300     .arg(
301       Arg::with_name("action")
302         .takes_value(true)
303         .possible_values(&["get", "set", "check-ntp"])
304         .default_value("get"),
305     )
306     .arg(
307       Arg::with_name("std")
308         .short("s")
309         .long("use-standard")
310         .takes_value(true)
```

```
311      .possible_values(&["rfc2822", "rfc3339", "timestamp"])
312      .default_value("rfc3339"),
313    )
314    .arg(Arg::with_name("datetime").help(
315      "When <action> is 'set', apply <datetime>. Otherwise, ignore.",
316    ));
317
318  let args = app.get_matches();
319
320  let action = args.value_of("action").unwrap();
321  let std = args.value_of("std").unwrap();
322
323  if action == "set" {
324    let t_ = args.value_of("datetime").unwrap();
325
326    let parser = match std {
327      "rfc2822" => DateTime::parse_from_rfc2822,
328      "rfc3339" => DateTime::parse_from_rfc3339,
329      _ => unimplemented!(),
330    };
331
332    let err_msg =
333      format!("Unable to parse {} according to {}", t_, std);
334    let t = parser(t_).expect(&err_msg);
335
336    Clock::set(t);
337
338  } else if action == "check-ntp" {
339    let offset = check_time().unwrap() as isize;
340
341    let adjust_ms_ = offset.signum() * offset.abs().min(200) / 5;
342    let adjust_ms = ChronoDuration::milliseconds(adjust_ms_ as i64);
343
344    let now: DateTime<Utc> = Utc::now() + adjust_ms;
345
346    Clock::set(now);
347  }
348
349  let maybe_error =
350    std::io::Error::last_os_error();
351  let os_error_code =
352    &maybe_error.raw_os_error();
353
354  match os_error_code {
355    Some(0) => (),
356    Some(_) => eprintln!("Unable to set the time: {:?}", maybe_error),
357    None => (),
358  }
359
```

```
360    let now = Clock::get();
361
362    match std {
363      "timestamp" => println!("{}", now.timestamp()),
364      "rfc2822" => println!("{}", now.to_rfc2822()),
365      "rfc3339" => println!("{}", now.to_rfc3339()),
366      _ => unreachable!(),
367    }
368 }
```

❶ 12*4바이트(32비트 정수 12개만큼의 폭)

❷ 12300은 NTP 기본 포트

❸ 밑줄로 NTP 필드를 구분했다. 윤년 표시(2비트), 버전(3비트), 모드(3비트)다.

❹ 모든 NTP의 첫 번째 바이트에는 필드가 세 개 포함되어 있지만 여기에서는 두 개만 쓴다.

❺ msg.data[0]은 0001_1011이다(십진수 27).

❻ 슬라이스의 첫 번째 바이트를 가져온다.

❼ RX는 수신(receive)을 뜻한다.

❽ TX는 송신(transmit)을 뜻한다.

요약

- 경과 시간을 추적하는 것은 어렵다. 디지털 시계는 궁극적으로 아날로그 시스템 의 퍼지 신호에 의존한다.

- 시간을 표현하는 것은 어렵다. 라이브러리와 표준은 정밀도가 얼마나 되어야 하 는지, 언제를 시작점으로 두는지에 대해 의견이 다르다.

- 분산 시스템에서 정확성을 확립하는 것은 어렵다. 우리는 정확하게 확립된 시간 이 있는 양 스스로를 계속 속이지만, 지금이 몇 시인지에 대한 단일 중재안은 없 다. 우리가 기대할 수 있는 최선은 우리 네트워크의 모든 컴퓨터가 서로 차이가 많지 않을 것이라는 가정 정도다.

- 필드가 없는 구조체는 크기가 0인 타입 또는 ZST라고 한다. 결과 애플리케이션 에서 메모리를 차지하지 않으며 순전히 컴파일 시에만 구성된다.

- 러스트로 교차 이식 가능한 애플리케이션을 만들 수 있다. 플랫폼별 기능 구현 을 추가하려면 cfg 애너테이션을 정확하게 사용해야만 가능하다.

- 운영 체제에서 제공하는 API와 같은 외부 라이브러리와 인터페이스할 때 거의 항상 타입 변환 단계가 필요하다. 러스트의 타입 시스템은 러스트로 만들어지지 않은 라이브러리에는 적용되지 않는다.

- 시스템 호출은 운영 체제에 대한 함수 호출을 수행하는 데 사용된다. 이것은 운영 체제, CPU, 애플리케이션 간에 복잡한 상호 작용을 일으킨다.
- 윈도우 API는 일반적으로 파스칼 케이스(예: PascalCase) 식별자를 사용하는 반면 POSIX 전통의 운영 체제는 일반적으로 간결한 소문자 식별자를 사용한다.
- 기원 및 시간대와 같은 용어의 의미에 대해 가정할 때는 정확해야 한다. 이면에 숨겨진 맥락이 있는 경우가 많다.
- 시간은 거꾸로 갈 수 있다. 운영 체제에서 제공하는 단조 증가 클록을 요청하지 않은 채 단조 증가 시간에 의존하는 애플리케이션을 작성해서는 안 된다.

10장

프로세스, 스레드, 컨테이너

이 장에서 배울 내용
- 러스트의 동시성 프로그래밍
- 프로세스, 스레드, 컨테이너를 구분하기
- 채널과 메시지 전달
- 작업 대기열

지금까지 이 책에서는 시스템 프로그래밍의 두 가지 기본 용어인 스레드와 프로세스를 거의 쓰지 않았다. 대신 이 책은 프로그램이라는 단일한 용어를 사용했다. 이장에서는 우리의 어휘를 확장할 것이다.

프로세스, 스레드, 컨테이너는 동시에 여러 작업을 수행할 수 있도록 만들어진 추상화다. 이러한 추상화를 이용해서 동시성이 가능하다. 엇비슷한 용어인 병렬성은 여러 물리적 CPU 코어를 동시에 사용하는 것을 의미한다.

선입견과는 달리 단일 CPU 코어에서도 동시성 시스템이 가능하다. 메모리와 I/O에서 데이터에 접근하는 데 시간이 오래 걸리므로 데이터를 요청하는 스레드는 차단된 상태로 설정될 수 있다. 차단된 스레드는 데이터를 사용할 수 있을 때 동작하도록 다시 예약된다.

동시성, 즉 동시에 여러 작업을 수행하는 것은 컴퓨터 프로그램에 도입하기 어렵다. 동시성을 효과적으로 사용하려면 새로운 개념과 구문이 모두 필요하다.

이 장의 목적은 고수준의 내용을 자신 있게 탐색할 수 있도록 하는 데 있다. 독자들은 애플리케이션 프로그래머로서 사용할 수 있는 다양한 도구를 확실히 이해하게 될 것이다. 이 장에서는 표준 라이브러리와 잘 설계된 크레이트인 crossbeam과 rayon에 대해 설명한다. 독자적인 동시성 크레이트를 구현할 정도로 충분한 배경 지식을 제공하지는 못하겠지만, 두 크레이트를 사용할 정도는 될 것이다. 이 장의 구조는 다음과 같다.

- 10.1절에서 러스트의 클로저 구문을 소개한다. 클로저는 익명 함수 또는 람다 함수라고도 한다. 표준 라이브러리와 많은(아마도 모든) 외부 크레이트가 러스트의 동시성 모델을 지원하기 위해 해당 구문에 의존하기 때문에 중요하다.
- 10.2절에서 스레드 생성에 대해 빠르게 학습한다. 스레드가 무엇인지, 스레드를 어떻게 생성하는지 배운다. 또한 프로그래머가 수만 개의 스레드를 생성하면 경고를 받는 이유도 설명한다.
- 10.3절에서 함수와 클로저를 구분한다. 다른 언어에서는 이 두 개념을 구별할 수 없는 경우가 많아서 러스트를 처음 사용하는 프로그래머로서 이 두 개념을 혼동하게 되면 혼란을 겪을 것이다.
- 10.4절에서 큰 프로젝트가 이어진다. 여러 전략을 사용하여 다중 스레드 파서와 코드 생성기를 구현한다. 좋은 면은 그 과정에서 생성 예술을 만들 수 있다는 것이다.
- 다른 형태의 동시성을 간단히 소개하며 이 장을 마무리한다. 여기에는 프로세스와 컨테이너가 포함된다.

10.1 익명 함수

이 장의 내용은 상당히 난해하므로 몇 가지 기본 구문과 실제 예제를 통해 빠르게 요점을 파악해 보겠다. 나중에 개념과 이론적인 부분을 다시 보충할 것이다.

스레드와 동시에 실행할 수 있는 다른 형태의 코드는 우리가 책의 대부분에서 쓰지 않은 형태의 함수 정의를 사용한다. 함수를 정의하면 다음과 같다.

```
fn add(a: i32, b: i32) -> i32 {
  a + b
}
```

(대략) 이에 상응하는 람다 함수는 다음과 같다.

```
let add = |a,b| { a + b };
```

람다 함수는 한 쌍의 수직 막대(|...|)와 중괄호({...})로 표시된다. 수직 막대 쌍을 사용하여 인자를 정의할 수 있다. 러스트의 람다 함수는 범위 내의 변수를 읽을 수 있다. 이를 클로저라고 한다.

일반 함수와 달리 람다 함수는 전역 범위에서 정의할 수 없다. 다음 코드에서는 main() 내에 람다 함수 하나를 정의하여 이 문제를 해결한다. 일반 함수와 람다 함수 두 가지 함수를 정의한 다음 이 함수들이 동일한 결과를 생성하는지 확인하자.

예제 10.1 두 가지 방법으로 함수를 정의하고 결과를 비교하기

```
1 fn add(a: i32, b: i32) -> i32 {
2   a + b
3 }
4
5 fn main() {
6   let lambda_add = |a,b| { a + b };
7
8   assert_eq!(add(4,5), lambda_add(4,5));
9 }
```

예제 10.1을 실행하면 실행이 잘(그리고 조용히) 완료된다. 이 기능을 어떻게 쓰는지 알아보자.

10.2 스레드 생성하기

스레드는 동시 실행을 위해 운영 체제에서 제공하는 기본 메커니즘이다. 현대적인 운영 체제는 각 스레드가 CPU에 공평하게 접근할 수 있도록 한다. 스레드를 생성하는 방법과 그 영향을 이해하는 것은 멀티 코어 CPU를 사용하려는 프로그래머에게 기본적인 기술이다.

10.2.1 클로저 소개

러스트에서 스레드를 생성하려면 std::thread::spawn()에 익명 함수를 전달한다. 10.1절에서 설명한 대로 익명 함수는 인자를 두 개의 수직 막대 안에 정의하고, 함수 본문을 중괄호를 사용해 정의한다. spawn()은 인자를 취하지 않기 때문에 일반적으로 다음과 같은 코드를 접할 것이다.

```
thread::spawn(|| {
    // ...
});
```

부모 범위에 정의된 변수를 캡처(capture)라고 하는데, 생성된 스레드가 이 캡처에 접근하려고 하면 러스트는 캡처를 클로저로 옮겨야 한다고 불평한다. 소유권을 이동하려는 것을 나타내려면 익명 함수에 move 키워드를 사용한다.

```
thread::spawn(move || {     ❶
    // ...
});
```

❶ move 키워드는 익명 함수가 더 넓은 범위의 변수에 접근하는 것을 허용한다.

move가 필요한 이유는 무엇일까? 하위 스레드에서 생성된 클로저는 잠재적으로 호출 범위보다 오래 지속될 수 있다. 러스트는 데이터 접근이 유효한지 항상 확인하므로 소유권이 클로저로 이동해야 한다. 다음은 캡처가 작동하는 방식을 이해하면서 캡처를 사용하기 위한 몇 가지 지침이다.

- 컴파일 시 충돌을 줄이려면 Copy를 구현한다.
- 외부 범위에서 만들어진 값은 static 수명을 가져야 할 수 있다.
- 생성된 하위 스레드는 상위 스레드보다 오래 지속될 수 있다. 이는 소유권이 move로 하위 스레드에 전달되어야 함을 의미한다.

10.2.2 스레드 생성하기

CPU를 300밀리초 동안 슬립 모드로 전환하는 간단한 작업을 보기로 하자. 3GHz CPU의 경우 거의 10억 주기 동안 휴식을 취하게 된다. CPU의 전자들은 아주 잘 쉴 것이다. 다음 예제를 실행하면 실행 중인 두 스레드의 총 지속 시간('벽시계' 시간)을 출력한다. 결과는 다음과 같다.

```
300.218594ms...
```

예제 10.2 300밀리초 동안 하위 스레드를 잠들게 하기

```
01 use std::{thread, time};
02
03 fn main() {
04   let start = time::Instant::now();
05
06   let handler = thread::spawn(move || {
07     let pause = time::Duration::from_millis(300);
08     thread::sleep(pause.clone());
09   });
10
```

```
11    handler.join().unwrap();
12
13    let finish = time::Instant::now();
14
15    println!("{:02?}", finish.duration_since(start));
16 }
```

전에 다중 스레드 프로그래밍을 접했다면 11행에 있는 join을 봤을 것이다. join을 사용하는 것은 매우 일반적이지만 이것은 무엇을 의미하는 것일까?

join은 스레드 비유를 확장한 것이다. 스레드가 생성되면 상위 스레드에서 분기됐다고 한다. 스레드를 결합한다는 것은 스레드(thread: 일상 용어로는 실이라는 뜻)를 다시 함께 엮는 것을 의미한다.

실제로 join은 다른 스레드가 완료될 때까지 기다리는 것을 의미한다. join() 함수는 다른 스레드가 완료될 때까지 스레드 호출 스케줄링을 연기하도록 운영 체제에 지시한다.

10.2.3 적은 스레드를 생성했을 때의 영향

이상적인 설정에서는 두 번째 스레드를 추가하면 같은 시간에 작업을 두 배로 할 수 있다. 각 스레드는 독립적으로 작업을 수행할 수 있다. 불행히도 현실은 이상적이지 않다. 이로 인해 스레드 생성은 느리고 유지 관리가 어렵다는 미신이 만들어졌다. 이 절은 그 미신을 없애는 것이 목표다. 의도한 대로 사용하면 스레드는 매우 잘 수행된다.

예제 10.3의 프로그램은 예제 10.2에서 단일 스레드가 수행한 작업을 두 개의 스레드로 수행하는 데 걸리는 전체 시간을 측정한다. 스레드를 추가하는 데 시간이 오래 걸린다면 예제 10.3의 코드를 수행하는 시간이 더 길어질 거라고 예상할 수 있다.

보다시피 스레드를 한 개 또는 두 개 생성할 때 그 영향은 무시할 정도다. 예제 10.3의 출력은 예제 10.2와 거의 같다.

300.242328ms   ❶

❶ 예제 10.2에서는 300.218594ms가 나왔다.

내 컴퓨터에서 이 두 코드를 실행했을 때 차이는 0.24밀리초였다. 강력한 벤치마크 도구는 아니지만 스레드를 생성할 때 엄청난 성능 저하가 일어나지 않음을 나타낸다.

예제 10.3 작업을 수행하기 위해 두 개의 하위 스레드 만들기

```
01 use std::{thread, time};
02
03 fn main() {
04   let start = time::Instant::now();
05
06   let handler_1 = thread::spawn(move || {
07     let pause = time::Duration::from_millis(300);
08       thread::sleep(pause.clone());
09   });
10
11   let handler_2 = thread::spawn(move || {
12     let pause = time::Duration::from_millis(300);
13       thread::sleep(pause.clone());
14   });
15
16   handler_1.join().unwrap();
17   handler_2.join().unwrap();
18
19   let finish = time::Instant::now();
20
21   println!("{:?}", finish.duration_since(start));
22 }
```

현업에서 일해 봤다면 스레드가 "확장되지 않는다"라는 말을 들어 봤을 것이다. 이 뜻은 무엇일까?

모든 스레드는 자체 메모리를 필요로 하며 암묵적으로 결국 시스템의 메모리를 고갈시킨다. 그러나 그 이전에 스레드를 생성하느라 다른 부분에서 속도가 떨어지기 시작한다. 스케줄할 스레드가 많아질수록 운영 체제 스케줄러의 작업량이 늘어난다. 스케줄링할 스레드가 많은 경우 다음에 스케줄링할 스레드를 결정하는 데 더 많은 시간이 걸리게 된다.

10.2.4 많은 스레드를 생성했을 때의 영향

스레드 생성은 공짜가 아니다. 메모리와 CPU 시간을 필요로 한다. 스레드 간에 전환이 일어날 때에는 캐시도 무효화된다.

그림 10.1은 예제 10.4를 연속 실행했을 때 생성된 데이터다. 분산값은 배치당 약 400개의 스레드까지는 매우 잘 유지된다. 그 이후부터는 20밀리초의 **sleep**이 정확히 얼마나 걸릴지 거의 알 수 없다.

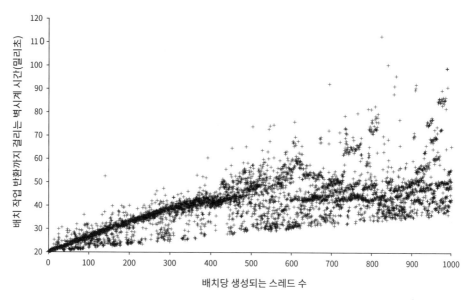

그림 10.1 스레드가 20밀리초 동안 슬립되기를 기다리는 데 필요한 시간

슬립이 대표적인 작업 부하가 아니라고 생각할 수도 있으니 그림 10.2에서 좀 더
설득력 있는 예를 보여 주겠다. 각 스레드에서 스핀 루프 반복문을 돌리도록 한다.

그림 10.2에는 주목할 만한 부분이 있다. 첫째, 처음 7개 정도의 배치에서는 스핀

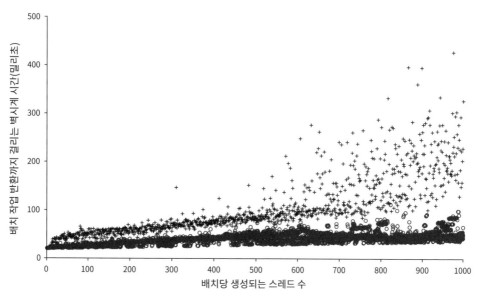

그림 10.2 슬립 방식(원)과 스핀 잠금 방식(더하기 기호)을 사용하여 20밀리초를 기다리는 데 걸리는 시간 비교.
이 차트는 수백 개의 스레드가 경쟁하면서 발생할 때 차이를 보여 준다.

루프 버전이 슬립 버전보다 20밀리초에 더 가깝다. 운영 체제의 슬립 기능은 시간에 대한 정확성이 떨어진다. 짧은 시간 동안 스레드를 일시 중지하려는 경우 또는 애플리케이션이 타이밍에 민감한 경우 스핀 루프를 사용하라.[1]

둘째, CPU 집약적인 다중 스레딩은 물리적 코어 수를 초과할 수 없다. 벤치마킹은 하이퍼 스레딩이 비활성화된 6코어 CPU(인텔 i7-8750H)에서 수행됐다. 그림 10.3은 스레드 수가 코어 수를 초과하자마자 성능이 빠르게 저하됨을 보여 준다.

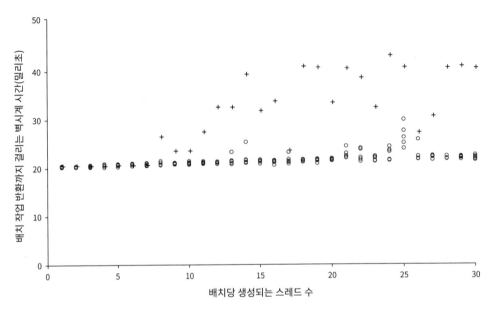

그림 10.3 슬립 방식(원)과 스핀 잠금 방식(더하기 기호)을 사용하여 20밀리초를 기다리는 데 걸리는 시간 비교. 이 차트는 스레드 수가 CPU 코어 수(6)를 초과할 때 발생하는 차이를 보여 준다.

10.2.5 결과 재현하기

스레딩의 효과를 보았으므로 이제 그림 10.1~10.2에 대한 입력 데이터를 생성한 코드를 살펴보겠다. 독자들도 얼마든지 결과를 재현할 수 있다. 그렇게 하려면 예제 10.4와 10.5의 출력을 두 개의 파일로 쓴 다음 결과 데이터를 분석한다.

ch10/ch10-multijoin/src/main.rs에 있는 예제 10.4는 스레드를 슬립으로 20밀리초 동안 일시 중단한다. 슬립은 시간이 지날 때까지 스레드가 일시 중단되어야 한다고 운영 체제에 요청하는 것이다. ch10/ch10-busythreads/src/main.rs에 있는 예

---

1 두 가지 다 쓸 수도 있다. 요청받은 시간의 상당 부분은 슬립으로 대기하고 남은 끝부분에서 스핀 루프를 이용할 수 있다.

제 10.5는 바쁜 대기 전략(busy wait strategy, 비지 루프 또는 스핀 루프라고도 함)을 사용하여 20밀리초 동안 일시 중지한다.

예제 10.4 thread::sleep을 사용하여 20밀리초 동안 스레드를 일시 중단

```
01 use std::{thread, time};
02
03 fn main() {
04   for n in 1..1001 {
05     let mut handlers: Vec<thread::JoinHandle<()>> = Vec::with_capacity(n);
06
07     let start = time::Instant::now();
08     for _m in 0..n {
09       let handle = thread::spawn(|| {
10         let pause = time::Duration::from_millis(20);
11         thread::sleep(pause);
12       });
13       handlers.push(handle);
14     }
15
16     while let Some(handle) = handlers.pop() {
17       handle.join();
18     }
19
20     let finish = time::Instant::now();
21     println!("{}\t{:02?}", n, finish.duration_since(start));
22   }
23 }
```

예제 10.5 스핀 루프 대기 전략 사용하기

```
01 use std::{thread, time};
02
03 fn main() {
04   for n in 1..1001 {
05     let mut handlers: Vec<thread::JoinHandle<()>> = Vec::with_capacity(n);
06
07     let start = time::Instant::now();
08     for _m in 0..n {
09       let handle = thread::spawn(|| {
10         let start = time::Instant::now();
11         let pause = time::Duration::from_millis(20);
12         while start.elapsed() < pause {
13           thread::yield_now();
14         }
15       });
16       handlers.push(handle);
17     }
```

```
18
19    while let Some(handle) = handlers.pop() {
20      handle.join();
21    }
22
23    let finish = time::Instant::now();
24    println!("{}\t{:02?}", n, finish.duration_since(start));
25  }
26 }
```

19~21행에서 선택한 제어 흐름은 약간 독특하다. handlers 벡터를 반복하는 대신 pop()을 호출한 다음 이를 없앤다. 다음 두 코드는 더 친숙한 for 루프(예제 10.6)와 실제로 사용되는 제어 흐름 메커니즘(예제 10.7)을 비교한다.

예제 10.6 예제 10.5에서 쓸 것으로 기대한 코드

```
for handle in &handlers {
  handle.join();
}
```

예제 10.7 실제로 예제 10.5에서 사용한 코드

```
while let Some(handle) = handlers.pop() {
  handle.join();
}
```

왜 더 복잡한 제어 흐름 메커니즘을 사용할까? 스레드를 메인 스레드에 다시 결합 (join)하면 해당 스레드는 더 이상 존재하지 않는다는 사실을 기억하면 도움이 된다. 러스트는 존재하지 않는 것에 대한 참조를 유지하는 것을 허용하지 않는다. 따라서 handlers 내의 스레드 핸들러에서 join()을 호출하려면 handlers에서 스레드 핸들러를 제거해야 한다. 이 점이 문제가 된다. for 루프는 반복되는 데이터에 대한 수정을 허용하지 않는다. 대신 while 루프를 사용하면 handlers.pop()을 호출할 때 변경 가능한 접근 권한을 반복적으로 얻을 수 있다.

예제 10.8은 스핀 루프 전략을 잘못 구현했다. 예제 10.5에서 쓰지 않았던 더 친숙한 for 루프 제어 흐름을 사용했기 때문에 문제가 생겼다. 이 소스 코드는 ch10/ch10-busythreads-broken/src/main.rs에 있다. 출력 결과는 예제 코드의 뒤에 이어진다.

예제 10.8 스핀 루프 대기 전략 사용하기

```
01 use std::{thread, time};
02
03 fn main() {
04   for n in 1..1001 {
05     let mut handlers: Vec<thread::JoinHandle<()>> = Vec::with_capacity(n);
06
07     let start = time::Instant::now();
08     for _m in 0..n {
09       let handle = thread::spawn(|| {
10         let start = time::Instant::now();
11         let pause = time::Duration::from_millis(20);
12         while start.elapsed() < pause {
13           thread::yield_now();
14         }
15       });
16       handlers.push(handle);
17     }
18
19     for handle in &handlers {
20       handle.join();
21     }
22
23     let finish = time::Instant::now();
24     println!("{}\t{:02?}", n, finish.duration_since(start));
25   }
26 }
```

다음은 예제 10.8을 컴파일하려고 할 때 생성되는 결과다.

```
$ cargo run -q
error[E0507]: cannot move out of `*handle` which is behind a shared reference
  --> src/main.rs:20:13
   |
20 |             handle.join();
   |             ^^^^^^ move occurs because `*handle` has type
   `std::thread::JoinHandle<()>`, which does not implement the `Copy` trait

error: aborting due to previous error

For more information about this error, try `rustc --explain E0507`.
error: Could not compile `ch10-busythreads-broken`.

To learn more, run the command again with --verbose.
```

이 오류는 여기에서 참조를 가져오는 것이 유효하지 않음을 나타낸다. 여러 스레드가 기본 스레드에 대한 자체 참조를 사용할 수도 있기 때문이다. 그리고 이러한 참조는 유효해야 한다.

예리한 독자는 실제로 이 문제를 해결하는 방법이 예제 10.6에서 사용된 것보다 더 간단하다는 사실을 알고 있다. 다음처럼 앰퍼샌드를 제거하기만 하면 된다.

예제 10.9 예제 10.5에서 사용할 수도 있었던 코드

```
for handle in handlers {
  handle.join();
}
```

우리가 접한 것은 객체를 참조하는 것이 객체를 직접 사용하는 것보다 더 많은 문제를 일으키는 드문 경우 중 하나다. handlers에 대한 직접 반복을 하면 소유권이 유지된다. 이를 통해 공유 접근에 대한 우려는 제쳐 두고 의도대로 진행할 수 있다.

thread::yield_now()를 이용한 제어 생성

참고로 예제 10.5의 스핀 루프에는 몇 가지 생소한 코드가 포함되어 있는데 예제 10.10에 되풀이했다. 이 절에서는 그 중요성에 대해 설명한다.

예제 10.10 thread::yield_now() 예

```
while start.elapsed() < pause {
  thread::yield_now();
}
```

std::thread::yield_now()는 현재 스레드를 스케줄하지 말라고 운영 체제에 보내는 신호다. 이렇게 하면 현재 스레드에서 20밀리초 대기하는 동안 또 다른 스레드를 계속 진행시킬 수 있다. 이것의 단점은 정확히 20밀리초에 재개할 수 있을지 알 수 없다는 것이다.

대안은 std::sync::atomic::spin_loop_hint() 함수를 사용하는 것이다. spin_loop_hint()는 운영 체제를 건너뛴다. 대신 CPU에 직접 신호를 보낸다. CPU는 해당 힌트로 기능을 해제하여 전력 사용량을 절약할 수 있다.

 spin_loop_hint() 명령어는 모든 CPU에서 제공되지는 않는다. 지원하지 않는 플랫폼에서는 spin_loop_hint()가 아무 작업도 수행하지 않는다.

10.2.6 공유 변수

스레딩 벤치마크에서 각 스레드에 pause 변수를 생성했다. 여기서 말하는 내용을 잘 모르겠다면 예제 10.5에서 발췌한 다음을 확인하자.

예제 10.11 time::Duration 인스턴스의 불필요한 생성을 강조하는 예제

```
09        let handle = thread::spawn(|| {
10          let start = time::Instant::now();
11          let pause = time::Duration::from_millis(20);    ❶
12          while start.elapsed() < pause {
13            thread::yield_now();
14          }
15        });
```

> ❶ 이 변수는 스레드마다 생성될 필요가 없다.

우리는 다음과 같은 코드를 작성하기를 원한다. 이 코드는 ch10/ch10-shared-pause-broken/src/main.rs에 있다.

예제 10.12 다중 하위 스레드에서 변수 공유하기

```
01 use std::{thread,time};
02
03 fn main() {
04   let pause = time::Duration::from_millis(20);
05   let handle1 = thread::spawn(|| {
06     thread::sleep(pause);
07   });
08   let handle2 = thread::spawn(|| {
09     thread::sleep(pause);
10   });
11
12   handle1.join();
13   handle2.join();
14 }
```

예제 10.12를 실행하면 장황하지만 놀랍도록 유용한 오류 메시지를 보게 된다.

```
$ cargo run -q
error[E0373]: closure may outlive the current function, but it borrows
`pause`, which is owned by the current function
 --> src/main.rs:5:33
  |
5 |     let handle1 = thread::spawn(|| {
  |                                 ^^ may outlive borrowed value `pause`
```

```
6 |          thread::sleep(pause);
  |                          ----- `pause` is borrowed here
  |
note: function requires argument type to outlive `'static`
 --> src/main.rs:5:19
  |
5 |      let handle1 = thread::spawn(|| {
  | _____^
6 | |        thread::sleep(pause);
7 | |      });
  | |_____^
help: to force the closure to take ownership of `pause` (and any other
referenced variables), use the `move` keyword
  |
5 |      let handle1 = thread::spawn(move || {
  |                                  ^^^^^^^
```

```
error[E0373]: closure may outlive the current function, but it borrows
`pause`, which is owned by the current function
 --> src/main.rs:8:33
  |
8 |      let handle2 = thread::spawn(|| {
  |                                  ^^ may outlive borrowed value `pause`
9 |          thread::sleep(pause);
  |                          ----- `pause` is borrowed here
  |
note: function requires argument type to outlive `'static`
 --> src/main.rs:8:19
  |
8 |      let handle2 = thread::spawn(|| {
  | _____^
9 | |        thread::sleep(pause);
10| |      });
  | |_____^
help: to force the closure to take ownership of `pause` (and any other
referenced variables), use the `move` keyword
  |
8 |      let handle2 = thread::spawn(move || {
  |                                  ^^^^^^^
```

```
error: aborting due to 2 previous errors

For more information about this error, try `rustc --explain E0373`.
error: Could not compile `ch10-sharedpause-broken`.

To learn more, run the command again with --verbose.
```

이를 고치려면 10.2.1(407쪽)에 설명된 대로 클로저가 생성되는 위치에 move 키워드를 추가하면 된다. 다음은 이동 방식을 사용하도록 클로저를 전환하는 move 키워드를 추가하는 예제다. 이는 Copy에 의존한다.

예제 10.13 다중 클로저에서 상위 범위에 정의된 변수 사용

```
01 use std::{thread,time};
02
03 fn main() {
04   let pause = time::Duration::from_millis(20);
05   let handle1 = thread::spawn(move || {
06     thread::sleep(pause);
07   });
08   let handle2 = thread::spawn(move || {
09     thread::sleep(pause);
10   });
11
12   handle1.join();
13   handle2.join();
14 }
```

이 방식이 정상 동작하는 이유를 자세히 살펴보면 흥미롭다. 다음 절에서 이 내용을 배워 보자.

10.3 클로저와 함수의 차이

클로저(|| {})와 함수(fn)는 몇 가지 차이점이 있다. 이 차이점 때문에 클로저와 함수를 서로 바꿔 사용할 수 없고 이 부분에서 학습자는 어려움을 느낀다.

클로저와 함수는 내부 표현이 다르다. 클로저는 std::ops::FnOnce 트레이트와 std::ops::Fn, std::ops::FnMut을 구현하는 익명 구조체다. 이 구조체들은 소스 코드에서 보이지 않지만, 그 안에서 사용되는 클로저 환경 안의 모든 변수를 포함한다.

함수는 함수 포인터로 구현된다. 함수 포인터는 데이터가 아니라 코드를 가리키는 포인터다. 이러한 의미로 사용되는 코드는 실행 가능한 것으로 표시된 컴퓨터 메모리다. 더 복잡한 점은 속한 환경의 변수를 포함하지 않는 클로저도 함수 포인터라는 점이다.

> **📦 컴파일러가 클로저 타입을 공개하도록 강제하기**
>
> 러스트 클로저의 구체적인 타입은 소스 코드에서는 알 수 없다. 해당 타입은 컴파일러가 생성한다.
>
> 이를 알아보려면 다음과 같이 컴파일러 오류를 강제로 일으킨다.
>
> ```
> 01 fn main() {
> 02    let a = 20;
> 03
> 04    let add_to_a = |b| { a + b };    ❶
> 05    add_to_a == ();                  ❷
> 06 }
> ```
>
> ❶ 클로저는 값이며 변수에 할당할 수 있다.
>
> ❷ 값의 타입을 빠르게 검사하기 위해 값에 대해 잘못된 연산을 수행하려고 시도한다. 컴파
> 일러는 이를 오류 메시지를 통해 알려준다.

다른 오류 중에서 컴파일러는 /tmp/a-plus-b.rs 코드를 컴파일하려고 할 때
다음과 같은 오류를 출력한다.

```
$ rusts /tmp/a-plus-b.rs
error[E0369]: binary operation `==` cannot be applied to type
`[closure@/tmp/a-plus-b.rs:4:20: 4:33]`
 --> src/main.rs:5:14
  |
5 |     add_to_a == ();
  |     -------- ^^ -- ()
  |     |
  |     [closure@src/main.rs:4:20: 4:33]

error: aborting due to previous error

For more information about this error, try `rustc --explain E0369`.
```

10.4 다중 스레드 파서와 코드 생성기에서 절차적으로 생성된 아바타

이 절에서는 10.2절에서 배운 구문을 애플리케이션에 적용해 본다. 기본적으로 앱
사용자가 고유한 그림 아바타를 갖기 원한다고 가정해 보겠다. 한 가지 방식은 사
용자 이름과 해시 함수의 메시지 다이제스트를 가지고, 해당 숫자를 절차적 생성
로직에 매개 변수 입력값으로 사용하는 것이다. 이 방식을 사용하면 모든 사람이

시각적으로 비슷하지만 완전히 독특한 기본 아바타를 갖게 된다.

우리의 애플리케이션은 시차 선을 만든다. 이를 위해 십육진법 알파벳 문자를 로고와 비슷한 언어에서 쓰는 옵코드처럼 사용한다.

10.4.1 render-hex와 해당 출력을 실행하는 방법

이 절에서는 세 가지 파생형을 만든다. 이것들은 모두 같은 방식으로 호출된다. 다음은 실행하는 방법을 보여 준다. 또한 render-hex 프로젝트(예제 10.18)를 실행한 결과도 보여 준다.

```
$ git clone https://github.com/rust-in-action/code rust-in-action
...

$ cd rust-in-action/ch10/ch10-render-hex

$ cargo run -- $(
>    echo 'Rust in Action' |
>    sha1sum |                        ❶
>    cut -f1 -d' '
>    )
$ ls   ❷
5deaed72594aaa10edda990c5a5eed868ba8915e.svg  Cargo.lock
Cargo.toml  src  target
```

```
$ cat 5deaed72594aaa10edda990c5a5eed868ba8915e.svg   ❸
<svg height="400" style='style="outline: 5px solid #800000;"'
viewBox="0 0 400 400" width="400" xmlns="http://www.w3.org/2000/svg">
<rect fill="#ffffff" height="400" width="400" x="0" y="0"/>
<path d="M200,200 L200,400 L200,400 L200,400 L200,400 L200,400 L200,
400 L480,400 L120,400 L-80,400 L560,400 L40,400 L40,400 L40,400 L40,
400 L40,360 L200,200 L200,200 L200,200 L200,200 L200,200 L200,560 L200,
-160 L200,200 L200,200 L400,200 L400,200 L400,0 L400,0 L400,0 L400,0 L80,
0 L-160,0 L520,0 L200,0 L200,0 L520,0 L-160,0 L240,0 L440,0 L200,0"
fill="none" stroke="#2f2f2f" stroke-opacity="0.9" stroke-width="5"/>
<rect fill="#ffffff" fill-opacity="0.0" height="400" stroke="#cccccc"
stroke-width="15" width="400" x="0" y="0"/>
</svg>
```

❶ 십육진법 알파벳(0-9, A-F)으로 입력을 생성한다.

❷ 이 프로젝트는 입력한 데이터와 일치되는 파일명을 생성한다.

❸ 출력물을 확인한다.

유효한 십육진법 바이트 스트림은 고유한 이미지를 생성한다. echo 'Rust in Action | sha1sum으로 생성된 파일은 그림 10.4와 같이 렌더링된다. SVG 파일을 렌

더링하려면 웹 브라우저 또는 잉크스케이프(*https://inkscape.org/*)와 같은 벡터 이미지 프로그램에서 파일을 연다.

10.4.2 단일 스레드 render-hex 오버뷰

render-hex 프로젝트는 입력을 SVG 파일로 변환한다. SVG 파일 형식은 수학적 연산을 사용하여 도면을 간결하게 표현한다. 모든 웹 브라우저와 여러 그래픽 패키지로 SVG 파일을 볼 수 있다. 이 단계에서 다중 스레딩과 관련된 프로그램은 거의 없으므로 자세한 내용은 생략한다. 이 프로그램에는 4단계로 구성된 간단한 파이프라인이 있다.

1. STDIN에서 입력을 받는다.
2. 입력을 분석하여 종이 한 장 위에 펜으로 그리는 동작을 표현하는 작업으로 전환한다.
3. 해당 움직임을 SVG에 대응하는 것으로 변환한다.
4. SVG 파일을 생성한다.

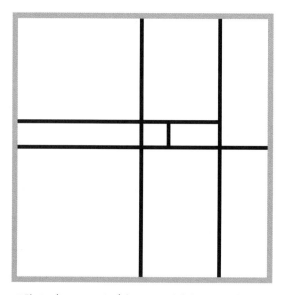

그림 10.4 'Rust In Action'의 SHA256 다이제스트로 완성된 그림

왜 입력에서 직접 경로 데이터를 생성할 수 없을까? 이 프로세스를 두 단계로 나누면 더 다양한 변환이 가능해서다. 이 파이프라인은 main() 내에서 직접 관리된다.

다음은 render-hex(예제 10.18)의 main() 함수 부분이다. 명령행 인자를 구문 분석하고 SVG 생성 파이프라인을 관리한다. 이 소스 코드는 ch10/ch10-render-hex/src/main.rs에 있다.

예제 10.14 render-hex의 main() 함수

```
194 fn main() {
195   let args = env::args().collect::<Vec<String>>();
196   let input = args.get(1).unwrap();                          ❶
197   let default_filename = format!("{}.svg", input);
198   let save_to = args.get(2).unwrap_or(&default_filename);
199
200   let operations = parse(input);
201   let path_data = convert(&operations);                       ❷
202   let document = generate_svg(path_data);
203   svg::save(save_to, &document).unwrap();
204 }
```

❶ 명령행 인자 분석

❷ SVG 생성 파이프라인

입력 분석

여기서 우리가 할 일은 십육진수 숫자를 캔버스를 가로질러 이동하는 가상 펜에 대한 지시로 변환하는 것이다. 다음 코드 조각에 표시된 Operation 열거형은 이러한 지시를 나타낸다.

> ❗ 경로 그리기에 대한 SVG 명세 내에서 사용되는 용어와 충돌을 피하기 위해 'instruction' 대신 'operation'이라는 용어를 사용했다.

```
37 #[derive(Debug, Clone, Copy)]
38 enum Operation {
39   Forward(isize),
40   TurnLeft,
41   TurnRight,
42   Home,
43   Noop(u8),
44 }
```

이 코드를 구문 분석하려면 모든 바이트를 독립적인 명령어로 처리해야 한다. 숫자는 거리로 변환되고 문자는 선의 방향을 바꾼다.

```
113 fn parse(input: &str) -> Vec<Operation> {
114   let mut steps = Vec::<Operation>::new();
115   for byte in input.bytes() {
116     let step = match byte {
117       b'0' => Home,
118       b'1'..=b'9' => {
119         let distance = (byte - 0x30) as isize;      ❶
120         Forward(distance * (HEIGHT/10))
121       },
122       b'a' | b'b' | b'c' => TurnLeft,          ┐
123       b'd' | b'e' | b'f' => TurnRight,         ┘ ❷
124       _ => Noop(byte),        ❸
125     };
126     steps.push(step);
127   }
128   steps
129 }
```

❶ 아스키에서 숫자는 0x30(십진수로 48)에서 시작하므로 b'2'의 u8 값을 2로 변환한다. u8의 전
체 범위에서 이 작업을 수행하면 패닉이 발생할 수 있지만 여기서는 안전하다. 패턴 매칭이 제
공하는 보증 덕분이다.

❷ 구문 분석을 더 복잡하게 하지 않고도 더 정교한 다이어그램을 생성할 수 있도록 더 많은 명령
을 추가할 수 있다.

❸ 잘못된 문자가 없을 것으로 예상하지만 입력 스트림에 일부 존재할 수 있다. Noop 연산으로 해
당 결과를 최종 출력에서 분리한다.

명령 해석하기

Artist 구조체는 다이어그램의 상태를 유지한다. 개념적으로 Artist는 좌표 x와 y
에서 펜을 들고 heading 방향으로 움직인다.

```
46 #[derive(Debug)]
47 struct Artist {
48   x: isize,
49   y: isize,
50   heading: Orientation,
51 }
```

펜을 움직이기 위해 Artist에 render-hex 프로젝트의 몇 가지 메서드를 구현하는데
그중 두 가지를 다음에서 보여 주고 있다. 러스트의 일치 표현식은 내부 상태를 간
결하게 참조하고 수정하는 데 사용된다. 이 예제의 소스 코드는 ch10-render-hex/
src/main.rs에 있다.

예제 10.15 Artist 이동시키기

```
67    fn forward(&mut self, distance: isize) {
68      match self.heading {
69        North => self.y += distance,
70        South => self.y -= distance,
71        West  => self.x += distance,
72        East  => self.x -= distance,
73      }
74    }
75
76    fn turn_right(&mut self) {
77      self.heading = match self.heading {
78        North => East,
79        South => West,
80        West  => North,
81        East  => South,
82      }
83    }
```

render-hex 프로젝트(예제 10.18)에서 발췌한 예제 10.16의 convert() 함수는
Artist 구조체를 사용한다. 그 역할은 parse()에서 얻어지는 Vec<Operation>을
Vec<Command>로 변환하는 것이다. 이 결과는 나중에 SVG를 생성하는 데 사용된다.
로고 언어를 기리는 의미로 Artist는 지역 변수 이름 turtle로 지정된다. 다음 예제
의 소스 코드는 ch10-render-hex/src/main.rs에 있다.

예제 10.16 convert() 함수

```
fn convert(operations: &Vec<Operation>) -> Vec<Command> {
  let mut turtle = Artist::new();
  let mut path_data = Vec::<Command>::with_capacity(1+operations.len());
  let start_at_home =
    Command::Move(Position::Absolute, (HOME_X, HOME_Y).into());    ❶
  path_data.push(start_at_home);

  for op in operations {
    match *op {
      Forward(distance) => turtle.forward(distance),   ┐
      TurnLeft          => turtle.turn_left(),          │
      TurnRight         => turtle.turn_right(),         ├ ❷
      Home              => turtle.home(),               ┘
      Noop(byte)        => {
        eprintln!("warning: illegal byte encountered: {:?}", byte)
      },
    };
```

```
    let line =
        Command::Line(Position::Absolute, (turtle.x, turtle.y).into());    ❸
    path_data.push(line);

    turtle.wrap();    ❹
  }
  path_data
}
```

❶ 먼저 turtle을 그리기 영역 중앙에 배치한다.

❷ 우리는 바로 Command를 생성하지 않는다. 대신 turtle의 내부 상태를 수정한다.

❸ Command::Line(turtle 현재 위치를 향한 직선)을 생성한다.

❹ turtle이 경계를 넘어가면 다시 중앙으로 되돌린다.

SVG 생성

SVG 파일을 생성하는 과정은 다소 기계적이다. generate_svg()(예제 10.18의 161~192행)가 작업을 수행한다.

SVG 문서는 태그와 속성이 다르지만 HTML 문서와 매우 비슷하다. <path> 태그는 우리의 목적에 가장 중요한 태그다. 경로를 그리는 방법은 d('data'의 약자) 속성으로 설명된다. convert()는 경로 데이터로 직접 매핑되는 Vec<Command>를 생성한다.

render-hex의 단일 스레드 버전 소스 코드

render-hex 프로젝트는 제대로 된 구조를 가지고 있다. 전체 프로젝트는 카고로 관리되는 (상당히 큰) main.rs 파일 내에 있다. 공개 코드 저장소에서 프로젝트의 소스 코드를 다운로드하려면 다음 명령을 사용한다.

```
$ git clone https://github.com/rust-in-action/code rust-in-action
Cloning into 'rust-in-action'...
```

```
$ cd rust-in-action/ch10/ch10-render-hex
```

그렇지 않고 수동으로 프로젝트를 생성하려면 다음 명령을 실행하고 예제 10.18의 코드를 src/main.rs에 복사한다.

```
$ cargo new ch10-render-hex
    Created binary (application) `ch10-render-hex` package
```

```
$ cd ch10-render-hex
```

```
$ cargo install cargo-edit
    Updating crates.io index
  Downloaded cargo-edit v0.7.0
  Downloaded 1 crate (57.6 KB) in 1.35s
  Installing cargo-edit v0.7.0
...

$ cargo add svg@0.6
    Updating 'https://github.com/rust-lang/crates.io-index' index
      Adding svg v0.6 to dependencies
```

다음과 같은 표준 프로젝트 구조가 생성됐을 것이다.

```
ch10-render-hex/
├── Cargo.toml    ❶
└── src
    └── main.rs    ❷

    ❶ 예제 10.17
    ❷ 예제 10.18
```

다음은 프로젝트의 메타데이터다. 프로젝트의 Cargo.toml이 관련 세부 정보와 일치하는지 확인해야 한다. 이 예제의 소스 코드는 ch10/ch10-render-hex/Cargo.toml에 있다.

예제 10.17 render-hex의 프로젝트 메타데이터

```
[package]
name = "render-hex"
version = "0.1.0"
authors = ["Tim McNamara <author@rustinaction.com>"]
edition = "2018"

[dependencies]
svg = "0.6.0"
```

단일 스레드 버전의 render-hex는 다음 코드에 나와 있다. 이 예제의 소스 코드는 ch10-render-hex/src/main.rs에 있다.

예제 10.18 render-hex 소스 코드

```
001 use std::env;
002
003 use svg::Document;
004 use svg::node::element::{Path, Rectangle};
005 use svg::node::element::path::{Command, Position, Data};
```

```
006
007 use crate::Operation::{ ┐
008   Forward,
009   TurnLeft,
010   TurnRight,
011   Home,
012   Noop                    ❶
013 };
014 use crate::Orientation::{
015   North,
016   East,
017   West,
018   South
019 };                        ┘
020
021 const WIDTH: isize = 400;     ┐
022 const HEIGHT: isize = WIDTH;  ┘ ❷
023
024 const HOME_Y: isize = HEIGHT/2;  ┐
025 const HOME_X: isize = WIDTH/2;   ┘ ❸
026
027 const STROKE_WIDTH: usize = 5;   ❹
028
029 #[derive(Debug, Clone, Copy)]
030 enum Orientation {
031   North,  ┐
032   East,   │
033   West,   │ ❺
034   South,  ┘
035 }
036
037 #[derive(Debug, Clone, Copy)]
038 enum Operation {        ❻
039   Forward(isize),       ❼
040   TurnLeft,
041   TurnRight,
042   Home,
043   Noop(u8),             ❽
044 }
045
046 #[derive(Debug)]
047 struct Artist {         ❾
048   x: isize,
049   y: isize,
050   heading: Orientation,
051 }
052
053 impl Artist {
054   fn new() -> Artist {
```

```
055      Artist {
056        heading: North,
057        x: HOME_X,
058        y: HOME_Y,
059      }
060    }
061
062    fn home(&mut self) {
063      self.x = HOME_X;
064      self.y = HOME_Y;
065    }
066
067    fn forward(&mut self, distance: isize) {    ❿
068      match self.heading {
069        North => self.y += distance,
070        South => self.y -= distance,
071        West  => self.x += distance,
072        East  => self.x -= distance,
073      }
074    }
075
076    fn turn_right(&mut self) {    ⓫
077      self.heading = match self.heading {
078        North => East,
079        South => West,
080        West  => North,
081        East  => South,
082      }
083    }
084
085    fn turn_left(&mut self) {    ⓬
086      self.heading = match self.heading {
087        North => West,
088        South => East,
089        West  => South,
090        East  => North,
091      }
092    }
093
094    fn wrap(&mut self) {    ⓭
095      if self.x < 0 {
096        self.x = HOME_X;
097        self.heading = West;
098      } else if self.x > WIDTH {
099        self.x = HOME_X;
100        self.heading = East;
101      }
102
103      if self.y < 0 {
```

```
104        self.y = HOME_Y;
105        self.heading = North;
106      } else if self.y > HEIGHT {
107        self.y = HOME_Y;
108        self.heading = South;
109      }
110    }
111 }
112
113 fn parse(input: &str) -> Vec<Operation> {
114   let mut steps = Vec::<Operation>::new();
115   for byte in input.bytes() {
116     let step = match byte {
117       b'0' => Home,
118       b'1'..=b'9' => {
119         let distance = (byte - 0x30) as isize;      ⓮
120         Forward(distance * (HEIGHT/10))
121       },
122       b'a' | b'b' | b'c' => TurnLeft,
123       b'd' | b'e' | b'f' => TurnRight,
124       _ => Noop(byte),      ⓯
125     };
126     steps.push(step);
127   }
128   steps
129 }
130
131 fn convert(operations: &Vec<Operation>) -> Vec<Command> {
132   let mut turtle = Artist::new();
133
134   let mut path_data = Vec::<Command>::with_capacity(operations.len());
135   let start_at_home = Command::Move(
136     Position::Absolute, (HOME_X, HOME_Y).into()
137   );
138   path_data.push(start_at_home);
139
140   for op in operations {
141     match *op {
142       Forward(distance) => turtle.forward(distance),
143       TurnLeft => turtle.turn_left(),
144       TurnRight => turtle.turn_right(),
145       Home => turtle.home(),
146       Noop(byte) => {
147         eprintln!("warning: illegal byte encountered: {:?}", byte);
148       },
149     };
150
151     let path_segment = Command::Line(
152       Position::Absolute, (turtle.x, turtle.y).into()
```

```
153        );
154        path_data.push(path_segment);
155
156        turtle.wrap();
157    }
158    path_data
159 }
160
161 fn generate_svg(path_data: Vec<Command>) -> Document {
162    let background = Rectangle::new()
163      .set("x", 0)
164      .set("y", 0)
165      .set("width", WIDTH)
166      .set("height", HEIGHT)
167      .set("fill", "#ffffff");
168
169    let border = background
170      .clone()
171      .set("fill-opacity", "0.0")
172      .set("stroke", "#cccccc")
173      .set("stroke-width", 3 * STROKE_WIDTH);
174
175    let sketch = Path::new()
176      .set("fill", "none")
177      .set("stroke", "#2f2f2f")
178      .set("stroke-width", STROKE_WIDTH)
179      .set("stroke-opacity", "0.9")
180      .set("d", Data::from(path_data));
181
182    let document = Document::new()
183      .set("viewBox", (0, 0, HEIGHT, WIDTH))
184      .set("height", HEIGHT)
185      .set("width", WIDTH)
186      .set("style", "style=\"outline: 5px solid #800000;\"")
187      .add(background)
188      .add(sketch)
189      .add(border);
190
191    document
192 }
193
194 fn main() {
195    let args = env::args().collect::<Vec<String>>();
196    let input = args.get(1).unwrap();
197    let default_filename = format!("{}.svg", input);
198    let save_to = args.get(2).unwrap_or(&default_filename);
199
200    let operations = parse(input);
201    let path_data = convert(&operations);
```

```
202    let document = generate_svg(path_data);
203    svg::save(save_to, &document).unwrap();
204 }
```

❶ Operation과 Orientation 열거형 타입은 나중에 정의된다. use 키워드로 이것들을 포함하면 소스 코드에서 불필요한 코드가 많이 제거된다.

❷ HEIGHT, WIDTH는 그림의 크기 경계다.

❸ HOME_Y, HOME_X 상수는 그림 그리는 시작점을 초기화할 때 돌아갈 위치다. 여기에서 y는 세로, x는 가로 좌표다.

❹ STROKE_WIDTH는 SVG 출력 매개 변수로, 각 선을 그릴 때 형태를 정의한다.

❺ 숫잣값 대신 설명을 사용하여 연산을 피한다.

❻ 더 풍부한 결과를 원한다면 이 부분을 확장하도록 한다.

❼ isize를 사용해서 확장하면 새 열것값을 추가하지 않고도 Reverse를 구현할 수 있다.

❽ 잘못된 입력을 받을 때 Noop을 쓴다. 에러 메시지를 출력하기 위해 잘못된 바이트를 꺼내 온다.

❾ Artist 구조체는 현재 상태를 보관한다.

❿ ⓫ ⓬ forward()는 match 표현식 안쪽에서 self를 변경한다. turn_left()와 turn_right()에서는 이와는 대조적으로 match 표현식 바깥에서 self를 변경한다.

⓭ wrap()은 그림이 경계 안에 있는 것을 확인한다.

⓮ 아스키에서 숫자는 0x30(십진수로 48)에서 시작하므로 b'2'의 u8 값을 2로 변환한다. u8의 전체 범위에서 이 작업을 수행하면 패닉이 발생할 수 있지만 여기서는 안전하다. 패턴 매칭이 제공하는 보증 덕분이다.

⓯ 잘못된 문자가 없을 것으로 예상하지만 입력 스트림에 일부 존재할 수 있다. Noop 작업으로 해당 결과를 최종 출력에서 분리한다.

10.4.3 논리적 작업별 스레드 생성

우리의 render-hex 프로젝트(예제 10.18)에는 몇몇 부분에 병렬 처리를 적용할 수 있다. 우리는 이 중 하나인 parse() 함수에 집중할 것이다. 먼저 다음 두 단계를 통해 병렬 처리를 추가한다.

1. 함수형 스타일로 코드를 리팩터링한다.
2. rayon 크레이트와 해당 크레이트의 par_iter() 메서드를 사용한다.

함수형 프로그래밍 스타일 사용하기

병렬 처리를 추가하는 첫 번째 단계는 for를 대체하는 것이다. for 대신에 Vec<T>를 함수형 프로그래밍 방식으로 만들려면 map()과 collect() 메서드, 고차 함수를 쓰는데 대개 클로저로 만든다.

두 스타일을 비교하려면 예제 10.18(ch10-render-hex/src/main.rs)의 parse() 함수와 함수형 스타일을 사용한 예제 10.20(ch10-render-hex-functional/src/main.rs)의 parse() 함수의 차이점을 살펴봐야 한다.

예제 10.19 parse()를 명령형 프로그래밍 구조로 구현했을 때

```
113 fn parse(input: &str) -> Vec<Operation> {
114   let mut steps = Vec::<Operation>::new();
115   for byte in input.bytes() {
116     let step = match byte {
117       b'0' => Home,
118       b'1'..=b'9' => {
119         let distance = (byte - 0x30) as isize;
120         Forward(distance * (HEIGHT/10))
121       },
122       b'a' | b'b' | b'c' => TurnLeft,
123       b'd' | b'e' | b'f' => TurnRight,
124       _ => Noop(byte),
125     };
126     steps.push(step);
127   }
128   steps
129 }
```

예제 10.20 parse()를 함수형 프로그래밍 구조로 구현했을 때

```
fn parse(input: &str) -> Vec<Operation> {
  input.bytes().map(|byte|{
    match byte {
      b'0' => Home,
      b'1'..=b'9' => {
        let distance = (byte - 0x30) as isize;
        Forward(distance * (HEIGHT/10))
      },
      b'a' | b'b' | b'c' => TurnLeft,
      b'd' | b'e' | b'f' => TurnRight,
      _ => Noop(byte),
  }}).collect()
}
```

예제 10.20은 더 짧고 선언적이며 관용적인 러스트에 더 가깝다. 표면적인 주요 변경점은 더 이상 임시 변수 steps를 생성할 필요가 없다는 것이다. collect()와 map()을 조합하면 임시 변수를 만들 필요가 없다. map()은 반복자의 모든 요소에 함수를 적용하고 collect()는 반복자의 출력을 Vec<T>에 저장한다.

하지만 이 리팩터링에서 임시 변수를 제거하는 것보다 더 근본적인 변화가 있다. 바로 러스트 컴파일러가 코드 실행을 더 많이 최적화할 수 있다는 점이다.

러스트에서 반복자는 효율적인 추상화다. 반복자의 메서드를 직접 이용하면 러스트 컴파일러가 최소한의 메모리만 사용하는 최적의 코드를 생성할 수 있다. 예를 들어 map() 메서드는 클로저를 가져와 반복자의 모든 요소에 적용한다. 러스트의 트릭은 map() 역시 반복자를 반환한다는 것이다. 이를 통해 다수의 변환을 함께 연결할 수 있다. 중요한 것은 map()이 소스 코드의 여러 부분에서 나타날 수 있지만 러스트는 컴파일된 바이너리에서 이러한 함수 호출을 최적화한다.

코드가 for 루프를 사용하는 것 같이 프로그램이 수행해야 하는 모든 단계가 지정되어 있으면 컴파일러가 결정을 내릴 수 있는 부분이 줄어든다. 반복자를 쓰면 컴파일러에 더 많은 작업을 위임할 수 있다. 이렇게 되면 병렬 처리가 가능해진다.

병렬 반복자 사용하기

우리는 여기서 러스트 커뮤니티의 크레이트인 rayon을 사용할 것이다. rayon은 코드에 데이터 병렬성을 추가하도록 명시적으로 설계됐다. 데이터 병렬성은 서로 다른 데이터(예: Vec<T>)에 동일한 함수(또는 클로저!)를 적용한다.

기본 render-hex 프로젝트를 가지고 이미 작업했다고 가정하고 cargo add rayon@1을 실행하여 카고로 크레이트 의존성에 rayon을 추가한다.

```
$ cargo add rayon@1    ❶
   Updating 'https://github.com/rust-lang/crates.io-index' index
     Adding rayon v1 to dependencies
```
   ❶ cargo add 명령이 없다면 cargo install cargo-edit를 실행한다.

프로젝트 Cargo.toml의 [dependencies] 섹션이 다음과 일치해야 한다. 이 예제의 소스 코드는 ch10-render-hex-parallel-iterator/Cargo.toml이다.

예제 10.21 Cargo.toml에 의존성으로 rayon 추가하기

```
07 [dependencies]
08 svg = "0.6.0"
09 rayon = "1"
```

main.rs 파일의 첫 부분에 rayon과 그 프렐류드를 예제 10.23과 같이 추가한다. prelude는 크레이트 범위로 몇 가지 트레이트를 가져오는데 문자열 슬라이스에

par_bytes() 메서드를 제공하고 바이트 슬라이스에 par_iter() 메서드를 제공한다. 이러한 메서드를 사용하면 여러 스레드가 협력하여 데이터를 처리할 수 있다. 이 예제의 소스 코드는 ch10-render-hex-parallel-iterator/src/main.rs이다.

예제 10.22 render-hex 프로젝트에 rayon 추가하기

```rust
use rayon::prelude::*;

// ...

fn parse(input: &str) -> Vec<Operation> {
  input
    .as_bytes()      ❶
    .par_iter()      ❷
    .map(|byte| match byte {
      b'0' => Home,
      b'1'..=b'9' => {
        let distance = (byte - 0x30) as isize;
        Forward(distance * (HEIGHT/10))
      },
      b'a' | b'b' | b'c' => TurnLeft,
      b'd' | b'e' | b'f' => TurnRight,
      _ => Noop(*byte),    ❸
    })
    .collect()
}
```

❶ 입력 문자열 슬라이스를 바이트 슬라이스로 변환한다.

❷ 바이트 슬라이스를 병렬 반복자로 변환한다.

❸ byte 변수는 &u8 타입으로, Operation::Noop(u8)에 맞추려면 값을 역참조해야 한다.

rayon의 par_iter()를 사용하면 러스트의 강력한 std::iter::Iterator 트레이트 덕분에 모든 러스트 프로그래머가 사용할 수 있는 '치트 모드'가 생긴다. rayon의 par_iter()는 경쟁 조건(race condition)이 생기지 않도록 보장한다. 그런데 반복자가 없다면 어떻게 해야 할까?

10.4.4 스레드 풀과 작업 대기열 이용하기

때때로 함수를 적용하고 싶은 깔끔한 반복자가 없을 때가 있다. 이때 고려할 수 있는 또 다른 패턴은 작업 대기열이다. 이를 통해 작업을 어디에서나 생성할 수 있고, 작업 처리 코드를 작업 생성 코드와 별개로 분리할 수 있다. 작업 스레드 집합은 진행하는 현재 작업이 완료되면 다른 작업을 선택할 수 있다.

작업 대기열을 모델링하는 방법에는 여러 가지가 있다. Vec<Task>와 Vec<Result>를 생성하고 스레드 간에 이에 대한 참조를 공유할 수 있다. 각 스레드가 서로 덮어쓰는 것을 방지하려면 데이터 보호 전략이 필요하다.

스레드 간에 공유되는 데이터를 보호하는 가장 일반적인 도구는 Arc<Mutex<T>>다. 더 자세히 설명하자면 값 T(예: Vec<Task> 또는 Vec<Result>)는 std::sync::Mutex에 의해 보호되며 std::sync::Arc 안으로 래핑된다. Mutex는 상호 배타적인 잠금이다. 여기에서 상호 배타적이라는 것은 누구도 특별한 권리를 갖지 않음을 의미한다. 어느 스레드가 값을 잠그면 다른 모든 스레드가 접근할 수 없다. 표현이 어색하지만 Mutex는 스레드 사이에서 스스로를 보호해야 한다. 이런 이유로 추가적인 지원이 필요하다. Arc는 Mutex에 대한 안전한 다중 스레드 접근을 제공한다.

Mutex와 Arc는 프로그래머에게 유연성을 더 제공하기 위해 단일 타입으로 통합되지 않았다. 여러 필드가 있는 구조체를 생각해 보자. 단일 필드에만 Mutex가 필요할 수 있지만 전체 구조체 주위에 Arc를 배치할 수 있다. 이 접근 방식은 Mutex로 보호되지 않는 필드에 대해 더 빠른 읽기 접근을 제공한다. 단일 Mutex는 읽기-쓰기 접근 권한이 있는 필드에 대해 최대한의 보호를 유지한다. 이런 잠금 방식은 충분히 사용 가능하지만 반면에 번거롭다. 채널이 더 간단한 대안이다.

채널에는 송신과 수신이라는 양쪽 끝이 있다. 프로그래머는 채널 내부에서 일어나는 일에 접근할 수 없다. 그러나 데이터를 송신 쪽에 배치한다는 것은 미래의 어떤 단계에서는 수신 쪽에서 데이터가 나타날 것임을 의미한다. 수신자가 메시지를 받을 준비가 되지 않은 경우에도 여러 항목을 보낼 수 있으므로 채널을 작업 대기열로 사용할 수 있다.

채널은 상당히 추상적이다. 채널을 쓸 때는 내부 구조를 숨기고 접근을 두 개의 도움 객체에 위임하는 방식을 선호한다. 이 객체 중 하나는 send()이고 다른 하나는 recv()이다. 중요한 점은 채널이 채널을 통해 정보를 전송하는 방식에 관여할 수 없다는 것이다.

 무선·전신 사업자가 쓰는 관례에 따라 Sender를 tx(transmission의 약칭)로, Receiver를 rx라고 부른다.

단방향 통신

여기에서는 러스트 표준 라이브러리의 std::sync::mpsc 모듈이 아닌 crossbeam 크레이트의 채널 구현을 사용한다. 두 API 모두 동일한 API를 제공하지만 crossbeam이 더 나은 기능과 유연성을 제공한다. 채널 사용 방법을 설명하는 데 약간의 시간을 쓸 것이다. 작업 대기열로 사용되는 방식을 더 선호한다면 이 부분을 건너뛰어도 된다.

표준 라이브러리에서 채널 구현을 제공하지만 우리는 서드 파티 크레이트인 crossbeam을 사용할 것이다. 이쪽이 조금 더 많은 기능을 제공한다. 예를 들어, 제한 대기열(bounded queue)과 무제한 대기열(unbounded queue)이 모두 포함된다. 제한 대기열은 경합 상태에서 역압(back pressure)을 적용하여 소비자에 과부하가 걸리는 것을 방지한다. (고정폭 타입의) 제한 대기열에는 결정적인 최대 메모리 사용량이 정해져 있다. 그런데 여기에는 한 가지 부정적인 특징이 있다. 이 대기열이 해당 공간을 사용할 수 있을 때까지 대기열 생산자를 대기시키는 것이다. 이 때문에 지연 없는 비동기 메시징에는 무제한 대기열이 적합하지 않을 수 있다.

channels-intro 프로젝트(예제 10.23과 10.24)는 이에 대한 간단한 예다. 다음은 콘솔에서 공개 소스 코드 저장소로부터 channels-intro 프로젝트를 받아 이를 실행하고 그 결과를 보여 준다.

```
$ git clone https://github.com/rust-in-action/code rust-in-action
Cloning into 'rust-in-action'...

$ cd ch10/ch10-channels-intro

$ cargo run
...
    Compiling ch10-channels-intro v0.1.0 (/ch10/ch10-channels-intro)
    Finished dev [unoptimized + debuginfo] target(s) in 0.34s
     Running `target/debug/ch10-channels-intro`
Ok(42)
```

프로젝트를 직접 만들려면 다음과 같이 한다.

1. 다음 명령어를 명령행에서 입력한다.

```
$ cargo new channels-intro
$ cargo install cargo-edit
$ cd channels-intro
$ cargo add crossbeam@0.7
```

2. 프로젝트의 Cargo.toml 파일 내용과 예제 10.23의 내용이 같은지 확인한다.

3. src/main.rs의 내용을 예제 10.24의 코드로 교체한다.

다음 두 예제가 이 프로젝트를 구성한다. 예제 10.23은 Cargo.toml 파일을, 예제 10.24는 작업자 스레드에서 i32 메시지용의 채널을 만드는 방법을 보여 준다.

예제 10.23 channels-intro의 Cargo.toml 메타데이터

```
[package]
name = "ch10-channels-intro"
version = "0.1.0"
authors = ["Tim McNamara <author@rustinaction.com>"]
edition = "2018"

[dependencies]
crossbeam = "0.7"
```

예제 10.24 i32 메시지를 받는 채널 만들기

```
01 #[macro_use]         ❶
02 extern crate crossbeam;
03
04 use std::thread;
05 use crossbeam::channel::{unbounded};
06
07 fn main() {
08   let (tx, rx) = unbounded();
09
10   thread::spawn(move || {
11     tx.send(42)
12       .unwrap();
13   });
14
15   select!{                                    ❷
16     recv(rx) -> msg => println!("{:?}", msg),  ❸
17   }
18 }
```

❶❷ 이 줄을 넣음으로써 select! 매크로를 쓸 수 있으며 메시지 수신이 좀 더 간결해진다.

❸ recv(rx)는 매크로에 의해 정의된 문법이다.

channels-intro 프로젝트에 대한 몇 가지 참고 사항은 다음과 같다.

- crossbeam으로 채널을 만들려면 Sender<T>와 Receiver<T>를 반환하는 함수를

호출해야 한다. 예제 10.24에서 컴파일러는 타입 매개 변수를 유추한다. tx에는 Sender<i32> 타입이 지정되고, rx에는 Receiver<i32> 타입이 지정된다.

- select! 매크로는 POSIX 소켓 API와 같은 여타 메시징 시스템에서 이름을 따왔다. 이것은 메인 스레드가 메시지를 차단하고 기다릴 수 있게 해 준다.
- 매크로는 고유한 구문 규칙을 정의할 수 있다. 그렇기 때문에 select! 매크로는 러스트에서 잘 쓰지 않는 구문(recv(rx) ->)을 사용한다.

채널을 통해 무엇을 보낼 수 있는가?

채널을 네트워크 프로토콜을 구성하는 것과 같다고 생각할 수도 있다. 그러나 실제 통신상에서는 [u8] 타입만 사용할 수 있다. 해당 바이트 스트림은 그 내용을 해석하기 전에 구문을 분석하고 유효성을 검사해야 한다.

채널은 단순한 바이트([u8])를 스트리밍하는 것보다 더 많은 일을 할 수 있다. 바이트 스트림은 무엇인지 알 수 없어 구조를 추출하려면 구문 분석이 필요하다. 채널은 러스트 타입 시스템의 모든 기능을 제공한다. 견고함을 위한 철저한 테스트를 할 수 있고 내부 표현이 간결하기 때문에 메시지에 enum을 사용하는 것을 추천한다.

양방향 통신

양방향(이중) 통신은 단일 채널로 모델링하기가 어렵다. 더 간단한 접근 방식은 각 방향에 대해 하나씩 두 세트의 발신자와 수신자를 만드는 것이다.

channel-complex 프로젝트는 이 이중 채널 전략의 예다. channel-complex는 예제 10.25와 10.26에 구현되어 있다. 예제의 소스 코드는 각각 ch10/ch10-channels-complex/Cargo.toml과 ch10/ch10-channels-complex/src/main.rs에 있다.

실행하면 channel-complex는 세 줄의 결과를 출력한다. 공개 소스 코드 저장소에서 프로젝트를 받아 실행하는 과정은 다음과 같다.

```
$ git clone https://github.com/rust-in-action/code rust-in-action
Cloning into 'rust-in-action'...

$ cd ch10/ch10-channels-complex

$ cargo run
...
```

```
Compiling ch10-channels-intro v0.1.0 (/ch10/ch10-channels-complex)
 Finished dev [unoptimized + debuginfo] target(s) in 0.34s
  Running `target/debug/ch10-channels-complex`
```
Ok(Pong)
Ok(Pong)
Ok(Pong)

손수 작업하는 것을 선호하는 사람들은 다음 순서대로 하면 된다.

1. 명령행에서 다음 명령을 넣는다.

```
$ cargo new channels-intro
$ cargo install cargo-edit
$ cd channels-intro
$ cargo add crossbeam@0.7
```

2. 프로젝트의 Cargo.toml의 내용이 예제 10.25와 맞는지 확인한다.

3. src/main.rs의 내용을 예제 10.26의 코드로 교체한다.

예제 10.25 channels-complex 프로젝트의 메타데이터

```
[package]
name = "channels-complex"
version = "0.1.0"
authors = ["Tim McNamara <author@rustinaction.com>"]
edition = "2018"

[dependencies]
crossbeam = "0.7"
```

예제 10.26 생성한 스레드로 메시지를 보내고 받기

```
01 #[macro_use]
02 extern crate crossbeam;
03
04 use crossbeam::channel::unbounded;
05 use std::thread;
06
07 use crate::ConnectivityCheck::*;
08
09 #[derive(Debug)]
10 enum ConnectivityCheck {
11   Ping,
12   Pong,                              ❶
13   Pang,
14 }
15
```

```
16 fn main() {
17   let n_messages = 3;
18   let (requests_tx, requests_rx) = unbounded();
19   let (responses_tx, responses_rx) = unbounded();
20
21   thread::spawn(move || loop {    ❷
22     match requests_rx.recv().unwrap() {
23       Pong => eprintln!("unexpected pong response"),
24       Ping => responses_tx.send(Pong).unwrap(),
25       Pang => return,    ❸
26     }
27   });
28
29   for _ in 0..n_messages {
30     requests_tx.send(Ping).unwrap();
31   }
32   requests_tx.send(Pang).unwrap();
33
34   for _ in 0..n_messages {
35     select! {
36       recv(responses_rx) -> msg => println!("{:?}", msg),
37     }
38   }
39 }
```

❶ 맞춤형 메시지 타입을 정의하면 나중에 메시지를 쉽게 해석할 수 있다.

❷ 모든 제어 흐름은 표현식이기 때문에 여기서 loop 키워드를 사용할 수 있다.

❸ Pang 메시지는 스레드를 닫으라고 지시한다.

작업 대기열 구현

채널에 대해 알아보았으니 예제 10.18에서 처음 등장한 문제에 이를 적용할 시간이다. 예제 10.28에 나오는 코드가 예제 10.24에서 본 병렬 반복자 접근 방식보다 훨씬 더 복잡함을 알게 될 것이다.

다음은 render-hex의 채널 기반 작업 대기열 구현에 대한 메타데이터다. 이 예제의 소스 코드는 ch10/ch10-render-hex-threadpool/Cargo.toml에 있다.

예제 10.27 render-hex의 채널 기반 작업 대기열 메타데이터

```
[package]
name = "render-hex"
version = "0.1.0"
authors = ["Tim McNamara <author@rustinaction.com>"]
edition = "2018"
```

```
[dependencies]
svg = "0.6"
crossbeam = "0.7"    ❶
```

> ❶ 이 프로젝트에 crossbeam 크레이트를 새로운 의존성으로 추가했다.

다음은 parse() 함수 관련 부분만 따로 추린 것이다. 나머지 코드는 예제 10.18과 동일하다. 다음 코드는 ch10/ch10-render-hex-threadpool/src/main.rs에 있다.

예제 10.28 render-hex의 채널 기반 작업 대기열에 대한 코드 일부

```
use std::thread;
use std::env;

use crossbeam::channel::{unbounded};

// …

enum Work {               ❶
  Task((usize, u8)),      ❷
  Finished,               ❸
}

fn parse_byte(byte: u8) -> Operation {    ❹
  match byte {
    b'0' => Home,
    b'1'..=b'9' => {
      let distance = (byte - 0x30) as isize;
      Forward(distance * (HEIGHT/10))
    },
    b'a' | b'b' | b'c' => TurnLeft,
    b'd' | b'e' | b'f' => TurnRight,
    _ => Noop(byte),
  }
}

fn parse(input: &str) -> Vec<Operation> {
  let n_threads = 2;
  let (todo_tx, todo_rx) = unbounded();         ❺
  let (results_tx, results_rx) = unbounded();   ❻
  let mut n_bytes = 0;
  for (i,byte) in input.bytes().enumerate() {
    todo_tx.send(Work::Task((i,byte))).unwrap();    ❼
    n_bytes += 1;                                   ❽
  }

  for _ in 0..n_threads {
    todo_tx.send(Work::Finished).unwrap();    ❾
  }
```

```
      for _ in 0..n_threads {
        let todo = todo_rx.clone();          ⑩
        let results = results_tx.clone();
        thread::spawn(move || {
          loop {
            let task = todo.recv();
            let result = match task {
              Err(_) => break,
              Ok(Work::Finished) => break,
              Ok(Work::Task((i, byte))) => (i, parse_byte(byte)),
            };
            results.send(result).unwrap();

          }
        });
      }
      let mut ops = vec![Noop(0); n_bytes];    ⑪
      for _ in 0..n_bytes {
        let (i, op) = results_rx.recv().unwrap();
        ops[i] = op;
      }
      ops
    }
```

❶ 채널을 통해 보낼 메시지 타입을 생성한다.

❷ 이 튜플의 usize 필드는 처리되는 바이트의 위치를 가리킨다. 이는 순서가 잘못되어 반환될 수 있기 때문에 필요하다.

❸ 작업자 스레드가 종료할 때를 나타내는 마커 메시지다.

❹ 작업자의 로직을 단순화하기 위해 수행해야 하는 기능을 추출한다.

❺ 완료해야 할 작업을 위한 채널을 생성한다.

❻ 디코딩된 명령어가 반환될 채널을 생성한다.

❼ 작업 대기열을 해당 작업으로 채운다.

❽ 얼마나 작업이 있는지 추적한다.

❾ 각 스레드로 작업 종료 신호를 보낸다.

❿ 복제되면 채널은 스레드 간에 공유될 수 있다.

⑪ 결과는 임의의 순서로 반환될 수 있으므로 들어오는 결과로 덮어쓸 완전한 Vec<Command>를 초기화한다. 배열이 아닌 벡터를 사용하는 이유는 이것이 타입 시그너처에서 사용되는 것이기 때문이며, 이 새로운 구현에 맞게 전체 프로그램을 리팩터링하고 싶지 않아서다.

독립 스레드가 나오면 작업이 완료되는 순서가 비결정적이 된다. 예제 10.28에는 이를 처리하기 위해 복잡한 작업이 추가됐다.

이전에는 입력에서 해석한 명령에 대해 빈 Vec<Command>를 만들었다. 구문 분석이 완료되면 main()은 벡터의 push() 메서드를 통해 반복적으로 요소를 추가했다. 지금은 let mut ops = vec![Noop(0); n_bytes]; 행에서 벡터를 완전히 초기화했다. 그 안의 내용은 중요하지 않다. 모두 덮어쓰기 때문이다. 그렇지만 실수로라도 SVG 파일이 손상되지 않도록 Command::Noop를 사용하기로 했다.

10.5 동시성과 작업 가상화

이 절에서는 동시성 모델 간의 차이점을 설명한다. 그림 10.5는 몇 가지 절충을 보여 준다.

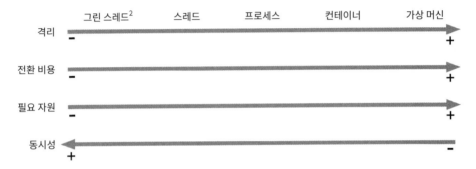

그림 10.5 컴퓨팅에서 다양한 형태의 작업 격리와 관련된 절충안.
일반적으로 격리 수준을 높이면 부하가 늘어난다.

비용이 많이 드는 작업 가상화의 주요 이점은 격리(isolation)다. 격리라는 용어가 의미하는 바는 무엇일까?

격리된 작업은 서로 간섭할 수 없다. 간섭은 다양한 형태로 나타난다. 예를 들어 메모리 손상, 네트워크 포화, 디스크에 저장할 때 정체 등이 있다. 화면에 출력되기를 기다리는 동안 스레드가 차단되면 해당 스레드에서 작동하는 코루틴 중 어느 것도 진행할 수 없다.

격리된 작업은 허가 없이 서로의 데이터에 접근할 수 없다. 동일한 프로세스의 독립 스레드는 메모리 주소 공간을 공유하고 모든 스레드는 해당 공간 내의 데이터에 대해 동일한 접근 권한을 갖는다. 그러나 프로세스는 서로의 메모리를 검사하는 것이 금지되어 있다.

격리된 작업으로 인해 다른 작업이 중단될 수 없다. 한 작업의 실패가 연쇄적으

---

2 (옮긴이) 운영 체제가 아닌 애플리케이션이 직접 스레드 처리를 하는 것

로 다른 시스템의 실패로 이어져서는 안 된다. 프로세스가 커널 패닉을 유발하면 모든 프로세스가 종료된다. 가상 머신에서 작업을 수행함으로써 다른 작업이 불안 정한 경우에도 작업을 진행할 수 있다.

격리는 연속체(continuum)다.[3] 완전한 격리는 비실용적이다. 입출력이 불가능하 다는 뜻이다. 또한 격리는 많은 경우 소프트웨어에서 구현된다. 추가 소프트웨어를 실행한다는 것은 추가 런타임 오버헤드가 발생함을 의미한다.

> ### 🧊 동시성과 관련된 작은 용어집
>
> 여기서는 용어를 빼곡히 소개한다. 다음은 몇 가지 중요한 용어와 용례에 대한 간략한 소개다.
>
> - 프로그램 — 프로그램 또는 애플리케이션은 브랜드 이름과 같다. 소프트웨어 패키지를 이야기 할 때 사용하는 이름이다. 우리가 프로그램을 실행할 때 운영 체제는 프로세스를 생성한다.
> - 실행 파일 — 메모리에 로드한 다음 실행할 수 있는 파일. 실행 파일을 실행한다는 것은 프로세 스와 스레드를 만든 다음 CPU의 명령 포인터를 실행 파일의 첫 번째 명령으로 변경하는 것을 의미한다.
> - 작업 — 이 장에서는 작업이라는 용어를 추상적인 의미로 사용한다. 추상화 수준이 바뀌면 의 미도 바뀐다.
>   a. 프로세스 수준에서 작업은 프로세스의 스레드 중 하나다.
>   b. 스레드 수준에서 작업은 함수 호출일 수 있다.
>   c. 운영 체제 수준에서 작업은 여러 프로세스로 구성된 실행 중인 프로그램일 수 있다.
> - 프로세스 — 실행 중인 프로그램은 프로세스로 실행된다. 프로세스에는 자체 가상 주소 공간, 하나 이상의 스레드, 운영 체제에서 관리하는 많은 기록이 있다. 파일 기술자, 환경 변수, 스케 줄링 우선순위는 프로세스별로 관리된다. 프로세스에는 가상 주소 공간, 실행 가능한 코드, 시 스템 객체에 대한 열린 핸들, 보안 콘텍스트, 고유한 프로세스 식별자, 환경 변수, 우선순위 클 래스, 최소 및 최대 작업 집합 크기, 최소 하나의 실행 스레드가 있다. 각 프로세스는 기본 스레 드라고 하는 단일 스레드로 시작되지만 추가 스레드를 생성할 수 있다. 단일 프로세스로 시작 된 프로그램이 실행 중에 작업을 수행하기 위해 하위 프로세스를 생성하는 것은 드문 일이 아 니다.

---

3 (옮긴이) 더 작은 요소로 무한하게 나누어도 그 각각의 요소가 전체로서의 성질을 그대로 유지하는 것. 이러한 개념에 따르면 격리된 작업 안에서 또 다시 가상화를 통해 작업을 끊임없이 분할하더라 도 격리가 유지될 수 있다.

- 스레드 — 스레드라는 은유는 여러 스레드가 전체적으로 함께 작동할 수 있음을 암시한다.

- 실행 스레드 — 순차적으로 나타나는 일련의 CPU 명령이다. 여러 스레드가 동시에 실행될 수 있지만 시퀀스 내의 명령은 차례로 실행되도록 되어 있다.

- 코루틴 — 파이버, 그린 스레드, 경량 스레드라고도 하는 코루틴은 스레드 내에서 전환되는 작업을 나타낸다. 작업 간 전환은 운영 체제가 아닌 프로그램 자체의 책임이다. 두 가지 이론적 개념을 구별하는 것이 중요하다.

  a. 동시성 — 동시에 실행되는 모든 추상화 수준(프로세스 수준, 스레드 수준, 운영 체제 수준)에서의 다수의 작업

  b. 병렬성 — 여러 CPU에서 동시에 실행되는 여러 스레드

기본 용어 외에도 자주 나오는 관련 용어가 있다. 비동기 프로그래밍과 비차단 I/O다. 많은 운영 체제에서 여러 소켓의 데이터가 대기열에 배치되고 주기적으로 그룹으로 폴링되는 비차단 I/O 기능을 제공한다. 이에 대한 정의는 다음과 같다.

- 비차단 I/O — 일반적으로 스레드는 네트워크와 같은 I/O 장치에서 데이터를 요청할 때 스케줄되지 않는다. 스레드는 데이터가 도착하기를 기다리는 동안 차단된 것으로 표시된다. 비차단 I/O로 프로그래밍하면 데이터를 기다리는 동안에도 스레드는 계속 실행될 수 있다. 그러나 모순이 있다. 처리할 입력 데이터가 없는 경우 스레드를 계속 실행하려면 어떻게 해야 하는가? 답은 비동기 프로그래밍에 있다.

- 비동기 프로그래밍 — 비동기 프로그래밍은 제어 흐름이 미리 결정되지 않은 경우에 대한 프로그래밍이다. 그 대신 프로그램 자체가 제어할 수 없는 이벤트가 실행 순서에 영향을 준다. 이러한 이벤트는 일반적으로 장치 드라이버가 준비됐음을 알리는 신호 같은 I/O와 관련되거나 다른 스레드에서 반환되는 함수 등과 관련된다. 비동기 프로그래밍 모델은 대체로 개발자에게는 더 복잡하지만 I/O가 많은 경우 실행 속도가 더 빨라진다. 시스템 호출이 적기 때문이다. 이는 사용자 공간과 커널 공간 간의 콘텍스트 전환이 더 적다는 것을 의미한다.

10.5.1 스레드

스레드는 운영 체제가 이해하는 가장 낮은 격리 수준이다. 운영 체제는 스레드를 스케줄할 수 있다. 더 작은 형태의 동시성은 운영 체제에서 볼 수 없다. 여러분은 코루틴, 파이버, 그린 스레드와 같은 용어를 접했을 수도 있다.

여기에서 작업 간 전환은 프로세스 자체에서 관리한다. 운영 체제는 프로그램이

여러 작업을 처리하고 있다는 사실을 모르고 있다. 스레드와 기타 형태의 동시성의 경우 콘텍스트 전환이 필요하다.

10.5.2 콘텍스트 전환이란?

동일한 수준의 가상화에서 작업 간에 전환하는 것을 콘텍스트 전환이라고 한다. 스레드를 전환하려면 CPU 레지스터를 지워야 하고 CPU 캐시를 비워야 하며 운영 체제 내의 변수를 재설정해야 한다. 격리가 증가함에 따라 콘텍스트 전환 비용도 증가한다.

CPU는 명령을 순차적으로만 실행할 수 있다. 하나 이상의 작업을 수행하려면 게임에서 게임 저장 버튼을 눌러 저장하듯이 컴퓨터가 새 작업으로 전환하고 기존 작업의 저장된 지점에서 다시 시작할 수 있어야 한다. CPU는 일종의 '세이브 로드 신공(save scum)'[4]을 하는 셈이다.

왜 CPU는 지속적으로 작업을 전환할까? 사용 가능한 시간이 많기 때문이다. 프로그램은 메모리, 디스크 또는 네트워크 데이터에 접근해야 한다. 데이터를 기다리는 것은 엄청나게 느리기 때문에 그동안 다른 일을 할 수 있는 충분한 시간이 있는 경우가 많다.

10.5.3 프로세스

스레드는 프로세스 내에 존재한다. 프로세스의 독특한 특징은 메모리가 다른 프로세스와 독립적이라는 점이다. 운영 체제는 CPU와 함께 연계해서 프로세스의 메모리를 다른 모든 것으로부터 보호한다.

프로세스 간에 데이터를 공유하려면 러스트 채널과 Arc<Mutex<_>>로 보호되는 데이터로는 충분하지 않다. 운영 체제의 지원이 필요하다. 이를 위해 네트워크 소켓을 재사용하는 것이 일반적이다. 대부분의 운영 체제는 좀 더 빠르지만 이식성은 상대적으로 떨어지는 특수한 형태의 프로세스 간 통신(interprocess communication, IPC)을 제공한다.

---

4 (옮긴이) 게임에서 주요 시점마다 게임을 저장하고 다시 복원해서 최적의 결과를 얻으려는 행동을 말한다. 게임의 향방을 미리 예측하고 최선의 결과만 고른다는 점에서 게임에서 의외성으로 얻을 수 있는 재미를 잃을 수도 있다.

10.5.4 웹어셈블리

웹어셈블리는 프로세스 경계 자체 내에서 작업을 격리하려는 시도라는 점에서 흥미롭다. wasm 모듈 내에서 실행되는 작업이 다른 작업에 사용 가능한 메모리에 접근하는 것은 불가능하다. 웹 브라우저에서 비롯된 wasm은 모든 코드를 잠재적으로 적대적인 것으로 취급한다. 서드 파티 패키지를 사용하는 경우 여러분은 프로세스가 실행하는 모든 코드의 동작을 검증하지 않았을 수 있다.

wasm 모듈은 어느 정도 프로세스의 주소 공간 안에 있는 또 다른 주소 공간에 대한 접근 권한을 갖는다. wasm 주소 공간을 선형 메모리(linear memory)라고 한다. 실행 시 선형 메모리 내의 데이터에 대한 모든 요청을 해석하고 실제 가상 메모리에 자체적으로 요청한다. wasm 모듈 내의 코드는 프로세스가 접근할 수 있는 메모리 주소를 인식하지 못한다.

10.5.5 컨테이너

컨테이너는 프로세스의 확장으로 운영 체제에서 추가적인 격리 수준을 제공한다. 프로세스는 동일한 파일 시스템을 공유하는 반면 컨테이너는 컨테이터를 위해 생성된 파일 시스템을 갖는다. 네트워크와 같은 여타 리소스도 마찬가지다. 주소 공간 대신 이러한 다른 리소스를 보호하는 데 사용되는 용어는 이름 공간이다.

10.5.6 결국 운영 체제를 사용하는 이유는 무엇인가?

애플리케이션을 자체 운영 체제처럼 실행할 수 있다. 11장은 이에 대한 하나의 구현이다. 운영 체제 없이 실행되는 애플리케이션을 일컫는 일반적인 용어는 운영 체제 지원이 필요하지 않다는 의미에서 독립형(freestanding)이라고 한다. 독립형 바이너리는 의존할 운영 체제가 없는 임베디드 소프트웨어 개발자가 사용한다.

그러나 독립형 바이너리를 사용하면 상당한 제한이 있을 수 있다. 운영 체제가 없으면 애플리케이션이 가상 메모리나 다중 스레딩을 더 이상 사용할 수 없다. 이러한 모든 우려 사항은 애플리케이션의 우려 사항이 된다. 절충안으로 유니커널(unikernel)을 컴파일하는 것이 가능하다. 유니커널은 단일 애플리케이션과 쌍을 이루는 최소 운영 체제다. 배포 중인 애플리케이션에서 사용하지 않는 운영 체제의 모든 기능을 제거하는 것이 유니커널 컴파일 과정이다.

요약

- 클로저와 함수는 모두 같은 타입이어야 하지만 동일하지는 않다. 함수나 클로저를 인자로 받아들이는 함수를 만들고 싶다면 std::ops::Fn 트레이트 계열을 사용하라.

- 고차 프로그래밍과 반복자를 많이 사용하는 함수형 스타일은 러스트에서 관용적으로 쓰인다. 이러한 방식은 서드 파티 라이브러리와 결합하여 더 잘 동작하는 경향이 있는데 std::iter::Iterator가 이러한 함수형 스타일을 지원하는 일반적인 트레이트이기 때문이다.

- 스레드는 여러분이 듣던 것보다는 성능에 영향을 덜 미치지만, 경계 없이 스레드를 생성하면 심각한 문제를 일으킬 수 있다.

- 리터럴에서 바이트(u8)를 생성하려면 작은따옴표(예: b'a')를 사용한다. 큰따옴표(예: b"a")는 길이가 1인 바이트 슬라이스([u8])를 만든다.

- 열거형을 더 편하게 쓰려면 지역 범위에 use crate::를 써서 그 열것값을 가져오는 것이 편리할 수 있다.

- 격리는 일종의 연속체로서 제공된다. 일반적으로 소프트웨어 구성 요소 간에 격리가 증가하면 성능이 떨어진다.

11장

커널

이 장에서 배울 내용

- 자신만의 운영 체제 커널을 만들고 컴파일하는 법
- 러스트 컴파일러의 능력을 더 깊이 이해하기
- 카고를 사용자 지정 하위 명령어로 확장하는 법

운영 체제를 만들어 보자. 이 장을 마치면 자신만의 운영 체제(또는 최소한 운영 체제의 최소 하위 집합)를 실행하게 될 것이다. 그뿐 아니라 새로운(아직 존재하지 않는) 타깃용으로 직접 부트로더, 커널, 러스트 언어를 컴파일하게 될 것이다.

이 장에서는 운영 체제 없이도 프로그래밍하는 데 중요한, 러스트의 많은 기능을 다룬다. 따라서 이 장은 임베디드 장치에서 러스트로 작업하려는 프로그래머에게 중요하다.

11.1 신생 운영 체제 FledgeOS

이 절에서는 운영 체제 커널을 구현한다. 운영 체제 커널은 하드웨어와 상호 작용하고 메모리를 관리하며 작업을 조정하는 것과 같은 몇 가지 중요한 역할을 수행한다. 일반적으로 작업은 프로세스와 스레드를 통해 조정된다. 이 장에서 많은 내용을 다룰 수는 없지만 일단 시작해 보자. 우리는 마치 새가 깃털이 다 나서 둥지를 떠나는 것처럼(fledge) 한 단계 성장할 것이므로 우리가 구축하는 시스템을 FledgeOS라고 부르겠다.

11.1.1 운영 체제 커널 개발을 위한 개발 환경 구축하기

아직 존재하지 않는 운영 체제용 실행 파일을 만드는 과정은 복잡하다. 예를 들어
현재 운영 체제에서 새로운 운영 체제용으로 러스트 언어의 핵심 요소를 컴파일해
야 한다. 그러나 현재 환경은 현재 환경만 이해한다. 이를 확장해 보자. 도움이 될
몇 가지 도구가 필요하다. 다음은 FledgeOS를 만들기 전에 설치, 구성해야 하는 몇
가지 구성 요소다.

- QEMU — 가상화 기술. 공식적으로 가상 머신 모니터(virtual machine monitors)
  라고 하는 소프트웨어 계층의 일부로, 지원되는 호스트 아키텍처에서 어떠한 기
  기용 운영 체제라도 실행할 수 있다. 설치 도움말은 *https://www.qemu.org/*를 방
  문해서 확인하자.
- bootimage 크레이트와 몇 가지 지원 도구 — bootimage 크레이트는 프로젝트
  에서 중요한 작업을 수행한다. 다행스럽게도 해당 크레이트와 관련 도구 설치는
  간단하다. 명령행에서 다음 명령을 입력한다.

```
$ cargo install cargo-binutils
...
    Installed package `cargo-binutils v0.3.3` (executables `cargo-cov`,
    `cargo-nm`, `cargo-objcopy`, `cargo-objdump`, `cargo-profdata`,
    `cargo-readobj`, `cargo-size`, `cargo-strip`, `rust-ar`, `rust-cov`,
    `rust-ld`, `rust-lld`, `rust-nm`, `rust-objcopy`, `rust-objdump`,
    `rust-profdata`, `rust-readobj`, `rust-size`, `rust-strip`)

$ cargo install bootimage
...
    Installed package `bootimage v0.10.3` (executables `bootimage`,
    `cargo-bootimage`)

$ rustup toolchain install nightly
info: syncing channel updates for 'nightly-x86_64-unknown-linux-gnu'
...

$ rustup default nightly
info: using existing install for 'nightly-x86_64-unknown-linux-gnu'
info: default toolchain set to 'nightly-x86_64-unknown-linux-gnu'
...

$ rustup component add rust-src
info: downloading component 'rust-src'
...
```

```
$ rustup component add llvm-tools-preview    ❶
info: downloading component 'llvm-tools-preview'
...
```

> ❶ 나중에 llvm-tools로 바뀔 수 있다.

이 도구들은 중요한 역할을 한다.

- cargo-binutils 크레이트 — 러스트로 빌드하고 카고로 설치하는 유틸리티를 사용하여 카고의 하위 명령을 통해 실행 파일을 직접 조작할 수 있다. 또 다른 방법으로 binutils를 설치하는 대신 cargo-binutils를 사용하면 혹시라도 일어날지모를 버전 불일치를 방지할 수 있다.
- bootimage 크레이트 — 하드웨어에서 직접 부팅할 수 있는 실행 파일인 부팅 이미지를 카고로 빌드할 수 있다.
- 나이틀리(nightly) 빌드 버전 툴체인 — 러스트 컴파일러의 나이틀리 빌드 버전을 설치하면 아직 안정적이지 않아 하위 호환이 보장되지 않는 기능을 쓸 수 있다. 이 장에서 사용할 컴파일러의 내부 기능 중 일부는 안정 버전에 포함되지 않은 것이라 나이틀리 빌드 버전을 써야 한다. 이 장의 프로젝트에 대한 빌드 단계를 단순화하기 위해 나이틀리 빌드 버전을 기본 툴체인으로 설정했다. 변경 사항을 되돌리려면 rustup default stable 명령을 사용하면 된다.
- rust-src 구성 요소 — 러스트 프로그래밍 언어의 소스 코드를 다운로드한다. 이를 통해 러스트로 새로운 운영 체제용 컴파일러를 컴파일할 수 있다.
- llvm-tools-preview 구성 요소 — 러스트 컴파일러의 일부를 구성하는 LLVM 컴파일러에 대한 확장을 설치한다.

11.1.2 개발 환경 검증하기

나중에 생길지도 모르는 심각한 문제를 방지하기 위해 모든 것이 올바르게 설치됐는지 다시 확인하면 좋다. 다음 사항을 확인하자.

- QEMU — qemu-system-x86_64 유틸리티가 실행 경로(PATH)에 있어야 한다. --version 플래그를 사용해서 제대로 설치되어 있는지 확인할 수 있다.

```
$ qemu-system-x86_64 --version
QEMU emulator version 4.2.1 (Debian 1:4.2-3ubuntu6.14)
Copyright (c) 2003-2019 Fabrice Bellard and the QEMU Project developers
```

- cargo-binutils 크레이트 — cargo install cargo-binutils 출력에서 알 수 있 듯이 여러 실행 파일이 시스템에 설치됐다. 설치된 파일을 사용할 수 있는지는 --help 플래그로 실행해 확인해 보면 된다. 예를 들어 rust-strip이 설치되어 있 는지 확인하려면 다음을 실행한다.

```
$ rust-strip --help
OVERVIEW: llvm-strip tool

USAGE: llvm-strip [options] inputs..
...
```

- bootimage 크레이트 — 다음 명령을 실행해 필요한 부분이 모두 제대로 준비되 어 있는지 확인한다.

```
$ cargo bootimage --help
Creates a bootable disk image from a Rust kernel
...
```

- llvm-tools-preview 툴체인 구성 요소 — LLVM 도구는 LLVM 작업을 위한 보조 유틸리티 모음이다. 리눅스와 macOS에서 다음 명령을 내려 rustc에 접근 가능 한지 확인할 수 있다.

```
$ export SYSROOT=$(rustc --print sysroot)

$ find "$SYSROOT" -type f -name 'llvm-*' -printf '%f\n' | sort
llvm-ar
llvm-as
llvm-cov
llvm-dis
llvm-nm
llvm-objcopy
llvm-objdump
llvm-profdata
llvm-readobj
llvm-size
llvm-strip
```

마이크로소프트 윈도우에서는 비슷한 결과를 다음과 같은 명령으로 얻을 수 있다.

```
C:\> rustc --print sysroot
C:\> cd <sysroot>      ❶
C:\> dir llvm*.exe /s /b
```

　　❶ <sysroot> 자리에 직전 명령의 결과를 넣는다.

훌륭하다. 개발 환경이 제대로 설정됐다. 문제가 발생하면 구성 요소를 처음부터
다시 설치해 보자.

11.2 Fledgeos-0: 뭔가 동작하게 하기

FledgeOS를 완전히 이해하려면 끈기가 약간 필요하다. 코드가 짧지만 아마도 새로
운 개념이 많이 포함되어 있을 텐데, 운영 체제를 이용하는 프로그래머에게는 드러
나지 않는 것이기 때문이다. 코드 작성을 시작하기 전에 FledgeOS가 실행되는 것
을 보자.

11.2.1 첫 부팅

FledgeOS는 세상에서 가장 강력한 운영 체제가 아니다. 사실 별거 아닌 것에 가깝
다. 적어도 그래픽 환경 면에서는 그렇다. 그림 11.1에서 볼 수 있듯이 화면의 왼쪽
상단 모서리에 옅은 파란색 상자가 만들어진다.

그림 11.1 fledgeos-0 실행 후 예상 출력(예제 11.1~11.4)

fledgeos-0을 시작하고 실행하려면 명령행 프롬프트에서 다음 명령을 실행한다.

```
$ git clone https://github.com/rust-in-action/code rust-in-action
Cloning into 'rust-in-action'...
...

$ cd rust-in-action/ch11/ch11-fledgeos-0

$ cargo +nightly run        ❶
...
Running: qemu-system-x86_64 -drive
        format=raw,file=target/fledge/debug/bootimage-fledgeos.bin
```

❶ +nightly를 넣어 나이틀리 빌드 버전 컴파일러를 쓰도록 명시한다.

왼쪽 상단의 블록 색상이 어떻게 변했는지는 생각하지 말자. 이를 위해 구형 컴퓨팅 기기에서 사용되는 기법에 대해서는 곧 알아본다. 지금은 자신만의 러스트 버전과 그 러스트를 사용하는 운영 체제 커널, 이 커널을 제 위치에 배치하는 부트로더를 컴파일해서 그 모든 것이 함께 동작하면 성공한 것이다.

여기까지 온 것도 큰 성과다. 앞서 언급했듯이 아직 존재하지 않는 운영 체제 커널을 타깃으로 하는 프로그램을 만드는 것은 복잡하다. 다음과 같은 여러 단계가 필요하다.

1. 원하는 CPU 아키텍처 같은, 운영 체제가 사용할 기기가 읽을 수 있는 정의를 만든다. 이것은 컴파일러 타깃 또는 단순히 타깃이라고도 하는 타깃 플랫폼이다. 7.6.1 절의 표 7.7에서 비슷한 것을 본 적이 있다. 러스트를 컴파일할 수 있는 타깃 목록을 보려면 rustup target list를 실행한다.
2. 타깃 정의에 맞춰 러스트를 컴파일하여 새로운 타깃을 만든다. 러스트 전체 중에서 표준 라이브러리(std 아래의 크레이트)를 뺀 코어(core)라고 하는 집합으로 충분하다.
3. 이 '새' 러스트를 사용하여 새 타깃에 대한 운영 체제 커널을 컴파일한다.
4. 새 커널을 로드할 수 있는 부트로더를 컴파일한다.
5. 가상 환경에서 부트로더를 실행하고 부트로더는 이어서 커널을 실행한다.

고맙게도 bootimage 크레이트가 이 모든 작업을 수행한다. 이 모든 것이 완전히 자동화됐기 때문에 우리는 흥미로운 부분에 집중할 수 있다.

11.2.2 컴파일 방법

공개 저장소의 소스 코드를 사용하려면 11.2.1(455쪽)에 설명한 순서를 따르도록
한다. 즉, 명령 프롬프트에서 다음을 실행한다.

```
$ git clone https://github.com/rust-in-action/code rust-in-action
Cloning into 'rust-in-action'...
...
$ cd rust-in-action/ch11/ch11-fledgeos-0
```

수동으로 프로젝트를 구성하려면 다음 절차를 따르면 된다.

1. 명령행 프롬프트에서 다음 명령을 실행한다.

   ```
   $ cargo new fledgeos-0
   $ cargo install cargo-edit
   $ cd fledgeos-0
   $ mkdir .cargo
   $ cargo add bootloader@0.9
   $ cargo add x86_64@0.13
   ```

2. 프로젝트의 Cargo.toml 파일 끝에 다음을 추가한다. 예제 11.1의 내용과 같아
   야 하며 소스 코드는 ch11/ch11-fledgeos-0/Cargo.toml에 있다.

   ```
   [package.metadata.bootimage]
   build-command = ["build"]

   run-command = [
     "qemu-system-x86_64", "-drive", "format=raw,file={}"
   ]
   ```

3. 예제 11.2의 내용을 참고하여 프로젝트 루트에 새 fledge.json 파일을 만든다.
   해당 코드는 ch11/ch11-fledgeos-0/fledge.json에서 확인할 수 있다.

4. 새 .cargo/config.toml 파일을 만든다. 내용은 예제 11.3과 같아야 하며 소스 코
   드는 ch11/ch11-fledgeos-0/.cargo/config.toml에 있다.

5. src/main.rs의 내용을 예제 11.4의 코드로 변경한다. 해당 코드는 ch11/ch11
   -fledgeos-0/src/main.rs에 있다.

11.2.3 소스 코드 목록

FledgeOS 프로젝트의 소스 코드(ch11/ch11-fledgeos-*)는 대부분의 카고 프로젝트
와는 약간 다른 구조를 사용한다. 다음은 전형적인 예로 fledgeos-0의 구조다.

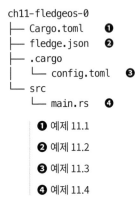

```
ch11-fledgeos-0
├── Cargo.toml      ❶
├── fledge.json     ❷
├── .cargo
│   └── config.toml ❸
└── src
    └── main.rs     ❹

    ❶ 예제 11.1

    ❷ 예제 11.2

    ❸ 예제 11.3

    ❹ 예제 11.4
```

이 프로젝트에는 추가된 파일이 두 개 있다.

- 프로젝트 루트 디렉터리에는 fledge.json 파일이 포함되어 있다. 이 파일은
  bootimage 크레이트와 관련 도구가 빌드할 컴파일러 타깃의 정의다.
- .cargo/config.toml 파일에는 추가 구성 매개 변수가 들어 있다. 이 파일은 이 프
  로젝트에서는 사전 설치된 모듈 대신 std::core 모듈 자체를 컴파일해야 한다고
  카고에 알려 준다.

다음은 프로젝트의 Cargo.toml 파일이다. ch11/ch11-fledgeos-0/Cargo.toml에서
확인할 수 있다.

예제 11.1 fledgeos-0 프로젝트 메타데이터

```
[package]
name = "fledgeos"
version = "0.1.0"
authors = ["Tim McNamara <author@rustinaction.com>"]
edition = "2018"

[dependencies]
bootloader = "0.9"
x86_64 = "0.13"

[package.metadata.bootimage]
build-command = ["build"]
```

```
run-command = [                                    ❶
  "qemu-system-x86_64", "-drive", "format=raw,file={}"
]
```

> ❶ cargo run을 실행하면 QEMU 세션을 시작한다. 매개 변수 내 중괄호({})는 빌드할 때 만들어 지는 운영 체제 이미지의 경로로 대치된다.

프로젝트의 Cargo.toml 파일은 약간 독특하다. 여기에는 [package.metadata.boot image]라는 새 테이블이 있는데, 혼동하기 쉬운 몇 가지 지시문이 포함되어 있다. 이 테이블은 부트로더의 의존성인 bootimage 크레이트에 대한 다음과 같은 명령이다.

- bootimage — 러스트 커널로부터 부팅 가능한 디스크 이미지를 만든다.
- build-command — 크로스 컴파일을 위한 cargo xbuild 대신 cargo build 명령을 사용하도록 bootimage에 지시한다.
- run-command — cargo run의 기본 동작을 변경하여 실행 파일을 직접 실행하지 말고 QEMU를 실행하도록 변경한다.

> 💡 bootimage를 설정하는 더 자세한 정보는 *https://github.com/rust-osdev/bootimage/*에 있는 문서를 참고한다.

다음은 커널 타깃의 정의다. 이 코드는 ch11/ch11-fledgeos-0/fledge.json에 있다.

예제 11.2 FledgeOS를 위한 커널 정의

```
{
  "llvm-target": "x86_64-unknown-none",
  "data-layout": "e-m:e-i64:64-f80:128-n8:16:32:64-S128",
  "arch": "x86_64",
  "target-endian": "little",
  "target-pointer-width": "64",
  "target-c-int-width": "32",
  "os": "none",
  "linker": "rust-lld",
  "linker-flavor": "ld.lld",
  "executables": true,
  "features": "-mmx,-sse,+soft-float",
  "disable-redzone": true,
  "panic-strategy": "abort"
}
```

무엇보다도 타깃 커널의 정의를 x86-64 CPU용으로 생성된 64비트 운영 체제로 지정한다. 러스트 컴파일러는 이 JSON 사양을 이해한다.

 맞춤 타깃에 대해 더 알고 싶다면 *https://doc.rust-lang.org/stable/rustc/targets/custom.html*에 있는 rustc 문서의 'Custom Targets' 절을 참고한다.

ch11/ch11-fledgeos-0/.cargo/config.toml에서 확인 가능한 예제 11.3은 FledgeOS 빌드를 위한 추가 구성 정보다. 이전에 정의한 컴파일러 타깃용으로 러스트 언어를 컴파일하도록 카고에 지시해야 한다.

예제 11.3 카고를 위한 추가 빌드 시 환경 설정

```
[build]
target = "fledge.json"

[unstable]
build-std = ["core", "compiler_builtins"]
build-std-features = ["compiler-builtins-mem"]

[target.'cfg(target_os = "none")']
runner = "bootimage runner"
```

드디어 커널의 소스 코드를 볼 준비가 됐다. ch11/ch11-fledgeos-0/src/main.rs에 있는 다음 코드는 부팅 프로세스를 설정한 다음 미리 정의된 메모리 주소에 0x30이라는 값을 쓴다. 이것이 어떻게 작동하는지는 11.2.5(464쪽)에서 설명한다.

예제 11.4 색상 블록을 그리는 운영 체제 커널 만들기

```
01 #![no_std]        ┐ ❶
02 #![no_main]       ┘
03 #![feature(core_intrinsics)]    ❷
04
05 use core::intrinsics;        ❸
06 use core::panic::PanicInfo;   ❹
07
08 #[panic_handler]
09 #[no_mangle]
10 pub fn panic(_info: &PanicInfo) -> ! {
11     intrinsics::abort();    ❺
12 }
13
14 #[no_mangle]
15 pub extern "C" fn _start() -> ! {
```

```
16    let framebuffer = 0xb8000 as *mut u8;
17
18    unsafe {
19      framebuffer
20        .offset(1)              ❻
21        .write_volatile(0x30);   ❼
22    }
23
24    loop {}
25  }
```

❶ 운영 체제 없이 프로그램이 동작하도록 준비한다.

❷ ❸ LLVM 컴파일러의 intrinsics 함수를 사용할 수 있도록 한다.

❹ panic 핸들러로 중단이 일어난 곳을 조사할 수 있도록 한다.

❺ 프로그램을 강제 중단한다.

❻ 포인터의 주소를 1 증가하여 0xb8001로 설정한다.

❼ 배경색을 청록색(cyan)으로 설정한다.

예제 11.4는 지금까지 본 러스트 프로젝트와 매우 다르다. 다음은 운영 체제와 함께 실행되도록 의도된 일반적인 프로그램과 비교할 때 이 프로그램에서 달라진 사항이다.

- FledgeOS의 핵심 함수는 절대 종료되지 않는다. 돌아갈 곳이 없다. 다른 실행 중인 프로그램이 없다. 이를 나타내기 위해 함수의 반환 타입은 Never 타입(!)이다.

- 프로그램이 충돌하면 전체 컴퓨터가 실행 중단된다. 오류가 발생했을 때 우리 프로그램이 할 수 있는 유일한 일은 종료뿐이다. LLVM의 abort() 함수를 사용하여 이를 나타낸다. 이 부분은 11.2.4(463쪽)에서 더 자세히 설명한다.

- ![no_std]로 표준 라이브러리를 비활성화해야 한다. 우리의 애플리케이션은 동적 메모리 할당을 제공하기 위해 운영 체제에 의존할 수 없기 때문에 메모리를 동적으로 할당하는 코드를 피하는 것이 중요하다. ![no_std] 애너테이션은 우리의 크레이트에서 러스트 표준 라이브러리를 제외한다. 부작용으로는 Vec<T>와 같은 많은 타입을 프로그램에서 사용할 수 없다는 점이다.

- #![core_intrinsics] 속성을 사용하여 불안정한 core_intrinsics API를 사용할 수 있게 해제해야 한다. 러스트 컴파일러의 백엔드는 LLVM 프로젝트에서 만든 컴파일러인 LLVM으로 구성되어 있다. LLVM은 내장 함수로 알려진 내부의 일부

를 러스트에 노출한다. LLVM의 내부는 러스트의 안정성 보장 대상이 아니므로 러스트에 제공되는 부분이 변경될 위험은 항상 있다. 따라서 이는 나이틀리 빌드 버전 컴파일러 툴체인을 사용하고 프로그램에서 명시적으로 불안정한 API를 선택해야 함을 의미한다.

- #![no_mangle] 속성을 사용하여 러스트 심벌 명명 규칙을 비활성화해야 한다. 심벌 이름은 컴파일된 바이너리 내의 문자열이다. 런타임에 여러 라이브러리가 공존하려면 이러한 이름이 충돌하지 않는 것이 중요하다. 일반적으로 러스트는 이름 맹글링(name mangling)이라는 프로세스를 통해 심벌을 생성하여 이를 방지한다. 우리 프로그램에서 이름이 충돌하지 않도록 심벌 명명 규칙을 비활성해야 한다. 그렇지 않으면 부팅 프로세스가 실패할 수 있다.

- extern "C"를 사용하여 C의 호출 규칙을 선택해야 한다. 운영 체제의 호출 규칙은 특히 함수 인자가 메모리에 배치되는 방식과 관련이 있다. 러스트는 호출 규칙을 정의하지 않는다. _start() 함수에 extern "C"를 추가하여 러스트가 C 언어의 호출 규칙을 사용하도록 지시한다. 이것이 없으면 부팅 프로세스가 실패할 수 있다.

- 디스플레이를 변경하기 위해 메모리에 직접 쓴다. 전통적으로 운영 체제는 화면 출력을 조정하기 위해 단순한 모델을 사용했다. 프레임 버퍼로 알려진 미리 정의된 메모리 블록은 비디오 하드웨어에서 모니터링한다. 프레임 버퍼가 변경되면 디스플레이가 이에 맞게 변경된다. 부트로더에서 사용하는 표준 중 하나는 VGA(video graphics array)다. 부트로더는 주소 0xb8000을 프레임 버퍼의 시작으로 설정한다. 메모리가 변경되면 이는 곧 화면에 반영된다. 이 부분은 11.2.5(464쪽)에서 자세히 설명한다.

- #![no_main] 속성으로 main() 함수를 포함시키지 않아야 한다. main() 함수는 일반적으로 컴파일러에 포함된 함수(_start())에서 인자를 제공받고 프로그램이 종료되기 전에 반환값을 해석하기 때문에 실제로 매우 특별하다. main()의 동작은 러스트 런타임의 일부다. 자세한 내용은 11.2.6(466쪽)을 참조하자.

이제 첫 번째 커널이 실행됐으므로 작동 방식에 대해 조금 알아보겠다. 먼저 패닉 처리에 대해 알아보자.

> **📦 운영 체제 개발을 더 배우고 싶다면**
>
> cargo bootimage 명령은 많은 성가시고 짜증나는 부분을 대신 처리한다. 이 명령은 복잡한 프로세스에 대한 간단한 인터페이스(단일 명령)를 제공한다. 그러나 여러분이 팅커러(tinkerer)라면 보이지 않는 이면에서 무슨 일이 일어나고 있는지 알고 싶을 것이다. 그렇다면 필립 오퍼맨(Philipp Oppermann)의 블로그(*https://os.phil-opp.com/*)에서 'Writing OS in Rust'라는 글을 찾아보고 이 블로그로부터 생겨난 작은 도구 생태계를 *https://github.com/rust-osdev/*에서 살펴보라.

11.2.4 패닉 처리

러스트로는 패닉을 처리하는 메커니즘이 없는 프로그램을 컴파일할 수 없다. 일반적으로는 러스트가 자체적으로 패닉 처리를 삽입한다. 이것은 러스트 런타임 작업중 하나인데 우리가 #[no_std]로 코드를 시작한 것이 문제다. 표준 라이브러리를 쓰지 않으면 컴파일이 크게 단순해진다는 면에서 유용하지만 수동으로 패닉 처리를 해야 하는 부담을 떠안게 된다. 다음은 예제 11.4에서 발췌한 것이다. 패닉 처리기능이 나와 있다.

예제 11.5 FledgeOS의 패닉 처리 부분

```
01 #![no_std]
02 #![no_main]
03 #![feature(core_intrinsics)]
04
05 use core::intrinsics;
06 use core::panic::PanicInfo;
07
08 #[panic_handler]
09 #[no_mangle]
10 pub fn panic(_info: &PanicInfo) -> ! {
11     intrinsics::abort();
12 }
```

intrinsics::abort()의 대안이 있다. 다음과 같이 무한 루프를 패닉 핸들러로 사용할 수 있다. 이 접근 방식의 단점은 프로그램 오류가 생기면 프로그램을 수동으로 종료할 때까지 CPU 코어가 100%로 실행된다는 점이다.

예제 11.6 **무한 루프를 패닉 핸들러로 이용하기**

```
#[panic_handler]
#[no_mangle]
pub fn panic(_info: &PanicInfo) -> ! {
  loop { }
}
```

PanicInfo 구조체에는 패닉이 발생한 위치에 대한 정보가 들어 있다. 여기에는 소스 코드의 파일 이름과 줄 번호가 포함된다. 적절한 패닉 처리를 구현할 때 유용할 것이다.

11.2.5 VGA 호환 텍스트 모드로 화면에 쓰기

부트로더는 부트 모드에서 원시 어셈블리 코드로 매직 바이트를 설정한다. 시작 시 해당 바이트는 하드웨어가 해석한다. 하드웨어는 디스플레이를 80×25 그리드로 전환한다. 또한 화면에 출력하기 위해 하드웨어에서 해석하는 고정 메모리 버퍼를 설정한다.

> **📖 20초(?) 만에 배우는 VGA 호환 텍스트 모드**
>
> 일반적으로 디스플레이는 80×25 격자 셀로 분할된다. 각 셀은 메모리에서 2바이트로 표시된다. 러스트와 비슷한 구문으로 표현하자면 이러한 바이트는 여러 필드를 포함한다. 다음 코드는 이러한 필드를 보여 준다.
>
> ```
> struct VGACell {
>   is_blinking: u1,
>   background_color: u3,     ❶
>   is_bright: u1,
>   character_color: u3,
>   character: u8,     ❷
> }
> ```
>
> ❶ 이 네 필드는 메모리의 한 바이트를 차지한다.
>
> ❷ 사용 가능한 문자는 아스키 확장인 코드 페이지 437 인코딩에서 가져온다.
>
> VGA 텍스트 모드에는 3비트로 주요 여덟 가지 색상을 구성하는 16색 팔레트가 있다. 전경색에는 다음과 같은 밝은 색 값도 있다.
>
> ```
> #[repr(u8)]
> enum Color {
> ```

```
  Black = 0,    White = 8,
  Blue = 1,     BrightBlue = 9,
  Green = 2,    BrightGreen = 10,
  Cyan = 3,     BrightCyan = 11,
  Red = 4,      BrightRed = 12,
  Magenta = 5,  BrightMagenta = 13,
  Brown = 6,    Yellow = 14,
  Gray = 7,     DarkGray = 15,
}
```

부팅 시 이 초기화를 통해 화면에 그리고자 하는 것을 쉽게 표시할 수 있다. 80×25 그리드의 각 지점은 메모리의 각 위치에 매핑된다. 이 메모리 영역을 프레임 버퍼라고 한다.

우리가 만든 부트로더는 `0xb8000`을 4000바이트 프레임 버퍼의 시작으로 지정한다. 실제로 값을 설정하기 위해 이전에 접하지 못한 두 가지 새로운 메서드인 `offset()`과 `write_volatile()`을 코드에 사용한다. 예제 11.4에서 발췌한 다음 부분은 이 함수들이 어떻게 사용되는지 보여 준다.

예제 11.7 VGA 프레임 버퍼를 수정하는 부분

```
18    let framebuffer = 0xb8000 as *mut u8;
19
20    unsafe {
21      framebuffer
22        .offset(1)
23        .write_volatile(0x30);
24    }
```

이 두 가지 새로운 메서드를 간략히 설명하면 다음과 같다.

* `offset()`을 사용하여 주소 공간 이동 — 포인터 유형의 `offset()` 메서드는 포인터 크기만큼씩 주소 공간을 이동한다. 예를 들어 `*mut u8`(u8을 가리키는 가변 포인터)에 `.offset(1)`을 호출하면 주소에 1이 추가된다. `*mut u32`(u32를 가리키는 가변 포인터)에 대해 동일한 호출이 이루어지면 포인터의 주소는 4바이트만큼 이동한다.

* `write_volatile()`을 사용하여 값을 메모리에 강제로 기록 — 포인터는 '휘발성 (volatile)' 쓰기를 실행하는 `write_volatile()` 메서드를 제공한다. 휘발성 때문

에 컴파일러의 최적화 작업을 통해 쓰기 명령을 최적화하지 못한다. 똑똑한 컴파일러는 우리가 많은 상수를 온갖 위치에서 사용하고 있음을 파악하고 메모리를 원하는 값으로 미리 설정하도록 프로그램을 초기화할 수 있다.

다음은 framebuffer.offset(1).write_volatile(0x30)을 작성하는 또 다른 방법이다. 여기서는 역참조 연산자(*)를 사용하고 메모리를 수동으로 0x30으로 설정했다.

예제 11.8 포인터를 수동으로 증가시키기

```
let mut framebuffer = 0xb8000 as *mut u8;
unsafe {
  *(framebuffer + 1) = 0x30;     ❶
}
```

❶ 메모리 위치 0xb8001을 0x30으로 설정한다.

예제 11.8의 코딩 스타일은 전에 포인터를 많이 사용해 본 프로그래머에게 더 익숙할 것이다. 이런 스타일을 사용하려면 꼼꼼한 점검이 필요하다. offset()이 제공하는 타입 안전성의 도움이 없다면 오타를 낼 경우 메모리가 손상되기 쉽다. 예제 11.7에 사용된 장황한 코딩 스타일은 포인터 연산 경험이 적은 프로그래머에게도 익숙하다. 해당 코드는 코드의 의도를 명확히 선언한다.

11.2.6 _start(): FledgeOS용 main() 함수

운영 체제 커널에는 익숙한 main() 함수의 개념이 없다. 우선 운영 체제 커널의 메인 루프는 절대 끝나지 않는다. 어디로 돌아가게 될까? 관례에 따르면 프로그램은 운영 체제에 오류 코드를 반환한다. 그러나 운영 체제에는 종료 코드를 제공할 운영 체제가 없다. 덧붙여 main()에서 프로그램을 시작하는 관례도 있다. 그러나 그 관례도 운영 체제 커널에는 존재하지 않는다. 운영 체제 커널을 시작하려면 CPU와 직접 통신할 소프트웨어가 필요하다. 이 소프트웨어를 부트로더라고 한다.

링커는 프로그램 진입점으로 _start라는 하나의 심벌이 정의될 것으로 예상한다. 링커는 _start를 소스 코드에 정의된 함수에 연결한다.

일반적인 환경에서 _start() 함수는 세 가지 작업을 한다. 첫 번째는 시스템을 재설정하는 것이다. 예를 들어 임베디드 시스템에서 _start()는 레지스터를 지우고 메모리를 0으로 재설정할 수 있다. 두 번째 작업은 main()을 호출하는 것이다. 세 번째는 main() 다음에 정리하는 _exit()를 호출하는 것이다. 우리가 만드는 _start()

함수는 마지막 두 작업을 수행하지 않는다. 애플리케이션의 기능이 _start() 함수 안에 들어갈 만큼 간단해서 두 번째 작업은 필요하지 않다. 세 번째 작업은 main() 과 마찬가지로 필요하지 않다. _exit()가 호출된다고 해도 결코 반환이 일어나지 않을 것이다.

11.3 fledgeos-1: 바쁜 루프 피하기

이제 기초가 준비됐으니 FledgeOS에 기능을 추가할 수 있다.

11.3.1 CPU와 직접 상호 작용하여 전력 소모 줄이기

계속 진행하기 전에 FledgeOS의 한 가지 주요 단점을 해결해야 한다. 바로 전력 소모가 심하다는 것이다. 예제 11.4의 _start() 함수는 실제로 CPU 코어를 100%로 사용한다. CPU에 정지 명령(hlt)을 보내 이를 방지할 수 있다.

기술 문서에 따르면 HLT라고 하는 정지 명령은 더 이상 수행할 작업이 없음을 CPU에 알린다. 인터럽트가 새로운 동작을 트리거하면 CPU가 작동을 재개한다. 예제 11.9에서 볼 수 있듯이 x86_64 크레이트를 사용하면 CPU에 직접 명령을 내릴 수 있다. 예제 11.10에서 발췌한 이 부분은 x86_64 크레이트를 사용하여 hlt 명령에 접근한다. 이 명령은 과도한 전력 소비를 방지하기 위해 _start()의 메인 루프가 실행되는 동안 CPU에 전달된다.

예제 11.9 hlt 명령 사용하기

```
07 use x86_64::instructions::{hlt};

17 #[no_mangle]
18 pub extern "C" fn _start() -> ! {
19   let mut framebuffer = 0xb8000 as *mut u8;
20   unsafe {
21     framebuffer
22       .offset(1)
23       .write_volatile(0x30);
24   }
25   loop {
26     hlt();        ❶
27   }
28 }
```

❶ 이 명령으로 전력 소모를 줄인다.

hlt를 사용하지 않으면 아무 일도 하지 않는데도 CPU를 100% 사용하게 된다. 이
경우 여러분의 컴퓨터는 매우 비싼 난로가 될 것이다.

11.3.2 fledgeos-1 소스 코드

fledgeos-1은 src/main.rs 파일에 이전 절의 추가 사항이 포함되어 있다는 점을 제
외하면 대부분 fledgeos-0과 동일하다. 새 파일은 예제 11.10과 같다. ch11/ch11
-fledgeos-1/src/main.rs에서 확인할 수 있다. 프로젝트를 컴파일하려면 11.2.1(455
쪽)의 지시 사항 중 fledgeos-0 부분을 fledgeos-1로 바꿔 실행한다.

예제 11.10 fledgeos-1 소스 코드

```
01 #![no_std]
02 #![no_main]
03 #![feature(core_intrinsics)]
04
05 use core::intrinsics;
06 use core::panic::PanicInfo;
07 use x86_64::instructions::{hlt};
08
09 #[panic_handler]
10 #[no_mangle]
11 pub fn panic(_info: &PanicInfo) -> ! {
12    unsafe {
13       intrinsics::abort();
14    }
15 }
16
17 #[no_mangle]
18 pub extern "C" fn _start() -> ! {
19    let mut framebuffer = 0xb8000 as *mut u8;
20    unsafe {
21       framebuffer
22         .offset(1)
23         .write_volatile(0x30);
24    }
25    loop {
26       hlt();
27    }
28 }
```

x86_64 크레이트로 어셈블리 명령어를 코드에 삽입할 수 있다. 또 다른 접근 방식
은 인라인 어셈블리를 사용하는 것이다. 후자의 방식은 12.3절에서 간략하게 설명
한다.

11.4 fledgeos-2: 커스텀 예외 처리

FledgeOS 다음 버전에서는 오류 처리 기능을 향상시킬 것이다. FledgeOS는 오류가 발생하면 여전히 충돌이 일어나지만 이제 더 정교한 것을 구축하기 위한 프레임워크가 있다.

11.4.1 예외를 거의 제대로 처리하기

FledgeOS는 비정상적인 동작을 감지했을 때 CPU에서 발생하는 예외를 관리할 수 없다. 예외를 처리하기 위해 우리 프로그램은 예외 처리 특성 함수(exception handling personality function)를 정의해야 한다.

특성 함수는 예외 후에 스택이 풀릴 때 각 스택 프레임에서 호출된다. 이것은 호출 스택을 순차적으로 거슬러 올라가면서 각 단계에서 특성 함수를 호출하는 것을 의미한다. 특성 함수의 역할은 현재 스택 프레임이 예외를 처리할 수 있는지 여부를 결정하는 것이다. 예외 처리는 예외 잡기라고도 한다.

 스택 풀림(stack unwinding)이란 무엇일까? 함수가 호출되면 스택 프레임이 누적된다. 스택을 역순으로 거슬러 올라가는 것을 풀림이라고 한다. 결국 스택을 모두 풀면 _start()까지 올라간다.

FledgeOS에서는 엄격한 방식으로 예외를 처리할 필요가 없기 때문에 최소한의 것만 구현한다. 예제 11.12에서 발췌한 예제 11.11은 최소한의 핸들러가 있는 코드다. 이를 main.rs에 넣는다. 해당 함수의 내용이 비어 있는데, 아무것도 핸들러로 설정되지 않았기 때문에 예외가 발생하면 치명적임을 의미한다. 예외가 발생하면 우리는 아무것도 할 필요가 없다.

예제 11.11 최소한의 예외 처리 특성 구문

```
04 #![feature(lang_items)]

18 #[lang = "eh_personality"]
19 #[no_mangle]
20 pub extern "C" fn eh_personality() { }
```

 언어 항목(language item)이란 무엇일까? 언어 항목은 컴파일러 외부의 라이브러리로 구현된 러스트의 요소다. #[no_std]로 표준 라이브러리를 제거하면 일부 기능을 직접 구현해야 한다.

분명히 아무것도 처리하지 않는 것치고는 많은 일을 해야 했다. 그러나 적어도 우리는 올바른 방식으로 아무것도 처리하지 않았다는 것을 알기 때문에 안심할 수 있다.

11.4.2 fledgeos-2 소스 코드

fledgeos-2는 fledgeos-0과 fledgeos-1을 기반으로 한다. fledgeos-2의 src/main.rs 파일에는 이전 코드에 추가된 사항이 포함되어 있다. 새로운 파일은 예제 11.12에 나와 있으며 ch11/ch11-fledgeos-2/src/main.rs에서 확인할 수 있다. 프로젝트를 컴파일하려면 11.2.1에서 설명한 절차에서 fledgeos-0 부분을 fledgeos-2로 교체하여 실행한다.

예제 11.12 fledgeos-2 소스 코드

```
01 #![no_std]
02 #![no_main]
03 #![feature(core_intrinsics)]
04 #![feature(lang_items)]
05
06 use core::intrinsics;
07 use core::panic::PanicInfo;
08 use x86_64::instructions::{hlt};
09
10 #[panic_handler]
11 #[no_mangle]
12 pub fn panic(_info: &PanicInfo) -> ! {
13   unsafe {
14     intrinsics::abort();
15   }
16 }
17
18 #[lang = "eh_personality"]
19 #[no_mangle]
20 pub extern "C" fn eh_personality() { }
21
22 #[no_mangle]
23 pub extern "C" fn _start() -> ! {
24   let mut framebuffer = 0xb8000 as *mut u8;
25
26   unsafe {
27     framebuffer
28       .offset(1)
29       .write_volatile(0x30);
30   }
```

```
31
32    loop {
33      hlt();
34    }
35  }
```

11.5 fledgeos-3: 텍스트 출력

화면에 텍스트를 출력해 보자. 이렇게 함으로써 실제로 패닉이 발생하면 적절하게
보고할 수 있다. 이 절에서는 프레임 버퍼에 텍스트를 보내는 과정에 대해 자세히
설명한다. 그림 11.2는 fledgeos-3을 실행한 결과다.

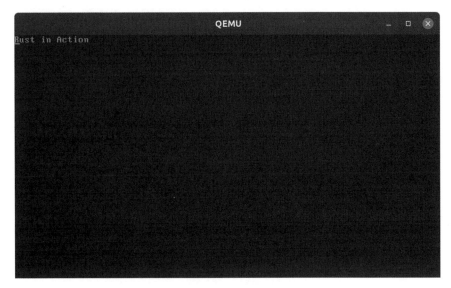

그림 11.2 fledgeos-3으로 만든 출력

11.5.1 화면에 색깔 있는 텍스트 쓰기

우선 나중에 예제 11.16에서 사용되는 색상 숫자 상수에 대한 타입을 생성한다. 일
련의 const 값을 정의하는 대신 열거형을 사용하면 타입 안전성을 높일 수 있다. 어
떤 의미에서는 이렇게 하면 값 사이에 의미적 관계를 추가하게 된다고 할 수 있다.
이것들은 모두 같은 그룹의 구성원으로 취급된다.

　예제 11.13은 VGA 호환 텍스트 모드 색상표를 나타내는 열거형을 정의한 것이
다. 비트 패턴과 색상 간의 매핑은 VGA 표준에 의해 정의되어 있으므로 이를 지켜
야 한다.

예제 11.13 **열거형으로 관련된 숫자 상수 표현하기**

```
#[allow(unused)]          ❶
#[derive(Clone,Copy)]     ❷
#[repr(u8)]               ❸
enum Color {
  Black = 0x0,     White = 0xF,
  Blue = 0x1,      BrightBlue = 0x9,
  Green = 0x2,     BrightGreen = 0xA,
  Cyan = 0x3,      BrightCyan = 0xB,
  Red = 0x4,       BrightRed = 0xC,
  Magenta = 0x5,   BrightMagenta = 0xD,
  Brown = 0x6,     Yellow = 0xE,
  Gray = 0x7,      DarkGray = 0x8
}
```

❶ 우리 코드에서 모든 색상값을 쓰지는 않을 것이므로 경고를 막는다.

❷ 복사할 수 있도록 설정한다.

❸ 값을 표현하는 데 단일 바이트를 사용하도록 컴파일러에 지시한다.

11.5.2 열거형의 메모리 내 표현 제어

이전까지 우리는 컴파일러가 열거형이 표현되는 방식을 결정할 수 있도록 하는 데 만족했다. 그러나 이에 만족하지 말고 고삐를 더 죄어야 한다. 외부 시스템은 데이터가 요구 사항과 일치하도록 자주 요구한다.

예제 11.13에서는 VGA 호환 텍스트 모드 색상표 열거형을 단일 u8에 맞추었다. 값을 지정함으로써 특정한 열것값과 관련된 비트 패턴(공식적으로 판별식(discriminant)이라고 한다)에 대한 처리를 컴파일러가 마음대로 하지 못하도록 했다. 표현을 규정하려면 repr 속성을 추가한다. 그러면 모든 정수 타입(i32, u8, i16, u16, …)과 몇 가지 특별한 경우를 지정할 수 있다.

미리 규정된 표현을 사용하면 몇 가지 단점이 있다. 특히 유연성이 떨어진다. 또한 러스트가 공간을 최적화하지 못한다. 단일한 열것값이 있는 열거형은 표현이 필요하지 않다. 이것들은 소스 코드에 나타나지만 실행 중인 프로그램에서는 공간을 차지하지 않는다.

11.5.3 왜 열거형을 쓰는가?

색상을 다르게 모델링할 수 있다. 예를 들어 메모리에서는 동일하게 보이는 숫자 상수를 생성할 수 있다. 다음은 그러한 방법 중 하나다.

```
const BLACK: u8 = 0x0;
const BLUE: u8 = 0x1;
// ...
```

열거형을 사용하면 추가적인 보호를 할 수 있다. u8을 직접 사용하는 경우보다 코드에서 잘못된 값을 사용하기가 훨씬 더 어려워진다. Cursor 구조체가 예제 11.17에 등장할 때 이 점을 알 수 있다.

11.5.4 VGA 프레임 버퍼에 출력할 수 있는 타입 만들기

원시 메모리를 조작하고 Color 타입과 VGA 색상값을 서로 변환하기 위해 Cursor 구조체를 사용할 것이다. 예제 11.14를 보면 이 타입은 코드와 VGA 프레임 버퍼 간의 인터페이스를 관리한다. 다음 코드는 예제 11.16에서 발췌했다.

예제 11.14 Cursor의 정의와 메서드

```
24 struct Cursor {
25   position: isize,
26   foreground: Color,
27   background: Color,
28 }
29
30 impl Cursor {
31   fn color(&self) -> u8 {
32     let fg = self.foreground as u8;
33     let bg = (self.background as u8) << 4;        ❶
34     fg | bg
35   }
36
37   fn print(&mut self, text: &[u8]) {     ❷
38     let color = self.color();
39
40     let framebuffer = 0xb8000 as *mut u8;
41
42     for &character in text {
43       unsafe {
44         framebuffer.offset(self.position).write_volatile(character);
45         framebuffer.offset(self.position + 1).write_volatile(color);
46       }
47       self.position += 2;
48     }
49   }
50 }
```

❶ 전경색을 기본으로 하위 4비트에 위치시킨다. 배경색을 왼쪽으로 이동시켜 상위 비트에 위치시킨 다음 병합한다.

❷ 편의를 위해 입력은 올바른 인코딩을 보장하는 타입이 아닌 원시 바이트 스트림을 사용한다.

11.5.5 화면에 출력하기

Cursor를 사용하려면 위치를 설정한 다음 Cursor.print()에 대한 참조를 보내야 한다. 예제 11.16에서 발췌한 다음 코드는 _start() 함수를 확장하여 화면에도 출력한다.

예제 11.15 화면에 출력하기

```
64 #[no_mangle]
65 pub extern "C" fn _start() -> ! {
66    let text = b"Rust in Action";
67
68    let mut cursor = Cursor {
69       position: 0,
70       foreground: Color::BrightCyan,
71       background: Color::Black,
72    };
73    cursor.print(text);
74
75    loop {
76       hlt();
77    }
78 }
```

11.5.6 fledgeos-3 소스 코드

fledgeos-3은 fledgeos-0, fledgeos-1, fledgeos-2를 기반으로 이어서 만들어 간다. fledgeos-3의 src/main.rs 파일에는 이 절에서 소개하는 추가 사항이 포함되어 있다. 전체 파일은 예제 11.16이고 ch11/ch11-fledgeos-3/src/main.rs에서 확인할 수 있다. 프로젝트를 컴파일하려면 11.2.1(455쪽)에서 설명한 절차에서 fledgeos-0 부분을 fledgeos-3으로 교체하여 실행한다.

예제 11.16 FledgeOS는 이제 화면에 텍스트를 출력한다

```
01 #![no_std]
02 #![no_main]
03 #![feature(core_intrinsics)]
04 #![feature(lang_items)]
05
```

```
06 use core::intrinsics;
07 use core::panic::PanicInfo;
08 use x86_64::instructions::{hlt};
09
10 #[allow(unused)]
11 #[derive(Clone,Copy)]
12 #[repr(u8)]
13 enum Color {
14   Black = 0x0,     White = 0xF,
15   Blue = 0x1,      BrightBlue = 0x9,
16   Green = 0x2,     BrightGreen = 0xA,
17   Cyan = 0x3,      BrightCyan = 0xB,
18   Red = 0x4,       BrightRed = 0xC,
19   Magenta = 0x5,   BrightMagenta = 0xD,
20   Brown = 0x6,     Yellow = 0xE,
21   Gray = 0x7,      DarkGray = 0x8
22 }
23
24 struct Cursor {
25   position: isize,
26   foreground: Color,
27   background: Color,
28 }
29
30 impl Cursor {
31   fn color(&self) -> u8 {
32     let fg = self.foreground as u8;
33     let bg = (self.background as u8) << 4;
34     fg | bg
35   }
36
37   fn print(&mut self, text: &[u8]) {
38     let color = self.color();
39
40     let framebuffer = 0xb8000 as *mut u8;
41
42     for &character in text {
43       unsafe {
44         framebuffer.offset(self.position).write_volatile(character);
45         framebuffer.offset(self.position + 1).write_volatile(color);
46       }
47       self.position += 2;
48     }
49   }
50 }
51
52 #[panic_handler]
53 #[no_mangle]
54 pub fn panic(_info: &PanicInfo) -> ! {
```

```
55    unsafe {
56      intrinsics::abort();
57    }
58  }
59
60  #[lang = "eh_personality"]
61  #[no_mangle]
62  pub extern "C" fn eh_personality() { }
63
64  #[no_mangle]
65  pub extern "C" fn _start() -> ! {
66    let text = b"Rust in Action";
67
68    let mut cursor = Cursor {
69      position: 0,
70      foreground: Color::BrightCyan,
71      background: Color::Black,
72    };
73    cursor.print(text);
74
75    loop {
76      hlt();
77    }
78  }
```

11.6 fledgeos-4: 커스텀 패닉 처리

다음 코드의 패닉 핸들러는 core::intrinsics::abort()를 호출한다. 그러면 추가
입력 없이 컴퓨터가 즉시 종료된다.

```
#[panic_handler]
#[no_mangle]
pub fn panic(_info: &PanicInfo) -> ! {
  unsafe {
    intrinsics::abort();
  }
}
```

11.6.1 사용자에게 오류를 보고하도록 패닉 핸들러 구현하기

임베디드 개발을 하거나 마이크로컨트롤러에서 러스트를 실행하려는 사람이라면
패닉이 발생한 위치를 보고하는 방법을 배워 두면 유용하다. 시작하기에 좋은 것은
core::fmt::Write다. 해당 트레이트는 그림 11.3과 같이 메시지를 표시하기 위해
패닉 핸들러와 연계할 수 있다.

그림 11.3 패닉이 발생할 때 메시지 표시하기

11.6.2 core::fmt::Write를 사용해서 panic() 재구현하기

그림 11.3의 출력 내용은 예제 11.17로 만들었다. panic()은 이제 2단계 처리 과정을 거친다. 첫 번째 단계에서 panic()은 화면을 지운다. 두 번째 단계에서는 core::write! 매크로가 포함된다. core::write()! 매크로는 core::fmt::Write 트레이트를 구현하는 객체를 첫 번째 인자(cursor)로 취한다. 다음 코드는 예제 11.19에서 발췌한 것으로, 앞서 언급한 처리 절차에 따라 오류가 발생할 때 이를 보고하는 패닉 핸들러다.

예제 11.17 화면을 지우고 메시지 출력하기

```
63 pub fn panic(info: &PanicInfo) -> ! {
64   let mut cursor = Cursor {
65     position: 0,
66     foreground: Color::White,
67     background: Color::Red,
68   };
69   for _ in 0..(80*25) {
70     cursor.print(b" ");           ❶
71   }
72   cursor.position = 0;            ❷
73   write!(cursor, "{}", info).unwrap();   ❸
74
75   loop { }    ❹
76 }
```

❶ 화면을 지우고 빨간색으로 채운다.

❷ cursor의 위치를 초기화한다.

❸ PanicInfo를 화면에 출력한다.

❹ 무한 루프를 돌아서 사용자가 메시지를 읽고 기기를 수동으로 재시작하도록 한다.

11.6.3 core::fmt::Write 구현하기

core::fmt::Write 구현에는 write_str() 메서드 호출이 포함된다. 해당 트레이트는 몇 가지 다른 것을 정의하지만 컴파일러는 write_str() 구현을 사용할 수 있게 되면 이것들을 자동 생성할 수 있다. 다음 구현은 print() 메서드를 재사용하고 to_bytes() 메서드를 사용하여 UTF-8로 인코딩된 &str을 &[u8]로 변환한다. 이 코드는 ch11/ch11-fledgeos-4/src/main.rs에 있다.

예제 11.18 Cursor 타입에 core::fmt::Write 구현하기

```
54 impl fmt::Write for Cursor {
55   fn write_str(&mut self, s: &str) -> fmt::Result {
56     self.print(s.as_bytes());
57     Ok(())
58   }
59 }
```

11.6.4 fledge-4 소스 코드

다음 코드는 FledgeOS에 쓰이는 사용자 친화적인 패닉 처리 코드를 보여 준다. 해당 소스 코드는 ch11/ch11-fledgeos-4/src/main.rs에 있다. 이전 버전과 마찬가지로 프로젝트를 컴파일하려면 11.2.1(455쪽)의 지시 사항을 실행하되 fledgeos-0 부분을 fledgeos-4로 바꿔 실행한다.

예제 11.19 완성된 패닉 처리가 들어간 FledgeOS 전체 코드

```
01 #![feature(core_intrinsics)]
02 #![feature(lang_items)]
03 #![no_std]
04 #![no_main]
05
06 use core::fmt;
07 use core::panic::PanicInfo;
08 use core::fmt::Write;
09
10 use x86_64::instructions::{hlt};
11
```

```
12 #[allow(unused)]
13 #[derive(Copy, Clone)]
14 #[repr(u8)]
15 enum Color {
16   Black = 0x0,     White = 0xF,
17   Blue = 0x1,      BrightBlue = 0x9,
18   Green = 0x2,     BrightGreen = 0xA,
19   Cyan = 0x3,      BrightCyan = 0xB,
20   Red = 0x4,       BrightRed = 0xC,
21   Magenta = 0x5,   BrightMagenta = 0xD,
22   Brown = 0x6,     Yellow = 0xE,
23   Gray = 0x7,      DarkGray = 0x8
24 }
25
26 struct Cursor {
27   position: isize,
28   foreground: Color,
29   background: Color,
30 }
31
32 impl Cursor {
33   fn color(&self) -> u8 {
34     let fg = self.foreground as u8;
35     let bg = (self.background as u8) << 4;
36     fg | bg
37   }
38
39   fn print(&mut self, text: &[u8]) {
40     let color = self.color();
41
42     let framebuffer = 0xb8000 as *mut u8;
43
44     for &character in text {
45       unsafe {
46         framebuffer.offset(self.position).write_volatile(character);
47         framebuffer.offset(self.position + 1).write_volatile(color);
48       }
49       self.position += 2;
50     }
51   }
52 }
53
54 impl fmt::Write for Cursor {
55   fn write_str(&mut self, s: &str) -> fmt::Result {
56     self.print(s.as_bytes());
57     Ok(())
58   }
59 }
60
```

```
61 #[panic_handler]
62 #[no_mangle]
63 pub fn panic(info: &PanicInfo) -> ! {
64   let mut cursor = Cursor {
65     position: 0,
66     foreground: Color::White,
67     background: Color::Red,
68   };
69   for _ in 0..(80*25) {
70     cursor.print(b" ");
71   }
72   cursor.position = 0;
73   write!(cursor, "{}", info).unwrap();
74
75   loop { unsafe { hlt(); }}
76 }
77
78 #[lang = "eh_personality"]
79 #[no_mangle]
80 pub extern "C" fn eh_personality() { }
81
82 #[no_mangle]
83 pub extern "C" fn _start() -> ! {
84   panic!("help!");
85 }
```

요약

- 운영 체제 없이 실행되어야 하는 프로그램을 만들기란 황량한 사막에서 프로그래밍하는 것처럼 느껴질 수 있다. 동적 메모리 또는 다중 스레딩과 같이 당연하게 여기는 기능을 사용할 수 없다.

- 동적 메모리 관리가 없는 임베디드 시스템과 같은 환경에서는 #![no_std] 애너테이션을 통해 러스트 표준 라이브러리를 사용하지 말아야 한다.

- 외부 구성 요소와 인터페이스할 때 심벌 명명이 중요해진다. 러스트의 이름 맹글링을 끄려면 #![no_mangle] 속성을 사용하라.

- 러스트의 내부 표현은 애너테이션을 통해 제어할 수 있다. 예를 들어 열거형에 #![repr(u8)] 애너테이션을 추가하면 값을 단일 바이트에 집어넣을 수 있다. 이게 작동하지 않으면 러스트는 프로그램 컴파일을 거부한다.

- 원시 포인터를 직접 조작할 수 있지만 타입의 안전이 보장되는 대안이 존재한다. 해당 대안을 사용하는 것이 낫다면, offset() 메서드를 사용하여 주소 공간

을 이동할 바이트 수를 정확히 계산하도록 한다.

- 나이틀리 빌드 버전 컴파일러를 이용하는 부담을 감수한다면 컴파일러의 내부에 항상 접근할 수 있다. 일반적으로 접근할 수 없는 기능을 프로그램에 제공하려면 intrinsics::abort()와 같은 컴파일러 내장 함수에 접근해야 한다.

- 카고는 확장 가능한 도구로 생각해야 한다. 러스트 프로그래머의 작업 흐름의 중심에 있지만 필요할 때 표준 동작을 변경할 수 있다.

- HLT 같은 원시 기계 명령어에 접근하려면 x86_64와 같은 도움 크레이트를 사용하거나 인라인 어셈블리에 의존할 수 있다.

- 실험하는 것을 두려워하지 말라. QEMU와 같은 현대적인 도구를 사용하면 발생할 수 있는 최악의 상황이라고 해 봐야 작은 운영 체제가 충돌하여 즉시 다시 실행해야 하는 것 정도다.

12장

시그널, 인터럽트, 예외

이 장에서 배울 내용
- 인터럽트, 예외, 트랩(trap), 폴트의 정의
- 장치 드라이버가 데이터가 준비된 상황을 애플리케이션에 알리는 방법
- 실행 중인 애플리케이션에 시그널을 보내는 방법

이 장에서는 외부 세계가 운영 체제와 통신하는 프로세스에 대해 설명한다. 네트워크는 바이트를 전달할 준비가 되면 프로그램 실행을 지속적으로 중단시킨다. 이는 데이터베이스에 연결한 후(또는 다른 때에) 운영 체제가 애플리케이션에 메시지를 처리하도록 요구할 수 있음을 의미한다. 이 장에서는 이러한 프로세스와 이를 위해 프로그램을 준비하는 방법에 대해 설명한다.

9장에서 디지털 클록이 시간 경과를 운영 체제에 주기적으로 알리는 것을 배웠다. 이 장에서는 이러한 알림이 어떻게 일어나는지 설명한다. 또한 시그널을 통한 여러 애플리케이션 동시 실행을 소개한다. 시그널은 유닉스 운영 체제 초기부터 제공됐다. 실행 중인 서로 다른 프로그램 간에 메시지를 보내는 데 시그널을 사용할 수 있다.

프로그래밍 모델이 비슷하기 때문에 시그널과 인터럽트라는 두 가지 개념을 함께 다룰 것이다. 그러나 시그널부터 시작하는 것이 더 간단하다. 이 장은 x86 CPU에서 실행되는 리눅스 운영 체제에 중점을 두고 있지만 다른 운영 체제 사용자가 이 장의 내용을 따라올 수 없는 수준은 아니다.

12.1 용어

CPU, 장치 드라이버, 애플리케이션, 운영 체제가 상호 작용하는 방식을 배우기는 어렵다. 이해해야 할 용어가 많으며 설상가상으로 모두 비슷해 보이고 서로 바꿔서 사용하는 경우가 많다는 점은 학습에 그다지 도움이 되지 않는다. 다음은 이 장에서 사용된 용어의 몇 가지 예다. 그림 12.1은 이 용어들이 어떻게 연관되는지 보여준다.

- 중단(abort) — 복구할 수 없는 예외다. 애플리케이션이 중단을 트리거하면 애플리케이션이 종료된다.
- 폴트 — 페이지 폴트와 같은 일상적인 작업에서 예상되는 복구 가능한 예외다. 페이지 폴트는 메모리 주소를 사용할 수 없고 데이터를 주 메모리 칩에서 가져와야 할 때 발생한다. 이 프로세스를 가상 메모리라고 하며 6.4절에서 설명했다.
- 예외 — 예외는 중단, 폴트, 트랩을 포함하는 포괄적인 용어다. 공식적으로 동기식 인터럽트(synchronous interrupt)라고 하며 예외는 때때로 인터럽트의 한 형태로 설명된다.
- 하드웨어 인터럽트 — 키보드 또는 하드 디스크 컨트롤러와 같은 장치에서 생성되는 인터럽트다. 일반적으로 장치로부터 데이터를 읽어 들일 수 있음을 CPU에 알리기 위해 장치에서 사용된다.
- 인터럽트 — 두 가지 의미로 사용되는 하드웨어 레벨 용어다. 이 용어는 하드웨어나 소프트웨어 인터럽트를 포함할 때는 동기식 인터럽트만 가리킨다. 맥락에 따라 예외도 포함될 수 있다. 인터럽트는 일반적으로 운영 체제에서 처리한다.
- 시그널 — 애플리케이션의 제어 흐름 인터럽트에 대한 운영 체제 수준 용어다. 시그널은 애플리케이션에서 처리된다.
- 소프트웨어 인터럽트 — 프로그램에 의해 생성된 인터럽트다. 인텔 x86 CPU 제품군 내에서 프로그램은 INT 명령으로 인터럽트를 트리거할 수 있다. 이 기능의 다른 용도 중 하나가 디버거에서 소프트웨어 인터럽트를 사용하여 중단점을 설정하는 것이다.
- 트랩 — CPU에서 감지한 정수 오버플로와 같은 복구 가능한 예외다. 정수 오버플로는 5.2절에서 설명했다.

예외라는 용어의 의미는 프로그래밍 경험에 따라 다를 수 있다. 프로그래밍 언어에서는 예외라는 용어를 오류를 지칭하는 데 사용하기도 하는 반면, 이 용어를 CPU 측면에서 지칭할 때는 특화된 의미로 쓰인다.

12.1.1 시그널 대 인터럽트

시그널과 인터럽트를 구별하는 가장 중요한 두 가지 개념은, 시그널은 운영 체제와 관련된 소프트웨어 수준의 추상화이며, 인터럽트는 시스템 하드웨어와 밀접하게 관련된 CPU 관련 추상화라는 점이다.

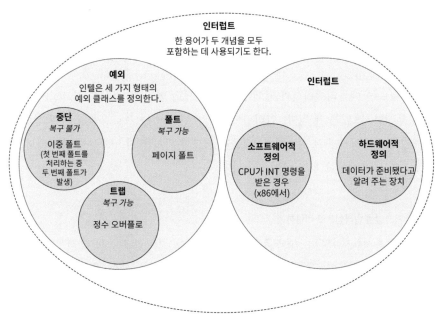

그림 12.1 인텔 x86 CPU 제품군 내에서 인터럽트, 예외, 트랩, 오류라는 용어가 서로 어떻게 관련되어 있는지에 대한 시각적 분류. 이 그림에는 시그널이 없다. 시그널은 인터럽트가 아니다.

시그널은 제한된 프로세스 간 통신의 한 형태다. 내용이 포함되어 있지는 않지만 그 존재가 무언가를 나타낸다. 물리적으로 소리가 나는 경보기(buzzer)와 비슷하다. 경보기는 내용을 제공하지 않지만 경보기를 누른 사람은 경보기의 거슬리는 소리가 의도하는 바를 알고 있다. 더 혼란스러운 것은 시그널을 소프트웨어 인터럽트로 설명하기도 한다는 점이다. 그러나 이 장에서는 시그널을 가리킬 때 인터럽트라는 용어 사용을 피할 것이다.

인터럽트에는 두 가지 형태가 있는데 기원이 서로 다르다. 인터럽트의 한 가지 형태는 처리 도중 CPU에서 발생하는 것이다. 이는 잘못된 명령을 처리하고 유효하지 않은 메모리 주소에 접근하려고 시도하다 일어난 결과다. 이 첫 번째 형태는 기술적으로 동기식 인터럽트로 알려져 있지만 더 일반적인 이름인 예외로 일컬어지는 것을 들어 봤을 것이다.

인터럽트의 두 번째 형태는 키보드, 가속도계와 같은 하드웨어 장치에 의해 생성된다. 일반적으로 인터럽트라는 용어가 의미하는 것은 바로 이것이다. 이는 언제든지 발생할 수 있으며 공식적으로 비동기식 인터럽트라고 한다. 시그널과 마찬가지로 이것 역시 소프트웨어 내에서 생성될 수 있다.

인터럽트는 세분화될 수 있다. 트랩은 CPU에서 감지한 오류이므로 운영 체제가 복구할 수 있는 기회를 제공한다. 폴트는 복구 가능한 문제의 또 다른 형태다. CPU가 읽을 수 없는 메모리 주소를 받으면 운영 체제에 알리고 업데이트된 주소를 요청한다.

인터럽트는 애플리케이션의 제어 흐름을 강제로 변경하는 반면, 시그널은 원한다면 무시할 수 있는 게 많다. 인터럽트를 받으면 CPU는 프로그램의 현재 상태에 관계없이 핸들러 코드로 점프한다. 핸들러 코드의 위치는 시스템 부팅 과정에서 바이오스와 운영 체제에 의해 미리 정의된다.

> ### 📦 시그널을 인터럽트로 취급하기
>
> 인터럽트를 직접 처리한다는 것은 운영 체제 커널을 조작하는 것을 의미한다. 우리는 배우는 과정에서 그런 일을 하지 싶지 않으므로 해당 용어는 주마간산 격으로 다룰 것이다. 따라서 이 장의 나머지 부분에서는 시그널을 인터럽트로 취급한다.
>
> 왜 이렇게 할까? 운영 체제 구성 요소를 작성하려면 커널을 조정해야 한다. 커널을 조정하려다 망가뜨리면 명확한 수정 방법 없이 시스템이 전혀 응답하지 않을 수 있다. 좀 더 실용적인 관점에서 커널에 대한 조정을 피한다는 것은 완전히 새로운 컴파일러 툴체인을 배우는 것을 피할 수 있음을 의미한다.
>
> 시그널을 처리하는 코드는 인터럽트를 처리하는 코드와 비슷해 보인다. 시그널을 가지고 연습하면 전체 시스템이 다운되는 위험을 무릅쓰지 않고 코드 내의 오류를 애플리케이션으로 제한할 수 있다. 일반적인 패턴은 다음과 같다.
>
> 1. 애플리케이션의 표준 제어 흐름을 모델링한다.
> 2. 인터럽트된 제어 흐름을 모델링하고 필요한 경우 완전히 종료해야 하는 리소스를 식별한다.

3. 인터럽트/시그널 핸들러를 작성하여 일부 상태를 업데이트하고 빠르게 반환한다.

4. 일반적으로 프로그램의 주 루프에서 정기적으로 확인하는 전역 변수만 수정하여 시간 소모적인 작업을 위임한다.

5. 시그널 핸들러가 변경했을지도 모르는 GO/NO GO 플래그를 찾도록 애플리케이션의 표준 제어 흐름을 수정한다.

12.2 인터럽트는 애플리케이션에 어떻게 영향을 끼치는가?

작은 코드 예제를 가지고 이 문제를 해결해 보자. 다음은 두 정수를 합하는 간단한 프로그램이다.

예제 12.1 두 정수의 합을 계산하는 프로그램

```
1 fn add(a: i32, b:i32) -> i32 {
2   a + b
3 }
4
5 fn main() {
6   let a = 5;
7   let b = 6;
8   let c = add(a,b);
9 }
```

하드웨어 인터럽트 수에 관계없이 c는 항상 계산된다. 그러나 프로그램의 벽시계 시간은 CPU가 실행할 때마다 다른 작업을 수행하기 때문에 비결정적이다.

인터럽트가 발생하면 CPU는 프로그램 실행을 즉시 중단하고 인터럽트 핸들러로 점프한다. 다음 예제(그림 12.2 참고)는 예제 12.1의 7행과 8행 사이에서 인터럽트가 발생할 때 어떤 일이 발생하는지 자세히 설명한다.

예제 12.2 인터럽트를 처리할 때 예제 12.1의 흐름

```
01 #[allow(unused)]
02 fn interrupt_handler() {   ❶
03   // ...
04 }
05
06 fn add(a: i32, b:i32) -> i32 {
07   a + b
08 }
09
```

```rust
10 fn main() {
11     let a = 5;
12     let b = 6;
13
14     // 키보드에서 키가 눌렸다.
15     interrupt_handler();
16
17     let c = add(a,b);
18 }
```

❶ 여기에는 추가 함수로 나와 있지만 인터럽트 핸들러는 일반적으로 운영 체제에서 정의한다.

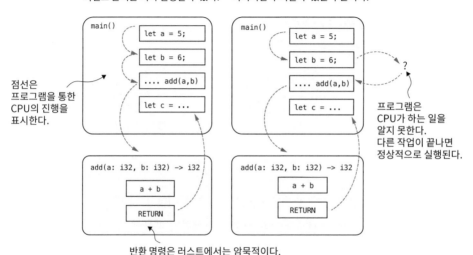

일반적인 프로그램 실행
일반적인 경우의 제어 흐름은
명령의 선형 시퀀스로 작동한다.
함수 호출과 반환문은 메모리에서
CPU를 점프시키지만
이벤트 순서는 미리 결정할 수 있다.

중단된 프로그램 실행
하드웨어 인터럽트가 발생하면
프로그램은 직접적으로 영향을
받지 않는다. 운영 체제가 하드웨어를
다뤄야 하므로 성능에 영향을
미치지만 무시할 수 있는 수준이다.

점선은
프로그램을 통한
CPU의 진행을
표시한다.

프로그램은
CPU가 하는 일을
알지 못한다.
다른 작업이 끝나면
정상적으로 실행된다.

반환 명령은 러스트에서는 암묵적이다.

그림 12.2 덧셈을 사용하여 시그널을 처리하기 위한 제어 흐름 시연

기억해야 할 한 가지 중요한 사실은 프로그램 관점에서는 바뀐 것이 거의 없다는 점이다. 프로그램은 제어 흐름이 인터럽트됐음을 인식하지 못한다. 예제 12.1은 여전히 프로그램의 정확한 표현이다.

12.3 소프트웨어 인터럽트

소프트웨어 인터럽트는 CPU에 특정 명령을 보내는 프로그램에 의해 생성된다. 러스트에서는 asm! 매크로를 호출하면 된다. ch12/asm.rs에 있는 다음 코드는 해당 구문에 대한 간단한 예다.

```
#![feature(asm)]    ❶
use std::asm;

fn main() {
  unsafe {
    asm!("int 42");
  }
}
```

> ❶ 안정화되지 않은 기능을 활성화한다.

컴파일된 실행 파일을 실행하면 운영 체제에서 다음 오류가 표시된다.

```
$ rustc +nightly asm.rs
$ ./asm
Segmentation fault (core dumped)
```

러스트 1.50에서 asm! 매크로는 불안정 버전이며, 나이틀리 빌드 버전 러스트 컴파일러로 실행해야만 한다. 나이틀리 빌드 버전 컴파일러를 설치하려면 rustup을 사용한다.

```
$ rustup install nightly
```

12.4 하드웨어 인터럽트

하드웨어 인터럽트에는 특별한 흐름이 있다. 장치는 프로그램 가능한 인터럽트 컨트롤러(programmable interrupt controller, PIC)로 알려진 특수한 칩과 인터페이스하여 CPU에 알린다. 그림 12.3은 하드웨어 장치에서 애플리케이션으로 인터럽트가 흐르는 방식을 보여 준다.

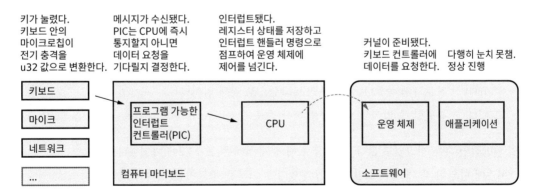

그림 12.3 애플리케이션이 하드웨어 장치에서 생성된 인터럽트 알림을 받는 방법.
데이터가 준비됐다는 알림을 운영 체제가 받으면 장치(이 경우 키보드)와 직접 통신하여 데이터를 자체 메모리로 읽어 들인다.

12.5 시그널 처리

시그널은 즉각적인 주의가 필요하다. 시그널 처리에 실패하면 일반적으로 애플리케이션이 종료된다.

12.5.1 기본 동작

때때로 가장 좋은 방법은 시스템의 기본값이 작동하도록 하는 것이다. 작성할 필요가 없는 코드야말로 여러분의 부주의 때문에 생기는 버그가 없는 코드다.

대부분의 시그널에 대한 기본 동작은 애플리케이션을 종료하는 것이다. 애플리케이션이 특별한 핸들러 함수를 제공하지 않는 경우(이 장에서 이를 수행하는 방법을 배운다) 운영 체제는 시그널을 비정상적인 상태로 간주한다. 운영 체제가 애플리케이션 내에서 비정상적인 상태를 감지하면 애플리케이션은 비정상 종료된다. 그림 12.4는 이 시나리오를 보여 준다.

그림 12.4 원치 않는 시그널이라는 약탈자 무리로부터 스스로를 방어하는 애플리케이션. 시그널 핸들러는 컴퓨팅 세계의 친근한 거인이다. 보통은 끼어들지 않지만 애플리케이션이 성(城)을 방어해야 할 때 나타난다. 일상적인 제어 흐름의 일부는 아니지만 시그널 핸들러는 적당한 때 매우 유용하다. 다만 모든 시그널을 처리하지는 못한다. SIGKILL은 특히 지독하다.

애플리케이션은 세 가지 공통 시그널을 받을 수 있다. 다음은 세 가지 시그널과 의도된 동작이다.

- SIGINT — 프로그램 종료(보통 사람에 의해 일어남)
- SIGTERM — 프로그램 종료(보통 다른 프로그램으로 인해 일어남)
- SIGKILL — 복원할 수 없이 프로그램을 즉시 종료

덜 일반적인 다른 시그널도 많다. 편의를 위해 전체 목록은 표 12.2에 나열했다.

여기에 나열된 세 가지 시그널이 실행 중인 프로그램을 종료하는 것과 밀접하게 관련되어 있음을 눈치챘을 것이다. 하지만 꼭 그런 것만은 아니다.

12.5.2 프로그램 작업 일시 중단 및 재개

언급할 만한 두 가지 특수한 시그널은 SIGSTOP과 SIGCONT다. SIGSTOP은 프로그램 실행을 중지하고 SIGCONT를 수신할 때까지 일시 중단된 상태로 유지한다. 유닉스 시스템은 작업 제어를 위해 이 시그널을 사용한다. 또한 실행 중인 애플리케이션에 수동으로 개입해 중지하고 싶지만 나중에 복구할 수 있는 기능을 원하는지 여부를 아는 것도 유용하다.

다음은 이 장에서 개발할 sixty 프로젝트의 구조다. 프로젝트를 다운로드하려면 콘솔에 다음 명령을 입력한다.

```
$ git clone https://github.com/rust-in-action/code rust-in-action
$ cd rust-in-action/ch12/ch12-sixty
```

프로젝트를 수동으로 생성하려면 다음과 같이 디렉터리 구조를 만들고 예제 12.3 과 12.4의 내용을 넣는다.

```
ch12-sixty
├── src
│   └── main.rs      ❶
└── Cargo.toml       ❷

        ❶ 예제 12.4
        ❷ 예제 12.3
```

다음은 sixty 프로젝트에 대한 첫 크레이트 메타데이터다. 이 코드는 ch12/ch12-sixty /Cargo.toml에 있다.

예제 12.3 sixty 프로젝트의 크레이트 메타데이터

```
[package]
name = "ch12-sixty"
version = "0.1.0"
authors = ["Tim McNamara <author@rustinaction.com>"]

[dependencies]
```

다음은 60초 동안 대기하다가 진행 상황을 출력하는 기본 애플리케이션을 만드는 코드다. 이 코드는 ch12/ch12-sixty/src/main.rs에 있다.

예제 12.4 SIGSTOP과 SIGCONT를 받는 기본 애플리케이션

```rust
01 use std::time;
02 use std::process;
03 use std::thread::{sleep};
04
05 fn main()
06   let delay = time::Duration::from_secs(1);
07
08   let pid = process::id();
09   println!("{}", pid);
10
11   for i in 1..=60 {
12     sleep(delay);
13     println!(". {}", i);
14   }
15 }
```

예제 12.4의 코드를 작성했으면 콘솔 창 두 개를 연다. 먼저 cargo run을 실행한다.
3~5자리 숫자가 나타난 다음 초 단위로 증가하는 카운터가 나타난다. 첫 번째 줄
번호는 PID 또는 프로세스 아이디다. 표 12.1은 해당 작업과 예상 출력이다.

단계	1번 콘솔	2번 콘솔
	애플리케이션 실행	시그널 전송
1	**$ cd ch12/ch12–sixty**	
2	**$ cargo run** 23211 . 1 . 2 . 3 . 4	
3		**$ kill –SIGSTOP 23211**
4	[1]+ Stopped cargo run $	
5		**$ kill –SIGCONT 23211**
6	. 5 . 6 . 7 . 8 ⋮ . 60	

표 12.1 SIGSTOP과 SIGCONT로 프로세스가 중단되고 재개되는 과정

표 12.1의 프로그램 흐름은 다음과 같다.

1. 1번 콘솔에서 프로젝트 디렉터리로 이동한다(예제 12.3과 12.4에서 생성됨).

2. 프로젝트를 컴파일하고 실행한다. 카고가 디버깅 내용을 출력하는데 여기에서는 생략한다. 실행할 때 sixty 프로그램은 PID를 출력한 다음 매초 콘솔에 몇 가지 숫자를 출력한다. 이 호출의 PID인 23221이 표 12.1에 출력됐다.

3. 2번 콘솔에서 kill 명령을 –SIGSTOP을 넣어 실행한다. 셸 명령 kill에 익숙하지 않다면, 해당 명령의 역할은 시그널을 보내는 것이다. SIGKILL 또는 SIGTERM으로 프로그램을 종료하는 가장 일반적인 역할을 따라 이름이 지어졌다. 숫자 인자(23221)는 2단계에서 제공된 PID와 일치해야 한다.

4. 1번 콘솔은 포그라운드에서 더 이상 아무것도 실행되지 않는다는 결과를 출력한다.

5. 2단계에서 얻은 PID에 SIGCONT를 보내 프로그램을 재개한다.

6. 프로그램이 다시 시작되어 수를 계속 출력한다. Ctrl-C(SIGINT)를 눌러 인터럽트를 주지 않는 한, 60까지 출력하고 종료한다.

SIGSTOP과 SIGCONT는 흥미로운 특수한 예다. 더 일반적인 시그널 동작을 계속 알아보자.

12.5.3 운영 체제에서 지원하는 모든 시그널의 목록

다른 시그널은 무엇이 있으며 이것들의 기본 핸들러는 무엇일까? 답을 찾기 위해 kill 명령에 해당 정보를 요청할 수 있다.

```
$ kill -l          ❶
 1) SIGHUP       2) SIGINT       3) SIGQUIT      4) SIGILL       5) SIGTRAP
 6) SIGABRT      7) SIGEMT       8) SIGFPE       9) SIGKILL     10) SIGBUS
11) SIGSEGV     12) SIGSYS      13) SIGPIPE     14) SIGALRM     15) SIGTERM
16) SIGURG      17) SIGSTOP     18) SIGTSTP     19) SIGCONT     20) SIGCHLD
21) SIGTTIN     22) SIGTTOU     23) SIGIO       24) SIGXCPU     25) SIGXFSZ
26) SIGVTALRM   27) SIGPROF     28) SIGWINCH    29) SIGPWR      30) SIGUSR1
31) SIGUSR2     32) SIGRTMAX
```

❶ –l은 목록(list)을 의미한다.

리눅스에서 지원되는 시그널은 참 많다! 설상가상으로 표준화된 동작을 가진 시그널은 거의 없다. 다행히도 대부분의 애플리케이션에서는 이렇게 많은 시그널을 위한 핸들러를 설정하지 않아도 된다. 표 12.2는 선별된 시그널 목록이다. 이것들은 일상적인 프로그래밍에서 접할 가능성이 더 크다.

시그널	읽기	기본 동작	설명	단축키
SIGHUP	끊기 (hung Up)	종료	전화 기반 디지털 통신에서 유래했다. 지금은 백그라운드 애플리케이션(데몬, 서비스)으로 보내져 구성 파일을 다시 읽도록 요청한다. 셸에서 로그아웃할 때 실행 중인 프로그램으로 보낸다.	Ctrl-D
SIGINT	인터럽트 (또는 대화형)	종료	실행 중인 애플리케이션을 종료하기 위한 사용자 생성 시그널	Ctrl-C
SIGTERM	종료	종료	애플리케이션을 적절하게 종료하도록 요청	
SIGKILL	강제 종료	종료	이 동작은 막을 수 없다.	
SIGQUIT	중지		메모리를 디스크에 코어 덤프로 저장하고 종료	Ctrl-\
SIGTSTP	터미널 중단	실행 중지	터미널에서 애플리케이션에 멈추라고 요청	Ctrl-Z
SIGSTOP	중단	실행 중지	이 동작은 막을 수 없다.	
SIGCONT	계속	일시 정지된 실행을 재개		

표 12.2 일반적인 시그널과 기본 동작, 명령행에서 시그널을 보내기 위한 단축키 목록

 SIGKILL과 SIGSTOP은 특별한 상태를 가진다. 이것들은 애플리케이션에 의해 처리되거나 차단할 수 없다. 다른 시그널은 프로그램에서 피할 수 있다.

12.6 사용자 지정 작업으로 시그널 처리

시그널에 대한 기본 작업은 상당히 제한적이다. 기본적으로 시그널을 받으면 애플리케이션이 좋지 않게 종료되는 경향이 있다. 예를 들어 데이터베이스 연결과 같은 외부 리소스가 열려 있는 경우 애플리케이션이 종료될 때 제대로 정리되지 않을 수 있다.

시그널 핸들러의 가장 일반적인 사용 사례는 애플리케이션이 깔끔하게 종료되도록 허용하는 것이다. 애플리케이션이 종료될 때 필요한 몇 가지 일반적인 작업은 다음과 같다.

- 보류 중인 데이터가 디스크에 기록되도록 하는 하드 디스크 드라이브 플러시
- 모든 네트워크 연결 닫기
- 분산 스케줄러 또는 작업 대기열에서 등록 취소

현재 작업 부하를 중지하고 종료하려면 시그널 핸들러가 필요하다. 시그널 핸들러를 설정하려면 f(i32) -> () 시그너처를 가진 함수를 만들어야 한다. 즉, 해당 함수는 i32 정수를 유일한 인자로 받아들여야 하며 값을 반환하지 않는다.

이는 몇 가지 소프트웨어 엔지니어링 관련 문제를 일으킨다. 시그널 핸들러는 어떤 시그널이 전송됐는지를 제외하고는 애플리케이션의 어떤 정보에도 접근할 수 없다. 따라서 어떤 상태인지 모르기 때문에 무엇을 미리 종료해야 하는지 알지 못한다.

아키텍처 이외에도 몇 가지 추가적인 제한 사항이 있다. 시그널 핸들러는 시간과 범위가 제한된다. 또한 다음과 같은 이유로 일반적인 코드에서 사용할 수 있는 기능의 하위 집합 내에서 빠르게 작동해야 한다.

- 시그널 핸들러는 동일한 타입의 다른 시그널이 처리되는 것을 차단할 수 있다.
- 빠르게 작동하면 서로 다른 타입의 또 다른 시그널 핸들러와 함께 작동할 가능성이 줄어든다.

시그널 핸들러는 허용된 동작 안에서 제한된 범위를 갖는다. 예를 들어 시그널 핸들러는 시그널을 생성할 수 있는 코드를 실행해서는 안 된다는 것 등이다.

이 제한된 환경에서 벗어나기 위한 일반적인 접근 방식은 프로그램 실행 중에 정기적으로 전역 변수의 불 플래그값을 확인하는 것이다. 플래그가 설정되면 애플리케이션 콘텍스트 내에서 애플리케이션을 깔끔하게 종료하는 함수를 호출할 수 있다. 이 패턴이 작동하려면 두 가지 요구 사항이 있다.

- 시그널 핸들러의 유일한 책임은 플래그를 변경하는 것이다.
- 애플리케이션은 플래그가 수정됐는지 여부를 감지하기 위해 플래그를 정기적으로 확인해야 한다.

동시에 실행되는 여러 시그널 핸들러로 인한 경쟁 상태를 피하기 위해 시그널 핸들러는 일반적으로 매우 적은 일만 한다. 일반적인 패턴은 전역 변수를 통해 플래그를 설정하는 것이다.

12.6.1 러스트에서의 전역 변수

러스트에서는 전역 범위에 static 키워드로 변수를 선언함으로써 전역 변수(프로그램 내 어디에서나 접근 가능한 변수)를 쉽게 사용할 수 있다. 시그널 핸들러가 긴급하게 종료해야 할 경우라고 생각할 때 true로 설정할 수 있는 전역값 SHUT_DOWN을 만들고 싶다고 가정하자. 다음과 같이 선언할 수 있다.

```
static mut SHUT_DOWN: bool = false;
```

 static mut은 문법적 형태와 상관없이 가변 정적(mutable static)이라고 읽는다.

전역 변수는 러스트 프로그래머에게 문제를 던져 준다. 전역 변수 접근은(읽기 위해서라고 해도) 안전하지 않다. 코드를 unsafe 블록으로 감싸야 하기 때문에 코드가 상당히 복잡해진다. 코드가 이처럼 추해지는 것은 조심성 있는 프로그래머에게 보내는, 전역 상태를 가능한 한 피하라는 신호다.

예제 12.6은 12행에서 읽고 7~9행에 쓰는 static mut 변수의 예다. 8행에서 rand::random()을 호출하면 불값이 생성된다. 출력은 일련의 점이다. 대략 50%의 확률로 다음과 같이 콘솔 세션에 출력된다.[1]

```
$ git clone https://github.com/rust-in-action/code rust-in-action
$ cd rust-in-action/ch12/ch2-toy-global
$ cargo run -q
.
```

다음 예제는 예제 12.6의 메타데이터를 제공한다. 소스 코드는 ch12/ch12-toy-global/Cargo.toml에서 볼 수 있다.

예제 12.5 예제 12.6의 크레이트 메타데이터

```
01 [package]
02 name = "ch12-toy-global"
03 version = "0.1.0"
04 authors = ["Tim McNamara <author@rustinaction.com>"]
05 edition = "2018"
06
07 [dependencies]
08 rand = "0.6"
```

---

1 출력은 러스트가 기본적으로 사용하는 난수 생성기를 사용한다고 가정했다. 이 가정은 운영 체제의 난수 생성기를 신뢰하는 한 유지된다.

다음은 간단한 예로, 소스 코드는 ch12/ch12-toyglobal/src/main.rs에 있다.

예제 12.6 러스트에서 전역 변수(가변 정적)에 접근하기

```
01 use rand;
02
03 static mut SHUT_DOWN: bool = false;
04
05 fn main() {
06   loop {
07     unsafe {                              ❶
08       SHUT_DOWN = rand::random();         ❷
09     }
10     print!(".");
11
12     if unsafe { SHUT_DOWN } {
13       break
14     };
15   }
16   println!()
17 }
```

❶ static mut 변수를 읽고 쓰기 위해서는 unsafe 블록이 필요하다.

❷ rand::random()은 rand::thread_rng().gen()을 호출하여 임의의 값을 생성하는 축약 함수다. 해당 타입은 SHUT_DOWN의 타입에서 유추한다.

12.6.2 종료가 시작됐음을 나타내는 전역 변수 사용

시그널 핸들러가 빠르고 단순해야 한다는 점을 감안한다면, 우리는 가능한 작업을 최소한으로 수행할 것이다. 다음 예제에서는 프로그램을 종료해야 함을 나타내는 변수를 설정한다. 이 기법은 다음 세 가지 함수로 구성된 예제 12.8에서 보여 준다.

- register_signal_handlers() — 각 시그널에 대한 시그널 핸들러인 libc를 통해 운영 체제와 통신한다. 이 함수는 함수를 데이터로 취급하는 함수 포인터를 사용한다. 함수 포인터는 12.7.1(501쪽)에서 설명한다.
- handle_signals() — 들어오는 시그널을 처리한다. 이 함수에 어떤 시그널이 들어올지 정해져 있지 않지만 여기서는 SIGTERM만 다룰 것이다.
- main() — 프로그램을 초기화하고 메인 루프를 반복한다.

실행하면 실행 파일은 실행 위치가 어디인지 알려 준다. 다음 콘솔 세션은 이러한 추적 과정을 보여 준다.

```
$ git clone https://github.com/rust-in-action/code rust-in-action
$ cd rust-in-action/ch12/ch12-basic-handler
$ cargo run -q
1
SIGUSR1
2
SIGUSR1
3
SIGTERM
4
*        ❶
```

> ❶ 뭔가 터졌다는 걸 손쉬운 아스키 아트로 표현한 점은 양해 바란다.

> ✅ 시그널 핸들러가 올바르게 등록되지 않은 경우 출력에 Terminated가 나올 수 있다. main()
> 앞쪽에 register_signal_handler() 호출을 추가했는지 확인하라. 실제 함수는 예제 12.8
> 의 38행에서 실행된다.

다음은 예제 12.8을 실행하는 데 필요한 패키지와 의존성이다. 소스 코드는 ch12/
ch12-basic-handler/Cargo.toml에 있다.

예제 12.7 예제 12.10을 위한 크레이트 설정

```
[package]
name = "basic-handler"
version = "0.1.0"
authors = ["Tim McNamara <author@rustinaction.com>"]
edition = "2018"
[dependencies]
[target.'cfg(not(windows))'.dependencies]
libc = "0.2"
```

실행했을 때 다음 예제는 시그널 핸들러를 사용하여 전역 변수를 수정한다. 이 소
스 코드는 ch12/ch12-basic-handler/src/main.rs에 있다.

예제 12.8 전역 변수를 수정하는 시그널 핸들러 만들기

```
01 #![cfg(not(windows))]       ❶
02
03 use std::time;
04 use std::thread::{sleep};
05 use libc::{SIGTERM, SIGUSR1};
06
07 static mut SHUT_DOWN: bool = false;
08
09 fn main() {
```

```
10    register_signal_handlers();    ❷
11
12    let delay = time::Duration::from_secs(1);
13
14    for i in 1_usize.. {
15      println!("{}", i);
16      unsafe {    ❸
17        if SHUT_DOWN {
18          println!("*");
19          return;
20        }
21      }
22
23      sleep(delay);
24
25      let signal = if i > 2 {
26        SIGTERM
27      } else {
28        SIGUSR1
29      };
30
31      unsafe {    ❹
32        libc::raise(signal);
33      }
34    }
35    unreachable!();
36 }
37
38 fn register_signal_handlers() {
39    unsafe {    ❺
40      libc::signal(SIGTERM, handle_sigterm as usize);
41      libc::signal(SIGUSR1, handle_sigusr1 as usize);
42    }
43 }
44
45 #[allow(dead_code)]    ❻
46 fn handle_sigterm(_signal: i32) {
47    register_signal_handlers();    ❼
48
49    println!("SIGTERM");
50
51    unsafe {    ❽
52      SHUT_DOWN = true;
53    }
54 }
55
56 #[allow(dead_code)]    ❾
57 fn handle_sigusr1(_signal: i32) {
58    register_signal_handlers();    ❿
```

```
59
60   println!("SIGUSR1");
61 }
```

❶ 이 코드가 윈도우에서는 실행되지 않음을 나타낸다.

❷ 가능한 한 빨리 등록해야 한다. 그렇지 않으면 시그널이 잘못 처리된다.

❸ 가변 정적 변수에 접근하는 것은 안전하지 않다.

❹❺ libc 함수를 호출하는 것은 안전하지 않다. 해당 함수의 효과는 러스트의 통제 범위를 벗어난다.

❻❾ 이 속성이 없으면 rustc는 이 함수들이 절대 호출되지 않는다고 경고할 것이다.

❼❿ 시그널 핸들러 자체에 영향을 미치는 시그널 변경을 최소화하기 위해 가능한 한 빨리 시그널을 재등록한다.

❽ 가변 정적 변수를 수정하는 것은 안전하지 않다.

앞의 예제의 40행과 41행에서 libc::signal()을 호출하는 데 뭔가 특별한 것이 있다. libc::signal은 시그널 이름(실제로는 정수)과 언타입 함수 포인터(C에서 보이드 함수 포인터로 알려진)를 인자로 취해 시그널을 이 함수와 연결한다. 러스트의 fn 키워드는 함수 포인터를 만든다. handle_sigterm()과 handle_sigusr1() 모두 fn(i32) -> () 타입을 갖는다. 타입 정보를 지우려면 이러한 값을 usize 값으로 변환해야 한다. 함수 포인터는 12.7.1에서 자세히 설명한다.

🗄 const와 static의 차이점 이해하기

정적 값과 상수는 비슷해 보인다. 다음은 주요한 차이점이다.

- static 값은 메모리에서 한 곳에서만 나타난다.
- const 값은 해당 값이 쓰이는 곳에 복제될 수 있다.

const 값을 복제하는 것은 CPU 친화적인 최적화가 될 수 있다. 이를 통해 데이터 지역성과 캐시 성능이 향상된다.

왜 두 가지 서로 다른 것에 혼란스러울 정도로 비슷한 이름을 사용할까? 역사적인 우연이라고 할 수 있다. static이라는 단어는 변수가 있는 주소 공간의 세그먼트를 나타낸다. static 값은 스택 공간 외부, 문자열 리터럴이 있는 영역 내부, 주소 공간의 맨 아래 근처에 있다. 즉, static 변수에 접근하는 것은 거의 확실히 포인터를 역참조하는 것을 의미한다.

const 값의 상수는 값 자체를 나타낸다. 코드에서 접근할 때 이렇게 하면 더 빨리 접근할 것이라고 컴파일러가 판단하는 경우 데이터가 필요한 모든 위치에 복제될 수 있다.

12.7 애플리케이션 정의 시그널 보내기

시그널은 제한된 형태의 메시징으로 사용할 수 있다. 규칙 내에서 SIGUSR1과 SIGUSR2에 대한 정의를 작성할 수 있다. 이것들은 설계상으로 명확한 값이 할당되지 않았다. 예제 12.8에서 SIGUSR1을 사용하여 작은 작업을 수행했다. 바로 단순히 SIGUSR1 문자열을 인쇄한 것이다. 사용자 지정 시그널의 좀 더 현실적인 사용은 일부 데이터가 추가로 처리될 준비가 됐음을 피어 애플리케이션에 알리는 것이다.

12.7.1 함수 포인터와 해당 구문 이해

예제 12.8에는 혼동될 수 있는 구문이 포함되어 있다. 예를 들어 40행에서 handle_sigterm as usize는 함수를 정수로 변환하는 것으로 보인다.

여기에서 무슨 일이 일어나는 것일까? 함수가 저장된 주소는 정수로 변환된다. 러스트에서 fn 키워드는 함수 포인터를 만든다.

5장을 읽은 독자는 함수가 그냥 데이터일 뿐임을 이해할 것이다. 즉, 함수는 CPU가 이해할 수 있는 바이트 시퀀스다. 함수 포인터는 해당 시퀀스의 시작을 가리키는 포인터다. 복습을 위해 5장, 특히 5.7절을 참조하라.

포인터는 참조 대상의 대역 역할을 하는 데이터 타입이다. 애플리케이션의 소스 코드 내에서 포인터에는 참조되는 값의 주소와 타입이 모두 포함된다. 타입 정보는 컴파일된 바이너리에서 제거된다. 포인터의 내부 표현은 usize 정수다. 이 덕분에 포인터를 매우 경제적으로 전달할 수 있다. C에서 함수 포인터를 사용하는 것은 신비한 마법처럼 느껴질 수 있다. 반면 러스트에서 포인터는 눈에 잘 띄지 않는 곳에 숨어 있다.

모든 fn 선언은 실제로 함수 포인터를 선언한다. 이는 예제 12.9가 올바른 코드이며 다음과 비슷한 내용을 출력해야 함을 의미한다.

```
$ rustc ch12/fn-ptr-demo-1.rs && ./fn-ptr-demo-1
noop as usize: 0x5620bb4af530
```

 출력에서 0x5620bb4af530은 noop() 함수가 시작하는 메모리 주소(십육진수 표기법)다. 이 숫자는 실행하는 컴퓨터에 따라 달라진다.

다음 예제에서는 함수를 usize로 변환한다. 이를 통해 어떻게 usize가 함수 포인터로 쓰일 수 있는지 보여 준다.

예제 12.9 함수를 usize로 변환하기

```
fn noop() {}

fn main() {
  let fn_ptr = noop as usize;

  println!("noop as usize: 0x{:x}", fn_ptr);
}
```

그런데 `fn noop()`에서 생성된 함수 포인터의 타입은 무엇일까? 함수 포인터를 설명하기 위해 러스트는 함수 시그너처 구문을 재사용한다. `fn noop()`의 경우 타입은 `*const fn() -> ()`이다. 이 타입은 '인자를 받지 않고 unit을 반환하는 함수에 대한 const 포인터'로 읽는다. const 포인터는 변경할 수 없다. unit은 러스트에서 '아무 것도 없음'에 대한 대역 역할을 하는 값이다.

예제 12.10은 함수 포인터를 usize로 변환한 다음 다시 반환한다. 다음에 표시된 출력에는 거의 동일한 두 줄이 표시되어야 한다.

```
$ rustc ch12/fn-ptr-demo-2.rs && ./fn-ptr-demo-2
noop as usize:    0x55ab3fdb05c0
noop as *const T: 0x55ab3fdb05c0
```

 이 두 숫자는 컴퓨터에 따라 다르지만 이 둘 자체는 서로 일치할 것이다.

예제 12.10 함수를 usize로 변환하기

```
fn noop() {}

fn main() {
  let fn_ptr = noop as usize;
  let typed_fn_ptr = noop as *const fn() -> ();

  println!("noop as usize:    0x{:x}", fn_ptr);
  println!("noop as *const T: {:p}", typed_fn_ptr);    ❶
}
```
   ❶ 포인터 형식 수정자 {:p}를 사용한 데 주의하라.

12.8 시그널 무시하기

표 12.2에 나와 있는 것처럼 대부분의 시그널은 기본적으로 실행 중인 프로그램을 종료한다. 이것은 실행 중인 프로그램이 작업을 완료하려고 시도할 때 다소 문제가 될 수 있다(때로는 애플리케이션이 어떻게 해야 할지 제일 잘 알고 있다!). 이러한 경우 많은 시그널을 무시할 수 있다.

SIGSTOP과 SIGKILL을 제외하고 상수 SIG_IGN은 함수 포인터 대신 libc::signal() 에 제공될 수 있다. 사용 예는 ignore 프로젝트에 있다. 예제 12.11은 이 프로젝트 의 Cargo.toml 파일이며, 예제 12.12는 src/main.rs다. 둘 다 ch12/ch12-ignore 프로젝트 디렉터리에 있다. 실행 시 프로젝트는 콘솔에 다음을 인쇄한다.

```
$ cd ch12/ch12-ignore
$ cargo run -q
ok
```

ignore 프로젝트는 선택한 시그널은 무시하는 방법을 보여 준다. 예제 12.12의 6행 에서 libc::SIG_IGN(signal ignore)이 libc::signal()에 대한 시그널 핸들러로 제공 된다. 기본 동작은 13행에서 재설정된다. libc::signal()이 다시 호출되는데 이번 에는 시그널 핸들러로 SIG_DFL(signal default)을 사용한다.

예제 12.11 ignore 프로젝트의 메타데이터

```
[package]
name = "ignore"
version = "0.1.0"
authors = ["Tim McNamara <author@rustinaction.com>"]

[dependencies]
libc = "0.2"
```

예제 12.12 libc::SIG_IGN을 이용해 시그널 무시하기

```
01 use libc::{signal,raise};
02 use libc::{SIG_DFL, SIG_IGN, SIGTERM};
03
04 fn main() {
05   unsafe {                      ❶
06     signal(SIGTERM, SIG_IGN);   ❷
07     raise(SIGTERM);             ❸
08   }
09
10   println!("ok");
```

```
11
12    unsafe {
13      signal(SIGTERM, SIG_DFL);      ❹
14      raise(SIGTERM);                ❺
15    }
16
17    println!("not ok");      ❻
18 }
```

❶ 러스트는 함수 경계 너머에서 일어나는 일을 제어하지 않기 때문에 unsafe 블록이 필요하다.

❷ SIGTERM 시그널을 무시한다.

❸ libc::raise()는 코드에서 시그널을 만들 수 있도록 한다. 이 경우는 자기 자신에게 보내는 시그널을 만든다.

❹ SIGTERM을 기본값으로 초기화한다.

❺ 프로그램을 종료한다.

❻ 이 코드는 절대 도달하지 않는다. 그러므로 해당 문자열은 절대 출력되지 않는다.

12.9 깊이 중첩된 호출 스택으로부터 종료하기

우리 프로그램이 호출 스택의 한가운데 깊숙이 있고 스택을 풀 여유가 없다면 어떻게 될까? 시그널을 수신하면 프로그램은 종료(또는 강제 종료) 전에 일부 정리 코드를 실행하려고 할 수 있다. 이를 비로컬 제어 전송(nonlocal control transfer)이라고도 한다. 유닉스 기반 운영 체제는 setjmp와 longjmp라는 두 가지 시스템 호출을 통해 해당 체계를 사용할 수 있도록 하는 몇 가지 도구를 제공한다.

* setjmp는 위치에 대한 표식을 설정한다.
* longjmp는 이전에 표식이 설정된 위치로 돌아간다.

왜 번거롭게 이런 일반적이지 않은 프로그래밍 묘기를 부려야 할까? 때로는 이와 같은 저수준 기술을 사용하는 것이 빡빡한 상황에서 벗어날 수 있는 유일한 방법이다. 이런 식으로 시스템 프로그래밍의 '흑마법'에 접근할 수 있다. 매뉴얼 페이지를 인용하면 다음과 같다.

> setjmp()와 longjmp()는 프로그램의 저수준 서브루틴에서 발생하는 오류와 인터럽트를 처리하는 데 유용하다.
> — 리눅스 문서 프로젝트: setmp(3)

이 두 도구는 정상적인 제어 흐름을 우회해 프로그램이 코드를 통해 스스로 순간 이동할 수 있게 한다. 때때로 오류는 호출 스택 내에서 발생한다. 우리 프로그램이 오류에 응답하는 데 너무 오래 걸리면 운영 체제는 프로그램을 그냥 중단해 버리고 프로그램 데이터는 일관성이 없는 상태로 남을 수 있다. 이를 피하기 위해 longjmp를 사용하여 제어를 오류 처리 코드로 직접 이동시킬 수 있다.

이것의 중요성을 이해하려면 예제 12.13의 코드에 의해 생성된 재귀 함수를 여러 번 호출하는 동안 일반 프로그램의 호출 스택에서 어떤 일이 발생하는지 고려해야 한다. dive()를 호출할 때마다 실행 후 돌아가야 하는 또 다른 위치가 추가된다. 표 12.3의 왼쪽을 참조하기 바란다. 예제 12.17에서 사용되는 longjmp 시스템 호출은 호출 스택의 여러 계층을 우회한다. 호출 스택에 미치는 영향은 표 12.3의 오른쪽에서 볼 수 있다.

예제 12.13은 대칭 패턴을 만든다. 각 # 기호는 dive()를 중첩하여 호출할 때마다 생기며, return이 호출되면 제거된다.	예제 12.17은 매우 다른 패턴을 생성한다. dive()를 몇 번 호출한 후 제어는 dive()에 대한 호출을 반환하지 않고 main()으로 다시 순간 이동한다.
``` # ## ### #### ##### ### ## # ```	``` # ## ### early return! finishing! ```

표 12.3 예제 12.13과 12.17의 의도된 결과의 비교

표 12.3의 왼쪽에서 호출 스택은 함수가 호출될 때 한 단계 증가하고 각 함수가 반환될 때 한 단계 감소한다. 오른쪽에서 코드는 세 번째 호출에서 호출 스택의 맨 위로 바로 이동한다.

다음은 프로그램이 실행될 때 진행 상황을 출력하여 호출 스택이 작동하는 방식을 보여 준다. 이 코드는 ch12/ch12-callstack/src/main.rs에 있다.

예제 12.13 호출 스택의 동작을 보여 주기

```
01 fn print_depth(depth:usize) {
02   for _ in 0..depth {
03     print!("#");
04   }
05   println!("");
06 }
07
```

```
08 fn dive(depth: usize, max_depth: usize) {
09   print_depth(depth);
10   if depth >= max_depth {
11     return;
12
13   } else {
14     dive(depth+1, max_depth);
15   }
16   print_depth(depth);
17 }
18
19 fn main() {
20   dive(0, 5);
21 }
```

이를 위해 해야 할 일이 많다. 러스트 언어 자체에는 이러한 제어 흐름 속임수를 가능하게 하는 도구가 없고 컴파일러 툴체인에서 제공하는 도구에 접근해야 한다. 컴파일러는 애플리케이션에 내장 함수라고 하는 특수 함수를 제공한다. 러스트와 함께 내장 함수를 사용하려면 설정에 약간의 작업이 필요하지만 설정이 완료되면 이 함수들은 표준 함수로 작동한다.

12.9.1 sjlj 프로젝트 소개

sjlj 프로젝트는 함수의 정상적인 제어 흐름을 어떻게 왜곡할 수 있는지 보여 준다. 운영 체제와 컴파일러의 도움으로 실제로 함수가 프로그램의 어느 곳으로나 이동할 수 있는 상황을 만들 수 있다. 예제 12.17은 해당 기능을 사용하여 호출 스택의 여러 계층을 우회하여 표 12.3의 오른쪽에 나온 출력을 만들어 낸다. 그림 12.5는 sjlj 프로젝트에 대한 제어 흐름이다.

12.9.2 프로그램에 내장 함수 설정하기

예제 12.17은 두 내장 함수인 setjmp()와 longjmp()를 사용한다. 우리 프로그램에서 이를 활성화하려면 제공된 속성으로 크레이트에 애너테이션을 달아야 한다. 다음은 이 내용이다.

예제 12.14 main.rs에 필요한 크레이트 수준의 속성

```
#![feature(link_llvm_intrinsics)]
```

다음 두 가지가 바로 궁금할 것이다. 잠시 후 답을 하겠다.

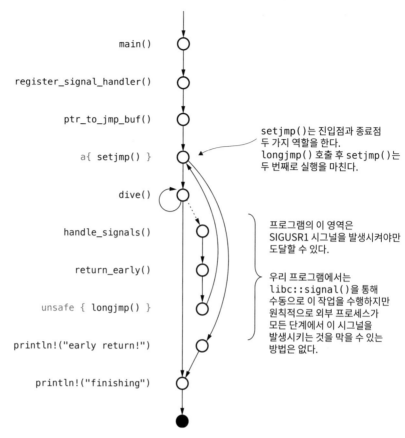

그림 12.5 sjlj 프로젝트의 흐름 제어. 시그널을 통해 프로그램의 제어 흐름을 가로채
setjmp() 지점에서 다시 시작할 수 있다.

- 내장 함수는 어느 것인가?
- LLVM은 어느 것인가?

또한 LLVM이 제공하는 함수를 러스트에 알려야 한다. 러스트는 타입 시그너처를
제외하고는 이것들에 대해 아무것도 알지 못한다. 즉, 이것들을 unsafe 블록 내에
서 사용해야 함을 의미한다. 다음은 LLVM 함수를 러스트에 알리는 방법이다. 이
소스 코드는 ch12/ch12-sjlj/src/main.rs에 있다.

예제 12.15 예제 12.17 내에 LLVM 내장 함수 선언

```
18 extern "C" {
19    #[link_name = "llvm.eh.sjlj.setjmp"]      ❶
20    pub fn setjmp(_: *mut i8) -> i32;          ❷
21
```

```
22    #[link_name = "llvm.eh.sjlj.longjmp"]        ❸
23    pub fn longjmp(_: *mut i8);
24 }
```

> ❶❸ 함수 정의를 찾기 위해 검색 위치에 대한 특정 명령을 링커에 제공한다.
>
> ❷ 밑줄(_)을 사용하여 인자의 이름을 사용하지 않는다는 것을 명시적으로 선언한다.

이 작은 코드는 상당히 복잡하다. 예를 들면 다음과 같다.

- extern "C"는 '이 코드 블록이 러스트가 아닌 C의 규칙을 따라야 함'을 의미한다.
- link_name 속성은 우리가 선언하는 두 함수를 어디에서 찾을지 링커에 알려준다.
- llvm.eh.sjlj.setjmp의 eh는 예외 처리를 나타내고 sjlj는 setjmp/longjmp를 나타낸다.
- *mut i8은 부호 있는 바이트를 가리키는 포인터다. C 프로그래밍 경험이 있는 사람들은 이것이 문자열의 시작 부분을 가리키는 포인터(예: *char 타입)임을 알 것이다.

내장 함수는 어느 것인가?

일반적으로 내장 함수는 언어의 일부가 아니라 컴파일러를 통해 사용할 수 있는 함수다. 러스트는 대체로 타깃에 대해 모르지만 컴파일러는 타깃 환경에 접근할 수 있다. 이런 컴파일러의 접근을 통해 추가 기능을 쉽게 사용할 수 있다. 예를 들어 컴파일러는 컴파일될 프로그램이 실행될 CPU의 특성을 이해한다. 컴파일러는 내장 함수를 통해 해당 CPU 명령을 프로그램에서 사용하도록 할 수 있다. 내장 함수의 몇 가지 예는 다음과 같다.

- 원자적 작업 — 많은 CPU가 특정 작업 부하를 최적화하기 위한 전용 명령어를 제공한다. 예를 들어 CPU는 정수 업데이트가 원자적 작업임을 보장할 수 있다. 여기서 원자는 나눌 수 없다는 의미다. 이것은 동시성 코드를 다룰 때 매우 중요할 수 있다.
- 예외 처리 — 예외를 관리하기 위해 CPU마다 제공하는 기능이 다르다. 프로그래밍 언어 설계자는 이러한 기능을 사용하여 사용자 지정 제어 흐름을 만들 수 있다. 이 장의 뒷부분에 소개하는 setjmp와 longjmp 내장 함수가 이에 속한다.

LLVM은 어느 것인가?

러스트 프로그래머 관점에서 LLVM은 러스트 컴파일러인 rustc의 하위 구성 요소로 간주할 수 있다. LLVM은 rustc와 함께 번들로 제공되는 외부 도구다. 러스트 프로그래머는 LLVM이 제공하는 도구를 가져다 쓸 수 있다. LLVM이 제공하는 도구 모음 중 하나는 내장 함수다.

LLVM은 그 자체로 컴파일러다. LLVM의 역할은 그림 12.6에 설명했다.

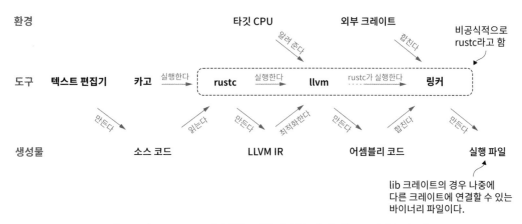

그림 12.6 러스트 소스 코드에서 실행 파일을 생성하는 데 필요한 주요 단계 중 일부다.
LLVM은 프로세스의 필수적인 부분이지만 사용자가 마주하는 부분은 아니다.

LLVM은 rustc에서 생성된 LLVM IR(intermediate reresentation) 코드를 기계가 읽을 수 있는 어셈블리 언어로 변환한다. 더 복잡한 점은 링커라고 하는 또 다른 도구가 여러 크레이트를 함께 연결하는 데 필요하다는 것이다. 윈도우에서 러스트는 마이크로소프트에서 제공하는 프로그램인 link.exe를 링커로 사용한다. 다른 운영 체제에서는 GNU 링커 ld가 사용된다.

LLVM에 대해 더 자세히 이해하려면 일반적으로 rustc와 컴파일에 대해 더 많이 배워야 한다. 많은 것들이 그렇듯이 원리에 더 가까워지기 위해서는 파도 파도 계속 새로운 것이 나오는 영역을 탐색해야 한다. 모든 하위 시스템을 학습하려면 또다른 하위 시스템 집합에 대한 학습이 필요해 보인다. 여기서 더 자세히 설명하면 대단히 흥미롭긴 하겠지만 결국은 주의만 산만해질 것이다.

12.9.3 포인터를 또 다른 타입으로 변환하기

러스트 구문의 더 난해한 부분 중 하나는 포인터 타입 간에 변환하는 방법이다. 예제 12.17을 진행하면서 이 문제를 접하게 될 것이다. 그러나 setjmp()와 longjmp() 의 타입 시그너처 때문에 문제가 생길 수 있다. 예제 12.17에서 발췌한 다음 내용에 서 두 함수 모두 *mut i8 포인터를 인자로 사용하는 것을 볼 수 있다.

```
extern "C" {
  #[link_name = "llvm.eh.sjlj.setjmp"]
  pub fn setjmp(_: *mut i8) -> i32;

  #[link_name = "llvm.eh.sjlj.longjmp"]
  pub fn longjmp(_: *mut i8);
}
```

*mut i8을 입력 인자로 요구하는 것은 우리의 러스트 코드가 점프 버퍼(예: &jmp_ buf)[2]에 대한 참조만 가지고 있기 때문에 문제가 된다. 이어지는 내용에서 이 충돌 을 해결하는 과정을 설명한다. jmp_buf 타입은 다음과 같이 정의된다.

```
const JMP_BUF_WIDTH: usize =
  mem::size_of::<usize>() * 8;   ❶
type jmp_buf = [i8; JMP_BUF_WIDTH];
```

> ❶ 이 상수는 64비트 시스템에서 64비트 너비(8×8바이트)이고 32비트 시스템에서 32비트 너비 (8×4바이트)다.

jmp_buf 타입은 i8 배열의 타입 별명으로 8개의 usize 정수 너비와 같다. jmp_buf 의 역할은 프로그램의 상태를 저장하여 필요할 때 CPU의 레지스터를 다시 채울 수 있도록 하는 것이다. 예제 12.17에는 jmp_buf 값이 하나만 있는데 RETURN_HERE라는 전역 가변 정적 변수로 15행에 정의되어 있다. 다음은 jmp_buf를 초기화하는 방법 이다.

```
static mut RETURN_HERE: jmp_buf = [0; JMP_BUF_WIDTH];
```

어떻게 RETURN_HERE를 포인터로 취급할까? 러스트 코드 내에서 RETURN_HERE를 참 조(&RETURN_HERE)로 나타낸다. LLVM은 해당 바이트가 *mut i8로 표시될 것으로 예 상한다. 한 줄에 4개의 단계를 모아 변환을 수행한다.

```
unsafe { &RETURN_HERE as *const i8 as *mut i8 }
```

---

2 jmp_buf는 이 버퍼의 관례적인 이름으로, 더 깊이 알고 싶어 하는 독자에게 유용할 것이다.

이제 이 4단계가 무엇인지 설명해 보자.

1. &RETURN_HERE부터 시작하자면 이는 64비트 기기에서 [i8; 8], 32비트 기기에서 [i8; 4]인 전역 정적 변수 타입의 읽기 전용 참조다.

2. 이 참조를 * const i8로 변환한다. 포인터 타입 간의 변환은 러스트에서 안전하다고 간주하지만, 해당 포인터에 대한 역참조는 unsafe 블록이 필요하다.

3. * const i8을 *mut i8로 변환한다. 이를 통해 해당 메모리를 가변(읽기/쓰기)으로 선언한다.

4. 전역 변수에 접근하기 때문에 해당 변환을 unsafe 블록으로 감싼다.

&mut RETURN_HERE as *mut i8처럼 사용하지 않는 이유는 무엇일까? 러스트 컴파일러는 LLVM이 데이터에 접근하는 데 대해 상당히 우려한다. 여기에 제공된 접근 방식대로 읽기 전용 참조로 시작하면 러스트 입장에서는 안심하게 된다.

12.9.4 sjlj 프로젝트 컴파일하기

이제 예제 12.17의 혼란스러움이 사소하다고 느껴질 것이다. 다음은 우리가 실제 프로젝트를 실행하려고 할 때 사용할 방법이다.

```
$ git clone https://github.com/rust-in-action/code rust-in-action
$ cd rust-in-action/ch12/ch12-sjlj
$ cargo run -q
#
#
early return!
finishing!
```

마지막 주의 사항이 있다. 올바르게 컴파일하려면 sjlj 프로젝트에 나이틀리 빌드 버전 rustc를 써야 한다. '#![feature] may not be used on the stable release channel' 같은 오류가 발생하면 rustup install nightly로 나이틀리 빌드 버전을 설치한다. 그런 다음 +nightly 인자를 카고에 추가하여 나이틀리 빌드 버전 컴파일러를 사용할 수 있다. 다음 콘솔 출력은 해당 오류가 발생하고 이를 복구하는 방법이다.

```
$ cargo run -q
error[E0554]: #![feature] may not be used on the stable release channel
 --> src/main.rs:1:1
  |
```

```
  1 | #![feature(link_llvm_intrinsics)]
    |   ^^^^^^^^^^^^^^^^^^^^^^^^^^^^^^^^
error: aborting due to previous error

For more information about this error, try `rustc --explain E0554`.
```

$ rustup toolchain install nightly
```
...
```
$ cargo +nightly run -q
```
#
##
###
early return!
finishing!
```

12.9.5 sjlj 프로젝트 소스 코드

다음 예제에서는 LLVM 컴파일러를 사용하여 운영 체제의 longjmp 기능에 접근한
다. longjmp를 사용하면 프로그램이 스택 프레임을 탈출해 주소 공간 내 어디로든
지 점프할 수 있다. 예제 12.16은 ch12/ch12-sjlj/Cargo.toml에, 예제 12.17은 ch12/
ch12-sjlj/src/main.rs에 있다.

예제 12.16 sjlj 프로젝트 메타데이터

```
[package]
name = "sjlj"
version = "0.1.0"
authors = ["Tim McNamara <author@rustinaction.com>"]

[dependencies]
libc = "0.2"
```

예제 12.17 LLVM 내장 함수 사용하기

```
001 #![feature(link_llvm_intrinsics)]
002 #![allow(non_camel_case_types)]
003 #![cfg(not(windows))]          ❶
004
005 use libc::{
006   SIGUSR1, SIGALRM, SIGHUP, SIGQUIT, SIGTERM
007 };
008 use std::mem;
009
010 const JMP_BUF_WIDTH: usize =
011   mem::size_of::<usize>() * 8;
012 type jmp_buf = [i8; JMP_BUF_WIDTH];
```

```
013
014 static mut SHUT_DOWN: bool = false;    ❷
015 static mut RETURN_HERE: jmp_buf = [0; JMP_BUF_WIDTH];
016 const MOCK_SIGNAL_AT: usize = 3;    ❸
017
018 extern "C" {
019   #[link_name = "llvm.eh.sjlj.setjmp"]
020   pub fn setjmp(_: *mut i8) -> i32;
021
022   #[link_name = "llvm.eh.sjlj.longjmp"]
023   pub fn longjmp(_: *mut i8);
024 }
025
026 #[inline]    ❹
027 fn ptr_to_jmp_buf() -> *mut i8 {
028   unsafe { &RETURN_HERE as *const i8 as *mut i8 }
029 }
030
031 #[inline]    ❺
032 fn return_early() {
033   let franken_pointer = ptr_to_jmp_buf();
034   unsafe { longjmp(franken_pointer) };    ❻
035 }
036
037 fn register_signal_handler() {
038   unsafe {
039     libc::signal(SIGUSR1, handle_signals as usize);    ❼
040   }
041 }
042
043 #[allow(dead_code)]
044 fn handle_signals(sig: i32) {
045   register_signal_handler();
046
047   let should_shut_down = match sig {
048     SIGHUP => false,
049     SIGALRM => false,
050     SIGTERM => true,
051     SIGQUIT => true,
052     SIGUSR1 => true,
053     _ => false,
054   };
055
056   unsafe {
057     SHUT_DOWN = should_shut_down;
058   }
059
060   return_early();
061 }
```

```
062
063 fn print_depth(depth: usize) {
064   for _ in 0..depth {
065     print!("#");
066   }
067   println!();
068 }
069
070 fn dive(depth: usize, max_depth: usize) {
071   unsafe {
072     if SHUT_DOWN {
073       println!("!");
074       return;
075     }
076   }
077   print_depth(depth);
078
079   if depth >= max_depth {
080     return;
081   } else if depth == MOCK_SIGNAL_AT {
082     unsafe {
083       libc::raise(SIGUSR1);
084     }
085   } else {
086     dive(depth + 1, max_depth);
087   }
088   print_depth(depth);
089 }
090
091 fn main() {
092   const JUMP_SET: i32 = 0;
093
094   register_signal_handler();
095
096   let return_point = ptr_to_jmp_buf();
097   let rc = unsafe { setjmp(return_point) };
098   if rc == JUMP_SET {
099     dive(0, 10);
100   } else {
101     println!("early return!");
102   }
103
104   println!("finishing!")
105 }
```

❶ 지원하는 플랫폼에서만 컴파일한다.

❷ 이 값이 참이면 프로그램은 종료한다.

❸ 재귀 깊이를 3으로 한다.

❹❺ #[inline] 속성은 함수 호출 비용을 제거하기 위한 컴파일러 최적화 기술인 인라인을 해당 함수에 사용하도록 표시한다.

❻ 러스트는 LLVM이 RETURN_HERE의 메모리에 수행하는 작업을 보장할 수 없기 때문에 이것은 안전하지 않다.

❼ handle_signals를 SIGUSR1 시그널과 연결하도록 libc에 요청한다.

12.10 시그널이 없는 플랫폼에 이러한 기술을 적용하는 방법에 대한 참고 사항

시그널은 유닉스적(UNIX-ism)이다. 다른 플랫폼에서는 운영 체제의 메시지가 다르게 처리된다. 예를 들어 마이크로소프트 윈도우에서 명령행 애플리케이션은 SetConsoleCtrlHandler를 통해 커널에 핸들러 함수를 제공해야 한다. 그런 다음 시그널이 애플리케이션에 전송될 때 해당 핸들러 함수가 호출된다.

특정 메커니즘에 관계없이 이 장에서 설명한 상위 수준 접근 방식은 이식 가능해야 한다. 다음은 그 패턴이다.

- CPU는 운영 체제가 응답해야 하는 인터럽트를 생성한다.
- 운영 체제는 일종의 콜백 시스템을 통해 인터럽트 처리에 대한 책임을 위임하기도 한다.
- 콜백 시스템은 함수 포인터를 생성하는 것을 의미한다.

12.11 예외 복습하기

이 장의 시작 부분에서 시그널, 인터럽트, 예외의 차이점에 대해 이야기했다. 예외는 직접적으로 거의 다루지 않았다. 우리는 이것을 인터럽트의 특별한 종류로 취급했다. 인터럽트 자체는 시그널로 모델링됐다.

이 장(과 이 책)을 마무리하며 rustc와 LLVM에서 사용할 수 있는 몇 가지 기능을 살펴봤다. 이 장의 대부분에서 이 기능을 사용하여 시그널 작업을 수행했다. 리눅스에서 시그널은 운영 체제가 애플리케이션과 통신하는 데 사용하는 주요 메커니즘이다. 러스트로는 libc, unsafe 블록과 상호 작용하고 함수 포인터를 풀고 전역 변수를 조정하는 데 많은 시간을 보냈다.

요약

- 컴퓨터의 네트워크 카드와 같은 하드웨어 장치는 CPU에 인터럽트를 보내 데이터를 처리할 준비가 됐음을 애플리케이션에 알린다.
- 함수 포인터는 데이터가 아니라 실행 가능한 코드를 가리키는 포인터다. 이것들은 러스트에서 fn 키워드로 표시한다.
- 유닉스 운영 체제는 SIGSTOP과 SIGCONT 두 가지 시그널로 작업 제어를 관리한다.
- 시그널 핸들러는 여러 시그널 핸들러가 동시에 작동할 때 발생하는 경합 상태가 일어날 위험을 완화하기 위해 가능한 한 최소한의 작업을 수행한다. 일반적인 패턴은 전역 변수로 플래그를 설정하는 것이다. 해당 플래그는 프로그램의 메인 루프 내에서 주기적으로 확인된다.
- 러스트에서 전역 변수를 생성하려면 '가변 정적(mutable static)'을 만든다. 가변 정적에 접근하려면 unsafe 블록이 필요하다.
- 운영 체제, 시그널, 컴파일러는 setjmp와 longjmp 시스템 호출을 통해 프로그래밍 언어에서 예외 처리를 구현하는 데 사용할 수 있다.
- unsafe 키워드가 없으면 러스트 프로그램은 운영 체제 및 기타 서드 파티 구성 요소와 효과적으로 인터페이스할 수 없다.

찾아보기